国家自然科学基金研究成果
·教育部新世纪优秀人才支持计划研究成果·
·贸易安全政策与实践研究丛书·

THE EVALUATION SYSTEM AND METHODS FOR

MEASURING THE IMPACTS OF ANTI-DUMPING POLICY

何海燕 林波 任杰/著

反倾销政策实施效果评估体系与方法

首都经济贸易大学出版社
·北京·

图书在版编目（CIP）数据

反倾销政策实施效果评估体系与方法/何海燕，林波，任杰著.—北京：首都经济贸易大学出版社，2013.11

ISBN 978－7－5638－2121－1

Ⅰ.①反…　Ⅱ.①何…　②林…　③任…　Ⅲ.①反倾销—贸易政策—研究—中国　Ⅳ.①F720

中国版本图书馆 CIP 数据核字(2013)第 158160 号

反倾销政策实施效果评估体系与方法

何海燕　林波　任杰　著

出版发行　首都经济贸易大学出版社
地　　址　北京市朝阳区红庙（邮编 100026）
电　　话　(010)65976483　65065761　65071505(传真)
网　　址　http://www.sjmcb.com
E－mail　publish@cueb.edu.cn
经　　销　全国新华书店
照　　排　首都经济贸易大学出版社激光照排服务部
印　　刷　北京京华虎彩印刷有限责任公司
开　　本　787 毫米×980 毫米　1/16
字　　数　387 千字
印　　张　22
版　　次　2013 年 11 月第 1 版第 1 次印刷
书　　号　ISBN 978－7－5638－2121－1/F·1212
定　　价　45.00 元

前 言

20 世纪 90 年代以来，信息化和经济全球化的汹涌浪潮，使国际贸易竞争格局发生了深刻的变化。伴随着世界经济的逐渐融合和全球多边贸易体制的日益完善，全球贸易规模的深度和广度不断扩大，人类真正进入了共存与竞争的全球化时代。在全球多边贸易体制发展进程中，我国的经济和对外贸易快速增长，并且取得了令人瞩目的成就，国际经济、贸易地位显著提升。截至"十一五"末，我国进出口总额达到 2.97 万亿美元，比"十五"末翻了一番，进出口贸易额世界排名由第 3 位升至第 2 位，其中出口总额位列世界第一、进口总额位列世界第二。"十一五"期间，我国对外贸易积极转变发展方式，有效应对国际金融危机挑战，保持良好发展势头，为促进国民经济平稳增长作出了重要贡献。

2012 年 4 月，我国商务部印发了《对外贸易发展"十二五"规划》（以下简称《规划》），《规划》依据《商务发展第十二个五年规划纲要》编制，是我国外贸发展史上第一个关于外贸的专项五年规划，主要阐明"十二五"期间我国对外贸易的发展战略，提出政策导向，明确政府工作重点，引导市场主体行为，是"十二五"我国外贸发展的基本行动纲领，也是各级商务主管部门开展各项工作的主要依据。《规划》指出，"十二五"仍是我国外贸发展的重要战略机遇期，但机遇与挑战并存，我国对外贸易形势也将更加严峻复杂。多哈回合谈判久拖不决，各国自顾倾向增强，国际贸易摩擦将进入高发期；与此同时，国际金融危机影响深远，世界经济增长的不确定、不稳定因素增加，主要经济体受债务危机困扰造成市场需求相对疲软，更加剧了贸易摩擦。

在诸多贸易救济形式中，反倾销措施是使用最为频繁的，也是多边贸易摩擦及贸易争端的焦点。反倾销源于《1947 年的关贸总协定》（GATT），1967 年在肯尼迪回合谈判中缔结了专门的反倾销协议，后经东京回合、乌拉圭回合的两次修改，形成了现在的《关于履行 1994 年关贸总协定第六条的协议》（简称《反倾销协议》)。《反倾销协议》是世界贸易组织(WTO)为了维护市场公平竞争环境,促进贸易自由化,限制或制止企业和产品的不正当竞争行为,允许各个国家对倾销的进口产品实施的一种贸易救济措施。由于反倾销具有形式合法、使用便捷的特性,被许多国家广泛采用,成为世界各国促进公平贸易,保护国内产业的重要政策工具。然而,随着反倾销措施的蔓延,人们关注的焦点逐渐转移到反倾销强烈的贸易保护主义色彩给自由贸易造成的不合理限制上,某些发达国家和地区过度使用反倾销措施,将其作为贸易保护的工具,极大程度地限制了正常的国际贸易竞争。

长期以来,国家对贸易安全政策与实践给予了高度关注。十六届四中全会《关于加强党的执政能力建设的决定》中明确提出要求:“建立健全妥善应对国际贸易争端的机制,善于运用国际通行规则发展和保护自己。”《十一五规划纲要》指出:“合理运用反倾销、反补贴、保障措施,增强应对贸易争端的能力,维护企业合法权益和国家利益。”《商务发展第十二个五年规划纲要》强调:“加大规则谈判参与力度,构建公平规则环境。遵循国际贸易通行规则,运用反倾销、反补贴、保障措施等贸易救济措施,维护国内产业安全,保护企业公平竞争及合法权益。”

对由于低价倾销而对国内产业造成损害的进口产品实施反倾销措施,西方一些国家在这方面的立法和实践已历经百年,而我国的立法与实践却只有短短的十几年。1997 年年初颁布实施的《中华人民共和国反倾销和反补贴条例》,是我国关于反倾销的第一部专门法规条例。根据这一条例,应国内 9 家造纸企业申请,外经贸部于 1997 年年底对自美国、加拿大和韩国进口的新闻纸发起我国历史上的首例反倾销调查。加入世贸组织后,遵循 WTO 反倾销原则和规定,借鉴其他国家成熟的反倾销立法和实践,并结合我国实际情况,国务院于 2002 年颁布实施了经修订的《中华人民共和国反倾销条例》,该条例对我国实施反倾销措施作出了全面、具体、具有较强操作性的规定。实践证明,依法公正、合理地实施反倾销措施,可以遏制境外倾销产品对国内产业的冲击,维护公平竞争的贸易秩序,大部分受损害产业生产经营状况明显好转,产业竞争力迅速提升。为了更好地执行反倾销法律、法规,规范反倾销调查和裁决工作,2002 年以来,我国又陆续制定了涉及反倾销立案、倾销调查、损害调查等多方面的政策规章，形成了较为完善的反倾销政策体系。

我国反倾销政策理论不断发展，反倾销贸易救济机制逐步完善，政府相关调查部门始终坚持以WTO“公平贸易”为基本准则，在我国反倾销实践工作中取得了显著成效。在激烈的全球化竞争中，我国产业发展面临的外部风险增大，运用国际通行规则实施贸易救济措施，仍将是维护公平贸易秩序的有效手段，为此，调查机关在提高运用贸易救济措施的能力的同时，还要不断学习和总结。我们在反倾销实践工作中注意到，理论界和实践界普遍关心反倾销的实施，但却忽视了反倾销的评估。对于反倾销这一贸易政策而言，到底存在哪些经济影响机制和效应，对我国进出口贸易、国内产业、投资、消费者等方面到底产生了哪些作用，反倾销政策的实施是否达到了预期效果，反倾销政策究竟应该如何科学有效地进行评估等已经成为政府调查机关迫切需要解决的重要问题。

当前国内外学者在反倾销政策对贸易、产业、投资、企业战略的影响作用方面，积累了丰富的研究成果，然而，对于反倾销政策实施效果的综合系统评估，国内外都还处于探索阶段，研究脉络尚不清晰，评估理论与方法尚有很大的探索空间。从服务于国家经济整体战略目标出发，建立科学、合理、可操作性强的反倾销政策效果评估体系，能够兼顾各方主体利益，指导相关产业建立互利共赢的合作关系，有效促进产业链条的可持续发展。有鉴于此，我们对反倾销政策与实践进行系统分析，撰写《反倾销政策实施效果评估体系与方法》一书。本书主要内容：一是从全球经济贸易发展背景出发，阐述了全球反倾销实施的现状，并重点从产业分布视角探索了反倾销政策实施的特征；二是在WTO反倾销制度规则框架下，对中国反倾销政策规则进行梳理和比较分析，充分阐释了国际范围内反倾销活动较为活跃的国家及地区其反倾销制度的建设情况；三是明确了反倾销政策的实施目的和作用原理，并在此基础上结合实践阐述了反倾销政策在实施过程中产生的各种影响效应；四是构建了由反倾销政策实施效果评估指标体系、反倾销政策实施效果评估标准体系以及反倾销政策实施效果评估方法体系构成的反倾销政策整体实施效果评估体系；本书最后以我国对原产于欧盟的进口邻苯二酚反倾销案件为例，基于反倾销政策实施效果评估体系，对欧盟进口邻苯二酚反倾销政策的实施效果进行了全面研究与分析。我们希望通过本书的介绍，使广大读者对反倾销政策实施效果评估的相关理论知识与方法有所了解，同时也为广大贸易救济领域的学者提供研究平台，为国家反倾销调查机关的管理者提供决策参考依据。

本著作得到国家自然科学基金（70873007）的资助，它的完成是北京理工大学贸易救济与竞争政策研究中心科研团队集体智慧的结晶。何海燕、林波、任杰负责拟定大纲及全书的编写，单捷飞、张学贵、王道平、王有国、王旻洁、张萌、孟祥萌、陈小万、武玉彬、张剑、李思奇、康晓伟等分别负责依次章节的资料收集、编写和校对工作。

在全书编写过程中，我们参阅了大量的国内外文献资料，并引用了有关专家及同行论著中的部分观点和材料。在此，谨向被引用观点和材料的作者致以衷心的感谢和诚挚的敬意。同时，非常感谢北京理工大学管理与经济学院张晓甦老师、赵玉焕老师、李京老师对本书的大力支持和给予的宝贵意见。

我们衷心希望本书能够为我国反倾销政策实施效果评估研究略尽绵力，不足之处，敬请读者批评指正！

何海燕

2013 年 4 月 16 日

目 录

1

导言

经济全球化迅猛发展促使世界各国及地区间的贸易往来日益频繁，国际贸易发展规模呈现出前所未有的增长态势，为各国及地区经济提升起到了重要带动作用。然而，伴随着世界经济的逐渐融合，以及全球多边贸易体制的建立与完善，国际市场竞争也更为激烈，各国家及地区间的贸易摩擦加剧，贸易争端事件此起彼伏，倾销与反倾销问题已成为国际经贸领域中不容忽视的焦点问题。为了便于问题研究的聚焦和深化，本书以反倾销发起国视角为反倾销政策实施效果评估研究的切入点，并基于全球反倾销政策背景，重点探讨反倾销政策实施效果的评估体系与实现方法，而对于反倾销目标国视角的相关内容本书没有涉及，并且对于其他贸易壁垒和非贸易壁垒等问题，本书不作具体研究。

1.1 反倾销调查现状及效果评估意义

自 1995 年世界贸易组织（World Trade Organization，WTO）成立以来，国际经济、贸易形势发生了深刻变化，开放的自由贸易在为各国经济带来机遇的同时，也带来了巨大的挑战。倾销，是指一国（或地区）生产商或出口商以低于其国内市场价格，或低于成本价格将其商品抛售到另一国（或地区）市场的不公平贸易行为，它能对进口国相关产业造成损害；反倾销是 WTO 允许对倾销产品实施的贸易救济措施，其作用在于保护进口国受损产业，维护市场公平竞争环境，限制或制止国外企业和产品的不正当竞争行为。在全球贸易自由化进程中，各国关税水平得以普遍下降，反倾销措施以其形式合法性及使用便捷性等特点，逐步成为世界各国用以维护国内产业安全、保持国际公平贸易秩序的重要政策工具。

1.1.1 全球反倾销调查现状及特征

随着经济全球化、信息化的迅速发展，世界各国之间的经济贸易往来越来越频繁，但与此同时国家之间的贸易摩擦也开始大量出现，贸易争端事件此起彼伏，已经成为国际化进程中不容忽视的问题。特别是金融危机发生后，国际经济增速减缓，全球范围内的贸易保护举措层出不穷，而在这其中，应用最频繁的就是反倾销措施。为了更加深入地探讨反倾销政策实施效果，本节首先对1995—2010 年全球反倾销实施的现状进行系统梳理，并在此基础上从产业分布视角分析反倾销政策实施特征。

1.1.1.1 全球反倾销发展态势

自 1995 年年初至 2010 年年底，全球发起反倾销调查共计 3 854 起，如图 1－1 所示。从图中可以看出，全球反倾销调查总数先升后降：1995—2001 年是 WTO 成立以来，全球反倾销调查发展的第一个阶段，这个时期全球反倾销调查数量陡增，虽然反倾销调查总数在 2000 年出现轻微波动，但总体仍然呈上升趋势；2001—2007 年是 WTO 成立以来，全球反倾销调查发展的第二个阶段，这个时期全球反倾销调查数量逐渐回落；2007 年以来是 WTO 成立以来全球反倾销调查发展的第三个阶段，这个时期全球反倾销调查数量略有回升后再次下降，新的贸易摩擦形式不断出现，特别是近年以来，反倾销、反补贴联动实施开始成

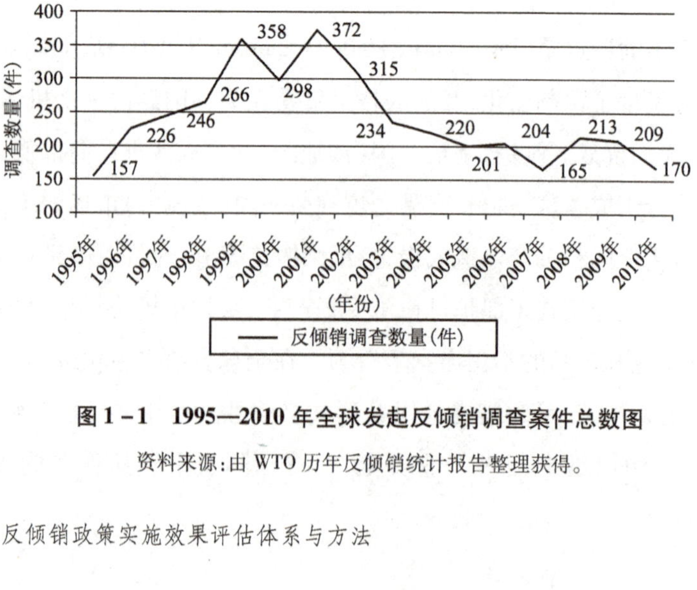

图 1－1 1995—2010 年全球发起反倾销调查案件总数图

资料来源：由 WTO 历年反倾销统计报告整理获得。

为贸易救济领域新的热点和重要政策工具。

20 世纪 70 年代，全球经济迅速发展，对外贸易开放程度与日俱增，经济贸易开放范围由以发达国家为主导，向发达国家和发展中国家共同参与逐步转变。20 世纪 90 年代中期，随着工业发展渐渐成熟和全球性生产过剩，世界经济陷入低增长状态，各国消费需求低迷。1995 年 WTO 成立之后，各国不得不开始履行乌拉圭回合谈判中所作的承诺，加大本国贸易自由化的力度，各种传统的贸易保护功能降低。在这种历史背景下，传统贸易保护手段已无法适应各国企业的发展现状，各国不得不寻求新的贸易保护手段，因此在 1995—2001 年，全球反倾销数量节节攀升。1995—2001 年，全球共发起反倾销调查 1 923 起，每年平均发生约 275 起，其中 2001 年发起反倾销调查比 1995 年增长了 136.94%。

进入 21 世纪，世界经济形势好转，经济全球化和贸易自由化继续深入，企业经营效益也不断上升，各国利益集团对贸易保护的要求大为减轻。各国承诺的乌拉圭回合贸易自由化义务已基本完成，企业经过一段时间的适应期之后，逐步融入全球化经济，众多企业到国外进行直接投资，因此对反倾销的需求逐渐降低。在此阶段，全球反倾销调查数从 2001 年的 372 起降为 2007 年的 165 起，一度达到了 1995 年反倾销调查数量的水平，是 1996 年以来的最低值；2002—2003 年，反倾销调查数量下降趋势明显，2003 年发起反倾销调查 234 起，比 2001 年下降了 37.1%；2003—2006 年，反倾销调查数下降趋于平缓，年平均发生反倾销调查数量约为 215 起。

反倾销调查在 2007—2010 年呈现的下降趋势并非是永久性下降，在 WTO 成立以来全球反倾销调查发展的第三个阶段，反倾销数量的周期性上升和下降是其最基本的规律和特征。2008 年全球金融危机影响深远，在各国家或地区大力寻求经济恢复与发展的关键时期，必然会出现新的贸易摩擦高发期；同时，多哈回合自 2001 年起开始进行多方多次回合谈判至今，其宗旨是促进世贸组织成员削减贸易壁垒，通过更公平的贸易环境来促进全球特别是较贫穷国家的经济发展。多哈回合结束后，各国将面临更大程度的市场开放，反倾销数量很可能还有上升趋势。

1.1.1.2 主要经济体视角下的全球反倾销态势

从全球发起反倾销调查主要经济体的视角来看,1995—2010 年的 15 年间,印度、美国和欧盟分别是发起反倾销调查数量居于全球前三位的国家及地区,其各年反倾销调查数量及整体趋势如图 1 - 2 所示。

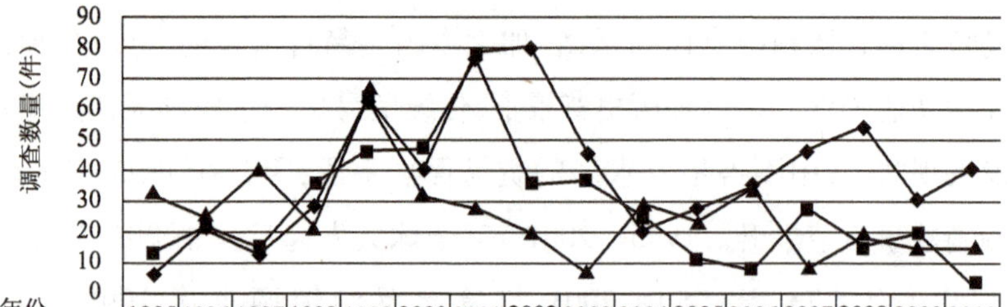

年份	1995	1996	1997	1998	1999	2000	2001	2002	2003	2004	2005	2006	2007	2008	2009	2010
印度	6	21	13	28	64	41	79	81	46	21	28	35	47	55	31	41
美国	14	22	15	36	47	47	77	35	37	26	12	8	28	16	20	3
欧盟	33	25	41	22	65	32	28	20	7	30	24	35	9	19	15	15

图 1 - 2 1995—2010 年全球主要经济体反倾销调查趋势图

资料来源:由 WTO 历年反倾销统计报告整理获得,本节图之资料来源均同此。

1995—2001 年,欧盟和美国是全球发起反倾销调查最为频繁,且数量最多的经济体,两者分别排名全球第 1 位和第 2 位。2002 年以后,作为全球最大的两个经济体和全球范围内最主要的进口国,欧盟和美国发起反倾销调查数量逐渐减少,占当期全球反倾销调查总数的比例也越来越小。

美国在 1995—2001 年反倾销调查数高速上升,从 1995 年的 14 起迅速增加到 2001 年的 77 起,这与全球发起反倾销调查数量的趋势刚好吻合,2001 年美国反倾销调查数量占全球比重为 20.70%;2001 年以后,美国发起反倾销调查数量总体呈下降趋势,并伴随着轻微的波动,其中 2007—2009 年,反倾销调查数量呈现一个小波峰,在此期间金融危机导致美国经济衰退,引发各经济主体对于反倾销的需求上升;2010 年美国反倾销数量达到历史最低,全年发起反倾销调查仅 3 起,占当年全球反倾销调查数量仅约 1.76%。

欧盟在 1995—1999 年反倾销调查数量出现几次较大波动,1999 年达到最高峰,发起反倾销调查 65 起,占当年全球反倾销调查总数的 18.16%,同时欧盟也是该年内全球发起反倾销调查数量最多的经济体；1999—2003 年，欧盟发起反倾销调查数量急剧下降，到 2003 年达到历史最低，仅为 7 起，占 2003 年全球发起反倾销调查数量的 2.99%，次低为 2007 年，欧盟发起反倾销调查 11 起，其他年份内欧盟反倾销调查一直处于波动状态。

印度现已取代了传统反倾销发起的主要发达经济体的位置，在 1995—2001 年成为全球反倾销调查数量最多的经济体，并且以其为代表的发展中国家逐步成为国际贸易摩擦的主角。印度发起反倾销调查从 1995 年的 6 起增加到 2002 年的 81 起，2002 年反倾销调查数占同年全球反倾销调查总数的 25.71%；2001—2004 年，印度发起的反倾销调查数量出现急速回落后，又在 2008 年出现新的增长，达 55 起，占当年全球反倾销调查总数的 25.82%。表 1 - 1 显示，无论反倾销调查数还是反倾销肯定性终裁数，印度都是占全球比例较高的国家，印度反倾销肯定性终裁案件比例达 70.96%。

表 1 - 1　1995—2010 年反倾销主要发起国（地区）肯定性终裁案件比例表

国家（地区）	反倾销调查		反倾销肯定性终裁		反倾销肯定性终裁占调查总数比例
	总数（起）	占全球比例	总数（起）	占全球比例	
印度	637	16.53%	452	18.06%	70.96%
美国	443	11.49%	301	12.03%	67.95%
欧盟	420	10.90%	271	10.83%	64.52%

资料来源：由 WTO 历年反倾销统计报告整理获得。

从遭遇反倾销调查的视角来看，中国是国际贸易舞台最关注的国家之一，曾连续多年成为反倾销指控的首要对象国（如图 1 - 3 所示）。由于 WTO 各成员方经济发展水平不均衡，为了减少不稳定和突发因素造成的经济衰退，WTO 允许采用例外条款抑制不公平竞争。正是这些适度保护条款给贸易保护主义提供了滋生的土壤，部分国家和地区充分享受自由裁量权，频繁使用反倾销措施，严重妨碍了正常的国际产业竞争。

1995—2010 年，中国累计遭遇全球反倾销调查总数为 804 起，占全球反倾销调查总量的 20.86%，成为全球第一大反倾销调查受害国，虽然遭受调查的数量每年有所波动，但总体呈上升趋势。2009 年，中国遭遇反倾销调查为 1995—

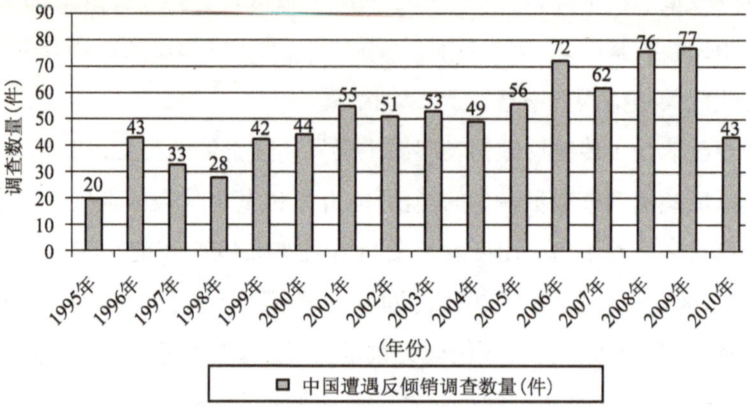

图1-3　1995—2010年中国遭遇反倾销调查趋势图

2010年的最高值，遭受调查77起，占同年全球反倾销调查总量的36.84%。全球金融危机后期，以反倾销措施为代表的传统贸易壁垒将长期继续存在并显现升级强化的趋势，中国出口贸易仍然面临严峻的考验。

1.1.1.3　全球反倾销调查产业分布特征

根据WTO产业类型划分标准，结合产业分布特征研究需要，将21类细分产业①大致归纳为四类，即资源密集型产业、劳动密集型产业、科技型产业和其他产业，如表1-2所示。资源密集型产业是在生产要素的投入中，需要使用较

① WTO对产业类型的划分标准如下：活动物，动物产品(I)；植物产品(II)；动、植物油、脂及其分解品，精制的食用油脂，动、植物蜡(III)；食品，饮料、酒及醋，烟草及烟草代用品的制品(IV)；矿产品(V)；化学工业及其相关工业的产品(VI)；塑料、橡胶及其制品(VII)；生皮、皮革、皮毛及其制品，鞍具及挽具，旅行用品、手提包及类似容器，动物肠线(蚕胶丝除外)制品(VIII)；木头及木制品，木炭，软木及软木制品，稻草、秸秆、针茅或其他编结材料制品，篮筐及柳条编结品(IX)；木浆及其他纤维状纤维素浆，回收(废碎)纸或纸板，纸、纸板及其制品(X)；纺织原料及纺织制品(XI)；鞋靴、帽类、雨伞、杖、鞭及其零件，已加工的羽毛及其制品，人造花，人发制品(XI)；石料、石膏、水泥、石棉、云母及类似材料的制品，陶瓷、玻璃及其制品(XIII)；天然或养殖类珍珠、宝石或半宝石、贵金属、包贵金属及其制品，仿首饰及硬币(XIV)；贱金属及贱金属制品(XV)；机器、机器器具、电气设备及其零件，录音机及放声机、电视图像、声音的录制和重放设备及其零件、附件(XVI)；陆用机动车辆、航空器、船舶及有关运输设备(XVII)；光学、照相、电影、计量、检验、医疗或外科用仪器及设备、精密仪器及设备，乐器，上述物品的零件、附件(XVIII)；武器和炸药(XIX)；家具、灯及照明装置、发光标志及活动房屋等，玩具、游戏及运动用品(XX)；艺术品、收藏品及古物类(XXI)。

多自然资源才能进行生产的产业；劳动密集型产业是一个相对范畴，一般来说，劳动密集型产业需要投入较多劳动力资源；科技型产业是技术含量较高，产品具有核心竞争力的产业。由于1995—2010年其他产业的反倾销调查总数为0，因此主要分析资源密集型产业、劳动密集型产业和科技型产业的反倾销调查情况。

表1-2　反倾销调查产业类型分类表

产业类型	产业类型代码
资源密集型产业	I，II，III，IV，V，VIII，IX，X，XIII，XV
劳动密集型产业	XI，XII，XIV，XX
科技型产业	VI，VII，XVI，XVII，XVIII
其他产业	XIX，XXI

资料来源：由WTO公布的产业分类整理获得。

如图1-4所示，根据产业细分标准，在1995—2010年，全球反倾销调查在贱金属及其制品产业最多，总计发起1 050起，占调查总数的27.24%，属于资源密集类产业；排名第二位的产业为化学工业及其相关工业的产品，总计796起，占调查总数的20.65%，属于科技型产业；排名第三位的产业为塑料及其制品和橡胶及其制品，总计500起，占调查总数的12.97%，属于科技类型产业；排名第四位的产业为机器、机器器具、电气设备及其零件，录音机及放声机、电视

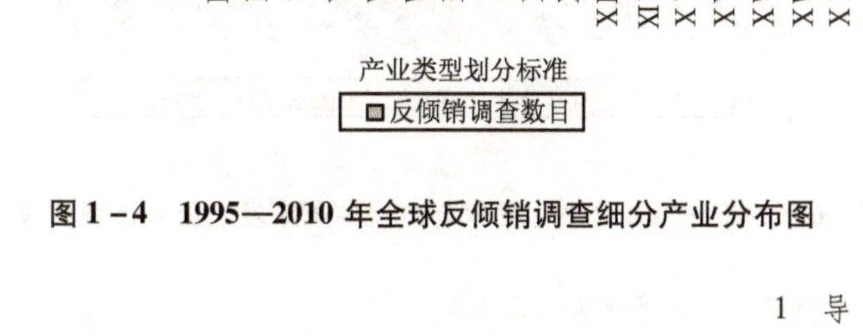

图1-4　1995—2010年全球反倾销调查细分产业分布图

图像、声音的录制和重放设备及其零件、附件，总计发起 341 起，占调查总数的 8.85%，属于科技型产业。

从产业大类分布来看，在 1995—2010 年，全球在资源密集型产业发起反倾销调查数总计 1 711 起，占反倾销调查总数的 44.40%；在科技型产业发起反倾销调查数目总计 1 723 起，占反倾销调查总数的 44.71%；在劳动密集型产业发起反倾销调查数目总计 420 起，占反倾销调查总数的 10.90%。由此可见，全球反倾销调查主要分布在科技型产业和资源密集型产业，如图 1－5 所示。

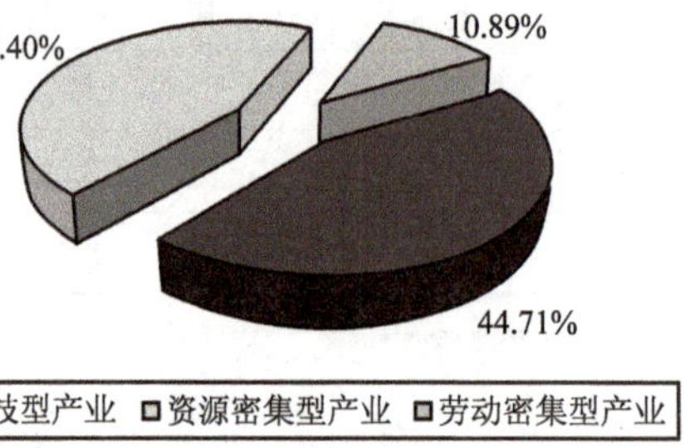

图 1－5　1995—2010 年全球反倾销调查产业大类分布图

1.1.1.4　发达国家与发展中国家的反倾销调查比较

1995 年以来，发展中国家成为反倾销调查主体的趋势已经十分明显，如图 1－6 和图 1－7 所示。1995—2010 年的 15 年间，仅有 1995 年和 1997 年发达国家发起反倾销调查数量超过了发展中国家反倾销调查总数。在这两年，发达国

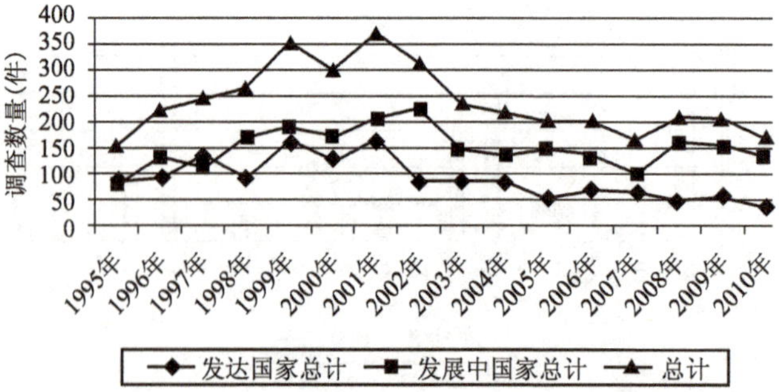

图 1－6　1995—2010 年发达国家与发展中国家发起反倾销调查数量图

家分别发起反倾销调查 82 起、137 起，占世界反倾销调查总量的 52.23% 和 55.69%。

图 1－6 显示，2002 年，发展中国家与发达国家反倾销调查的差距达到历史最高，发展中国家占全球发起反倾销调查总数达到 72.38%，成为绝对的反倾销调查经济主体。发达国家发起的反倾销数量在 1999 年达到高峰，该年度由发达国家发起的反倾销调查为 166 起，占当年全球反倾销调查总数的 46.37%；发展中国家发起的反倾销在 2002 年达到高峰，该年度由发展中国家发起的反倾销调查数量为 228 起，占当年反倾销调查总数的 72.38%。

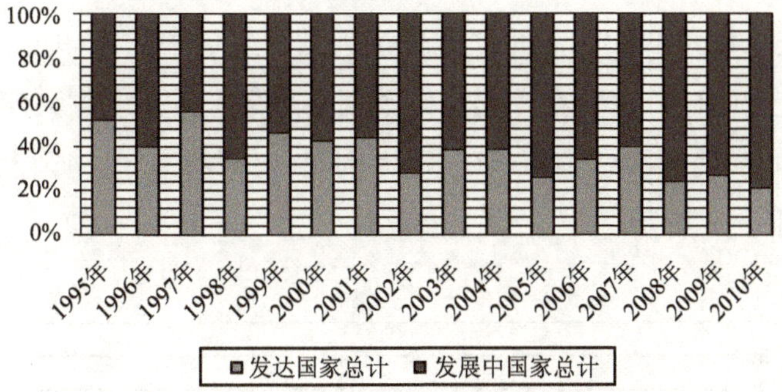

图 1－7　1995—2010 年发达国家与发展中国家发起反倾销调查比例图

图 1－7 显示了 1995—2010 年，发达国家及地区、发展中国家及地区发起的反倾销调查数量分别占当期全球反倾销调查总数的百分比。在此各年度中，发展中国家发起的反倾销调查数量占全球反倾销调查总数的百分比均保持在 40% 以上，并且整体保持上升趋势。1998 年起，发展中国家占全球反倾销调查总数的比例一直在 50% 以上。

1.1.2　中国发起反倾销调查现状及特征

经过长达 15 年的谈判，中国终于在 2001 年正式加入世界贸易组织（WTO）。根据《中华人民共和国入世议定书》及相关附属文件的规定，中国在加入世界贸易组织后，按照世界贸易组织要求的进度逐渐降低甚至取消了关税，对外进一步开放国内市场；同时，中国经济近年来快速发展，巨大的市场潜力引起了部分发达国家和发展中国家的密切关注，为了扩大在中国的市场份额，这些国家频频采取倾销手段，对中国国内同类产业造成了严重威胁和损害。出于抵制国外滥用反倾销措施的不公平贸易活动，同时遏制国外企业利用倾销阻碍产业竞争的目的，中国政府相关部门逐渐掌握并熟练运用反倾销政策措施，以通过合法途径维护我国正当的产业权益。为了进一步研究中国反倾销政策实施效果评估体系与方法，有必要先对中国 1995—2010 年发起反倾销调查的现状和特征作系统的回顾与梳理。

1.1.2.1 中国全球反倾销调查态势

相比许多发达国家，中国反倾销调查起步较晚，1995—1997 年没有发起反倾销调查。1998—2010 年，中国发起反倾销调查总数为 186 起，仅占全球发起反倾销调查总数的 4.83%。此项比例远远低于发展中国家印度（16.53%）和发达国家美国（11.49%），在发起反倾销调查总数全球排名中列第八位。前七位分别是印度、美国、欧盟、阿根廷、澳大利亚、巴西和南非，中国发起反倾销调查案件如图 1－8 所示。

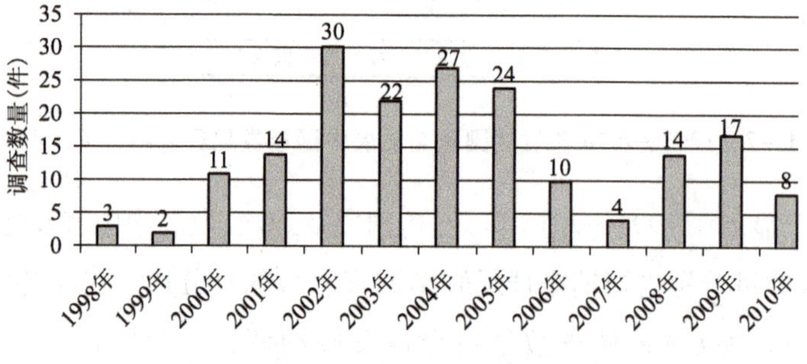

图 1－8 1998—2010 年中国发起反倾销调查案件数量趋势图

从中国发起反倾销调查案件的趋势来看，1998—2001 年是中国发起反倾销调查的第一个阶段，即加入 WTO 前期，中国年均发起反倾销调查数量仅为7.5件。中国于 2001 年加入 WTO 后，2002—2005 年进入发起反倾销调查的高峰期，这段时期中国年均发起反倾销调查数量为 25.75 件，年均比第一阶段约增加 18 件/年。这主要源于中国通过 1998—2001 年的反倾销调查实践，以及申请加入 WTO 过程中积累了丰富的经验，中国政府、学者和企业逐渐熟练掌握了反倾销调查的技巧和运用规律。此外,中国加入 WTO 后逐渐消减关税,加大对外经济贸易的开放力度,许多经济主体趁机采取倾销手段。为了保护我国国内同类产业的发展,我国开始重视运用非关税贸易政策工具。

2006—2010 年,中国发起反倾销调查的数量有所回落,年均发起反倾销调查数量为 10.6 起。第一,在这段时期中国经济总体快速发展,经济形势总体较好,特别是 2007 年开始爆发全球性金融危机,与其他主要经济体相比,中国经济形势存在比较优势,因而较之前发起反倾销调查数量有所回落;第二,加入 WTO 之后,中国通过几年的实践,逐渐适应了世界总体经济竞争格局,在全球经济贸易格局中竞争力稳步上升;第三,随着贸易政策工具的发展和演进,其他贸易救济手段如反补贴、保障措施和技术性贸易壁垒的使用增多,并且有联动化、组合化运用的发展趋势,相应反倾销调查数量会有所减少。

1.1.2.2 中国反倾销调查主要经济体对象

1998—2010 年,中国共向 26 个经济体发起 186 起反倾销调查,其中发起反倾销调查的发达经济体数目为 12 个,占中国反倾销调查总数的 46%;发展中经济体数目为 14 个,占中国反倾销调查经济体总数的 54%,如图 1-9 所示。中国向发达经济体发起反倾销调查数目共计 123 起,占中国反倾销调查总数的 66%,向发展中经济体发起反倾销调查数目为 63 起,占中国反倾销调查总数的 34%,如图 1-10 所示。

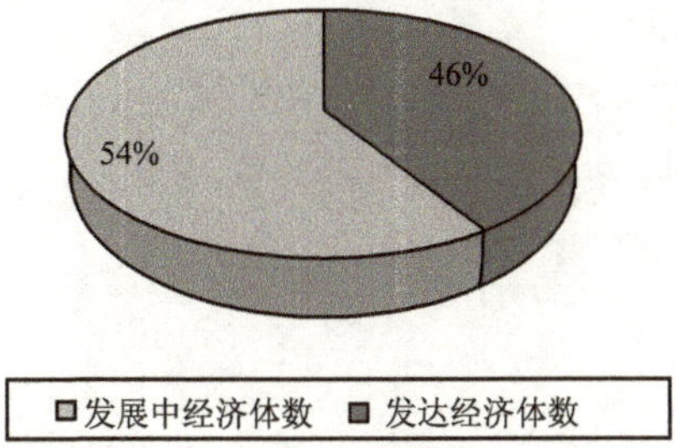

图 1-9 中国反倾销调查主要经济体数量对比图

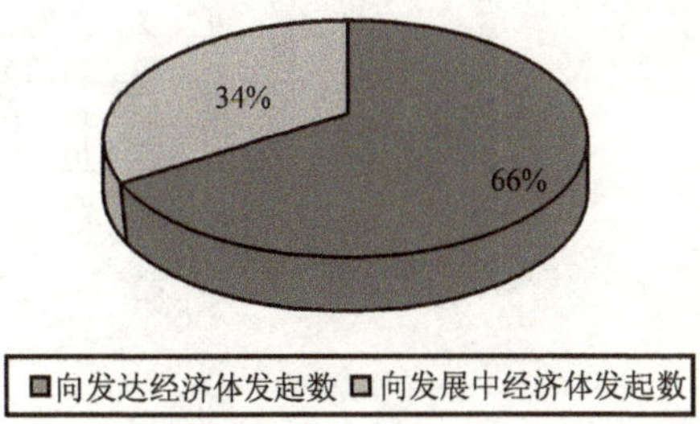

图 1-10 中国反倾销调查项目数对比图

1995—2010 年,中国发起反倾销调查数排名前四位的被调查发达经济体为美国、日本、韩国和欧盟,分别向其发起反倾销调查 32 起、31 起、31 起和 15 起,如图 1 - 11 所示。中国发起反倾销调查数目排名前列的被调查发展中经济体为中国台湾地区、俄罗斯、新加坡、德国和印度尼西亚,分别向其发起反倾销调查 16 起、11 起、6 起、5 起和 5 起,如图 1 - 12 所示。

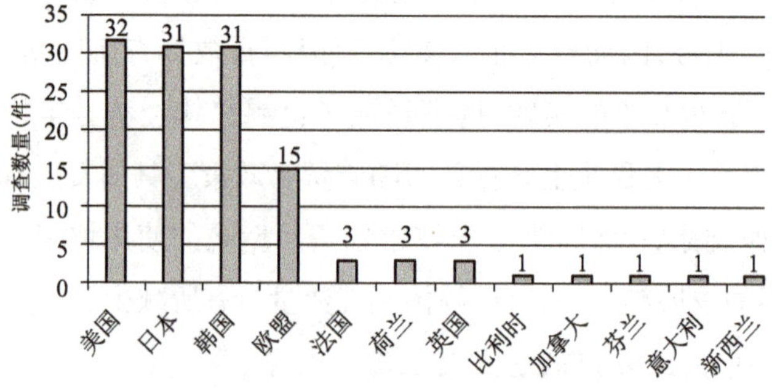

图 1 - 11　中国向各发达经济体发起反倾销调查图

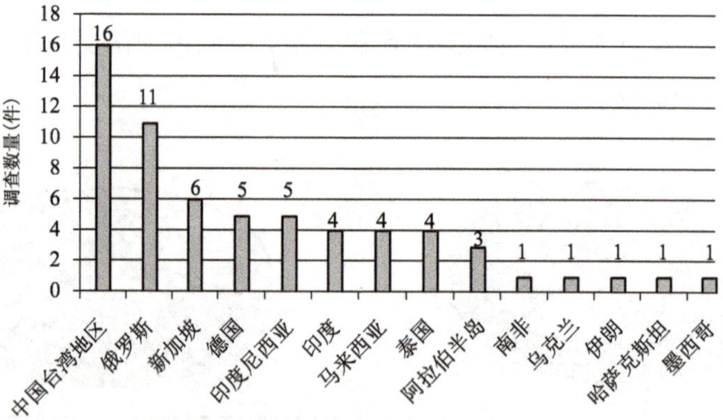

图 1 - 12　中国向各发展中经济体发起反倾销调查图

1.1.2.3　中国反倾销调查产业分布特征

根据 WTO 公布的统计数据,中国目前发起反倾销调查的涉案产业共计 12 个,中国还尚未在 III、VIII、IX、XII、XIII、XIV 和 XX 类产业中发起过反倾销调查。1995—2010 年，中国总共发起反倾销调查数目为 186 起，在发起反倾销调查的产业中，数目最多的为化学工业及其相关工业的产品，总计 105 起，占中国反倾销调查总数的 56.45%，属于科技型产业；排名第二位的产业为塑料及其制品，橡胶及其制品，总计 39 起，占中国反倾销调查总数的 20.97%，为科技型产业；排名第三位的产业为木浆及其他纤维状纤维素浆，回收（废碎）纸或纸板，纸、纸板及其制品，总计 12 起，占中国反倾销调查总数的 6.45%，属于资源密集型产业；排名第四位的是贱金属及其制品，总计 11 起，占中国反倾销调查总数的 5.91%，属于资源密集型产业，中国发起反倾销调查各产业分布如图 1－13 所示。

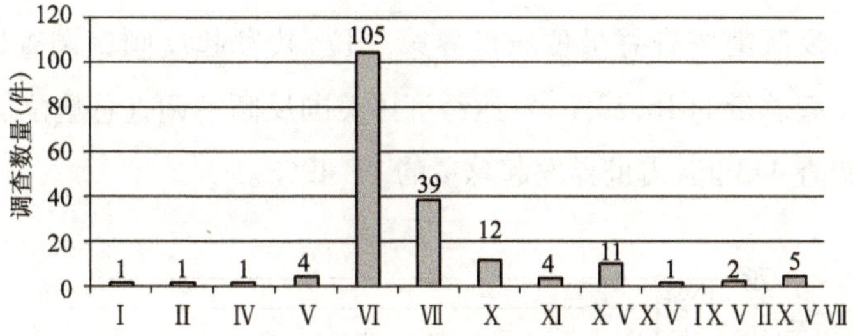

图 1－13　1995—2010 年中国反倾销调查总数在各产业分布图

从产业大类分布来看，1995—2010 年，中国在资源密集型产业发起反倾销调查数目总计 30 起，占中国反倾销调查总数的 16.13%；在科技型产业发起反倾销调查数目总计 152 起，占中国反倾销调查总数的 81.72%；在劳动密集型产业发起反倾销调查数目总计 4 起，占中国反倾销调查总数的 2.15%，如图 1－14 所示。由此可见，中国特别关注对科技型产业实施反倾销调查，注重对国内科技型产业进行保护。

1.1.2.4　中国与其他主要经济体发起反倾销比较

1995—2010 年，全球发起反倾销调查总数排前八位的经济体中，本节选择印度、美国、欧盟、阿根廷、澳大利亚、巴西、南非和中国为样本进行比较分析。各经济体反倾销调查总数目如图 1－15 所示，其中，中国发起反倾销调查总量位居世界第八位，总共发起 186 起，占世界发起总量的 4.83%，而同是发展中经

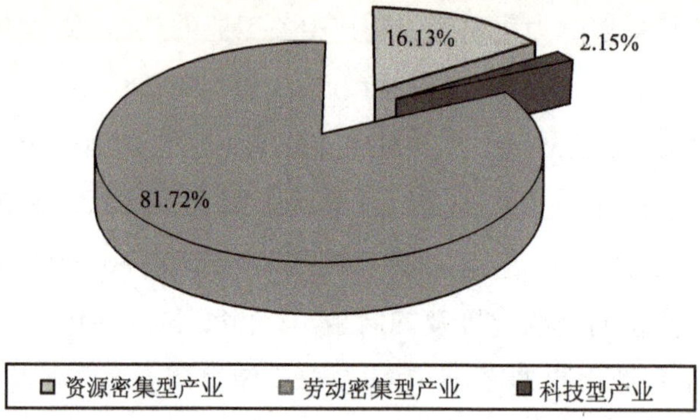

图 1-14　1995—2010 年中国反倾销调查总数产业大类分布比例图

济体的印度，反倾销调查总量位居世界第一位，共发起反倾销调查数量为 637 起，占世界发起总量的 16.53%；发达经济体美国反倾销调查总量位居世界第二位，共发起调查 443 起，占世界发起总量的 11.49%。

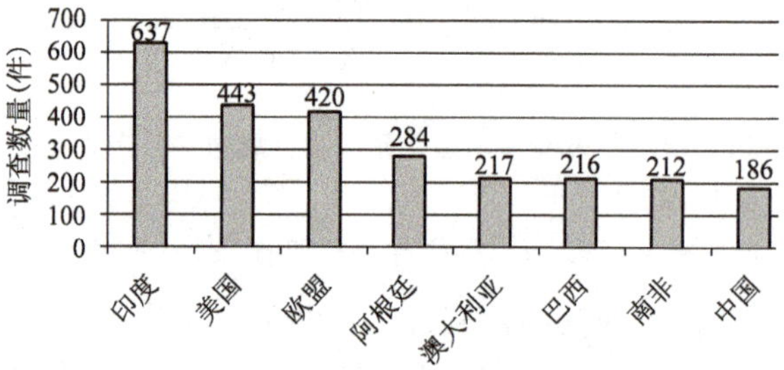

图 1-15　中国与其他主要经济体发起反倾销调查数量的比较图

1995—2010 年，全球反倾销调查获得肯定性裁决，即最终征收反倾销税的案件数量来看，中国反倾销措施肯定性裁决总量位居世界第五位，总共为 145 项，占全球反倾销措施肯定性裁决总数的 5.79%，如图 1-16 所示；印度反倾销措施肯定性裁决 452 起，占全球反倾销措施肯定性裁决总数的 18.06%；美国为 301 起，占全球总数的 12.03%。根据统计，在所选的主要反倾销经济体中，中国是反倾销措施肯定性裁决比例最高的国家，如图 1-17 所示，1995—2010 年，中国反倾销措施肯定性裁决达到 77.96%。中国反倾销措施肯定性终裁能够及

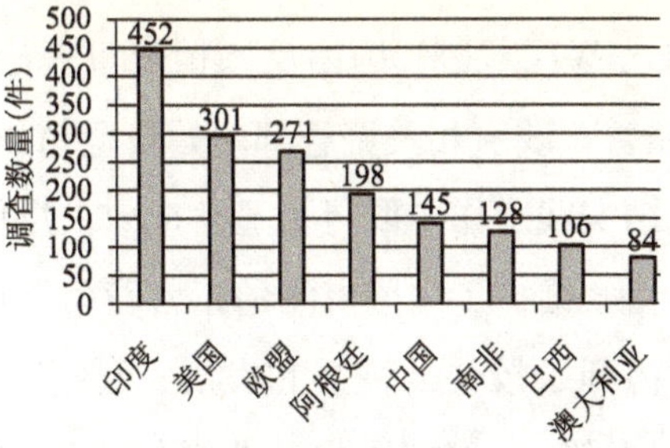

图 1-16　中国与其他主要经济体反倾销肯定性裁决数量比较图

时保护我国国内产业的安全,为其提供恢复、发展和提高竞争力的缓冲期,而在反倾销案件中,中国调查机关得出的无损害结案裁定,也充分证明了我国反倾销诉讼程序日趋规范,能够依据 WTO 和中国法律的规定,客观、公正地处理国际贸易摩擦。反倾销措施肯定性裁决比例次高的是印度,肯定性裁决比例为 70.96%,澳大利亚和巴西反倾销肯定性裁决比例较低,分别为 38.71% 和 49.07%,而其他主要发达经济体则保持着较高的成功率水平。

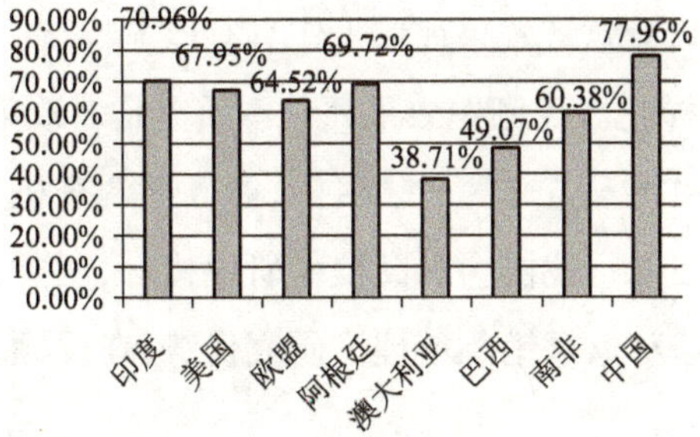

图 1-17　中国反倾销肯定性裁决比例与主要反倾销调查经济体比较图

1.1.3　反倾销政策效果评估现实意义

从全球反倾销调查的现状可以看出,长期以来,部分发达或发展中经济体频频采取倾销手段,对我国国内同类产业造成严重威胁和损害。为了抵制国外不公平贸易活动,通过合法途径维护我国正当的产业权益,中国政府相关部门逐渐掌握并熟练运用反倾销政策措施。

1.1.3.1 我国反倾销政策效果评估特点

自2001年中国加入WTO以来,国内反倾销政策理论体系不断发展,反倾销贸易救济机制逐步完善。政府相关调查部门始终坚持以WTO"公平贸易"为基本准则,在中国反倾销实践工作中取得了显著成效。反倾销政策措施打击了国外商品的持续倾销行为,维护了中国市场的正常竞争和国内受损产业的合法利益,使国内受损产业得到了较快的恢复和发展;反倾销政策措施促进了中国的产业结构调整和技术升级,在增加国内就业岗位、保证社会和谐稳定等方面都具有积极的作用。

中国反倾销措施实践经验日趋丰富,而随着对外反倾销案件数量的增加和案件阶段性进展的要求,中国对外反倾销政策实施效果亟待研究与总结。一方面,尽管中国在诸多行业已经采取了反倾销措施,但未对救济效果进行有效跟踪和评估,缺乏对措施实施后国内产业经济状态恢复标准的衡量,无法为未来反倾销政策措施的制定和完善提供理论支持;另一方面,中国早期采取的反倾销案件日落复审期限在即,只有对反倾销政策实施效果进行全面、综合的评估,才能为日落复审后应当继续维持或是取消反倾销政策措施提供判别依据,中国目前进行的反倾销政策救济效果评估工作具有以下特点。

1. 评估主体多样化。反倾销效果评估本质上是对政策效果的全过程评估,所以评估工作一般由第三方来完成。目前,商务部调查机关选择的评估单位主要为各涉案产业所在的行业协会和高校科研机构等,两类评估主体分别拥有调查数据便捷获取优势和反倾销领域理论研究优势,在反倾销救济效果评估中能够相互借鉴、取长补短。

2. 评估过程数据化。由于反倾销政策措施对涉案或非涉案的国外企业、中国国内产业以及相关利益群体都有重要影响作用,因此在分析反倾销政策救济效果时,已经进行的评估都毫无例外地讲求以真实行业数据和各微观经济指标数据来说明问题,客观、全面地反映案件涉及利益主体在反倾销措施实施后所发生的变化。

3. 评估方法多样化。在反倾销政策实施效果评估过程中,行业协会一般注重从行业发展角度出发,通过对比反倾销政策措施实施前后的整个产业各微观经济指标来揭示反倾销政策的救济效果;而高校及科研机构则一般注重运用实地调查获得的微观数据进行定量化处理,强调从多角度看待反倾销政策措施的救济效果。此外,各高校及科研机构受专业知识所限,评估的重点与形式、评估的模型和步骤也不尽相同。

1.1.3.2　我国反倾销政策效果评估意义

虽然中国商务部反倾销调查机关已开始对涤纶短纤、聚酯纤维等早期反倾销案件实施效果进行初步评估,但是受到评估理论与方法的制约,评估效果并不理想,评估主体对反倾销救济效果认识不同、定量化评估方法匮乏、涉案产业数据统计口径相异等问题直接制约了中国反倾销救济效果评估工作的进一步展开,为此,加强对反倾销政策实施效果评估理论与方法的研究成为学术界与实践界共同关注的科学问题。

从理论层面来看,反倾销政策实施效果评估涉及公共政策、产业政策、贸易政策等多领域,是充满科学性和系统性的复杂问题。现阶段,国内外关于反倾销政策对进口国经济影响作用的研究颇为丰厚,例如反倾销措施贸易转移效应、投资跨越效应、继发性保护效应等已得到学术界的普遍公认,但对于反倾销政策的实施效果还未引起足够重视,反倾销政策评估模式、过程和方法技术仍需深入探索与研究。

从实践角度来看,根据 WTO《反倾销协议》的规定,反倾销税的征收遵循“税率从轻”原则,即进口国政府应当征收足以弥补国内产业损害的反倾销税,然而由于受到公共政策效果评估条件的限制,调查机关无法对反倾销措施是否有效弥补了国内产业损害,还是形成了“变相贸易保护”模式作出合理判断,因此,对反倾销救济效果评估方法进行研究是中国反倾销调查机关解决自身实际问题的必然要求。

综上所述,国内反倾销政策实施效果评估尚处于初创探索阶段,反倾销政策评估理论研究现已远远滞后于反倾销实践发展。对于中国政府相关调查部门而言,应该对反倾销政策实施效果的内涵进行全新审视,在明确反倾销政策在国际经济贸易形势、国内产业结构升级、上下游产业链发展及整个国家公共利益影响作用的基础上,对反倾销政策实施效果进行系统、全面的评估,从而为未来中国反倾销相关政策的修订完善和政府调查机关反倾销实践工作提供理论参考和决策支持。

1.2 反倾销政策评估文献综述

从全球反倾销实践来看，反倾销政策会对进口国及出口国的经济、贸易等多方面产生影响。由于反倾销政策效果包含在反倾销影响效应范围内，因此本节首先对反倾销影响效应相关研究成果进行综述，并在反倾销影响作用内涵及外延研究的基础上，对现有反倾销救济效果评估方法进行概括和总结。

1.2.1 反倾销影响效应研究

根据现阶段国内外已有研究成果，反倾销政策措施的影响效应主要体现在对全球进口贸易、国内相关竞争产业、企业战略行为、进口国综合福利影响四个方面。

1.2.1.1 反倾销贸易救济效应

反倾销政策措施对贸易的影响效应主要包括贸易限制效应（Trade Destruction）和贸易转移效应（Trade Diversion）。贸易限制效应体现在反倾销政策提高了倾销产品的进口价格，进而减少了涉案国的进口量和进口额。托马斯（Thomas，1996）对美国反倾销数据进行实证分析，得出反倾销贸易破坏效果明显，反倾销申诉一旦发起，则目标国进口贸易量急剧下降，即使最终不征收反倾销税，反倾销调查效应（Harassment Effect）带来的负面影响仍然存在。贡纳（Gunnar，2003），沈瑶、王继柯（2004），普提萨沃（Bodhisattva，2005），哈克和马里奇奥（Hylke & Maurizio，2007）分别使用印度、中国、墨西哥等发展中国家的反倾销数据对贸易影响效应进行了实证研究，同样得出反倾销政策措施对涉案国贸易具有限制作用，贸易量和贸易额均大幅降低的结论。

基于国际市场机制作用，反倾销除了对涉案国的贸易产生直接影响外，也会对非涉案国的贸易产生间接影响，即发生贸易转移效应。卡多琳和苏珊（Corinne & Susan，2002）就反倾销对指控对象国、非指控对象国和总体进口贸易的影响进行回归分析，证实了美国反倾销中贸易转移效应的存在。哈克、约瑟夫和琳达（Hylke, Jozef & Linda, 2001）利用欧盟反倾销调查案件9年的观测数据（立案前2年、立案当年和立案后6年）进行面板回归分析，发现欧盟反倾销贸易转移效应不如美国显著，但在市场集中度较高的行业，贸易转移效果足以抵消反倾销措施提供的保护。普提萨沃（Bodhisattva, 2005）研究指出印度反倾销措施也存在贸易转移效应，一定程度上会削弱反倾销的保护效果。胡麦秀、严明义（2005）以中国出口欧盟的彩电数据为样本，实证得出反倾销措施使得中国对欧盟出口量大幅下降后转移到美国等其他国家和地区。鲍晓华（2007）以中国反倾销案例为样本，利用计量模型研究得出反倾销税限制了涉案国进口贸易，即使是无损害结案仍然对涉案国贸易有重要影响，涉案国与非涉案国之间存在贸易转移效应，并且反倾销税率越高，转移效应越明显。但有学者指出贸易转移效应并不是绝对的，李世勇与君尚和（Shi & Sung, 2002）指出非涉案国不一定在反倾销调查后增加对美国的出口，有时为了避免被反倾销指控甚至会减少出口。贡纳（Gunnar, 2003）研究了墨西哥早期的反倾销调查案件，但未发现明显的贸易转移效应。

综上所述，对于反倾销政策贸易影响效应的研究，国内外比较统一，主要针对反倾销措施的贸易限制效应和转移效应展开分析；国外研究由于数据可获取性高，通过实证方法得出的结论较有说服力，而国内具有广泛影响力的定量研究成果相对较少。

1.2.1.2 反倾销产业影响效应

反倾销措施对产业直接救济效应的研究方法较多，陈坤铭（2000）采用资本市场事件研究法（Capital Market Event Study Methodology），分析反倾销措施对我国台湾钢铁产业及下游产业的影响效果，并利用股票日报酬率数据进行广义自回归条件异方差模型（GARCH）估计，结果表明反倾销措施对当地厂商产生了明显保护效果。约瑟夫和哈克（Jozef & Hylke, 2003）以欧盟反倾销涉案企业数据为样本，采用罗格（ROEGER）法，通过实证研究得出欧盟反倾销保护对于进口竞争企业的价格增长具有显著积极影响。刘蕾、何海燕、常明（2008）定性描述了反倾销对中国经济的影响，认为实施反倾销要综合权衡各方利益。杨悦、何海燕（2008）应用时间序列和多元回归组合模型，预测反倾销对产业价格指数变化的影响，并依据产业价格指数变化考察了反倾销的产业影响效应。陈振凤、何海燕（2008，2010）从会计学角度对反倾销政策产业影响效应进行分析，呼吁会计界在会计准则国际化协调方面充分考虑反倾销的影响。苏振东、刘芳、严敏（2009，2010）构建动态面板数据计量模型对中国反倾销救济效果进行定量评估，结果表明尽管存在投资跨越效应和贸易转移效应，但是反倾销对中国相关进口竞争产业的救济效果仍然显著。约瑟夫和哈克（Jozef & Hylke，2009）利用双重差分计量方法（Dif-in-Dif）评估反倾销措施对受保护产业出口的影响，得出当反倾销措施提高受保护市场份额的5%时，就会对相似产品的出口产生负面影响。向洪金、赖明勇（2010）基于局部均衡（COMPAS）模型，利用铜版纸案例数据对中国反倾销措施产业救济效果进行了实证研究表明，反倾销措施使中国国产铜版纸产量上涨、产品价格回升、全行业收益增加。

部分学者研究了反倾销政策措施对关联产业的影响效应。产业链中的上游产业获得反倾销保护会对下游福利产生不利影响，引发继发性贸易保护。卡多琳和苏珊（Corinne & Susan，2002）通过美国反倾销案件实证研究得出，上游产业反倾销会对下游产业产生负面影响，对涉案国上游产业出口量产生不利影响，对非涉案国产品出口量产生积极影响。朱钟棣、鲍晓华和刘向丽、魏馨（2004，2010）分别以中国化工行业为例，利用投入产出价格模型分析得出，化工行业征收反倾销税对中间产品以及最终产品都具有关联影响。詹姆斯（James，2005）建立修整COMPAS模型比较在没有考虑上下游影响和考虑上下游影响两种情况下反倾销措施对美国平卷钢市场的影响，研究得出在考虑影响时，反倾销措施使得国内产业的产品数量和价格提高更大的幅度。寇琳（2006）以9个反倾销案件上下游产业的产量数据为统计样本，建立联立方程组，使用两阶段最小二乘估计方法研究了反倾销措施在反倾销立案、初裁及终裁不同阶段对上下游产业产生的关联影响。

综上所述，由于反倾销涉案产品的直接相关产业数据获取难度较大，且反映国内产业状况的指标较多而不集中，因此相对于反倾销措施贸易救济效应研究而言，反倾销产业影响效应的实证研究成果较少。

1.2.1.3 反倾销对企业战略行为影响效应

面临倾销与反倾销威胁，申诉企业和应诉企业都会作出行为反应，因此反倾销措施对企业的战略行为具有较大影响。企业选择参与反倾销诉讼的博弈与其他寻租和公共产品的博弈类似，关于企业战略行为影响的博弈研究内容非常丰富。

反倾销威胁会使国内外企业达成妥协以追求合作的均衡。托马斯(Thomas,1992)构建了基于价格竞争的讨价还价模型，表明反倾销威胁导致国外厂商倾向于与国内厂商达成价格协议，形成默契合谋(Tacit Collusion)。马里奇奥(Maurizio,2000)通过进口国与出口国厂商两阶段动态伯特兰(Bertrand)博弈模型，对双方在反倾销诉讼后的策略选择进行分析，得出讨价还价能力相当时，撤销申请的可能性与协调成本负相关，而成本相同时，国内产业讨价还价能力越低，达成协议或撤销指控的可能性越大。布鲁斯和查德(Bruce & Chad,2003)指出国内企业由于害怕受到报复性威胁，会采取不发起反倾销措施以能够与国外企业达成合作协议。阿尔伯达和沃特(Alberto & Wouter,2005)分析反倾销威胁对于世界福利的影响时指出，为了避免陷入囚徒困境，报复性威胁使得进口国不会轻易采取反倾销措施。总体看来，进口国企业和出口国企业在面临反倾销诉讼威胁时会选择相互合作以免两败俱伤。

反倾销诉讼促使出口国国内企业更倾向于通过降价或游说方式，以取得更利于自己的裁决结果。瑞因霍德(Reinhilde,1999)认为反倾销行为对欧盟卡特尔存在反竞争还是促进竞争，主要取决于国内外企业的成本不对称以及反倾销调查机关所倾向的利益群体。布鲁斯和杰翔(Bruce & Jee-Hyeong,2001)研究不确定情况下出口企业的动态定价问题表明，采取肯定性反倾销措施时，出口企业倾销与进口国的反倾销税在一段时间内将不断增加直至达到静态均衡；而在反倾销措施不确定的情况下，出口企业会根据具体情况对定价策略进行调整。杨仕辉、王红玲(2001)建立两阶段的倾销与反倾销动态博弈模型，探讨了反倾销政策对国际竞争的影响和对进口国产业的激励作用，分析了反倾销策略对国家福利的影响。随后，杨仕辉(2005)又在上述研究的基础上假定企业遵循古诺竞争，分析了反倾销对企业产量、利润及国际市场价格方面的影响。

进口国非诉讼企业面临反倾销调查时,常采取"搭便车"策略。詹姆斯和泰德(James & Ted,2004)利用非完全信息的博弈模型研究指出,当国内企业发起诉讼申请时,其他企业认为支持诉讼会导致更高的信息泄露成本时会选择拒绝支持诉讼;若企业认为支持诉讼会向国外企业传递自己处于弱势地位的信息,对与国外企业的竞争产生不利影响时也会选择不支持诉讼。卡若(Kara,2004)发现由于美国国内其他企业均能通过免费"搭便车"而从反倾销措施中获益,从而使支持反倾销诉讼的企业增多。企业数目是美国调查机关衡量国内产业受损的重要指标之一,因此"搭便车"行为将会严重影响反倾销案件的裁决结果。冯巨章(2005)对整体与个体决策最优化时企业的策略选择比较发现,出口规模大和优势明显的企业更趋向于提起诉讼,而其他小企业则趋向于"搭便车",小企业的这种策略行为不但节省诉讼成本,还可以免费享受大企业诉讼所带来的好处。

为了规避反倾销的不利影响,涉案国企业会在直接出口和跨国直接投资(FDI)之间作出行为策略选择。布鲁斯(Bruce,2002)对美国反倾销案件研究表明,反倾销税对 FDI 具有显著影响,但 FDI 只是发达国家跨国公司面对反倾销税时所作出的现实选择,而发展中国家的涉案企业更倾向于向世贸组织申请仲裁。迪莉娅(Delia,2004)认为在缺乏技术溢出的情况下,反倾销税引致的 FDI 会使进口国所获福利高于自由贸易所带来的福利;而在技术溢出效应正向的情况下,贸易保护会对最具竞争力的企业更具吸引力。焦知岳、冯宗宪(2008)通过双寡头垄断模型分析得出,国内进口竞争企业申请反倾销贸易保护的努力程度能够促进或限制外国直接投资进入;当外国企业面临内生性贸易保护时,会在实施保护阶段前战略性地改变出口策略。沈国兵(2011)基于分工模式和实证分析探究了美国对华反倾销对中国内向和外向 FDI 的影响。研究表明虽然美国对中国产品反倾销呈增加态势,但是中国企业并没有积极地采取对美直接投资的方式来规避反倾销壁垒,而是选择避税地进行外向 FDI,这种对外直接投资格局很难形成中国的产业发展模式。综上所述,涉案国企业的 FDI 行为选择尽管跨越了反倾销措施,对反倾销的保护效果产生一定的负面影响,但是 FDI 能够增加就业机会和带来技术进步,对进口国福利改善具有积极作用。

1.2.1.4 反倾销对进口国福利影响效应

由于国民经济各部门之间具有高度关联性，反倾销政策措施会对所有利益相关者产生影响。布鲁斯和斯蒂芬（Bruce & Stephen，2002）使用加权最小二乘法（WLS）考察美国对加拿大钢铁产品实施反倾销前后产品价格的变化情况，发现反倾销税被转嫁给了消费者，而且消费者福利损失越大的行业越容易引发继发性反倾销行为。朱钟棣、鲍晓华（2004）利用投入产出表分析了中国化工行业反倾销税对国民经济的关联影响，研究证明化工产品反倾销税会传递到下游产业，因此反倾销措施执行中应当关注包括下游产业利益在内的公共利益。魏瑶、雷良海（2007）将反倾销福利影响效应划分为直接静态福利效应和间接动态福利效应，指出反倾销虽然提高了生产者剩余和政府财政收入，但无法弥补消费者的福利损失，从而使得社会整体福利受损；并且，反倾销的传递效应、投资跨越效应以及进口国的国家类型决定了反倾销措施所带来的动态福利的不确定性。

由上述反倾销政策措施影响效应研究综述可以看出，反倾销措施救济效果影响范围十分广泛，从不同角度进行影响效应研究会得出不同的结论，这也是造成反倾销政策实施效果评估工作中，对于反倾销措施具体影响效应模糊不清的根本原因。为解决这一问题，书中下文将基于反倾销政策实施效果评估工作视角，对反倾销政策作用过程中产生的多方影响效应进行梳理与界定。

1.2.2 反倾销政策评估方法研究

本节基于公共政策视角对反倾销实施效果评估方法进行研究。反倾销作为贸易保护政策，其评估本身具备政策评估的特点，鉴于倾销影响评估与反倾销政策效果评估具有相通之处，并且倾销影响评估研究成果丰富，研究结论较为成熟，因此结合一般性政策效果评估方法对倾销影响评估进行梳理和总结，能够为反倾销政策实施效果评估体系的建立和评估方法的选择提供借鉴。

1.2.2.1 一般性政策评估方法

政策评估是公共政策学的重要内容，随着各国政府越来越重视公共政策，政策评估方法不断涌现。国外政策效果评估定量化研究起步较早，且理论发展相对成熟，主要包括选择修正法（Heckman Selection Method）、双重差分法

(Difference-in-Differences Method)、关联匹配法(Matching Method)及前后对比法(Before-After Comparative Method)等。在早期政策评估研究的基础上,赫克曼(Heckman,1997,1998)提出局部回归匹配法对回归调整匹配方法进行完善,并总结了匹配法中各种常用的匹配策略。与此同时,德赫贾与沃赫柏(Dehejia & Wahba,1999,2002)提出分层匹配法,埃勒克斯和贾斯吉特(Alexis & Jasjeet,2005)提出基因匹配法,对公共政策定量化评估方法予以补充,赫克曼(Heckman,2003)在放松传统选择修正法的假设条件后,结合联系函数提出了扩展的选择修正法。

随着中国政府对公共政策效果评估需求的增长,政策效果评估领域的研究成果近年来逐步增多。政策效果定量化评估方法主要包括政策前后对比法、投射实施后对比法、政策有无对比法、控制对象—实验对象对比法、双重差分法、成本收益分析法、统计抽样法、成本效能分析法、模糊评价分析法等。在实践应用中,周黎安、陈烨(2005)利用税费改革分地区推进的特征,借鉴双重差分模型对农村税费改革的效果进行了系统的研究。李淑艳(2006)使用政策前后对比分析法、机会成本分析法、控制对象—实验对象对比法等方法对贵州省退耕还林政策效果进行评估,获得了客观的定量性结论。朱宁宁、朱建军(2008)基于自然实验和双重差分模型,对建筑节能政策的实施效果进行了定量评价。刘诚(2009)采用多目标综合评估方法对中国退耕还林政策进行了系统性评估。罗凯、王弟海(2010)通过建立适应中国大型开放经济特征的扩展型蒙代尔·弗莱明模型,并结合乘数理论进行分析,证明发放消费券可以有效提高消费、促进经济增长和增加就业,同时也会引起利率、物价水平和实际汇率的上涨,并对投资和出口的增长产生抑制作用,使经济结构得到优化。

综上所述,目前中国政策效果评估研究主要集中于环境政策和产业政策方面,政策效果评估方法根据评估关注角度的变化而不同。同时,由于基础数据匮乏,关于政策效果的量化评估还存在模糊性和不确定性,综合性量化评估研究相对更少。

1.2.2.2 倾销影响评估方法

根据 WTO《反倾销协议》有关条款的规定,各成员方采取反倾销措施时必须满足三个基本条件，即倾销事实、实质性损害以及两者之间的因果关系，其中倾销造成的产业损害测度以及与倾销因果关系的验证是反倾销措施实施中的难点。为此，学术界和实务界对倾销影响的评估方法进行了广泛而深入的研究和实践。

1. 趋势分析法。趋势分析法又称两阶段法，凯利和马克瑞（Kelly & Morkre，2006）将产业损害的确定分成两个步骤：第一步调查本国产业是否受到实质性损害，第二步确定产业损害是否由倾销等非公平贸易因素引起。何海燕（2003）认为，调查时要首先确定能够反映调查期内国内产业发展状况的指标和因素，对其在调查期内的绝对量和相对量变化发展作趋势变动分析，以认定国内产业受到损害；同时对调查期内影响国内产业变化趋势的其他因素进行调查，包括消费模式变化、经营管理变化、贸易政策变化、技术情况等，若调查机关能够排除以上因素对国内企业在反倾销调查期内的影响，就可以认定其损害与国外企业倾销行为之间存在因果关系。趋势分析法通过观测有关行业的产出、就业以及产品价格等指标的变化情况来确定倾销对产业的损害程度，其调查结果带有很大主观性。

2. 指标体系评估法。指标体系评估法源于反倾销协议列举了15个产业损害考察指标，但是对于如何度量指标并未作出明确说明，为此，国内学者对指标体系综合评估方法的研究作出了主要贡献。何海燕（2003）首次构建了多层次产业损害评估指标体系，并对倾销与非倾销因素、定性与定量指标进行了综合考虑，此后学者纷纷在此基础上进行扩展研究。王明明、隋伟莹（2004）、寇琳（2005）利用多层模糊综合评判方法，构建了产业损害及损害程度的判定模型。姜国庆、凡刚领（2004）利用相关矩阵方法对消除指标体系中不同指标之间的相关性问题进行了研究。常明、何海燕（2007）探讨了反倾销中产业损害测算指标体系构建以及相关性的消除问题。指标体系评估法是定量与定性相结合的方法，在一定程度上能够弥补两分法的不足，通过对各指标变化的综合评估得出定量化结论，但评估结论的准确性仍不确定。

3. 反事实分析法。反事实分析法根据微观经济学的供需理论，考察进口产品价格变化对进出口国相关产业产出、价格以及收益等指标的影响。焦恩（Jione，2004）利用倾销幅度以及其他相关信息计算不存在倾销时对进口产品价格所产生的影响，通过计算得出的进口产品价格变化估算其对国内同类产品需求所产生的影响，最后使用国内需求变化估算倾销对国内同类产品价格和数量造成的影响。美国产业损害调查部门依据此原理，设计出局部均衡（COMPAS）系统软件，实现同时输入多组经济变量数值，增加了分析结论的多样性，最大限度地减少由于变量数值误差引起的产业损害错误判断。向洪金、柯孔林、冯宗宪（2009）基于COMPAS模型对产业损害的经济学确定方法进行了有益探索。虽然有学者对模型中经济参数变量获取的可靠性提出质疑，但由于模型推理简单且系统使用方便，因而在理论界和实践界普遍流行。

4. 计量经济学方法。计量经济学方法在倾销影响评估中应用较多的是联立方程组模型（Simultaneous Equations Model），该方法将产品价格作为国内产业表现的衡量指标，通过构建供给与需求联立方程组，对影响国内产业的因素进行回归分析，得出包括倾销在内的各因素对国内产品价格和数量的影响程度。詹姆斯和马修（James & Matthew，2005）、戴维和肯尼斯（David & Kenneth，2005）分别在美国冷轧钢反倾销案和美国虾反倾销案中，利用联立方程组方法研究了倾销对美国国内产业造成的影响，结论表明在上述案件中，出口国产品倾销对国内市场价格的影响程度较小。反倾销涉案产品详尽数据资料在实际应用中难以获取，由此容易导致计量经济学方法受到某种程度的限制。

综上所述，倾销影响评估方法所依据的理论基础，可以划分为非经济学方法和经济学方法两类。非经济学方法简单直观，但缺乏理论基础，主观性较强，如趋势分析法和指标体系评估法；而后两种经济学方法虽然具有坚实的理论基础，并且评估结果具有客观性和准确性，但分析所依据的数据资料难以获得，使其使用受到限制。

1.2.2.3　反倾销政策影响评估方法

基于倾销影响效应研究综述可以看出，反倾销政策影响效应同样表现在对贸易、国内产业、国家整体福利、企业战略行为等方面。目前，从公共政策和产业政策角度对反倾销影响效果及评估方法的研究微乎甚微。尽管系统评估反倾销影响效果的研究难得一见，但仍可以从国内外学者对于倾销影响效果的研究中汲取经验。学术界关于倾销影响效果的研究非常丰富且研究对象多样，研究成果都给反倾销影响效果评估提供了有益思路，多数倾销影响评估方法经过修改可以移植用于反倾销政策的系统评估。

综上所述，政策效果评估是政策科学的重要环节，而评估方法又是政策效果评估中最关键的条件。现阶段，理论界不但缺乏关于反倾销政策效果评估本身的研究，更缺乏对反倾销政策效果评估方法的理论研究，为了满足反倾销实践需求，应当加强反倾销政策效果评估的研究，尤其要特别关注反倾销政策效果评估方法的研究。

1.3 本项研究的思路与内容

根据反倾销政策实施效果评估实际研究需要，本项将综合运用公共政策分析、系统科学、经济博弈论、评估与预测、计量经济学等相关理论与研究方法，坚持定量分析和定性分析相结合、理论分析和实证分析相结合的基本研究思路，以期得出具有科学性和有效性的反倾销政策实施效果评估结论，并为政府相关调查机关提供政策建议。

1.3.1 整体研究框架

本项整体研究思路框架如图 1－18 所示，研究从进口国实施反倾销政策以抑制国际不公平进口贸易、保护国内产业安全的目的出发，在对反倾销政策效

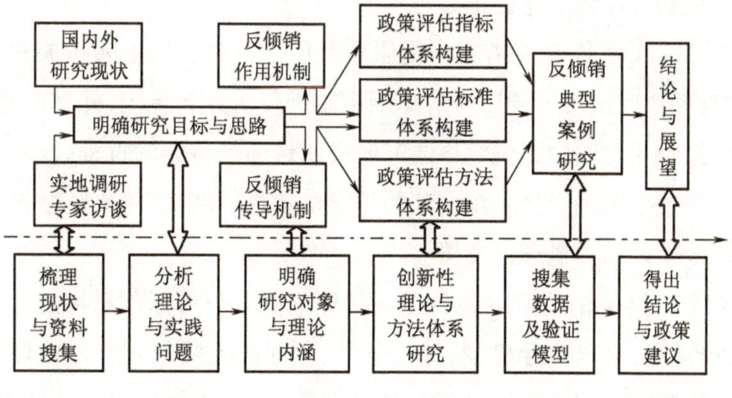

图 1－18　反倾销政策实施效果评估体系与方法研究思路框架图

果内涵及外延进行界定的基础上，基于产业政策理论、公共政策理论、价格传递理论，运用博弈方法对反倾销政策作用的内在机理进行深入分析；针对目前反倾销政策实施效果评估中存在的问题，根据一般性政策效果评估原理和反倾销政策特性，建立反倾销政策实施效果的系统评估体系；基于中国反倾销实例典型性案件的动态面板数据，利用计量经济学方法构建计量模型，对反倾销政策实施效果进行综合评估；结合反倾销政策效果评估结果，提出能够指导中国未来反倾销政策效果评估实践的对策建议。

1.3.2 主要研究内容

本书主体共由9章组成，各章主要内容如下。

第1章　导言。系统梳理了1995—2010年全球反倾销政策实施的现状，重点研究了反倾销调查的产业分布特征，并提出反倾销政策实施效果评估的意义。对国内外反倾销政策影响效果及评估方法相关研究文献进行系统梳理，在此基础上指出目前中国反倾销政策效果评估有待于完善和丰富的方向，提出整体研究思路和研究框架。

第2章　典型国家及地区反倾销政策措施概述。基于WTO《反倾销协定》，选取具有典型代表性的印度、美国和欧盟等国家及地区的反倾销政策措施与中国的反倾销政策措施进行多层次对比，分析得出我国现阶段反倾销政策管理体制的特点、反倾销政策实施的前提条件和反倾销政策的具体实施步骤，为反倾销政策效果评估工作提供参考。

第3章　反倾销政策措施作用原理及传导机制。从不同相关利益主体的角度，对反倾销政策在不同阶段的作用机制进行研究与界定，并在此基础上，对反倾销政策企业层面的影响效果向产业层面传递与整合的过程，以及企业层面影响效果在整个国民经济系统内部的传导机制进行剖析，使研究结果能够为反倾销政策效果评估提供理论支撑。

第4章　反倾销政策实施效果评估理论框架与指标体系构建。基于反倾销政策的作用机制与传导机制，提出科学、合理的反倾销政策评估理论体系框架。进一步明确反倾销政策动态评估的评估目标、评估原则与评估对象，结合反倾销政策评估的动态性特征，构建反倾销政策实施效果评估指标体系，为反倾销政策实施效果评估打下坚实的基础。

第 5 章　反倾销政策实施效果评价标准体系构建。基于反倾销“救济适度”原则，提出反倾销政策效果评估标准依据。构建“非完全转嫁”假设下倾销影响作用机理的一般理论框架，并结合弹性参数估计原理，明确反倾销政策各经济指标的救济效果标准确定方法。

第 6 章　反倾销政策实施效果评估方法框架构建。根据反倾销政策实施效果评估的原理和特点，构建了“三位一体”的反倾销政策效果评估理论框架，明确了反倾销政策实施效果评估的整体思路，给出了各评估方法的具体原理与步骤，为评估反倾销政策实施效果提供了不同的评估视角和产业预期发展情景。

第 7 章　反倾销政策实施效果评估方法体系研究。基于“三位一体”的反倾销政策效果评估理论框架，综合运用多种计量方法对反倾销政策效果评估各步骤处理过程作出详细分析。通过多评估视角的比较研究，提出“救济幅度”和“救济水平”指标，分别从效果程度和距离理想效果的水平两个方面对反倾销政策效果进行指标量化研究。

第 8 章　中国反倾销政策实施效果评估案例应用。选取中国对欧盟实施反倾销政策措施的邻苯二酚案件为实例，结合前述反倾销政策实施效果评估指标体系、效果评估标准体系和评估方法体系的主要研究内容，对案件全过程中的反倾销政策实施效果进行综合评估，得到邻苯二酚案件反倾销政策实施效果的评估结论。

第 9 章　结语。总结本项目整体研究成果，为现阶段中国反倾销调查、反倾销复审等现实工作提供政策建议，探讨中国反倾销政策实施效果评估未来的发展方向。

1.4　本章小结

本章首先从全球经济贸易发展背景出发，阐述了全球反倾销实施现状，并重点从产业分布视角探索了反倾销政策实施特征；其次，围绕反倾销政策实施效果评估主题,分别从反倾销影响效应和政策救济效果评估方法两个方面进行研究综述。在反倾销政策影响效应研究文献综述方面,主要包括反倾销贸易救济效应研究、反倾销产业影响效应研究、反倾销对企业战略行为影响效应研究和反倾销对进口国福利影响效应研究。在反倾销政策救济效果评估方法研究文献综述方面,主要包括一般性政策评估方法研究、倾销影响评估方法研究和反倾销政策影响评估方法研究。在对相关领域研究梳理与分析的基础上,本章提出了反倾销政策实施效果评估对于国际贸易持续健康发展和我国反倾销实践的重要意义,并进一步阐述了本项研究的基本思路和主要研究内容。

2

典型国家及地区反倾销政策措施概述

反倾销、反补贴、保障措施和特别保障措施，同属于被国际社会所广泛认可和接受的贸易救济措施，是保护进口国经济利益的有力手段，又是推进全球贸易自由化进程的重要工具。反倾销因其形式合法、易于实施的特点，在贸易实践中被频繁使用。进口国通过采取反倾销措施，能够提高倾销产品进口价格，削弱其与本国产品的低价竞争能力，从而保护国内相关产业安全，避免进口国在国际贸易竞争中处于相对劣势；同时，各国反倾销政策和制度的确立，对于维护正常的国际贸易秩序也具有积极的意义。本章以 WTO 反倾销协议相关规定为基础，对中国实施反倾销的前提条件、反倾销调查程序、反倾销措施分类进行梳理，并对典型国家及地区实施反倾销措施的条件和程序进行全面比较与分析，研究结果使反倾销政策实施有章可循，更为反倾销效果评估提供了客观的参考依据。

2.1 WTO 规则与反倾销措施

在世界贸易组织正式运行之前，关税和贸易总协定（General Agreement on Tariffs and Trade，GATT）是协调、处理缔约方之间关税和贸易问题的主要多边协定，其第六条“反倾销税与反补贴税”于 1947 年第一次以多边形式确定了反倾销规则，GATT（1947 年）第六条第一款作出规定：“缔约各方承认，用倾销的方式将一国产品以低于其正常价值销入另一国商业领域内，凡对该缔约方的已有产业造成实质性损害或产生实质性损害威胁，或者阻碍一个国内产业的新建，此倾销行为应该受到谴责。”在这种情况下，“缔约方为了抵消或防止倾销，可以对任何倾销的产品征收数量不超过这种产品的倾销幅度的反倾销税”。

经过长期多回合谈判的改进和完善，1994 年 4 月 15 日，由 100 多个国家参与的关税及贸易总协定乌拉圭回合谈判最后文件签署。乌拉圭回合谈判后形成的《关于履行1994年关税和贸易总协定第六条协议》,即《反倾销协议》,正式成为WTO原则性反倾销协议文件,对WTO所有成员方具有约束效力,各国家及地区反倾销立法必须以WTO《反倾销协议》为基础。为保障《反倾销协议》的实施,WTO专门成立了反倾销措施委员会,反倾销措施委员会由成员方代表组成,同时可设立附属机构。委员会可应成员方任何一方要求召开会议,但每年至少召开两次会议。反倾销委员会履行《反倾销协议》项下或各成员方指定的职责,并向成员方提供磋商的机会。经有关方和有关企业同意,反倾销委员会及其附属机构在履行职责时可向任何适当的信息来源进行咨询和寻求信息。各成员方应将国内反倾销调查机构、立案情况和国内反倾销调查程序通知反倾销委员会,委员会有权尽快知道各成员方采取的临时反倾销措施和最终反倾销措施,各成员方应每6个月向反倾销委员会报告一次已采取的反倾销行动。

2.1.1 反倾销实施前提条件

根据GATT第六条规定,实施反倾销措施必须同时具备三个条件:产品价格(往往指出口价格)低于正常价值,即存在倾销,通过对两者进行适当的比较,还能确定倾销幅度;给有关国家同类产品的产业造成实质损害、产生实质损害威胁或对该产业的建立造成实质阻碍;损害与倾销产品之间存在因果关系,各国主要从进口数量、价格影响和对国内生产厂商的冲击三个方面来考查倾销与损害之间的因果关系。

2.1.1.1 出口产品倾销确定

某产品自一国出口至另一国的价格,低于在正常贸易过程中,出口国旨在用于消费的同类产品的可比价格,即以低于正常价值的价格进入另一国则被视为倾销。判断进口产品是否构成倾销时,首先应确定该产品的正常价值,其次确定该产品的出口价格,最后将两种价格进行比较,若出口价格低于正常价值,即对进口国构成倾销。出口价格和正常价值两者间的差额即为倾销幅度(Margin of Dumping)。

正常价值是在一般贸易条件下,出口国国内同类产品的可比销售价格,如果该产品的国内价格受到控制,则以第三国同类产品出口价格来确认正常价值,如果国内销售价格和第三国出口价格均无法采用,可以采用结构价格来确定正常价值。出口国国内同类产品的可比销售价格是确定正常价值最基本的方法,也是应该优先采用的方法。出口国国内销售价格是指出口产品在国内市场正常交易中的成交价、销售牌价,或者某一时期的加权平均价。这一价格应该是能反映出口国市场上该产品平均交易水平的价格,而不是剧烈波动下的过高或过低价格。此外,使用这一价格还应在国内市场有足够的销售量,当国内市场销售量过低时,销售价格不可使用。第三国同类产品出口价格要求在产品性质上与被指控产品相同或者类似,从数量上来看是出口国出口数量最多的国家,而且这一价格不能低于产品成本。结构价格可以根据被指控倾销产品在原产国的生产成本,加上合理的管理费用、销售费用、一般费用和产品利润来确定。

出口价格一般是指出口商将产品出售给进口商的价格,由于交易情况千差万别,各国确定出口价格的方法也不尽相同。出口价格主要取决于交易双方使用的贸易术语,例如国际货物买卖中的装运港船上交货费(Free on Board Named Port of Shipment,FOB)、成本加运费(Cost and Freight Named Port of Destination,CFR)、成本保险费加运费(Cost Insurance and Freight Named Port of Destination,CIF)等不同条件下的价格。当交易属于补偿贸易或易货贸易,或者进口商与出口商存在伙伴关系时,出口价格是不真实或不可靠的。根据《反倾销协议》第二条第三款的规定,此时确定出口价格的方法是:出口产品首次转售给独立的无特殊关系的买方的价格、调查主管部门在合理的基础上确定的出口价格。

为了最终确定被指控商品是否存在倾销以及倾销幅度的大小,需要将正常价值和出口价格两者进行比较。由于正常价值一般不包括出口产生的税费等费用,在对两者进行比较时需要进行适当的调整。《反倾销协议》第二条第四款规定,对正常价值和出口价格的比较要遵循公平合理的原则,尽量在出厂价基础上进行比较,同时兼顾销售条件、税收、销售数量、转售费用等方面的差异。确定了正常价值和出口价格,并将两者进行比较后就可以判断是否存在倾销以及倾销幅度的问题,计算公式为:倾销幅度 =(正常价值 - 出口价格)/出口价格 ×100% 。根据公平原则,产品出口价格等于或高于正常价值时不构成倾销,倾销幅度为零,但对于构成倾销而倾销幅度不足2%者可忽略不计。

2.1.1.2 进口国产业损害确定

《反倾销协议》中的损害分为三种情况,即实质损害、实质损害威胁和实质阻碍。在确定损害存在之前,进口国需要认定国内产业。根据《反倾销协议》第四条的规定,国内产业是被指控倾销产品同类产品的全体国内生产者,或总产量构成同类产品国内总产量主体部分的国内生产者。当两个或两个以上国家的一体化程度较高时,它们具有单一统一市场的特性,那么这些国家的产业总体应该视为"国内产业"。

实质损害(Material Injury)通常指重大的或严重的损害,即倾销行为对进口国相同产品的销售产生了实质性影响,严重损害了进口国生产商的利益及其产业发展。实质损害的衡量标准主要参考三个方面:被指控倾销商品的进口数量;被指控倾销商品对进口国同类产品价格的影响;被指控倾销商品对进口国同类产品生产商的影响。关于倾销进口产品对国内产业影响的审查应包括对影响产业状况的所有有关经济因素和指标的评估。

实质损害威胁(Threat of Material Injury)的确定应依据客观存在的事实,而不是仅依据指控、推测或极小的可能性。实质损害威胁构成条件包括必须存在实质损害威胁的事实,不能基于主张、臆测;实质损害威胁是可能实现的,即如果不采取措施制止损害威胁,必然会导致倾销,造成损害事实;实质损害威胁是临近即将发生的而不是遥远不可预见的。《反倾销协议》第三条第七款规定了在确定实质损害威胁时需要考虑的因素:被指倾销产品进入国内市场大幅增长表明进口实质增加的可能性;出口商可充分自由使用能力或即将实质增加的能力表明进口实质增加的可能性;进口产品的价格是否对进口国国内价格产生大幅抑制或压低的影响,是否会增加对进口产品的更多需求;被指倾销产品的库存情况。

实质阻碍(Material Retardation)是指倾销产品虽然没有对进口国相同产业造成实质损害或产生实质损害威胁,但是严重阻碍了进口国相同产品的新产业建立。在实质阻碍的判定中,受阻碍的产业是正在建立而未建立起来的新产业,这是与实质损害或实质损害威胁的主要区别,体现为进口国新产业预期经济目标未能实现，新产业是相对于进口国原有情况而言的，是进口国从前并没有的产业，主张新产业不能建立必须要有充分的证据证明。比如，生产同类产品的工厂已经建立，设备已经购置，但大量被指倾销产品的进口扰乱了国内市场，使产品价格下降，使新工厂迫于前景悲观无法进行生产。

2.1.1.3 倾销与损害间因果关系

由于进口产品并不必然导致对进口国国内产业的损害，因此进口国调查机关对某倾销产品征收反倾销税之前，必须证明倾销与损害之间存在因果关系(Causation)。WTO《反倾销协议》中采用直接因果关系标准，即倾销是造成损害的因素之一，进口国国内产业损害是由倾销产品及其他因素共同作用的结果。证明倾销进口产品与对国内产业损害之间存在因果关系应以审查机关得到的所有有关证据为依据，主管机关还应审查除倾销进口产品外的、同时正在损害国内产业的任何已知因素，且这些其他因素造成的损害不得归因于倾销进口产品。有关因素特别包括未以倾销价格销售的进口产品数量和价格、需求减少或消费模式变化、外国与国内生产者限制贸易的做法、技术发展等。

进口国调查机关对倾销产品与国内产业损害之间因果关系的确认需要分三步实施：一是凭借现有证据在倾销产品与国内产业损害之间初步确立因果关系；二是审查其他同时正在损害国内产业的任何已知因素；三是确保其他因素造成的损害未归咎于倾销产品。第三步是确定倾销与损害之间关系的关键之处，在反倾销调查中具有重要意义，因为倾销产品与国内产业损害之间建立明确的因果关系，确保其他因素产生的损害没有错误的归咎于倾销产品，可以避免武断地采取反倾销措施，限制反倾销措施的滥用，还可以确保反倾销措施的针对性，真正取得消除国内产业损害因素的效果，避免徒劳无益地征收反倾销税。

尽管《反倾销协议》要求只有确定了倾销行为与国内产业损害之间的因果关系，才可以采取反倾销措施，但对于倾销产品与损害之间因果关系的程度达到何种标准，才可实施反倾销措施，各国立法及实践中的倾向并不完全一致。

2.1.2 反倾销实施基本程序

WTO 反倾销主管机构是反倾销措施委员会，委员会履行《反倾销协议》条款中各成员指定职责，向各成员提供机会就有关《反倾销协议》的运用或促进其目标实现的任何事项进行磋商。反倾销程序是反倾销调查机关实施反倾销措施，以及有关利害关系方所能获得的维护其正当合法权益时所必须遵循的步骤和方法。

2.1.2.1 反倾销实施步骤

反倾销程序一般包括申请、立案、调查、裁定、行政复审、司法审查等过程，而本项研究主要目的就在于为行政复审提供理论参考和借鉴，同时，反倾销发起、调查、裁定和终止应遵守《反倾销协议》相关内容的规定。

1. 案件发起。一般情况下，确定任何被指控倾销存在、程度和影响的调查应在收到由国内产业或代表国内产业提出的书面申请后发起。在特殊情况下，虽然有关主管机关没有收到国内产业或代表国内产业提出的发起调查的书面申请，但是其掌握关于倾销、损害和因果关系的充分证据，证明发起调查是正当的，也可以主动发起调查。根据《反倾销协议》第五条第四款规定，提出发起反倾销调查的申请者必须能够代表国内的相关产业。在产品数量上，申请者的集体产量应该达到支持或反对该申请的国内生产商产量的50%以上，如果支持申请的国内生产商的产量达不到全部产量的25%，反倾销调查不能发起。书面申请应该包括以下证据：倾销，属《反倾销协议》解释的1994年GATT第六条范围内的损害，倾销进口产品与被指控的损害之间的因果关系。申请还应具备下列信息：申请人的身份和国内同类产品生产的数量和价值的说明，被指控倾销产品的完整说明，相关产品的价格信息，被指控倾销进口产品数量的变化等。反倾销调查应由进口国主管机关立案，审查申请者提供证据的准确性和充分性，以确定是否有足够的证据证明发起调查是正当的。

2. 案件调查。应将主管机关要求的信息通知给反倾销调查中的所有利害关系方，并给予他们充分机会以书面形式提出其认为与所涉调查有关的所有证据。就《反倾销协议》而言，利害关系方包括被调查产品的出口商、外国生产者或进口商，出口方政府和进口成员中同类产品的生产者。在整个反倾销调查期间，所有利害关系方均有为其利益进行辩护的充分机会。《反倾销协议》在调查透明度上提出了通知和公告的要求，公告的要求涉及包括立案、裁定在内的各个调查阶段。如果任何利害关系方不允许使用或未在合理时间内提供必要的信息或严重妨碍调查，则初步裁定和最终裁定无论是肯定还是否定的，均可在可获得的事实基础上作出。主管机关在作出最终裁定之前，应将考虑中的构成是否实施最终措施决定依据的基本事实通知所有利害关系方，使其有充分的时间维护其权益。

主管机关应当对有关的每一个已知出口商或生产者单独的倾销幅度作出裁决，如果出口商、生产者数目较大，则可采取抽样调查方法，但主动提供资料的不得予以压制。抽样的范围一般包括申请人、出口商、进口商、产品型号或种类、交易笔数。《反倾销协议》中承认的两种抽样方法是统计抽样方法和数量抽样方法。统计抽样方法是按统计学上的有效方法进行抽样，样本数据库是进行抽样时所获得的所有信息。数量抽样法则可以限制选取样本数量，一般要求达到60%以上，但抽样具体要达到多少，没有要求固定的百分比。这两种方法的使用没有先后顺序，由反倾销机关按照案件情况而定，但所抽样本必须要有代表性。如果在调查中有利害关系的当事人在合理的时间内拒绝提供资料或妨碍调查，反倾销调查机关可在现有事实的基础上作出肯定或否定的初裁或终裁，这是《反倾销协议》第六条第八款规定的最佳现有信息原则(Best Information Available,BIA)，而在这一原则基础上得出的反倾销税往往是税率最高的。

3. 案件裁定。按照WTO《反倾销协议》的规定，反倾销调查机关应对倾销价格和损害分别作出初步裁定和最终裁定。初步裁定即初裁，是反倾销调查机关在一定期限内，对申请人提出反倾销指控进行调查核实后，做出的倾销价格和损害是否存在的初步结论，初裁是采取临时反倾销措施的法律依据，也是决定进口国主管当局提出和接受价格承诺的前提，如果初裁不存在倾销和损害，反倾销调查有可能在初裁阶段即终止。裁定之前，反倾销调查机关应利用各种机会，进一步核实各方提供的证据材料，包括举行听证会和实地考察等。

最终裁定即终裁，是反倾销调查机关在初裁肯定的基础上，继续对申请人提出反倾销指控作进一步调查后做出的是否存在法律意义上的倾销的最后结论。只有倾销和损害的初裁是肯定性的，调查机关才会继续调查和作出终裁，终裁是采取反倾销措施的法律依据，具有终局性法律效果。无论终裁是肯定的还是否定的，都将导致反倾销调查程序的结束。肯定性的终裁导致采取反倾销措施，否定性的终裁（包括对倾销、损害或因果关系的最终裁定）将导致案件不采取反倾销措施。在满足所有实施反倾销措施的必要条件和程序条件的情况下，进口国反倾销调查机关是否决定采取反倾销措施，或者采取的反倾销措施是否可以低于倾销幅度，WTO《反倾销协议》并没有作出明确的规定。

4. 案件终止。主管机关一经确信不存在有关倾销或损害的足够证据以证明继续进行反倾销案是正当的，则反倾销申请应予以拒绝，而且调查应迅速终止。比如，主管机关确定倾销幅度属微量，或倾销进口产品的实际或潜在的数量或损害可忽略不计，则应立即终止调查。如果倾销幅度按出口价格的百分比表示小于2%，则该幅度应被视为微量；如果来自特定国家的倾销进口产品的数量被查明占进口成员中同类产品进口的份额不足3%，则该倾销进口产品的数量通常应被视为可忽略不计，除非占进口成员中同类产品进口不足3%的国家合计超过该进口成员中同类产品进口的7%。除特殊情况外，反倾销调查通常在1年内结束，最长不得超过开始调查之后的18个月。

5. 行政复审。采取反倾销措施的目的是抵消倾销造成的损害，当有证据表明倾销所造成的损害已被抵消，或损害程度有所减轻时，反倾销措施也应变更或取消。根据《反倾销协议》第十一条第二款有关行政复审的规定，如果在对一项倾销产品实施反倾销税或价格承诺等措施一段合理的时间后，进口方反倾销调查机关可以主动或应相关当事方的请求，对是否有必要继续实施反倾销税或价格承诺措施进行审查。

由于世界市场瞬息万变，进口产品倾销、损害，以及倾销与损害之间的因果关系也都处于不断变动中，这些变化都有可能导致行政复审程序的展开。倾销方面的变化包括：倾销增加或减少，倾销消失，汇率变化（影响倾销幅度的计算）等。损害情况的变化包括：损害增加或减少，损害消失等。反倾销行政复审主要有三种类型：新出口商复审、期中复审和日落复审。《反倾销协议》的第九条、第十一条对这三类行政复审作出了相应规定。新出口商复审是指新的出口商和生产商在进入采取反倾销措施的进口国市场时，可以向进口国主管机关申请复审，以避免来自进口国的反倾销税。期中复审是反倾销措施已经执行了一段合理的时间后（要在5年期限之内），有关利害关系方可以提出申请要求进行复审。期中复审的结果可能是取消征税或价格承诺，也可能加重或减轻征税或价格承诺。日落复审又称期终复审，是反倾销措施执行5年期满时，反倾销调查机关对是否终止反倾销措施进行的审查，日落复审要在一年内结束。日落复审涉及反倾销税或价格承诺的取消与否，必须要有充分的证据证明在反倾销措施取消后，倾销和损害是否可能继续或重现。

6. 司法审查。反倾销司法审查是进口国的司法机关对政府反倾销调查部门作出的反倾销措施进行司法审查的行为，这主要是为了监督和限制行政机关滥用反倾销权力，为利害关系方提供救济渠道。《反倾销协议》第十三条对司法审查有关内容作出了规定，只要WTO成员方国内立法有反倾销措施的规定，就应该规定司法、仲裁或行政法庭或程序，即对成员方违法行使反倾销措施提出了三种可能的救济渠道。这三种途径分别是：由法院对反倾销措施合法性进行司法审查的司法途径；由民间仲裁机构依照仲裁程序进行的仲裁途径；由行政法庭或裁判所按照行政裁判程序进行审查的途径。反倾销司法审查的范围是反倾销立案的最终裁决和审查决定所采取的行政行为，司法审查的范围不应过宽或过窄，审查应迅速、及时，保证时效性。司法审查权应依法独立行使，司法审查的机构或程序应完全独立于负责作出该裁决或审查决定的政府主管机关。

2.1.2.2 反倾销措施分类

根据WTO《反倾销协议》，反倾销措施主要有临时反倾销措施、价格承诺和征收反倾销税。反倾销调查分为初步裁定和最终裁定两个阶段，当初步裁定倾销和损害存在时，可以采取临时反倾销措施；价格承诺是出口商承诺协议，进口国对其承诺予以接受并中止或者终止反倾销调查；最终措施是指最终反倾销税的征收。本项研究主要针对上述征收反倾销税后的政策效果评估。

1. 临时反倾销措施。根据《反倾销协议》第七条的规定，在进口国主管机关发起反倾销调查并发出公告，给予利害关系方提交信息和提出意见的充分机会，作出倾销和由此产生的对国内产业损害的初步肯定裁定，并且认为此类措施对防止调查期间造成的损害必要时，可以采取临时反倾销措施，其形式包括征收临时反倾销税和提供保证金、保函或者其他形式的担保，临时措施金额等于临时估算的反倾销税金额，但此额度不应高于临时估算的倾销幅度。为了避免临时反倾销措施被滥用，临时措施不得早于发起调查之日起60天。临时反倾销措施的实施应该限制在尽可能短的时间内，不应超过4个月；如果经有关主管机关决定，并根据在所涉及贸易中占很大百分比的出口商要求，可以适当延长但不应超过6个月；如果在调查过程中，主管机关正在审查征收低于倾销幅度的税额是否能消除损害，则临时反倾销措施的实施期限可延长至9个月。

2. 价格承诺。根据《反倾销协议》第八条，价格承诺是一种协议，在此协议中出口商主动承诺提高其出口产品价格，或停止以倾销价格向进口国出口产品，以此来消除倾销所造成的损害，进口国对其承诺予以接受并中止或终止反倾销调查。价格承诺是征收反倾销税的替代措施，只有在对倾销和由倾销造成的损害作出肯定性初裁后才能提出价格承诺，此类承诺的提价不得超过抵消倾销幅度所必需的限度。

价格承诺一旦生效即具有法律效力，其效果是使进口国反倾销调查暂时中止，进口国反倾销机关要立即停止调查程序。进口国反倾销调查机关由价格承诺协议获得对出口商履行承诺义务的监督权，并且当出口商违反承诺时进口国反倾销调查机关有单方面的制裁权。如果出口商违反价格承诺，进口国反倾销调查机关可以采取迅速行动，立即恢复反倾销调查，以可获得的最佳信息为基础实施临时措施，同时可以对实施临时措施前90天内的进口供消费产品追溯征收最终税。

价格承诺的要求可以由接受调查的出口商提出，也可以由进口国反倾销机关提出，无论哪一方首先提出价格承诺要求，对方均没有必须接受的义务。当出口商提出时，如果调查主管机关认为价格承诺在实际中行不通，比如出口商的数目过多等，那么调查主管机关可以不接受价格承诺。当调查主管机关提出时，出口商也可以拒绝接受这一要求，而且拒绝行为不应影响到进口国调查机关对案件公平合理的裁决。价格承诺被接受后，应出口商请求或进口方反倾销调查机关决定，可继续进行倾销和损害的调查。最后关于倾销和损害的结论如果是否定的，价格承诺自动失效，如果是肯定的，价格承诺应按照规定继续执行。

3. 最终措施。最终措施主要是征收最终反倾销税，在进口国反倾销调查机关终裁确定倾销存在并由此对国内产业造成损害，而且进口国反倾销调查机关与出口商未达成价格承诺，或者因为出口商违反价格承诺而被进口国反倾销调查机关终止协议，进口国反倾销调查机关就可以发布征收最终反倾销税令，海关依据反倾销税令确定的税率征收反倾销税。反倾销税是最主要的一种反倾销措施，但并非在征收条件（存在倾销、损害以及倾销与损害之间的因果关系）都已经满足的情况下必须征收反倾销税，根据《反倾销协议》第九条第一款，是否征收反倾销税由进口国反倾销调查主管机关决定。

反倾销税是在正常海关税费之外，进口方主管机关对倾销产品征收的一种附加税。反倾销税的征收应遵循非歧视原则，除非存在倾销幅度的差异或可忽略不计的情况，税率不能因国别不同而有差异。反倾销税的纳税人是倾销产品的进口商，出口商不得直接或间接替进口商承担反倾销税。当初裁的反倾销税率与终裁的反倾销税率不同时，不足的部分不再要求补缴，多缴的部分需要退还，并且退款应在决定作出后 90 天内进行。征收反倾销税的目的是消除倾销对进口国国内产业的损害，即消除倾销产品的出口价格与正常价值之间的差额，因此反倾销税金额不得超过终裁确定的倾销幅度，如果较少的征税就能消除对国内产业造成的损害，最好以较低的税率征收。

反倾销税应仅在抵消造成损害的倾销所必需的时间和限度内实施，任何最终反倾销税应在征收之日起 5 年内的同一日期终止，除非主管机关、国内产业或代表产业在该日期之前的合理时间内提出复审，并有充分证据证明反倾销税的终止有可能导致倾销和损害的继续或再度发生时，主管机关可继续征收反倾销税。根据《反倾销协议》第十条的规定，下列条件具备时，可追溯征收反倾销税：倾销产品有对进口国国内产业造成损害的历史，或者进口商知道或应当知道产品出口商在倾销产品，同时倾销对国内产业造成损害；倾销产品在短时间内大量进入进口国，已经对进口国国内产业造成损害。

2.2 中国反倾销制度规则

为了适应改革开放的需要，中国国务院于 1997 年 3 月 25 日发布了《中华人民共和国反倾销和反补贴条例》;2001 年 11 月,在中国正式加入 WTO 前夕,国务院公布《中华人民共和国反倾销条例》;2004 年 3 月 31 日,国务院进一步修订实施了《中华人民共和国反倾销条例》(以下简称《反倾销条例》),此条例于 2004 年 7 月 1 日开始正式实施。

2.2.1 反倾销实施前提条件

在采取反倾销措施之前,中国反倾销调查机关同样需要确定倾销、损害以及倾销与损害之间的因果关系三个方面的因素,即反倾销的三个要件。

2.2.1.1 国外出口产品倾销确定

倾销是指在正常贸易过程中进口产品以低于其正常价值的出口价格进入中国市场的行为。根据中国《反倾销条例》第六条的规定,倾销幅度是进口产品的出口价格低于其正常价值的幅度,应当以加权平均正常价值与全部可比出口交易的加权平均价格进行比较,或者将正常价值与出口价格在逐笔交易的基础上进行比较。若出口价格在不同的购买人、地区、时期之间存在很大差异,应将加权平均正常价值与单一出口交易的价格进行比较,这一规定与 WTO《反倾销协议》的规定完全一致,也就是说出口价格低于正常价值即表示倾销存在。出口价格和正常价值间的差额为倾销幅度。倾销幅度通常以百分比的方式出现,计算公式为:倾销幅度 =(正常价值 - 出口价格)/CIF 价。

按照《反倾销条例》规定,进口产品正常价值的确定应当区分以下几种情况:a. 进口产品的同类产品,在出口国(地区)国内市场正常贸易过程中有可比价格的,以该可比价格为正常价值。该"可比价格"一般被理解为国内价格,国内价格又可以分为出厂价格、批发或转手价格和零售价格,显然零售价格要远高于出厂价格。b. 进口产品的同类产品,在出口国(地区)国内市场的正常贸易过程中没有销售的,或者该同类产品的价格、数量不能据以进行公平比较的,以该同类产品出口到一个适当第三国(地区)的可比价格或者以该同类产品在原产国(地区)的生产成本加合理费用、利润为正常价值,其中同类产品是指与倾销进口产品相同的产品;没有相同产品的,以与倾销进口产品的特性最相似的产品为同类产品。确定同类产品的概念和范围,直接关系到被调查产品的范围、国内产业的构成、被调查公司范围及最终裁定后应予以征税的产品范围的确定。为规范反倾销调查立案程序,《反倾销调查立案暂行规则》规定,调查进口产品与国内同类产品的异同点,可以考虑以下因素:产品的物理特征、化学性能、生产工艺、替代性、价格和用途等方面。第三国通常又被称为“替代国”(Surrogate Country)或“类比国”(Analogue Country),在反倾销调查中通常适用于来自“非市场经济国”的案件。c. 进口产品不直接来自原产国(地区)的,按照上述 a 方法确定正常价值;但是在产品仅通过出口国(地区)转运、产品在出口国(地区)无生产或者在出口国(地区)中不存在可比价格等情形下,以该同类产品在原产国(地区)的价格为正常价值。

进口产品的出口价格确定应以:a. 进口产品有实际支付或者应当支付的价格的,以该价格为出口价格;b. 进口产品没有出口价格或者其价格不可靠的,以根据该进口产品首次转售给独立购买人的价格推定的价格为出口价格;c. 该进口产品未转售给独立购买人或者未按进口时的状态转售的,可以以商务部根据合理基础推定的价格为出口价格为原则。

2.2.1.2 国内产业损害确定

在贸易关系中,造成国内产业损害的原因有三方面:一是国外产品倾销,导致不公平竞争;二是外国政府补贴出口,产品大量进入我国导致不公平竞争;三是在公平竞争环境下,国外产品因我国门槛低而大量进口造成损害。

中国《反倾销条例》第七条和第八条分别规定,损害是指倾销对已经建立的国内产业造成实质损害或者产生实质损害威胁,或者对建立国内产业造成实质阻碍。实质损害是对国内产业已经造成的、不可忽略的损害;实质损害威胁是对国内产业尚未造成实质损害,但有证据表明如果不采取措施将导致国内产业实质损害的发生;实质阻碍是对国内产业未造成实质损害或者实质损害威胁,但严重阻碍了国内产业的建立。反倾销案件的产业损害调查期通常为立案调查开始前的 3 年。在确定倾销对国内产业造成的损害时,应当审查下列事项:第一,倾销进口产品数量,包括倾销进口产品的绝对数量或相对于国内同类产品生产或者消费的数量是否大量增加,或者倾销进口产品大量增加的可能性;第二,倾销进口产品价格,包括倾销进口产品价格削减或对国内同类产品价格产生大幅度抑制、压低等影响;第三,倾销产品对国内产业的相关经济因素和指标影响；第四，倾销进口产品的出口国（地区）、原产国（地区）生产能力、出口能力、被调查产品的库存情况；第五，造成国内产业损害的其他因素。对实质损害威胁的确定，应当依据事实，不得仅依据指控、推测或者极小的可能性。在确定倾销对国内产业造成的损害时，应当依据肯定性证据，不得将造成损害的非倾销因素归因于倾销。

目前，在我国确定产业损害幅度通常从两个方面进行：一是被调查产品的进口数量变化幅度，占中国境内市场份额，价格变化幅度，生产能力、出口能力等；二是被调查产品对中国境内产业的影响，中国境内相似产品生产量和销售量增长幅度与需求量增长幅度的比较，中国境内相似产品的市场份额变化幅度，中国境内相似产品的价格变化幅度，中国境内相似产品的销售收入总体变化趋势，税前利润变化幅度等指标衡量。反倾销损害的经济学确定方法是非常重要的方法，涉及反倾销措施所可能产生的效果及倾销隐性损害问题，其核心是审查倾销产品与本国产品之间的替代弹性、倾销产品与非倾销产品之间的替代弹性，国内需求弹性、国内产业的供给弹性来确定倾销是否对国内产业造成损害。倾销产品与本国产品间的替代弹性越大，倾销产品与非倾销产品之间的替代弹性越小，国内需求弹性越小，则越容易作出关于损害的肯定性结论。

根据《反倾销条例》第九条规定，倾销进口产品来自两个以上国家（地区），并且同时满足下列条件的，可以就倾销进口产品对国内产业造成的影响进行累积评估，即将倾销进口作为一个整体进行总体分析：第一，来自每一国家（地区）的倾销进口产品倾销幅度不小于2%，并且其进口量不属于可忽略不计的；第二，根据倾销进口产品之间以及倾销进口产品与国内同类产品之间的竞争条件，进行累积评估是适当的。可忽略不计，是指来自一个国家（地区）的倾销进口产品数量占同类产品总进口量的比例低于3%；但是低于3%的若干国家（地区）的总进口量超过同类产品总进口量7%的除外。

2.2.1.3 倾销与损害间的因果关系

与WTO《反倾销协议》因果关系的规定相一致，中国《反倾销条例》指出，“在确定倾销对国内产业的损害时，应当依据肯定性证据，不得将造成损害的非倾销因素归因于倾销”。也就是调查机关要确定因果关系应从肯定性因素、倾销产品数量、对国内同类产品价格影响及对国内产业的冲击等方面考察倾销与产业损害之间是否存在因果关系，即证明进口方境内相同或类似产品产业的损害是由于有关进口产品的倾销直接造成的，同时必须将非倾销因素造成的影响排除。

我国反倾销实践中，在确定因果关系时的通常做法是，审查除倾销进口以外的、正在损害国内产业的任何已知因素，包括未以倾销价格销售的进口产品的数量和价格、国内需求变化情况、消费模式的变化、限制贸易的做法、国外生产者与国内生产者之间的竞争、技术发展以及国内产业的出口实绩和生产率等。调查机关如确定国内产业损害并非由上述因素造成的，可裁定倾销与损害之间存在因果关系。因果关系的程度分为两种类型，即主要因果关系类型和一般因果关系类型。在我国反倾销条例的规定中，并没有直接对认定因果关系所应遵循的规则和标准作出明确界定，对于因果关系的认定要求当属于一般因果关系类型，即并不要求被调查的进口产品的倾销必须是导致国内相关产业损害的主要原因，只要能够确定被调查的进口产品的倾销是造成国内产业的损害的"起作用的原因"，即可裁定对所调查倾销产品采取反倾销措施，这和多数国家的习惯做法是一致的。因此，只有确定倾销行为存在，中国国内产业遭受到损害，并且倾销和损害之间存在必然因果关系，才可以据此采取反倾销措施，以维护公平的贸易秩序和国内产业的发展。

2.2.2 反倾销实施基本程序

根据《反倾销条例》，中国反倾销调查主管机构属于混合型。对倾销的调查和确定，由商务部进出口公平贸易局负责；对损害的调查和确定，由商务部产业损害调查局负责，同时商务部还负责与反倾销有关的对外磋商、通知公告和争端解决事宜；海关总署会同商务部进行倾销与反倾销幅度的调查，执行临时反倾销措施和征收反倾销税以及退税等；国务院关税税则委员会负责根据商务部的建议作出征收临时反倾销税和最终反倾销税等关税措施；涉及农产品的反倾销国内产业损害调查，由商务部会同农业部进行调查。

2.2.2.1 反倾销实施步骤

在国际贸易领域，反倾销措施是通行的维护公平竞争的手段，也必然成为中国政府和产业界优先考虑和选择的贸易救济方式。从反倾销实践角度来看，我国反倾销调查的主要工作流程如图 2－1 所示。

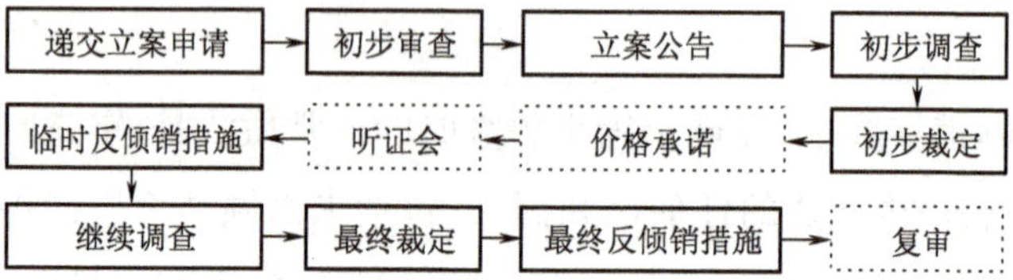

图 2－1　中国反倾销调查程序流程图

注：图中虚线框表示为非必经程序。

反倾销政策实施效果评估的主要目的，就是为反倾销调查程序中的复审提供参考，客观科学的反倾销复审结果能够有效保护国内产业的正当权益，合理维护对外公平贸易秩序。

1. 案件发起。反倾销案件发起是展开调查的先决条件。根据《反倾销条例》的规定，国内产业或者代表国内产业的自然人、法人或者有关组织，可以作为申请人提起反倾销调查申请。反倾销案件的发起方式有两种：一是由国内产业或者代表国内产业的自然人、法人或者有关行业协会组织，向商务部提出反倾销调查书面申请；二是由商务部根据存在损害的充分证据决定立案调查。实践工作中第一种情况较为常见。调查机关首先对发起申请人的资格进行审查，申请人产量之和占国内同类产品总产量的 50% 以上或者其支持者的产量占全国总产量的 50% 以上，申请人可以作为“国内产业”或代表国内产业提出反倾销调查；如果产量低于 25%，申请应当被驳回。在调查机关审查申请人的申请书期间，可以要求申请人对其申请书进行调整和补充。商务部进出口公平贸易局立案处具体负责反倾销调查申请的受理和立案工作。商务部应当自收到申请人提交的申请书及有关证据之日起 60 天内，对申请是否由国内产业或者代表国内产业提出、申请书内容及所附具的证据等进行审查，并决定立案调查或者不立案调查。如果调查机关决定立案，将发布立案公告，进入实质调查阶段。

2. 案件调查。立案后随即进入调查阶段，主管机关将根据《反倾销条例》的规定，对倾销、倾销幅度、产业损害、损害程度及因果关系等进行调查。反倾销调查可以采取多种方式，包括发放问卷、进行抽样调查、举行听证会、实地核查、技术鉴定、向利益关系方提供陈述机会等，其中，发放调查问卷并对其结果进行分析是调查机关采用的主要方式，发放的调查问卷包括国内生产者调查问卷，国内进口商调查问卷，国外生产者、国外出口商调查问卷或者其他类型的调查问卷。在调查机关进行调查时，包括申请企业在内的各利害关系方均应如实反映情况，提供相关资料。不如实反映情况、提供资料的，或者没有在合理时间内提供必要信息的，或者以其他方式严重妨碍调查的，调查机关可以根据已经获得的实施和可获得的最佳信息作出裁定。

根据我国《反倾销条例》的规定，反倾销调查应当自立案公告之日起 12 个月内结束；特殊情况下可以延长，但延长期不得超过 6 个月，也就是说，我国反倾销案件调查期限最长为自立案调查决定公告之日起 18 个月内，有下列情形之一的，反倾销调查应当终止，并由商务部予以公告：第一，申请人撤销申请的；第二，没有足够证据证明存在倾销、损害或者二者之间有因果关系的；第三，倾销幅度低于 2% 的；第四，倾销进口产品实际或者潜在的进口量或者损害属于可忽略不计的；第五，商务部认为不适宜继续进行反倾销调查的。

3. 案件裁决。商务部调查机关根据案件调查的事实分别以初裁公告、终裁公告的形式发布案件的裁决结果。在初裁阶段，调查机关根据初步掌握的证据，判定案件中是否存在倾销、损害及二者间的因果关系，并据此决定是否采取临时反倾销措施。如果其中一项或多项调查结论是否定的话，调查机关就会终止反倾销调查；如果各项调查结论均为肯定，调查机关就会公布临时反倾销措施，并进一步展开反倾销调查。初步裁定一般在立案后 60 天后的合理时间内作出。在作出肯定性初裁决定后，进入终裁阶段，调查机关会根据进一步调查所掌握的更多事实证据以及相关利益关系方协调的结果继续对初裁决定的结果作出裁定，如果最终裁定是否定的，则调查程序结束；如果最终裁定是肯定性的，则应按照规定的程序征收反倾销税，即由商务部提出建议，国务院关税税则委员会根据商务部的建议作出决定，并由商务部据此公布最终调查结论。

在反倾销调查期间，商务部可以向出口经营者提出价格承诺建议，但商务部不得强迫出口经营者作出价格承诺；商务部认为出口经营者作出的价格承诺能够接受并符合公共利益的，可以决定中止或者终止反倾销调查，不采取临时反倾销措施或者征收反倾销税。中止或者终止反倾销调查的决定由商务部予以公告。商务部不接受价格承诺的，应当向有关出口经营者说明理由。出口经营者不作出价格承诺或者不接受有关价格承诺建议的，不妨碍反倾销产业损害调查与裁决；对于出口经营者继续倾销进口产品的，商务部有权确定损害威胁更有可能出现。

4. 反倾销复审。反倾销复审是调查机关对已实施的反倾销措施进行再次审查的制度，是指根据反倾销措施赖以存在的基础和条件发生的变化，调查机关经调查，对原措施进行修改、取消或维持的调查程序。反倾销复审是反倾销调查的重要环节和组成部分，是每一个反倾销案件都要涉及的一项经常性工作，也是反倾销政策效果评估的最直接目的。反倾销案件一经采取最终措施，即宣告该案件已进入复审期，有可能会面临各种形式的复审。

我国《反倾销条例》规定，反倾销措施实施后，商务部可以在有正当理由的情况下，决定对继续征收反倾销税的必要性进行复审，也可以在经过一段合理时间，应利害关系方的请求并对利害关系方提供的相应证据进行审查后，决定对继续征收反倾销税的必要性进行复审。通过复审，商务部可及时对采取反倾销措施后出现的新情况作出新决策，对原审反倾销措施调整、延长或取消，以保护利害关系方的合法权益。我国目前的复审形式分为三类：对税率进行调整的复审，包括部分期中复审、新出口商复审、反吸收复审；调整措施其他内容的复审，包括退税复审、产品范围复审、反规避复审、更名等；决定措施废立的复审，期终复审，又称日落复审、全面的期终复审。我国《反倾销条例》对复审作了原则性规定，此外商务部还颁布了三个专门的复审规章，分别是《倾销及倾销幅度期中复审暂行规则》《反倾销新出口商复审暂行规则》以及《反倾销退税暂行规则》。

(1)期中复审。倾销及倾销幅度期中复审是指在反倾销措施有效期内，根据反倾销措施生效后变化了的正常价值、出口价格，对继续按照原来的形式和水平实施反倾销措施的必要性进行的复审。期中复审可以由利害关系方提出申请，或由调查机关主动发起复审，该复审申请者可是国内产业、涉案国出口商、生产商或是国内进口商。期中复审的内容根据申请方的不同而不同。如进口商提出期中复审申请的，期中复审仅限于对声明将向调查机关提交有关证据和材料的出口商、生产商被调查产品的正常价值、出口价格和倾销幅度进行审查。出口经营商的价格承诺生效后，商务部可以在有正当理由的情况下，决定对继续履行价格承诺的必要性进行复审；也可以在经过一段合理时间，应利害关系方的请求并对利害关系方提供的相应证据进行审查后，决定对继续履行价格承诺的必要性进行复审。我国反倾销调查期中复审的流程如图 2－2 所示。

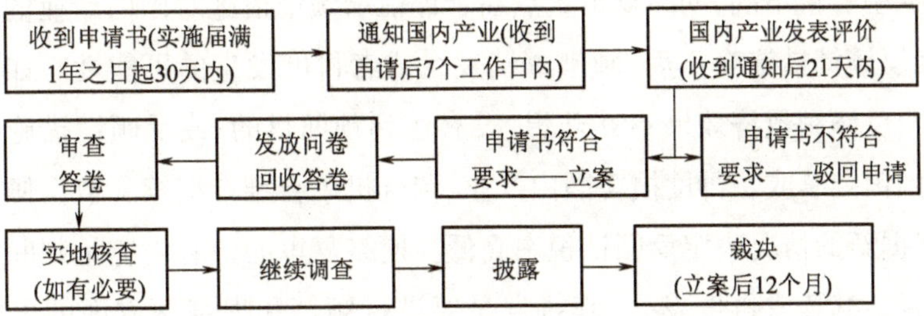

图 2－2　中国反倾销调查期中复审流程图

（2）新出口商复审。新出口商复审是指原反倾销调查期内未向中国出口过被调查产品的涉案国出口商、生产商，且与在原反倾销调查期内向中国出口过被调查产品的出口商、生产商无关联，在原反倾销措施生效后可以要求为其确定单独反倾销税率的复审。该复审审查的重点在于调查新出口商、生产商的倾销行为及其对国内产业的损害状况。我国反倾销调查新出口复审流程同图 2－2完全一致，只在不同阶段的时间要求相异：新出口商的复审申请不得晚于实际出口后 3 个月提出，申请应提供申请前 6 个月的有关产品的出口价格、正常价值等数据，并附相应证据；国内产业发表评论意见应为收到通知之日起 14 天内；申请书符合要求立案应在收到申请后 30 个工作日内；裁决需在立案后 9 个月。

（3）期终复审。期终复审即日落复审，指反倾销税征收 5 年期满前进行的行政复审，为反倾销措施是继续生效、延伸和提高税率还是终止提供决策依据。我国反倾销调查期终复审流程如图 2－3 所示。

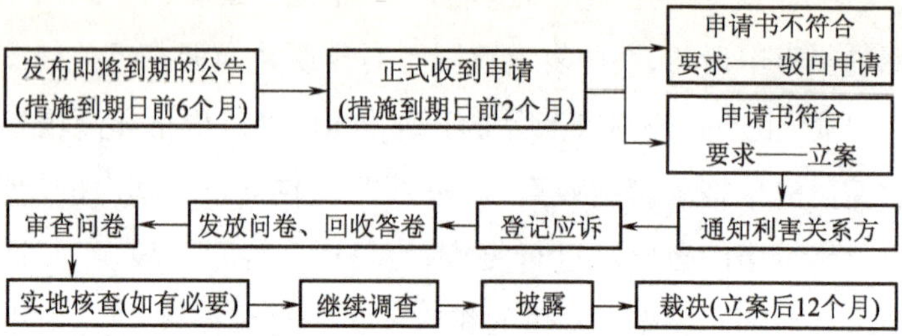

图 2－3　中国反倾销调查期终复审流程图

与期中复审不同,期终复审重点在于评估反倾销措施对国内产业的救济效果,以及反倾销措施终止后,倾销继续发生或者再度发生的可能性。如果存在证据表明反倾销救济效果不够理想,没有达到预期目的,或反倾销措施的终止会导致倾销继续或者再度损害国内产业,调查机关会维持继续采取反倾销的裁定,并根据新的情况决定反倾销税率高低。期终复审的核心内容是判断倾销和损害是否会继续或再度发生,其特点是要进行倾销和损害两方面的可能性分析,日落复审调查应在复审立案后 12 个月内结束。

5. 司法审查。司法审查是保护参与反倾销程序的组织和个人的合法权益,依法监督和维护反倾销行政主管机关依法行政,完善国际投资法制环境的有力措施。2002 年,我国最高人民法院颁布了司法解释第 27 号《关于审理国际贸易行政案件若干问题的规定》和第 35 号《关于审理反倾销行政案件应用法律若干问题的规定》,明确了人民法院承担对国务院主管部门国际贸易、反倾销进行司法审查的重要职责。解释中对司法审查范围、诉讼参加人、管辖、司法审查的标准、举证责任、判决方式等作出明确规定,人民法院依法受理对下列反倾销行为提起的行政诉讼:a. 有关倾销及倾销幅度、损害及损害程度的终裁决定;b. 有关是否征收反倾销税的决定以及追溯征收、退税、对新出口经营者征税的决定;c. 有关保留、修改或者取消反倾销税以及价格承诺的复审决定;d. 依照法律、行政法规的规定可以起诉的其他反倾销行政行为。目前,我国还未对反倾销案件提起过司法审查程序。

2.2.2.2　反倾销措施分类

遵循 WTO《反倾销协议》,中国《反倾销条例》中的反倾销措施同样分为临时反倾销措施、反倾销税和价格承诺三类。

1. 临时反倾销措施。根据《反倾销条例》第二十八条的规定，如果初裁确定倾销成立，并由此对国内产业造成损害，可以采取临时反倾销措施，方式有征收临时反倾销税和要求提供保证金、保函或者其他形式的担保，担保金额不应超过初裁确定的倾销幅度。我国征收临时反倾销税由商务部提出建议，国务院关税税则委员会根据商务部建议作出决定。要求提供保证金、保函或者其他形式的担保，由商务部决定并予以公告，海关自公告规定实施之日起执行。临时反倾销措施实施期限自措施决定公告规定实施之日起，不超过4个月；在特殊情况下可以延长至9个月。在反倾销立案调查决定公告之日起60天内，不得采取临时反倾销措施。

2. 价格承诺。根据中国《反倾销条例》的相关规定，在反倾销调查期间，如果任何出口商就修改出口价格或停止以倾销价格向地区出口，向进口方主管机构作出可以接受的自愿承诺，使调查机关确信通过价格承诺协议足以消除倾销造成的产业损害影响，并符合公共利益原则，则调查机关可以接受该价格承诺协议，并相应中止或者终止反倾销调查，不采取临时反倾销措施或者征收反倾销税。调查机关在接受价格承诺前，一般会向国内申请人询问意见和建议，给予申请人表达申诉的权利。调查机关可以要求出口经营者定期提供履行其价格承诺的有关情况、资料，并予以核实。出口经营者违反其价格承诺的，调查机关可以立即决定恢复反倾销调查，根据可获得的最佳信息，可以决定采取临时反倾销措施，并可以对实施临时反倾销措施前90天内进口的产品追溯征收反倾销税。价格承诺的期限与最终反倾销税的期限同为5年，出口经营者不作出价格承诺或者不接受价格承诺的建议，不妨碍国家调查机关对反倾销案件的调查。在中国反倾销实践工作中，中国不锈钢冷轧薄板反倾销案件中曾出现签订价格承诺协议的情况。在该案件中，日、韩企业与中国原外经贸部签订了价格承诺协议，同意从协议生效之日起以不低于协议价格的出口价格向中国销售被调查产品，起到了消除倾销损害的作用。

3. 最终措施。在反倾销调查结束后，如果调查机关认为存在倾销、产业损害以及二者之间的因果关系，则可以采取最终反倾销措施，最终反倾销措施采取征收反倾销税的形式,征收反倾销税应当符合公共利益。征收反倾销税应由商务部提出建议,国务院关税税则委员会根据商务部的建议作出决定,由商务部予以公告,海关自公告规定实施之日起执行。在中国的反倾销实践中,各出口商反倾销税税率等于调查机关计算的倾销幅度,对于不同出口经营者根据其的不同倾销幅度分别确定。反倾销税以海关审定的成交价格为基础的到岸价格作为计税价格从价计征,计征公式为:反倾销税额 = 海关完税价格 × 反倾销税税率。进口环节增值税以海关审定的成交价格为基础的到岸价格加上关税和反倾销税作为计税价格从价计征。由于反倾销税是在商品进口时由进口商承担的,因而从本质上来说,它属于关税的一种。但事实上由于它在纳税主体、应税商品和税率等方面具有较大的不确定性和随意性,使其在具体适用上比透明度较高的关税更为方便。

一般而言,反倾销税具有不能追溯征收的原则,是法律不溯及既往原则在反倾销税问题上的体现。如果没有采取临时措施,而最终经调查结果是肯定性的,反倾销税就可以追溯征收到可以适用临时措施时。终裁确定存在实质损害,并在此前已经采取临时反倾销措施的,反倾销税可以对已经实施临时反倾销措施的期间追溯征收。终裁确定存在实质损害威胁,如果前期不采取临时反倾销措施,将会导致实质性损害裁定,为此采取临时反倾销措施的,反倾销税可以对已经实施临时反倾销措施的期间追溯征收。终裁确定的反倾销税,高于已付或者应付的临时反倾销税或者为担保目的而估计的金额,差额部分不予收取;低于已付或者应付的临时反倾销税或者为担保目的而估计的金额,差额部分应当根据具体情况予以退还或者重新计算税额。

2.3 典型国家及地区反倾销政策比较

反倾销措施的目的在于减轻直至消除存在价格歧视的不公平贸易行为。世界各国通过条约方式协调国内反倾销立法,通过合作实现自身经济利益,防止他国因极度利己行为而导致的国际贸易秩序失衡,并在一定程度上保证本国贸易行动自由。WTO《反倾销协议》是国际通用的原则性贸易协定,对于 WTO

各成员方来说，具体涉及反倾销案件时，反倾销调查与司法审查均适用的是调查国国内的相关法律措施。鉴于美国、欧盟和印度都是贸易救济领域较为活跃的国家及地区，本节基于前述 WTO 反倾销制度规则，将中国与这几个典型国家及地区的反倾销措施进行比较①（如表 2 - 1 所示），以期为我国反倾销实践提供参考借鉴。

表 2 - 1　典型国家及地区反倾销措施差异对比表

对比项/国家	中国	美国	欧盟	印度
1. 反倾销必要条件	—	—	√	—
1.1 倾销确定	—	—	—	—
① 国内价格	√	—	—	—
② 出口价格	√	√	√	√
1.2 损害确定	—	—	—	—
①实质性损害威胁	—	√	√	—
②多国倾销的累加计算	—	√	—	—
1.3 因果关系的确定	√	√	√	√
2. 反倾销基本程序	√	√	√	√
2.1 反倾销发起方式	√	√	√	√
①案件发起至调查期限	√	—	√	—
②案件调查总期限	√	—	√	—
③行政复审	√	√	√	√
2.2 反倾销措施	—	—	—	—
①临时反倾销措施期限	√	√	√	√
②反吸收措施	—	—	√	—
③反规避措施	—	√	√	—

注："√"表示此项与其他国家或地区相比存在差异；"—"表示此项遵循 WTO 反倾销规则，与他国没有差异，表中反规避和反吸收措施 WTO 并未作明确规定。

① 鉴于本项研究目的，美国、欧盟和印度反倾销制度规则在正文中不再详述，有兴趣的读者可查阅本书附录。

2.3.1 反倾销实施前提条件对比

WTO规定反倾销必须满足存在倾销、损害及倾销与损害之间的因果关系三个条件。中国、美国、印度与WTO反倾销必要条件相同，而欧盟实施反倾销要考察第四个方面，即实施反倾销应符合欧盟共同体利益。根据欧盟的反倾销政策，对倾销、损害及其因果关系都作出肯定性认定后，若要实施反倾销措施，欧委会还须另行调查共同体利益，以确定实施反倾销措施对欧盟整体造成的消极影响是否会小于对申诉产业所带来的积极影响。在适用共同体利益标准时，欧委会通常先作如下可反证的推定：认定倾销、损害和因果关系情况下，采取反倾销措施是符合共同体利益的，评估实施反倾销措施对申诉产业本身造成的积极和消极影响，将反倾销措施对该申诉产业的积极影响与受到该措施的不利影响的其他利害关系方的消极影响进行比较。如果实施反倾销措施对申诉产业或者共同体中另一产业或另一方所造成的损害将大大超过该措施对申诉产业带来的利益，那么实施该措施就会被视为不符合共同体的最大利益，从而就不应实施反倾销措施；反之，则应实施反倾销措施。

2.3.1.1 出口产品倾销确定

进行倾销认定时，在产品国内销售价格确定方面，WTO规定国内正常价格为国内市场正常交易中的成交价、销售牌价，或某一时期的加权平均价；中国国内正常价格为国内市场的正常贸易过程中出厂价格、批发或转手价格和零售价格，而美国、欧盟和印度的反倾销制度中，国内产品正常价格的规定与WTO相同。

进行倾销认定时，在产品出口价格确定方面，WTO规定出口价格以贸易术语国际货物买卖中的装运港船上交货费（FOB）、成本加运费（CFR）、成本保险费加运费（CIF）为标准，中国的出口价格以CIF作为标准；相对而言，美国出口价格是根据被调查产品由进口商购买的价格、出口商在美国的销售价格以及出口结构价格来确定；欧盟的出口价格则依据合同商制定的价格、转售给欧盟独立买主的价格、出口结构价格、第三国出口价格和最佳资料确定价格等方式确定；印度的出口价格则是CIF价格（到岸价格）扣除海运费、保险和合理管理费后的价格，与出厂价格一致。

2.3.1.2 产业损害确定

在实质性损害威胁调查方面,美国反倾销政策规定,国际贸易委员会可根据实质性损害威胁的真实性和迫切性,裁定倾销进口商品是否存在对美国产业的实质性损害威胁,并具体列举了应考虑的因素。外国倾销商品对美国国内产业新建造成的实质性阻碍,美国国际贸易委员会也确定了相关标准;欧盟对实质性损害威胁的确定提供了具体的指南,但这种分析仍然充满着模糊性,在运用实质性损害威胁这一规则时,所采用的证据往往是一种双重证据,它既用来认定实质性损害,也用来认定实质性损害威胁。欧盟反倾销政策在确定倾销进口产品对欧盟产业的实质性损害时,对倾销进口商品的数量作了两种例外情况的规定:第一,其中一国倾销产品与其他涉案国产品不具备可比性可以不累积;第二,一国出口产品在欧盟的市场份额不足1%,且几个这样的涉案国在欧盟的合计市场份额不足3%也可以不累积。这种例外条款可以在一定程度上保护出口国,但是欧盟对累积评估的例外范围显然还是小于WTO反倾销协议的规定。

在多国倾销的累加计算方面,WTO涉及多国倾销的累加计算标准是一个国家(地区)的倾销进口产品数量占同类产品总进口量的比重低于3%不累加,但是低于3%的若干国家(地区)的总进口量超过同类产品总进口量的7%需要累加;欧盟涉及多国倾销的累加计算标准是一国的出口产品在欧盟的市场份额不足1%,且几个这样的涉案国在欧盟的合计市场份额不足3%不进行累加。

2.3.1.3 倾销与损害因果关系确定

WTO《反倾销协议》中采用直接因果关系标准,即倾销是造成损害的因素之一,进口国国内产业损害是由倾销产品及其他因素共同作用的结果。证明倾销进口产品与对国内产业损害之间存在因果关系应以审查机关得到的所有有关证据为依据,主管机关还应审查除倾销进口产品外的、同时正在损害国内产业的任何已知因素,且这些其他因素造成的损害不得归因于倾销进口产品。中国《反倾销条例》并没有直接对认定因果关系所应遵循的规则作出明确界定,对于因果关系程度的认定要求当属于一般因果关系类型,即并不要求被调查进口产品的倾销必须是导致国内相关产业损害的主要原因,只要能够确定被调查的进口产品的倾销是造成国内产业损害的起作用的原因,即可裁定对作调查倾销产品采取反倾销措施；美国采用一般因果关系标准，即当进口国有关产业的损害是由倾销产品及其他有关因素共同作用的结果时，也就是说，只要倾销成为损害的因素之一时，倾销与损害之间的因果关系将被认定为成立；欧盟采用的是主要因果关系标准，即当进口国有关产业的损害完全是由倾销进口产业造成的，换言之，正是由于进口产品的低价倾销才导致了进口国国内产业损害时，倾销与损害之间的因果关系将被认定成立；印度反倾销政策把因果关系分为主要因果关系和一般因果关系两类。在证明倾销与国内产业损害之间存在直接的因果关系的同时，还要对造成损害的其他因素进行调查，在最后确定损害因素时，要将这些因素予以排除，即只考虑倾销对国内产业造成的损害。

2.3.2 反倾销实施基本程序对比

美国、欧盟和印度是世界上实施反倾销措施最为频繁的国家和经济区域，其反倾销行动对国际贸易和国际投资方向有着重大影响。经过多年的实践，美国、欧盟和印度反倾销法不断加强和完善，已形成周密的条款、烦琐的计算和严格的执行程序，本节着重从上述方面对其反倾销相关规则和实施措施进行对比分析。

2.3.2.1 反倾销相关规则比较

在反倾销发起方式或发起主体方面，WTO 规定一般情况下，反倾销由国内产业或代表国内产业提出书面申请后发起。在特殊情况下，虽然有关主管机关没有收到国内产业或代表国内产业提出的发起调查的书面申请，但是其掌握关于倾销、损害和因果关系的充分证据，证明发起调查是正当的，也可以主动发起反倾销调查。中国反倾销案件的发起方式有两种：一是由国内产业或者代表国内产业的自然人、法人或者有关行业协会组织，向商务部提出反倾销调查书面申请；二是由商务部根据存在损害的充分证据决定立案调查；美国反倾销调查发起必须由美国境内声称受损害的工业或其代表所提交的书面申请而开始；欧盟规定任何自然人、法人以及没有法人资格的社团，都可以共同体产业的名义提出书面申诉；印度规定国内产业或代表国内产业的生产商，可以向商业部反倾销总局提出对进口倾销产品发起反倾销调查的书面申请。

在案件发起至调查结束的时间期限方面，中国规定商务部应当自收到申请人提交的申请书及有关证据之日起60天内,对申请是否由国内产业或者代表国内产业提出、申请书内容及所附具的证据等进行审查,并决定立案调查或者不立案调查;欧盟委员会经与咨询委员会商议,如果认为有充分证据说明应进行反倾销调查程序,需在提交诉状的45天内发动调查。在调查总期限方面,WTO反倾销调查通常在1年内结束,最长不得超过开始调查之后的18个月。欧盟反倾销调查一般得在1年内结束,而且在任何情况下,也不得超过15个月;中国反倾销调查应当自立案调查决定公告之日起12个月内结束,特殊情况下可以延长,但延长期不得超过6个月,也就是说我国反倾销案件调查期限与WTO规则一致,最长为自立案调查决定公告之日起18个月内。

在行政复审方面,WTO规则中行政复审包括新出口商复审、期中复审和日落复审。中国的反倾销行政复审包括期终复审(日落复审)、期中复审、新出口商复审、反吸收复审、退税复审、产品范围复审、反规避复审等;印度一般只实施反倾销中期复审和日落复审;欧盟反倾销复审与WTO相一致,包括期中复审、新出口商复审、日落复审;美国的行政复审类型比较多,有快速行政复审、年度行政复审、没有出口的行政复审、新出口商复审、情势变迁行政复审、日落复审、产品范围复审等。

2.3.2.2 反倾销措施比较

在临时反倾销措施期限方面,WTO临时反倾销措施的实施应该限制在尽可能短的时间内,不应超过4个月。如果经有关主管机关决定,并根据在所涉及贸易中占很大百分比的出口商的要求,可以适当延长但不应超过6个月。如果调查过程中主管机关正在审查征收低于倾销幅度的税额是否能消除损害,则临时反倾销措施实施期限可延长至9个月;中国临时反倾销措施实施期限,自临时反倾销措施决定公告实施之日起,不超过4个月。在特殊情况下可以延长至9个月;美国临时反倾销措施的实施一般不超过4个月,如果延长总计不应超过6个月;欧盟临时反倾销税的期限可以是6个月,最长为9个月;印度征收临时反倾销税的有效期最多为6个月,应占贸易额比例较大的出口商要求,并经中央政府同意后,可以延长至9个月。

在反吸收措施方面,WTO规则中尚无反吸收措施方面的内容,欧盟规定反吸收措施是指针对出口商的吸收行为，通过制裁主动降低出厂价的出口企业，以保证被课以反倾销税后出口价不下降，保证反倾销措施的效果不被吸收。欧盟反吸收措施具体包括进行反吸收调查和实施反吸收措施两个方面的内容。

在反规避措施方面，WTO规则中尚无反规避措施方面的内容，美国是反规避措施立法与实践的先行者。目前，美国已具有比较完备的反规避政策，对适用反倾销税命令的规避行为作出了四个方面的具体规定；欧盟是世界上最早在反倾销政策中制定反规避措施的地区。欧盟反规避政策主要包括认定规避行为的基本条件、反规避中的组装规则和原产地规则这三项内容。在实践中，欧盟很早便将原产地规则引入到规避行为的认定中，将原产地规则与反规避措施相结合，作为限制出口商规避反倾销税的重要法律依据和手段。

2.4 本章小结

反倾销是国际社会所广泛认可和接受的贸易救济措施，是维护进口国国内产业经济安全的有力手段。进口国通过采取反倾销措施，一方面使受到损害的产业得以较快恢复和发展，另一方面可以遏制经济竞争领域中的各种不公平交易行为并消除其危害。反倾销制度的渊源主要包括国际制度和国内制度，各国反倾销制度和政策的确立是实施反倾销措施的基础，也是开展反倾销实施效果评估的基本准则。本章在WTO反倾销制度规则框架下，对中国反倾销政策实施必要前提条件和基本程序进行梳理，并将中国与美国、欧盟、印度三个典型性国家及地区，在反倾销实施必要条件、共同体利益规定、反倾销发起方式、反倾销调查程序等方面进行差异比较，充分阐释了国际范围内反倾销活动较为活跃的国家及地区其反倾销制度建设情况。对现阶段反倾销制度规则的横向对比分析，有利于中国建立具有实践可操作性的反倾销政策效果评估体系，科学检测反倾销政策实施效果，为中国在国际贸易竞争中更好地把握机遇、迎接挑战提供参考和借鉴。

3

反倾销政策效果实现机理及作用机制

反倾销是进口国反倾销调查当局依法对给本国产业造成损害的倾销行为，采取征收反倾销税等措施以抵消损害后果的法律行为。由于反倾销政策是一把双刃剑，长期以来，各国政治、经济、法律和产业界对倾销的利弊以及是否应该进行反倾销的问题一直持不同观点，争论的核心在于实施反倾销是否能够维护公平的竞争格局，保护消费者福利的整体提高。从现阶段的国际贸易实践来看，反倾销已经是被国际社会所广泛认可和接受的贸易救济措施，是保护进口国经济利益的有力手段。进口国合理采取反倾销措施，能够削弱倾销产品对本国产品的低价竞争能力，从而保护国内相关产业安全，避免进口国在国际贸易中处于相对劣势。本章将对反倾销政策的作用原理及其传导机制进行深入探讨。

3.1 反倾销政策实施原理

反倾销政策直接作用于贸易环节，其根本目的在于通过对贸易活动的干预，保护进口竞争产业免受不公平贸易的损害，促进产业可持续发展。反倾销措施是进口国和出口国多方利益博弈的结果，进口国企业通过战略决策改变来提升自身产业发展。

3.1.1 反倾销政策实施目的

由于倾销产品能使消费者一时受益，倾销的后果以及危害性都具有较强的隐蔽性。相比许多发达国家和部分发展中国家，我国反倾销调查起步较晚，从发起反倾销调查总体趋势来看，加入 WTO 成为我国反倾销调查沉静期和反倾销调查活跃期的明显划分标志。

3.1.1.1 早期制约中国反倾销调查的因素

在加入 WTO 之前,我国就已经受到了国外高频率反倾销造成的严重侵害,然而国内产业并未充分意识到这种潜在威胁的存在。根据 WTO 反倾销案件数据统计,1995—1997 年,全球对我国发起 86 起反倾销调查,然而我国对外反倾销调查却为 0 起,这其中的原因体现在思想意识、环境体制等诸多方面。

1. 思想认识上存在误区。按照 WTO 的要求,我国的市场建设还有很大的提升空间。相比其他成员方而言,我国对很多问题的认知程度还远远不足,从而导致我们在倾销和反倾销问题上存在着思想上的误区:首先是对倾销的危害性及其认识性不足。国外大规模商品销售给消费者带来了具体实惠,国内消费者习惯认为国外商品价格低廉、品质良好,但在意识中却没有认识到,这样的实惠等同于在击垮我国同类商品的生产企业。国外产品大规模占领我国市场,将最终获取超额垄断的丰厚利润,而大多数消费者不了解反倾销的内在含义,因此对反倾销抱有不理解、不支持的态度;其次,国内对反倾销存在一些认识错误,主要表现为地方政府有关部门担忧,实施反倾销措施会影响外商在当地投资,阻碍进出口贸易,从而主动放弃了实施反倾销的想法,这种面临倾销危害时消极的态度使国内反倾销调查严重受阻。

2. 反倾销相关法律制度滞后。面对早期国外商品的大幅度倾销,我国最高立法机关始终未制定出专门的反倾销法予以限制和反击,直到 1997 年,我国国务院才颁布实施了《中华人民共和国反倾销和反补贴条例》。从我国当时的反倾销实践来看,此条例还存在着一些缺陷,如果不及时予以解决,将会给国内产业造成严重损害,并且入世后还会遇到来自世界贸易组织和成员的挑战。在此背景下,2001 年国务院颁布了《中华人民共和国反倾销条例》和《中华人民共和国反补贴条例》,同时废除了 1997 年颁布的《中华人民共和国反倾销和反补贴条例》。新的《中华人民共和国反倾销条例》弥补了以往法律条文的不足,同时也明确区分开了反倾销和反补贴两个不同性质的实施措施。但是由于我国在世界贸易组织中还属于年轻的成员方,缺乏丰富的反倾销实践经验,因此我国反倾销司法制度仍有巨大的提升空间。

3. 实施反倾销面临的诸多困难。早期的反倾销实施程序较为复杂，国内许多企业发起反倾销调查时面临诸多困难，致使我国反倾销实践工作停滞不前：一是反倾销申请难。企业如果需要发起反倾销调查，就必须符合严格的审查条件，只有生产产量占全国总产量的大部分或全部的生产者或有关组织才能申请立案，而当时我国企业的普遍状况是生产规模较小、各自归属于不同行业以及由不同的领导部门管理，因此由多个企业联手组织起来进行反倾销申请不易协调。二是倾销行为举证难。反倾销的实施必须要有国外商品的倾销以及我国企业是因为该商品的倾销而遭受重创作为基础，而让受损产业自行搜寻国外倾销商品的数量和在国际市场的价格作为立案申请证据难度较大。三是主动发起调查难。反倾销调查需要花费大量人力、财力、物力，这些支出都要由企业单独承担，所以许多企业期望同行业其他竞争者申请反倾销调查，而自己享受成功裁决成果，这在一定程度上降低了企业的反倾销调查意愿。

3.1.1.2 现阶段中国反倾销调查的目的

加入 WTO 之后，我国国内市场与国际市场自然融为一体，国内市场成为国际市场的一个重要组成部分。与此同时，我国贸易救济政策不断发展完善、实践操作经验也日益丰富。中国政府相关部门开始熟悉并逐渐掌握 WTO 规则，通过使用符合国际惯例的贸易救济工具，以平衡国内市场经济，维护国内产业正当利益。

1. 保障国防安全，维护国家利益。当今世界，和谐发展虽然是时代的主题，但霸权主义和强权政治依然存在。伴随着我国对外开放程度的逐渐扩大，国际交往的日益频繁，会不同程度的存在一些国家利益冲突和国防安全隐患问题。外国对华倾销商品广泛应用于国防军工、农业、轻工、纺织、化学、冶金、电力等国民经济命脉部门，在我国经济发展中起着举足轻重的作用。如果不采取有效的反倾销措施，就会使某些涉及国防工业的产品受控于国外，这将给我国的国防安全造成不可低估的损失。同时，任由外国产品倾销蔓延，可能会破坏我国完整的国民经济体系，削弱政府的宏观调控能力，从而对国家利益构成严重威胁。从这个角度来看，反倾销措施是现时代我国国防、经济、贸易安全的重要屏障，强化反倾销等措施，能够保障国内国防工业的正常发展，为维护国家利益提供有力的战略支撑。

2. 协调环境资源,推进自由贸易。随着经济全球化的加速以及人们环保意识的不断增强,国际贸易与环境保护之间的矛盾与协调问题日益突出。既要促进国际贸易发展,又要保护好生态环境,从而实现社会经济的可持续发展,已成为各国普遍关注的焦点。长期以来,一些发达国家向我国低价转移污染和危害生态的工业产品进行环境侵略,这种行为造成了我国国内生态环境破坏,污染治理成本增加,社会各界为环境保护付出了巨大代价。对具有污染性的国外产品实施反倾销政策,能够降低此类产品进口,减轻环境损害程度。反倾销政策还为国内同类产业恢复提供了时间保障,督促国内企业通过科学进步采用清洁生产方法,提高产品技术含量,降低资源、能源消耗,减少废物排放,从而提高产品在国际市场上的竞争力,使我国产业在取得显著经济效益的同时,能够获得良好的环境效益,最终实现贸易与环境的良性互动。

3. 树立国际形象,提升自身软实力。进入新世纪,我国的综合实力在世界范围内逐步提升,快速的经济增长增强了我国的硬实力,使我国在国际社会上的地位日益提高。然而,在开放的国际贸易环境中,我国部分产业屡遭倾销的危害而导致自身发展放缓,整体经济不能得到健康平稳的增长。受损产业在国际、国内两个市场的占有率大大下降,如果在遭遇到危害后,受损产业没有采取积极的态度利用合法工具维护自身的正当利益,就会放纵他国为了现实利益而大肆在我国市场为所欲为,这种消极被动思想将影响我国日益树立起来的大国形象,削弱我国产品品牌竞争实力,特别是在软实力方面。为了避免这些负面影响,当我国再次面对国外产品的倾销行为时,就应积极主动拿起反倾销工具予以反击,从而在新的国际竞争形势下不断提升我国的国际形象以及自身软实力。

3.1.2 反倾销政策作用机理

反倾销政策通过市场机制提高涉案国产品价格,扩大生产规模,弥补因倾销而遭受的损害,并通过技术创新激励机制,促进本国进口竞争企业提高国际竞争力。

3.1.2.1　价格机制

任何经济主体行为在市场机制作用下都具有自发属性，反倾销政策作为自觉干预政策符合一般市场规律，并通过市场机制调节企业行为以实现促进企业和产业发展的目的。由于反倾销政策的主要形式是反倾销税，反倾销税能够影响进出口厂商定价和国内市场环境而引起被诉产品价格上升，因此，价格机制是反倾销政策作用的核心机制，反倾销政策价格机制作用方式如图3－1所示。

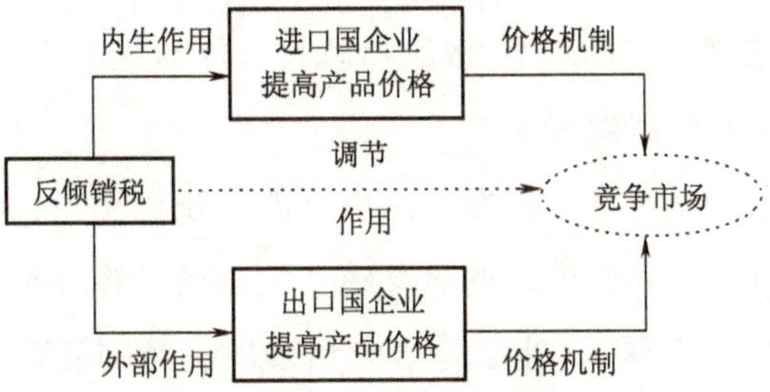

图3－1　反倾销政策价格机制作用图

反倾销政策的内生作用就是提高国内相同或相似产品价格，通过价格机制使企业自动调整其经济行为进而影响产业以及整个国民经济，实现保护国内产业的目的。根据马克思主义经济学原理可知，价格机制是价格作为市场信号调节资源配置的机制，为此价格机制与供求机制密切相关，即供求关系变动会引起价格的变动，而价格变动又引导了社会的生产和消费活动，使市场主体从价格变化中获得信息，自发调节自身经济行为。当某种商品价格上升时，相关企业会扩大商品生产、增加供给，而对其需求和消费却产生抑制，出现供过于求的状况，商品价格随之下降并逐步达到均衡；反之，当商品价格下降时，企业会缩小生产规模，减少供给。反倾销政策正是利用价格机制这种最灵敏的经济调节手段，通过政策干预提高进口竞争产品价格，刺激国内厂商迅速恢复生产、增加供给，自发地调节资源在社会各个生产部门和企业之间的分配，并激励企业改进产品生产技术，提高劳动生产效率，创造公平竞争的国内市场环境。

反倾销政策的外部作用是通过征收反倾销税来提高进口产品价格，限制国外厂商进口量，为国内企业迅速增加市场份额创造机会。反倾销政策会使倾销企业调整涉案产品的价格，且征收反倾销税会使进口产品价格发生变动，其供求关系随之发生变动从而影响产业价格，产业价格变动再次传递给其他关联产业、消费者及政府，因此反倾销政策的影响表现为价格直接效应和间接传递效应。一方面，倾销损害国内企业利益时，企业进行反倾销申诉，会威慑倾销企业调整产品价格，反倾销肯定性裁决会对国内同类产品价格以及产业价格指数产生直接影响；另一方面，反倾销政策对企业产生的直接价格效应通过经济技术关联机制，传递给上下游产业，引发产品价格、收益等变动，导致国内整体物价水平、供求状态、消费者生活水平、政府财政收入等的变化。

3.1.2.2 技术创新激励机制

国外产品低价倾销导致了涉案产品市场的不正当竞争，市场失灵现象给进口国竞争企业带来了不利影响。通过实施反倾销政策弥补市场失灵缺陷，可以对供求市场进行自觉干预，促进市场结构和市场机制的完善，维护市场正当竞争秩序，为进口国企业创造公平竞争的生存和发展环境。反倾销政策为进口国国内产业提供了暂时性保护，反倾销政策是产业救济的手段而不是其最终目的。由于国际竞争力建立在国内资源的国际比较优势、技术创新能力和国际市场开拓能力的基础上，为此反倾销政策应在弥补产业损害的基础上实现国内进口竞争企业和产业国际竞争力的显著提高。

依据反倾销与产业保护理论可知，反倾销政策是一把双刃剑，使用不当不但不会提高进口竞争产业的竞争力，反而会导致更严重的低效率，企业一旦失去保护，经营情况会变得更糟糕。反倾销政策的理想状态是制定适当的反倾销税率，实现对进口竞争企业和产业的适度保护，同时反倾销税的征收使得国外竞争产品价格提升，市场份额减少，从而扩大了国内进口竞争企业的市场需求，扩大了的市场需求为进口竞争企业提供了新的市场机会和技术创新诱因，因此，反倾销政策为进口竞争企业提供了技术创新的动力，激励进口竞争企业为了得到更多利润、获取成本竞争优势，而不断加大技术投入，提高技术创新的能力，促进企业技术创新与进步，加速产业间的技术转移，有重点地适应世界新技术发展的趋势，力争产业技术世界领先。

综上所述，反倾销政策借助市场自发调节机制，利用政策自觉干预弥补进口竞争产业所遭受的产业损害，激励进口竞争企业进行技术创新，从而使进口竞争企业和产业改善生存条件，获取长足发展动力；反倾销政策也是促进企业提高国际竞争力的手段，为进口竞争企业和产业提供机会，使其获取促进技术进步的动力，激励企业和产业不断引进或开发新技术，生产新产品，提高产品质量，降低产品成本，以更有效地与国外竞争企业进行竞争，从而实现反倾销政策促进进口竞争产业发展的目的。

3.1.3 反倾销政策影响效应

针对某涉案产品实施的反倾销政策，无论是与出口国达成价格承诺协议，还是最终实施5年甚至更长期的反倾销税，其根本目的在于增加国外涉案产品的成本、提高其进口价格、限制进口数量从而达到救济国内产业的目的。由于经济系统的复杂性以及各系统要素之间的关联性，反倾销政策将对贸易、企业、产业以及整个国民经济产生深远影响，反倾销政策作用过程即为各个影响效应的产生过程，反倾销政策作用过程如图3－2所示。

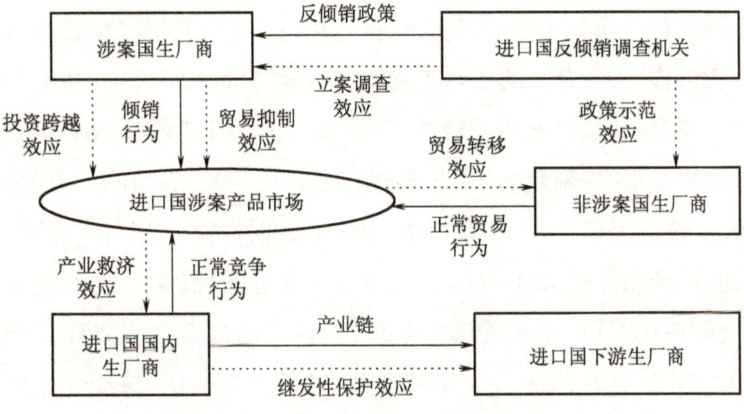

图3－2 反倾销政策作用过程示意图

从国家角度来看，反倾销作为一项贸易政策，其实施的最终目的是要服务于本国的经济发展以及提高国民福利水平；然而，从全球贸易角度来看，反倾销政策则应当努力维护正常的贸易秩序，促进世界贸易的健康发展。反倾销政策实施过程中具有的影响效应主要体现在贸易恢复、投资跨越、产业救济、继发性保护、政策示范五个方面。

3.1.3.1 贸易恢复效应

国际进出口贸易是反倾销政策作用的首要对象，进口国反倾销调查机关通过征收现金保证金、反倾销税或者接受价格承诺协议的方式，提高进口产品价格，阻止倾销行为继续发生，从而有效维护公平贸易环境，达到贸易救济效果的预期目的。反倾销政策在贸易环节产生的经济效应表现为立案调查效应、贸易抑制效应及贸易转移效应。

立案调查效应是指在某些反倾销案件中，即便最终没有采取反倾销措施，仅发起反倾销调查就已经传递了涉案产品价格会上升的信号，从而引起企业一系列的行为策略调整反应，即反倾销政策产生了威慑干扰效应。贸易抑制效应是指进口国调查机关通过反倾销措施提高进口产品价格，降低涉案产品在国内市场的需求，从而使得国外厂商减少该产品供应量，达到抑制涉案国进口数量、消除国外厂商倾销行为的目的。截至 2011 年 2 月，我国共对来自 24 个国家的进口产品发起反倾销调查 64 起[①]。在已经发起的 64 起立案中，除异氰酸酯（MDI）、双酚（第一次）、三元乙丙橡胶和气相色谱 L—质谱联用仪这四起案件以申请人撤诉告终外，余下的已经正常完成初裁的 58 起案件中（截至 2011 年 2 月），聚苯乙烯、饲料级赖氨酸盐酸盐、辛醇和丁醇这四起案件，初裁时以未对国内产业造成损害结案，剩余的 54 起案件初裁时认定倾销存在并与国内产业损害存在关联，征收保证金，占所有正常完成初裁案件的 93.1%。在我国纶短纤维、聚酯切片、苯二异氰酸酯（TDI）、二甲基环体硅氧烷（第一次）、氨纶这五例案件中，反倾销立案后，在案件调查阶段，进口产品的数量就立即呈现下降趋势，其中苯二异氰酸酯（TDI）、二甲基环体硅氧烷（第一次）降幅非常明显。在初裁过后，进口产品被征收了临时反倾销税，几种产品的进口量再次持续下降，其中聚酯切片在短期内的进口水平更是达到了终裁的预期水平。

贸易转移效应是指由于反倾销措施间接提高了对非涉案国产品的需求，出现非涉案国供应量增多，市场份额向非涉案国转移的现象。贸易转移效应减缓

① 资料来源：由中国贸易救济信息网产业数据资料库资料收集整理而得。

了进口量的下降和国内价格水平的提高，在一定程度上削弱了反倾销措施对涉案出口国的贸易抑制效果。如我国对欧盟邻苯二酚案件，在针对欧盟采取反倾销政策之后，尽管欧盟产品出口量出现明显下降，但市场份额很大程度上向非涉案的美国、日本发生了转移，使得国内邻苯二酚产业应获得的市场份额又被挤占，我国不得不再次对美国和日本邻苯二酚发起反倾销调查。

3.1.3.2 投资跨越效应

反倾销政策会对国外企业的直接投资行为产生影响，引发投资跨越效应。投资跨越效应是指跨国公司为了突破东道主国家旨在限制对其商品进口而设置的关税壁垒和非关税壁垒，实施对外直接投资的贸易行为。对于出口国而言，反倾销政策激励了企业在进口国投资设厂，以此方式来规避反倾销税，实现跨越反倾销保护，继而产生投资跨越效应。

中国对进口产品征收反倾销税，削弱了有关国家产品在中国市场的竞争力，为了维持乃至扩大在中国市场的销售份额，一些外资公司通过直接投资的方式进入中国市场，或者进一步扩大在中国的投资规模。外资直接进入中国市场，或者国外企业通过扩大投资提高在国内市场的占有率，强化了与国内企业的竞争，实际上降低了反倾销税对国内产业的保护效果。在中国，许多反倾销措施引发了投资跨越效应①，例如，聚氯乙烯反倾销措施引发了台湾台塑公司对内地的投资，邻苯二酚反倾销引发了国外垄断性企业法国罗地亚对华的直接投资。中国对美国、日本和韩国进口的甲苯二异氰酸酯发起反倾销调查，导致三方联合异氰酸酯项目在上海动工，项目建成后每年可生产甲苯二异氰酸酯16万吨。此外，在钢铁行业，反倾销措施同样引发了投资跨越效应。我国2000年12月对日本日新制钢株式会社和韩国蒲项综合制式会社出口的不锈钢冷轧薄板实施了反倾销措施，2002年10月，上述两个公司双双到华投资建厂。

反倾销措施为出口企业在进口国直接投资提供了动机，投资跨越效应的存在将导致进口国国内竞争加剧，可能使国内生产商面临更加恶劣的经营境况。从这个意义上而言，由于反倾销政策而间接产生的投资跨越效应，是与反倾销

---

① 资料来源：由中国贸易救济信息网产业观察栏目资料收集整理而得。

政策保护产业的初衷相背离的，在一定程度上降低了反倾销税对进口国国内产业的保护，相对增加了反倾销的成本，因此削弱了反倾销政策的贸易救济效果。

3.1.3.3 产业救济效应

产业救济效应是反倾销政策对进口国国内产业产生的救济恢复效果。反倾销政策实施的目的是通过限制倾销产品的进口量，弥补国内进口竞争性产业因涉案国的产品倾销而造成的不合理损失，从而构建公平竞争的国内市场环境，使国内进口竞争性企业和相关产业具备生存和可持续健康发展的条件。

国外倾销产品对国内进口竞争性产业产生了许多不利影响，导致国内产业同类产品的生产能力不能充分发挥，产量持续下降，销售量低于同期中国国内需求量的增长，销售价格被迫大幅下降，从而销售收入持续下降，国内产业开工严重不足，库存积压，企业生产经营陷入困境，同类产业发展受到严重制约。反倾销政策的实施首先要弥补倾销所产生的产业损害，降低进口产品的价格竞争优势，间接增加市场对国内产业产品的需求，改善国内产业的生存和发展环境，使同类产品生产企业不断开发新技术，提升国际竞争力。

征收反倾销税的作用如同征收关税一样，税费将提高进口产品的国内售价，进口产品的数量会减少，从而为国内产业的发展增加市场空间，同时国内市场价格会上升，会进一步改善国内企业的经营环境。我国商务部产业损害调查局负责反倾销中国内产业的损害调查，对反倾销对国内产业的保护效果给予了充分的肯定。根据对2000年之前立案的新闻纸、聚酯薄膜、丙烯酸酯、冷轧硅钢片、不锈钢冷轧薄板、二氯甲烷行业的统计①，截至2002年年底，作出最终裁定的6个行业合计生产能力增长了18%，销售收入增长31%，失业率下降3%。产业损害调查局认为，反倾销使受损害产业得以较快康复和发展，对增加就业以及保证社会稳定和维护我国产业经济安全都发挥了必不可少的作用。

3.1.3.4 继发性保护效应

反倾销政策引起的继发性保护效应是基于进口国上下游产业链之间关联关系的一种经济效应，即当上游产业获得了反倾销保护后，这种保护会

① 数据来源：由中国贸易救济信息网产业数据资料库资料收集整理而得。

从上游产业延展到同其垂直相连的下游产业。由于反倾销措施针对的产品通常是工业初级品或中间品，拥有广泛的下游产业群，因此对上游产品采取的反倾销措施将通过上下游产业链传导到下游产业中。一般而言，上游产业的反倾销措施将导致上游产品价格上涨，对下游产业来说，原材料采购成本加大，下游产业竞争力下降。在这种情况下，下游产业申请反倾销保护并最终采取反倾销措施的可能性加大，这就出现了反倾销措施从上游向下游的扩散，即继发性保护效应。

反倾销政策所涉及的产品可大致分为两大类：一类是最终产品，一类是中间投入产品，中间投入产品被国内企业用于生产其他产品。对最终直接消费产品征收反倾销税，将提高消费产品的价格，从而降低消费者的购买能力；对中间投入产品征收反倾销税，将提高下游产业的生产成本，降低下游产业在国内和国际市场上的产品竞争力，并且通过成本上升而涉及其他行业乃至整个经济市场。进口产品与社会生产关系越是密切，反倾销税带来的成本上升对整体经济造成的危害面积就会越加广泛。根据WTO反倾销数据库资料统计，在全球受反倾销税影响的产业类别当中，基础性金属、电子电器、化学品和纺织品服装皮革产业产值占到了反倾销涉案产业总产值的85%以上，反倾销政策集中在初级产品实施，将对进口国相关产业竞争力造成显著的负面影响。

继发性保护效应对反倾销产业救济效应不会产生直接的影响，只是将反倾销保护的范围从上游产业扩展到下游产业。从一定意义上说，这种效应有利于缓解因反倾销政策而导致的上下游产业的利益冲突，但需要指出的是，继发性保护效应使得整个产业链产品价格上涨，最终用户或者消费者的购买成本增加，从进口国整体利益角度而言，继发性保护效应可能加大了反倾销实施的成本，造成进口国福利的损失。

3.1.3.5 政策示范效应

反倾销政策示范效应是指发起反倾销调查的进口国对涉案国作出肯定性裁决，并采取反倾销措施的做法不仅抑制了涉案国的倾销行为，而且对企图利用倾销手段占领进口国市场的非涉案国具有示范影响作用，能够产生对其他非涉案国的反倾销政策威慑效果，以此通过国家合法权益有效维护市场公平竞争秩序。

随着关税水平的不断降低，反倾销政策调控进口的作用日益加强。反倾销措施不仅能通过征收反倾销税来直接调控涉案国进口数量和进口价格，而且能够通过直接经济调控的扩散示范效应，对非涉案国出口商施加影响。反倾销政策对非涉案国倾销行为产生的威慑效果表现为：一旦非涉案国出口商意识到其倾销很可能受到肯定性制裁，那么从长远利益出发，出口商就会主动规范其出口秩序；对于频繁遭受他国反倾销调查的进口国，反倾销政策也同时具有反向示范作用。进口国通过对 WTO 反倾销规则的合理利用，通过反倾销政策向贸易伙伴发出可置信的反倾销威胁信号，在国际贸易领域内，有助于降低其出口产品遭遇他国反倾销诉讼的数量。从我国近年来的反倾销实践来看，反倾销政策抑制了国外对我国滥用反倾销措施和不公平的歧视性待遇，在一定程度上减少了各国家或地区近年来对我国发起的反倾销调查案件的数量，反倾销裁定也趋向公平。

综上所述，进口国调查机关根据国内进口产业及其相关产业的倾销损害情况实施反倾销调查程序直至最后实施反倾销政策。从反倾销政策作用过程来看，首先，产业救济效应是采取反倾销措施的直接原因，也是检验和评估反倾销措施实施效果的重要依据；其次，产业救济效应是由反倾销措施贸易恢复效应而引发的间接性效应，反倾销措施只有通过对贸易环节的影响，经过市场竞争机制才能传导到国内产业环节，进而起到产业救济作用；再次，产业救济效应与其他效应之间存在相互影响与反馈机制。反倾销引发出口国企业的投资跨越效应将导致国内产业市场竞争环境更为激烈，可能在一定程度上影响产业救济效果的显现；反倾销政策示范效应加强了进口国产业救济效果，而当处于产业链上游的产业获得救济效应后，可能传递到下游产业引起继发性保护效应，这种效应可能又逆向传递到上游产业，扩大反倾销对上游产业的救济效果。

3.2 反倾销政策利益博弈机制

在反倾销政策作用过程中,反倾销政策对象直接针对涉案产品,然而产品属于无行为主体范畴,不能进行相应行为调整,因此反倾销政策影响效果主要通过生产涉案产品的企业行为反应来加以体现。企业是产业的重要组成部分,而产业同样属于无行为主体的集合概念,因而企业层面反倾销政策效果是产业层面反倾销政策效果产生的根源所在,对反倾销政策作用下的企业行为进行分析是评估反倾销政策是否实现预期产业保护的关键。反倾销政策对产品、企业、产业各层面的影响效果关系如图 3-3 所示。

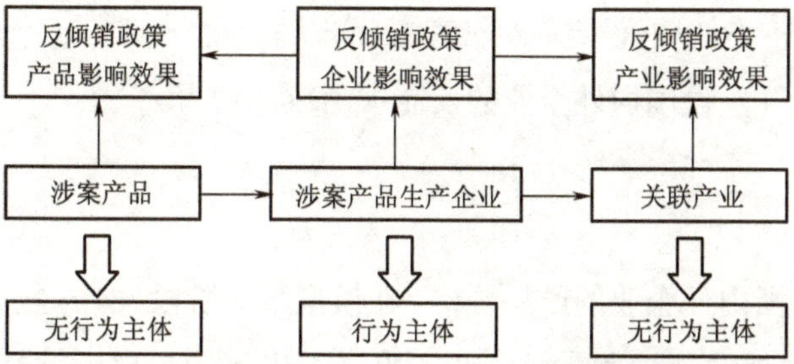

图 3-3 反倾销政策多层面影响效果关系图

反倾销政策会对涉案及非涉案企业的生产行为以及战略决策产生显著影响,而由于竞争企业之间存在着相互依赖关系,某一企业利润会直接受到其他企业战略选择的影响,因此利用博弈理论对反倾销政策实施后的企业战略行为反应进行深入分析,能够为反倾销政策实施效果的评估提供理论支撑依据。

3.2.1 涉案企业生产决策行为

企业第一阶段的战略行为对于第二阶段反倾销税的征收水平具有影响作用,下文将采用动态两阶段非完全竞争博弈模型(A Dynamic Two-period Game Model of Imperfect Competition,DTGMIC),阐述不同情况下反倾销税率的确定方式,并在此基础上进一步分析反倾销税征收后企业的生产决策行为。

3.2.1.1　涉案企业生产决策博弈模型构建

假设存在中国(用 H 表示)和外国(用 F 表示)两家企业,外国企业 F 将产品出口到中国市场,两家企业在中国市场进行竞争,竞争策略符合古诺竞争模型①。

1. 需求函数和利润函数设定。设 $i = 1,2$ 分别为反倾销政策实施过程中的两个阶段,x_i 代表国内企业 H 在 i 阶段的产量,y_i 代表国外企业 F 在 i 阶段向国内市场的出口量,总体消费效用函数形式如下:

$$f(x,y) = hx - \frac{l}{2}x^2 + ay - \frac{b}{2}y^2 - kxy \tag{3.1}$$

式中:参数 h,a,l,b,k 取值均大于0,$bl - k^2 > 0$;h,a,l,b 是产量 x 和 y 对自身价格的影响系数;k 表示产品差异程度,为了保证两种产品不完全替代,自身价格效应大于交叉价格效应,设定 l,b 取值均大于 k。

根据式(3.1),设国内外企业的反需求函数分别为:

$$\begin{cases} p_x = h - lx - ky \\ p_y = a - by - kx \end{cases} \tag{3.2}$$

式中:p_x,p_y 为国内外企业的产品价格。在模型第一阶段,国内企业 H 觉察到倾销存在,于是根据倾销损害情况向调查当局提出反倾销申诉,请求实施反倾销政策。

假设企业 H 和 F 分别以不变平均成本 c_H 和 c_F 进行生产,在国内市场上的两企业在第一阶段的利润函数分别为:

$$\begin{cases} \pi_H(x,y) = p_x x - c_H x \\ \pi_F(x,y) = p_y y - c_F y \end{cases} \tag{3.3}$$

在第二阶段,中国反倾销调查机关征收反倾销税,国外企业 F 的利润函数变为:

$$\pi_F(x,y;d) = p_y y - c_F y - dy \tag{3.4}$$

---

① 古诺竞争模型假定一种产品市场只有两个卖者,并且两个卖者间没有任何勾结行为,但相互间都知道对方将怎样行动,从而各自怎样确定最优的产量来实现利润最大化,因此古诺模型又称为双寡头垄断模型。

式中：d 表示中国反倾销调查机关对国外企业 F 征收的反倾销税税率。第一阶段国内企业 F 提出反倾销申诉申请，第二阶段经由中国反倾销相关部门调查审理，在初裁或终裁时作出肯定性裁决，决定对国外竞争企业 F 征收反倾销税，那么仅有国外企业 F 的利润函数发生变化，而中国企业 H 的利润函数未发生变化。

2. 反倾销税率确定。反倾销政策实施的前提是存在倾销、造成产业损害，且两者之间具有因果关系。征收反倾销税遵循“税率从低”原则，即根据倾销幅度和损害幅度中较低者征收反倾销税，因此确定反倾销税率需要确定倾销幅度和损害幅度，并对两者进行比较。

(1)倾销幅度。由于正常价值是由调查机关根据多方面综合因素合理推定的，企业无法进行干预，因此将正常价值作为外生变量，设为 P，则第一阶段的倾销幅度为：

$$DM(x_1, y_1) = P - p_y \tag{3.5}$$

将式(3.2)中 p_y 的值代入上式，整理得出第一阶段倾销幅度为：

$$DM(x_1, y_1) = P - a + by_1 + kx_1 \tag{3.6}$$

由于 $b, k > 0$，由此得出偏导数取值为：

$$\frac{\partial DM}{\partial x_1} > 0, \quad \frac{\partial DM}{\partial y_1} > 0 \tag{3.7}$$

上述结论说明，在国内企业 H 及国外企业 F 博弈的第一阶段，倾销幅度是国内企业生产量和国外企业出口量的增函数。

(2)损害幅度。WTO《反倾销协议》并没有给出明确的损害幅度确定方法，目前也没有统一的损害幅度计算方法，根据国内外已有研究成果，损害幅度确定的基本依据是进口产品对本国产品的价格削减幅度，据此依照进口产品与本国产品的价格之差确定倾销的损害幅度，其计算公式为：

$$IM(x_1, y_1) = p_x - p_y \tag{3.8}$$

将式(3.2)中 p_y 的值代入上式，整理得出第一阶段损害幅度为：

$$IM(x_1, y_1) = h - a + (k - l)x_1 + (b - k)y_1 \tag{3.9}$$

由于 $b, k > 0$，因此得出偏导数取值为：

$$\frac{\partial IM}{\partial x_1} < 0, \quad \frac{\partial IM}{\partial y_1} > 0 \tag{3.10}$$

上述结论说明，在国内企业 H 及国外企业 F 博弈的第一阶段，损害幅度是国内企业生产量的减函数，是国外企业出口量的增函数。

中国调查机关最终征收的反倾销税，应当由倾销幅度 DM 和产业损害幅度 IM 中的较小者进行选择确定，则反倾销税率取值为：

$$d = \min[DM, IM] \tag{3.11}$$

式(3.11)计算得出的反倾销税率不仅能够弥补倾销造成的国内产业损害，同时符合“税率从低”原则，满足 WTO《反倾销协议》的相关规定。

3. 涉案企业两阶段博弈。国内企业 H 和国外企业 F 的博弈规则如下：在第一阶段，两企业同时选择各自的产出水平 x_1, y_1；由于第一阶段的产量水平均可以被观察到，因此第二阶段，两企业在第一阶段产量水平的基础上，同时选择第二阶段的产出水平 x_2, y_2。模型第一阶段为调查机关寻找证据，确定倾销和损害的调查阶段，如果第一阶段调查机关作出肯定性裁决，则第二阶段将按照倾销幅度和损害幅度中较小者征收反倾销税。

国内外企业的博弈过程会产生三种可能性结果：第一，由于第一阶段不存在倾销或损害，所以第二阶段不征收反倾销税；第二，第一阶段的倾销幅度和损害幅度均为正值，且倾销幅度小于损害幅度，在这种情况下，反倾销税按照倾销幅度进行征收；第三，第一阶段倾销和损害均存在，且倾销幅度超过损害幅度，此时第二阶段按照损害幅度征收反倾销税。根据本项目需要，研究仅关注反倾销税征收的情况，即上述后两种可能的结果，此时两企业 H，F 在第二阶段的利润支付函数分别为：

$$\begin{cases} \Pi_H = \pi_H(x_1, y_1) + \pi_H(x_2, y_2) \\ \Pi_F = \pi_F(x_1, y_1) + \pi_F(x_2, y_2, d) \end{cases} \tag{3.12}$$

式中：$\pi_H(x, y)$，$\pi_F(x, y)$，$\pi_F(x_2, y_2, d)$ 分别由式(3.3)、式(3.4)得出，d 值由式(3.11)确定。

3.2.1.2　涉案企业生产决策行为影响分析

根据逆向归纳法，首先求出第二阶段的子博弈均衡解，然后据此获得第一阶段的反应函数,最终求得整个博弈模型的均衡解。由于本项研究关注反倾销政策实施后企业的决策战略行为反应,因此只需求得第二阶段后两种可能结果的子博弈均衡解即可。

反倾销政策对中国企业产量决策具有影响作用,根据式(3.7)得出,如果对国外企业按倾销幅度征收反倾销税,则国内企业的产出量就会随着反倾销税的增加而增加;根据式(3.10)得出,如果对国外企业按损害幅度征收反倾销税,则国内企业的产出量就会随着反倾销税的增加而减少。根据利润最大化原则,联立式(3.2)和式(3.4),并对国外企业生产量求一阶导数得出算式如下所示:

$$\frac{\partial \pi_F}{\partial y} = a - c_F - d - kx_2 - 2by_2 \tag{3.13}$$

由$\partial \pi_F / \partial y = 0$,得出国外企业 F 的反应函数为:

$$kx_2 + 2by_2 = a - c_F - d \tag{3.14}$$

联立式(3.2)和式(3.3),根据利润最大化原则,求得国内企业 H 的反应函数为:

$$2lx_2 + ky_2 = h - c_H \tag{3.15}$$

将式(3.14)和式(3.15)联立,求得不同税率 d 的纳什均衡产量为:

$$\begin{cases} x_2^*(t) = \dfrac{1}{\Delta}[2b(h - c_H) - k(a - c_F)] + \dfrac{k}{\Delta}d \\ y_2^*(t) = \dfrac{1}{\Delta}[2l(a - c_H) - k(a - c_H)] - \dfrac{2l}{\Delta}d \end{cases} \tag{3.16}$$

式中:$\Delta = 4bl - k^2 > 0$ 。中国企业 H 在反倾销政策作用下的利润函数记为:

$$\pi_{2H}^*(d) = \pi_H[x_2^*(d), y_2^*(d)] \tag{3.17}$$

对其求一阶导数可得:

$$\frac{d[\pi_{2H}^*(d)]}{d(t)} = \frac{2kl}{\Delta}x_2^*(d) > 0 \tag{3.18}$$

式(3.18)说明,在实施反倾销政策的作用下,中国企业利润是反倾销税率的增函数,随着反倾销税率的增大而增加。综合以上两阶段动态博弈分析,得出反倾销政策作用下中国企业的生产决策行为主要结论如下:以倾销幅度征收反倾销税时,中国国内企业产量随着反倾销税的增加而增加;以损害幅度征收反倾销税时,中国国内企业产量随着反倾销税的增加而减少;对国外企业征收反倾销税时，中国国内企业利润随着反倾销税率的增加而增加。

3.2.2 涉案企业技术发展策略

国外产品倾销传递了国外企业具有成本竞争优势的信息，尽管反倾销政策暂时抑制了国外产品的进口量，提高了国内市场涉案产品的价格，但中国进口竞争企业遭受倾销损害的根本原因在于缺乏成本竞争优势，即国内企业急需改进生产技术，促进技术创新，降低边际成本，否则一旦反倾销政策到期，国内企业将再次处于生存困境。

美国学者卡扎和尤佳（Kaz & Yuka，1995）研究表明，与自由贸易形式相比，具有不确定终止日期的暂时性关税保护，会使得被保护企业尽快采纳新型技术。新技术的使用即表现为边际成本降低，相对应生产率得到提升。本部分借鉴上述两位学者的研究思路，采用修正模型对反倾销政策作用下的企业技术发展行为理论进行分析。

3.2.2.1 涉案企业技术发展博弈模型构建

假设在竞争市场上，存在着国内企业 H 和国外企业 F，两家企业生产的商品具有差异性，他们的竞争符合古诺竞争策略。

设定连续变量时间 t，$t \in [0, +\infty)$，当 $t = 0$ 时，国外企业 F 已经采纳了新技术 θ，并且按照边际成本 c_θ 进行生产，国内企业 H 由于技术∂落后，其边际成本为 c_∂，那么 $c_\partial > c_\theta$。国外企业 F 较低的边际生产成本导致了较低的产品均衡价格，因此，国外企业 F 的竞争使得国内企业 H 寻求政府的反倾销政策保护。

设定国内企业 H 和国外企业 F 的需求函数 q_H，q_F 分别为：

$$\begin{cases} q_\mathrm{H} = 1 - p_\mathrm{H} + \gamma p_\mathrm{F} \\ q_\mathrm{F} = 1 - p_\mathrm{F} + \gamma p_\mathrm{H} \end{cases} \tag{3.19}$$

式中：p_H，p_F 分别为企业 H 和企业 F 生产产品的价格，参数 γ 代表企业 H 和 F 生产产品的可替代程度，假设 $0 \leqslant \gamma < 1$，并设国内企业采纳新技术的时间为 t_j。

1. 当 $t < t_j$ 时，企业 H 使用当前技术 ∂，国内企业 H 的收益函数为：

$$\pi_{\mathrm{H}\partial} = (p_\mathrm{H} - c_\partial)q_\mathrm{H} \tag{3.20}$$

2. 当 $t > t_j$ 时，企业 H 采纳了新技术 θ，采纳新技术产生的技术采纳成本用 $c(t)$ 表示，它随着时间的增加而递减，则国内企业 H 的收益函数为：

$$\pi_{H\theta} = (p_H - c_\theta)q_{Ht} \tag{3.21}$$

对于任意取值 t,国外企业 F 的收益函数为:

$$\pi_{F\theta} = (p_F - c_\theta)q_F \tag{3.22}$$

由于不考虑技术创新的损失,因此设 $c_\theta = 0$,则将 c_∂ 简记为 c,且 $c > 0$。

3.2.2.2 反倾销政策实施前企业收益分析

反倾销政策实施之前,国外企业 F 采纳了新技术,而国内企业 H 尚未采纳新技术。

1. 当 $t < t_j$ 时,两家企业的收益函数分别为:

$$\begin{cases} \pi_{Ht_j,\partial} = (p_H - c)q_H \\ \pi_{Ft_j,\theta} = p_F q_F \end{cases} \tag{3.23}$$

由利润最大化原则,得到两家企业的反应函数及均衡价格如下:

$$\begin{cases} p_H(p_F) = (1 + \gamma p_F + c)/2 \\ p_F(p_H) = (1 + \gamma p_H)/2 \end{cases} \tag{3.24}$$

$$\begin{cases} p_{Ht_j,\partial} = \dfrac{(2 + 2c + \gamma)}{(4 - \gamma^2)} \\ p_{Ft_j,\theta} = \dfrac{(2 + \gamma + c\gamma)}{(4 - \gamma^2)} \end{cases} \tag{3.25}$$

由式(3.25)以及 $0 \leqslant \gamma < 1$ 可以得出,$p_{Ht_j,\partial} > p_{Ft_j,\theta}$;联立式(3.24)和式(3.25),得到企业 H 和企业 F 的收益函数分别为:

$$\begin{cases} \pi_{Ht_j,\partial} = (2 + \gamma - 2c + \gamma^2 c)^2/(4 - \gamma^2)^2 \\ \pi_{Ft_j,\theta} = (2 + \gamma + \gamma c)^2/(4 - \gamma^2)^2 \end{cases} \tag{3.26}$$

当 $0 \leqslant \gamma < 1$ 时可以得出,$\pi_{Ht_j,\partial} > \pi_{Ft_j,\theta}$。

2. 当 $t > t_j$ 时,国内企业 H 和国外企业 F 均已采纳了新技术,则不考虑其他价格决定因素,可以得出均衡价格及均衡利润如下:

$$p_{Ht_j,\partial} = p_{Ft_j,\theta} = 1/(2 - \gamma) \tag{3.27}$$

$$\pi_{Ht_j,\partial} = \pi_{Ft_j,\theta} = 1/(4 - \gamma^2)^2 \tag{3.28}$$

此时,国内企业新技术最佳采纳时间 t 的确定,需要使得下列时间利润函数值最大:

$$\Gamma = \int_0^{t_j} e^{-\gamma t}\pi_{Ht_j,\partial}\mathrm{d}t + \int_{t_j}^{+\infty} e^{-\gamma t}\pi_{Ht_j,\theta}\mathrm{d}t - e^{-\gamma t_j}k(t_j) \tag{3.29}$$

式中:r 表示利率。根据新技术采纳的边际成本等于边际收益,经过计算推导得出,最佳采纳时间为满足下列等式的 t:

$$rk(t) - k'(t) = \pi_{Ht_j,\theta} - \pi_{Ht_j,\partial} \tag{3.30}$$

由前文假设可知,$k'(t) < 0$,即式(3.30)左边大于0,也就是说,当国内企业 H 在最佳时间采纳新技术时,$\pi_{Ht_j,\theta} > \pi_{Ht_j,\partial}$。由此可知,在反倾销政策实施前,遭受倾销损害的国内企业 H 存在采纳新技术的动机。

3.2.2.3 反倾销政策实施后企业收益分析

调查机关实施反倾销政策,对国外企业 F 征收反倾销税 d,则:

$$d = p_{Ht_j,\partial} - p_{Ht_j,\theta} = c(2 - \gamma) \tag{3.31}$$

征收反倾销税后,国内企业 H 的利润函数没有变化,国外企业 F 的收益函数变为:

$$\pi_{F_d,\theta} = (p_F - d)q_F \tag{3.32}$$

1. 国内企业 H 未采纳新技术时,其均衡价格及均衡利润分别为:

$$p_{H_d,\partial} = (2 + 2c + \gamma + d\gamma)/(4 - \gamma^2) \tag{3.33}$$

$$\pi_{H_d,\partial} = (2 + \gamma + d\gamma - 2c + \gamma^2 c)^2/(4 - \gamma^2)^2 \tag{3.34}$$

国外企业 F 被课征反倾销税时的均衡价格及均衡利润分别为:

$$p_{F_d,\theta} = (2 + 2d + \gamma + c\gamma)/(4 - \gamma^2) \tag{3.35}$$

$$\pi_{F_d,\theta} = (2 + \gamma - 2d + c\gamma + \gamma^2 d)^2/(4 - \gamma^2)^2 \tag{3.36}$$

2. 当国内企业 H 采纳新技术后,其边际成本与国外企业 F 的边际成本相等均为0,采纳新技术后的价格也相等,则国内企业 H 采纳新技术的均衡价格、均衡产量及利润为:

$$p_{H_d,\theta} = p_{F_d,\theta} = (2 + 2d + \gamma + c\gamma)/(4 - \gamma^2) \tag{3.37}$$

$$q_{H_d,\theta} = (2 - 2d + \gamma - c\gamma + 2d\gamma + c\gamma^2)/(4 - \gamma^2) \tag{3.38}$$

$$\pi_{H_d,\theta} = p_{H_d,\theta}q_{H_d,\theta} \tag{3.39}$$

将式(3.37)和式(3.38)代入式(3.39)中后,与式(3.34)求差值后得出:

$$\pi_{H_d,\theta} - \pi_{H_d,\partial} = (2\gamma d - 2\gamma^2 d + 4d)/(4 - \gamma^2)^2 \tag{3.40}$$

将上式对反倾销税率 d 求导数得:

$$\frac{\partial(\pi_{H_d,\theta} - \pi_{H_d,\partial})}{\partial(d)} = \frac{2\gamma(1-\gamma)+4}{(4-\gamma^2)^2} \tag{3.41}$$

由于$0 \leqslant \gamma < 1$,则式(3.41)对反倾销税率d求导数后的取值大于0,因此在反倾销政策作用下,国内企业H采纳新技术和不采纳新技术的收益之差随着反倾销税的增加而增加,反倾销政策的实施会使国内企业H尽快采纳新技术,获取成本优势,提升竞争力。

综上所述,由反倾销政策作用下的企业行为分析可知,反倾销政策的实施,会使得国内进口竞争企业扩大生产规模,增加销售量,提高利润;同时,国内企业为了缩小与国外企业的技术差距本身存在采纳新技术的战略动机,而反倾销政策的实施会促使他们尽快采用新技术,快速提升竞争力。

3.3 反倾销政策效果传导机制

由反倾销政策对企业生产决策和技术发展行为影响的分析可知,反倾销政策效果产生的根源在于企业行动反馈。企业是反倾销政策的直接承受者,也是国民经济系统的基本组成细胞,因此,反倾销政策在企业层面的作用效果会沿着企业与国民经济系统各组成部分的技术经济联系通道进行传导与扩散。

3.3.1 反倾销政策作用传导方式

反倾销政策的实施降低了国外进口产品的价格竞争优势,间接增加了市场对国内企业产品的需求,从而改善了其不利竞争环境,进而通过价格效应传导机制以及产业间的经济技术联系将其作用传递到涉案企业、相关产业乃至整个国民经济。由于国民经济各产业部门之间存在着错综复杂的联系,因而当某一产业部门的技术、产品价格、工资水平等经济因素发生变化时,会直接影响与该产业有着直接供求关系的产业部门的供求量、成本以及价格指数等经济指标,并且这样的影响将继续传递给与之相关联的其他产业部门,如此逐层传递,影响渐渐减弱至消失。

根据国民经济投入产出分析原理可知,政策影响效果产生的传递效应主要通过两种形式显现出来:第一种是由于政策影响,导致最终需求项发生了变化。

某一产业的最终需求项发生变化，将引发包括本产业在内的各相关产业部门产出水平发生变化，在投入产出表中，这种变化的影响效果直接表现为表中最终需求部分数据的变化或即将发生变化，并且通过中间需求部分产业的中间产品联系，将该效果在各相关产业部门间进行传递。第二种是政策影响使得产业增加值（折旧费＋劳动报酬＋纯收入）发生变化。当某一产业增加值发生或将要发生变化时，必将会对国民经济各个产业部门的产出水平带来或大或小的影响，这类传递效果在投入产出表中表现为增加值部分某些数据变化，通过中间需求部分产业之间的关联关系进行传递与扩散，从而对国民经济各个产业产生深远影响。

反倾销政策效果首先表现为对国外进口竞争企业生产、销售行为的影响，然后通过企业间的经济技术联系以及其他外界环境因素，诸如宏观产业政策等作用，将反倾销政策企业层面的影响效果逐步整合为产业层面的影响效果，随后该影响效果通过产业间的复杂关联关系以及经济技术联系通道进行传递与扩散，最终表现为对国民经济整个系统以及国家政府财政收入等方面的综合影响。

3.3.2 反倾销政策效果传导过程

反倾销政策作用效果根据传递时间的先后可以划分为三个阶段，即初始阶段、调整阶段和稳定阶段。在初始阶段，由于库存的存在导致其他产业的产品价格调整滞后，在短期内，反倾销税所产生的直接价格效应主要波及至垂直市场结构中的直接关联产业，这些产业的成本和收益会由于上游产业的反倾销政策作用而发生显著变化，同时政府收入也会受到相应影响；在调整阶段，受反倾销政策影响波及的关联产业中，若干企业会及时根据市场情况作出行为调整。在此阶段，产业间复杂的交叉关联关系会发生作用，所有关联产业为了维持原有收益，在遵循产业间经济技术联系的基础上跟随调价；在稳定阶段，反倾销政策对产业价格指数等经济指标的影响逐步趋于平稳，各个产业收益开始恢复，此时反倾销政策对国民经济整个系统和国家政府的影响效果逐渐显现，政府收入和消费者支出水平发生变化，反倾销政策效果的传导机制如图 3－4 所示。

由反倾销政策传导过程示意图可知，反倾销政策影响效果传导机制的关键

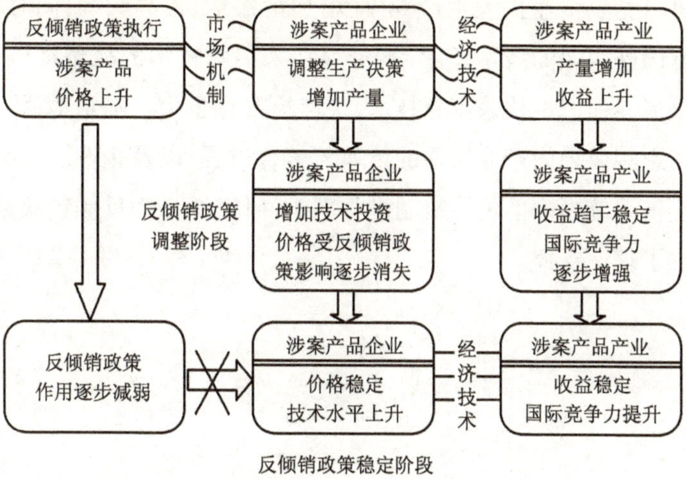

图3－4　反倾销政策效果传导过程示意图

部分在于企业层面影响效果如何在产业层面进行传递与整合，在国民经济系统的其他组成部分之间的传递由于多种复杂因素的综合影响与渗透，反倾销政策的影响效果开始逐步变弱。反倾销政策效果在产业间的传递路径主要就是产业之间的联系方式，由于产业传递政策的影响效果总是通过已有的产业间通道，即产业关联的联系状态来发生的，因而，政策效果的传递必然是依据产业间的联系方式和纽带所规定的线路一轮一轮地影响下去，这种传导机制不仅包括传递的路径，还包括产业的关联程度。

3.4　本章小结

本章首先对反倾销政策的实施目的和作用原理进行深入分析，并在此基础上结合实践案例阐述了反倾销政策在实施过程中产生的各种影响效应。通过理论分析可以发现，反倾销政策主要通过市场机制中的价格机制，以及技术创新激励机制发挥作用以实现产业保护的目的。反倾销政策影响效果产生的根源在于其对企业行为的影响，文中采用经济博弈论模型，对反倾销政策作用下的企业生产决策行为和技术发展行为进行研究得出结论，反倾销政策的实施会使得国内进口竞争企业扩大生产规模、增加销售量、提高利润；同时，国内企业为了缩小与国外企业的技术差距，本身存在采纳新技术的战略动机，而反倾销政策实施会促使他们尽快采用新技术，快速提升竞争力。本章最后对反倾销政策企业层面影响效果向产业层面的传递与整合过程，以及企业层面影响效果在整个国民经济系统内部的传导机制进行剖析，研究结果为反倾销政策效果的评估工作提供了理论支撑。

4

反倾销政策效果评估理论框架与指标体系构建

反倾销政策辐射范围广泛,政策实施对进口国贸易状况、国内产业发展、市场投资策略、社会福利平衡,甚至政治形势等都将产生深远影响,因此从系统学的观点来看,反倾销政策评估是一个不折不扣的系统工程,它既包括对政策方案的评估,也包括对政策执行以及政策结果的全过程评估。从这个角度出发,为了有效地开展反倾销政策实施效果评估工作,我们必须首先建立合理、完善的评估理论体系框架,而在反倾销政策效果评估理论体系框架中,评估指标的选取又是最为基础和关键的工作。有鉴于此,本章基于反倾销政策实施效果评估理论框架特点,进一步明确反倾销政策的评估目标、评估原则和评估对象,并最终构建具有理论科学性和实践可操作性的反倾销政策实施效果评估指标体系。

4.1 反倾销政策效果评估基础理论体系

反倾销政策实施效果评估是一项涉及管理、政治、经济、法律等多个学科的复杂系统工程,需要有完整科学的理论框架作为指导。理论框架的建立,既需要基于前人已有的研究成果,阐明各部分之间的逻辑性,又要密切联系实际,考虑实践操作的可行性。

4.1.1 反倾销政策效果评估理论框架

本节根据前文已有的理论文献综述,在对国际贸易中主要国家和地区反倾销措施实施状况的考察,以及进口反倾销政策产业救济的作用机理分析的基础上,搭建了反倾销政策实施效果的理论框架平台。如图 4-1 所示,该框架平台为反倾销政策实施效果评估体系的建设路径提供了思路，依据此路径获得的反倾销政策评估结果，不仅能为反倾销调查机关考察反倾销措施是否达到弥补产业损害预期提供计量依据，而且能够为反倾销案件的日落复审及未来反倾销政策的制定和实施提供建议与帮助。

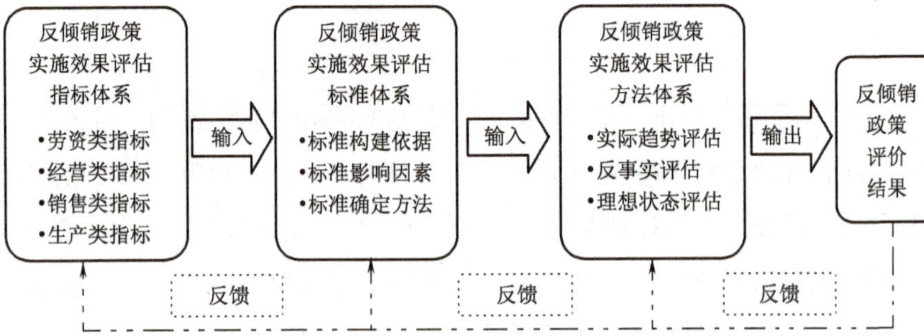

图 4－1　反倾销政策实施效果评估理论体系框架图

图 4－1 中的理论框架主要由反倾销政策实施效果评估指标体系、反倾销政策实施效果评估标准体系以及反倾销政策实施效果评估方法体系三部分构成，这三个部分所依托的数据输入形成了依次递进的单元逻辑关系，并最终通过关联作用，输出反倾销政策实施效果的综合评价结果。从整体来看，评估理论体系框架在结合国际贸易实践的基础上，首先构建了反倾销政策实施效果评估的指标体系，这一单元为反倾销实施效果评估标准的建立和评价方法的确定奠定了坚实的基础；其次，作为具有承接作用的重要联通环节，理论体系框架内重点设置了反倾销政策实施效果的评估标准体系，该体系为度量反倾销政策的实施效果提供了具体评价准则；理论框架第三单元在前两单元的基础上，进一步构建了反倾销政策效果评估的方法体系，这是整个理论框架的核心内容，评估方法体系为如何评价反倾销政策的实施效果提供了具体路径。图 4－1 显示，反倾销政策实施效果的基础理论框架作为一个完整的闭合系统，评价结果的内容可以实时反馈回前三单元，使前三单元的内容能够在动态中持续完善，进而使整个理论框架系统在现实中更具可操作性。

4.1.2 反倾销政策效果评估单元模块

"模块"属于计算科学领域的术语,通常具有三层含义:一是在程序设计中,为完成某项功能所需的一段程序或子程序;二是指能由编译程序、装配程序等处理的独立程序单位;三是指大型软件系统中的一部分。鉴于反倾销政策效果评估是复杂性的系统工程,本节在此引入模块概念,将反倾销政策效果评估理论体系划分为三个工作模块,各模块功能如下。

模块一:反倾销政策实施效果评估指标体系。在此工作模块,将根据 WTO《反倾销协议》和中国《反倾销条例》中关于反倾销国内产业损害评估的指标,并结合国内外学者已有的研究成果,首先从生产(P)、销售(S)、经营(O)和就业(E)四个方面选择 14 个定量化指标,用于描述进口国反倾销政策实施效果;其次,为消除评估指标之间的相互影响和内在关联关系,选取国内部分反倾销涉案产品相关数据,使用计量软件包进行主成分运算,最终调整确定具有高度集成性的反倾销政策实施效果评估指标体系。

模块二:反倾销政策实施效果评估标准体系。在此模块,将首先阐释反倾销政策效果评估所依据的"救济适度"原则,即反倾销措施应当弥补国内产业遭受的损害,使国内产业得到恢复和发展;其次,在从经济学角度论述倾销行为对进口国贸易与国内产业影响作用的基础上,提出倾销行为对进口国贸易与国内产业造成损害的细分影响因素,确定各个影响因素对评估标准的影响方向;最后,通过基于完全转嫁假设的倾销影响分析和基于不完全转嫁假设的倾销影响分析,对倾销影响进行量化研究,分析倾销行为对进口贸易及国内产业主要经济指标的影响幅度,得到反倾销政策效果评估标准的合理值域范围。

模块三:反倾销政策实施效果评估方法体系。在此模块,将结合反倾销政策评估效果的特点,提出实际趋势综合评估、反事实预测评估及理想状态模拟评估的综合评估方法体系。实际发展趋势评估主要利用系统综合评价理论与方法,将进口国国内涉案产业在反倾销政策实施后的实际状态值与反倾销政策实施前选定的基期值进行对比分析评价;反事实发展态势评估,即利用时间序列预测的理论方法,对没有受到反倾销政策救济作用,仍然处于国外同类产品厂商持续倾销状态下的国内产业发展态势进行的综合评估;预期理想发展态势评估，即模拟反倾销政策发挥最理想的效果，将国内产业实际经济状态与理想运行状态进行对比，评估国内产业的恢复状况和发展水平。

综上所述，反倾销政策效果评估理论体系内部模块通过协同作用相互连接，而反倾销调查机关正是通过对三个模块的整合，完成反倾销政策实施效果评估工作，从而为反倾销案件的复审及未来反倾销政策的制定和实施提供理论依据。

4.2 反倾销政策效果评估指标体系构建

尽管在反倾销产业损害调查里，世界贸易组织提供了考察进口国国内产业受损的各项指标作为参考，但是在反倾销政策评估时仅把这些指标的变化情况列明是远远不够的。因为这些经济指标数据只能作为分析反倾销政策效果的部分依据，反倾销措施引起的其他效果也应逐一说明。另外，把反倾销产业损害调查指标列入反倾销政策实施效果评估中是否合适、是否全面，本身也是一个值得探讨的问题。

4.2.1 反倾销政策效果评估要素

反倾销政策效果评估的目标就是明确反倾销救济措施所起到的效果是否达到反倾销调查机关的预期，从而为案件的日落复审提供必要的依据，并为未来反倾销措施的实施及反倾销政策的制定提供理论依据与政策建议。

反倾销政策效果评估应当遵循“目的明确”“方案可行”和“公平中立”的原则。目的明确原则是指评估时必须明确评估目的，要从反倾销措施采取的目的着手来分析反倾销政策实施效果评估的各具体目标。评估要尽可能覆盖反倾销调查机关的关注重点，对于非反倾销调查机关关注的重点，应该予以适当取舍；方案可行原则是指评估方案必须符合反倾销实践，假设条件不能过多，方案实施的环境要求不能过高。实践不具备评估条件的，应根据实践特点对评估方案适当调整；公平中立原则是指评估时必须坚持中立的身份，公平地对待国内企业和国外企业，在采集指标数据、实施方案时要尽可能地听取双方的建议，不偏袒任何一方，做出的结论必须在已有的数据分析基础之上，不搞区别对待。

4.2.1.1　评估主体

政策实施效果的评估主体是指那些从事公共政策评估的组织或个人，处于评估体系的中心地位，发挥着核心作用。评估者的评估理念、评估态度、评估经验、职业伦理、能力水平等都会对整个政策评估互动产生举足轻重的影响。

在反倾销政策实施效果的评估过程中，评估价值主体是国内产业或国内产业代表，决策主体是反倾销政策的制定者（商务部）和执行者（海关）。为了降低组织运行成本，保证评估工作的独立性和避免评估工作中非正常现象的发生，反倾销政策实施效果评估应主要采取评估机构与评估专家相分离的组织形式。由于反倾销政策实施效果评估涉及系统科学、管理科学、产业经济等多方面的理论，评估主体应是由知识结构合理、评估经验丰富、恪守职业伦理的专家组成的评估专家组。决策主体（商务部和海关）委托评估主体（评估专家组）进行反倾销政策评估，在其二者之间形成了委托和代理关系。在这种委托和代理关系中，评估专家组是否会按照政府的目标和标准进行政策的客观评估，需要有合理的监督机制、激励与约束机制作为保障。在反倾销政策实施效果评估的过程中，由于评估工作的专业性和评估过程的主观性、隐蔽性，评估委托方监控评估过程是不太现实的，只能采取分析评估结果，或者听取利益相关方对评估结果的异议并展开调查的方式来保证评估效果。

4.2.1.2　评估客体

反倾销政策效果评估的对象是反倾销政策效果。尽管反倾销政策实施对象是进口国的国内产业，然而由于反倾销政策措施作用的方面很多，单纯的产业救济效果不能包括反倾销救济效果的全体，因此反倾销政策效果包含的具体内容需要进一步分析。而要搞清楚什么是反倾销救济效果，首先要从反倾销措施采取的目的着手。

根据我国的反倾销实践工作不难发现，我国反倾销政策的实施目的体现在：①维护市场公平竞争秩序，阻止倾销行为的进一步发生，表现为国外涉案企业的销售价格迅速上升，进口量下降；②使国内受损产业得到较快康复和发展，表现为国内受损产业各生产经营指标得到明显改善和提高；③使国内产业的产业结构和产品技术结构得到优化和调整，表现为产业生产设备更新、技术能力提高和产品种类增多等；④促进增加就业，保持国内社会稳定，表现为国内产业就业水平显著提高，失业人数急剧下降；⑤维护国内产业经济安全，表现为对国内产业控制力增强，国内资本控制高新技术能力增强。反倾销政策效果不是某个领域的单一效果，也不是反倾销措施的全部影响，而是包括贸易救济、产业经营效率、产业结构和技术、员工就业等多方面的综合影响效果。

4.2.1.3 评估环境

一般来说，自然环境和国际环境对公共政策效果评估体系的影响作用相对较小，而社会环境对政策实施效果评估体系的影响更为直接和重要，但是由于反倾销政策面向全球贸易，因此具有特殊性，国际经济环境对反倾销政策的评估效果有着显著的影响，在评估环境的分析中与一般的政策环境分析有所区别。

政策效果评估环境复杂多样，其内容庞杂、无所不包，有自然环境、社会环境，有物质环境、精神环境，有国内环境、国际环境，这些因素构成了特性不同而又相互联系的各种子系统，从而呈现出复杂性和多样性的特点；政策实施效果评估环境具有巨大差异，不同国家、民族和地区的政策实施效果评估系统面临着完全不同的评估环境，这些差异既是人类文明发展多样性的具体表现，也是不同政策实施效果评估组织产出及效果差异的重要原因；政策实施效果评估环境是动态变化的，以社会环境子系统为例，由于社会基本矛盾的不断发展变化，由此引起的社会、政治、经济和文化状况也必然会相应发生变化。

由于政策实施效果评估环境的复杂性，在反倾销政策实施效果评估过程中，要全面考虑影响政策实施效果的环境因素，并在政策实施效果评估中排除非政策因素对产业恢复发展的影响，保证政策实施效果评估的科学性；政策实施效果评估环境的巨大差异，要求在借鉴和学习国外先进的反倾销政策实施效果评估理论和方法时，注意其与自身评估环境的匹配，发展适合本国国情的评估理论与方法，研究本土化问题；同时，政策评估环境又是动态变化的，在反倾销政策实施效果评估中也要从动态的视角不断改进评估策略、评估方法，以适应客观变化的评估环境。

4.2.2 评估指标体系初步构建

反倾销政策实施效果评估具有复杂性的特点，评估结果容易受到周围环境中众多因素的影响。进口国国内产业受到的实质性损害(损害威胁或产业阻碍)是由多种因素共同作用的结果,对于弥补这种实质性损害(去除损害威胁或阻碍)的反倾销政策实施效果的评估更难用一个指标或者一种指标来评价,同时各类产业之间存在巨大的差异,对各种指标的要求也千差万别,为此,在反倾销实施效果评估指标体系的设计中,应体现出反倾销措施维护公平贸易的重要性,而由其他社会经济因素造成的政策作用效果应从指标体系中予以剔除。

4.2.2.1 评估指标选取原则

确立反倾销政策实施效果评估指标体系是一个不断修改完善的过程,指标体系需要经过反复论证才能够实施运用。在指标体系的初步构建阶段,首先要明确各项指标的选取原则和具体指标内涵,以便适时对指标体系进行动态调整。

1. 系统性与科学性。反倾销政策实施效果是包含各方面因素的系统集成,在评估时要注意评估指标体系的系统性;反倾销措施涉及调查机关、企业和行业协会等多个主体,设计时要注意收集多方面的意见,避免单个指标孤立化,从系统角度考虑指标设置的合理性;评估指标体系应建立在符合反倾销研究相关学科发展的客观规律基础之上,设计时要依据国内外现有反倾销政策效果评估的研究成果和反倾销实践,同时认真听取专家学者的建议,使各指标能够真实地反映反倾销政策效果的全面状况。

2. 客观性与兼顾性。为客观评估反倾销政策效果,建立的指标体系应尽可能是实际客观指标,尽量减少那些需要通过专家评议才能获得数据的指标,增强评估的客观性,减少受专家主观判断影响的可能性;为全面测评反倾销政策效果,建立的评估指标体系应尽可能反映反倾销政策效果的各个方面,不仅包括一般规律性指标,也包括特殊性指标,即宏观与微观相结合,经济与社会相结合,综合指标与单项指标相结合,静态指标与动态指标相结合,有形损害指标与无形损害指标相结合,各指标相辅相成、相互渗透,共同全面反映反倾销政策效果。

3. 可行性与可持续性。考虑到实际收集数据在途径和时间上存在困难,在指标体系的设计上，一方面应充分考虑指标数据收集的可行性，尽量选取那些能够在反倾销实际工作中短期内直接或间接获得数据的指标；另一方面，应考虑指标柔性，具体指标分离、获取上的困难或指标的局部调整应不致影响整个测评的过程和结果；由于反倾销政策实施作用的时间较长，一般期限为 5 年，因此在指标的选择上要注意指标应能够跟随实际情况的变动而动态变化，对于那些不能反映反倾销政策动态效果的指标要尽可能的删去。

4.2.2.2 评估指标分类及内涵

遵照上述反倾销政策效果评估指标选取原则，借鉴 WTO《反倾销协议》、中国《反倾销条例》中关于检验反倾销国内产业损害调查指标，结合国内外学者已有的研究成果，尤其是本书作者何海燕（2003）建立的评估指标体系，并通过访谈听取相关专家学者的意见，研究人员初步构建了反倾销政策实施效果的评估指标体系。反倾销政策实施效果的评估指标从生产（P）、销售（S）、运营（O）和就业（E）四个方面选择了 14 个定量化指标，用于描述反倾销政策对进口国产业的救济效果，指标体系如图 4－2 所示。

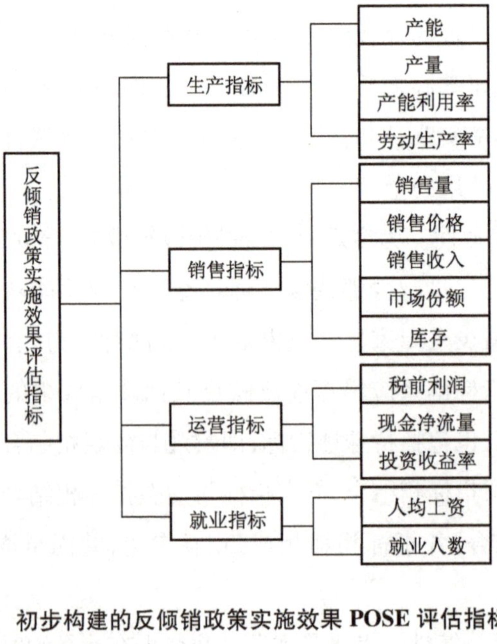

图 4－2 初步构建的反倾销政策实施效果 POSE 评估指标体系图

1. 生产类(Production)指标。产能是在计划期内行业参与生产的全部固定资产,在既定组织技术条件下所能够生产的产品数量,或者能够处理的原材料数量。此项指标表示了该产业的平均实际生产能力,产能 =(期初实际生产能力 + 期末实际生产能力)/2。产量表示人或机器在一定时间内,按照公认的计量单位生产出来的产品数量。产能利用率是指生产过程中实际利用的生产能力占总生产能力的比率,体现了企业发挥生产能力的程度,对于制造企业来说,它直接关系到企业生产成本的高低,产能利用率 = 产量/产能 ×100%。劳动生产率是指劳动者在一定时期内创造的劳动成果与其相适应的劳动消耗量的比值,体现了员工生产的效率,劳动生产率 = 产量/员工总人数 ×100%。

2. 销售类(Sales)指标。销售指标是从企业的销售环节中所选取的反映整个产业状况的指标。销售是创造、沟通与传送价值给顾客,及经营顾客关系以便让组织与其利益关系人受益的一种组织功能与程序。销售是介绍商品提供的利益,以满足客户特定需求的过程。任何行业都存在销售环节,销售状况是产业经营状况的晴雨表,销售环节的变化状况能充分有效地反映整个产业的现状。本组包括五个指标:销售量、销售价格、销售收入、库存、市场份额。

销售量是指行业或企业在一定时期内实际销售全部同类产品的数量,它包括按合同供货方式或其他供货方式售出的产品数量,以及尚未到合同交货期提前交货的预交合同数量,同时也包括中国内地销售和出口两部分。销售价格为评估期内行业或企业实际销售全部产品的平均销售价格,应包括中国内地销售和出口两部分。销售收入是指销售涉案产品的销售收入和提供劳务等业务取得的业务总额,销售收入 = 产品销售数量 × 产品单价。库存主要包括大宗按计划进货供应的物资、年度计划尚未作出具体安排的用户和用途的待分配物资、发挥“蓄水池”作用必须购进的物资和正常供应所需周转库存等,用于衡量是否出现产品积压或库存减少的现象,一般用期末库存数据表示。市场份额为国内产业的销售量(或销售额)在同类产品中占国内市场销售的份额,直接反映了行业所提供的商品和劳务对消费者和用户的满足程度，表明了国内产业在国际贸易中所处的地位，市场份额 = 国内产业销售量/国内市场总销售量 × 100%。

3. 运营类（Operation）指标。运营指标是从运转和经营方面选取的能够反映产业状况的指标。运营是企业或行业经营过程中的计划、组织、实施和控制职能，是与产品生产和服务创造密切相关的各项管理工作的总称。产业在运转和经营过程中各个环节是否畅通、是否存在某些环节的不稳定波动问题等都是检验产业是否正健康成长的重要指标。本组指标主要包括税前利润、现金净流量和投资收益率。

税前利润是指企业销售产品和提供工业性劳务等与反倾销涉案产品经营业务收入扣除其成本、费用、流转税金后的利润，该指标能有效反映该行业的获利情况。税前利润 = 销售收入 - 销售成本 - 应摊的销售税金及附加 - 应摊的期间费用，其中，分摊后的销售税金及附加 = 企业主营业务税金及附加 × 分摊比例（按销售额进行分摊）。现金净流量反映产业资金的运转情况，是指在一定时期内，现金及现金等价物的流入（收入）减去流出（支出）的余额（净收入或者净支出），反映了企业本期内净增加或净减少的现金及现金等价物的数额，用运营过程中现金流入和流出量的差额表示。现金净流量 = 现金流入量 - 现金流出量。其中现金流入量、现金流出量为实际生产经营活动的现金流入量和现金流出量，不包括投资活动和融资活动的现金流量。投资收益率是指投资收益与投资成本之间的比例，在此处，投资收益与投资成本不包括非生产性资本投资所取得的收益与所产生的成本，投资收益率 = 税前利润/平均投资额 × 100%，其中，投资额为生产同类产品所投入的全部资产价值。由于生产同类产品所投入的全部资产价值在账面上不是单独列出显示的，所以应当按一定的方法进行分配：生产同类产品的平均投资额 = 平均资产总额 × 分摊比例；平均资产总额 =（资产负债表年初资产总额 + 资产负债表年末资产总额）/2。

4. 就业类（Employment）指标。就业指标是具有劳动能力，并且有劳动愿望的人参加社会劳动，并获得相应的劳动报酬或经营收入的指标，此项指标能够有效说明该行业在解决就业和工资待遇方面的发展趋势，从而为产业救济效果的界定提供有力依据。本组指标主要包括人均工资和就业人数两个单项。

就业人数指全部在册与工资总额相对应的平均人数，但不包含离、退休人员，只包括与同类产品相关的就业总人数，包括同类产品生产厂（或车间）人员及相关辅助人员和管理人员。人均工资是行业或企业内全部就业人员的平均工资水平，人均工资＝工资总额/就业人数，其中工资总额指与就业总人数相对应的工资总额。

以上内容分别解释了四组指标的内容含义，它们能够直观、量化地体现出实施反倾销政策的进口国国内产业发展现状，并预测其发展趋势，这四组指标能够为反倾销政策实施效果的评估提供有力的依据。

4.2.3 评估指标体系调整重构

评估指标体系应该客观可信，并且符合实际情况。这其中一个很重要的要求就是尽量避免在指标体系内包含相互重叠度很大的指标，确保各项指标之间保持最大限度的相互独立，不相互交叉，不互为因果，即要求指标体系内各个指标之间应该是线性无关的。只有这样才能更好地保证评估指标体系能够得以适当地简化，评估指标体系的科学性能够得以保证。如果在评估指标体系内出现多个反映事物同一因素的指标，那么无疑将夸大该因素在评估中的地位，影响到评估结论的科学性和合理性。

由于上述建立的评估指标体系没有考虑评估指标之间的相互影响和内在关联关系，直接使用其作为评估依据将影响到评估结论的科学性，因此分析反倾销政策效果评估指标之间的内在关联性，是利用指标体系评估政策实施效果的重要基础性研究工作。为解决指标共线性这一问题，书中使用主成分分析法对指标体系进行计量分析，试图明确指标之间的相互影响与联系，对关联指标进行合并与简化，建立适用于反倾销政策实施效果评估的指标体系。利用中国贸易救济案件数据库，收集得到国内化工、冶金、造纸、电子等不同行业涉案产品在商务部反倾销调查中公布的相关数据，如表 4－1 所示。表中数据为反倾销调查期最后一年各指标与上年同期相比的变化幅度，NA 代表数据无法获得。

表 4-1 中国反倾销部分涉案产业经济指标数据变化幅度表

单位:%

产业/指标	产能	销售价格	产量	销售量	库存	市场份额	销售收入	税前利润	现金净流量	投资收益率	产能利用率	人均工资	劳动生产率	就业人数
乙醇胺	NA	-6.19	-54.38	35.60	-28.31	3.37	27.20	-12.46	363.91	49.90	-43.74	-22.26	-52.31	NA
苯酚	10.29	-32.50	2.94	-1.96	-60.35	-23.06	-33.83	0.07	-51.44	58.47	-11.47	-7.96	25.40	-10.00
聚氯乙烯	12.00	-25.87	18.87	16.23	9.86	-1.44	-13.72	-0.96	-62.94	-10.37	4.99	7.88	31.45	-4.50
三氯甲烷	3.68	-26.12	21.16	26.30	-53.70	13.03	-6.69	-0.09	-28.06	-14.47	14.41	1.13	24.88	-0.38
呋喃酚	0.00	-1.56	-11.96	44.60	-57.06	2.13	42.34	0.14	-170.54	-1.68	20.37	25.02	9.52	-19.43
核苷酸	0.00	34.00	9.00	52.00	11.00	-10.00	1.27	1.00	-84	-7.00	14.63	-18.00	12.00	-3.20
光纤	NA	-44.63	81.41	207.34	-30.78	3.25	64.77	0.14	-92.22	-0.54	11.48	-15.24	72.43	NA
冷轧板卷	NA	-13.97	5.77	5.56	43.38	5.37	-9.00	0.16	-18.66	-3.99	-2.22	18.00	19.95	NA
铜版纸	NA	-17.54	5.46	24.22	2.76	1.59	2.45	-0.50	133.2	-5.04	-13.93	5.38	3.12	74.92
壬基酚	NA	NA	-0.31	-23.84	-27.93	3.87	1.08	-51.87	-642.17	-3.11	-32.53	-3.94	-34.86	5.48
氨纶	49.18	-4.06	41.25	-27.00	226.34	-2.94	7.05	-4.70	-59.97	-6.00	-12.12	-6.44	-15.85	NA
涤纶短纤维	NA	-10.63	-3.84	-1.38	69.50	-11.85	-11.86	-80.79	NA	-5.78	-5.05	4.54	7.60	-13.71
电解电容器纸	NA	-5.49	-1.30	-5.77	78.32	-17.67	-5.70	-2.58	-50.93	-10.41	-1.84	0.54	27.28	-5.08
不锈钢冷轧薄板	NA	-18.88	-21.67	-28.79	NA	-7.20	NA	-52.83	NA	NA	-48.74	-2.50	NA	-7.13
耐磨纸	NA	-17.20	-22.48	-26.93	113.53	-19.88	-23.12	-37.52	51.95	-18.02	-8.73	-28.47	44.99	-46.46
非色散位移光纤	NA	-44.63	81.41	207.34	-30.78	3.25	40.98	-61.70	-92.22	-21.01	-52.53	-10.83	72.43	5.21
马铃薯淀粉	-17.06	3.91	-7.67	-24.40	74.38	-36.63	-19.86	-22.38	-306.35	-2.14	-34.29	-12.08	-17.09	27.40
环氧氯丙烷	22.17	5.16	2.49	32.69	81.07	-5.14	18.53	-11.48	-7.85	-3.82	2.11	10.22	5.78	-3.11
水合肼	15.38	-2.09	57.50	76.01	1.69	7.90	67.19	-40.03	NA	0.90	18.80	6.21	44.86	1.59
辛醇	5.65	15.80	3.71	1.18	67.98	5.37	17.16	43.00	237.13	16.02	4.69	12.70	16.83	11.23
三氯乙烯	7.19	NA	9.35	9.60	92.04	-11.64	8.83	-14.98	-44.59	-7.35	-13.59	26.75	21.00	-10.45
氯丁橡胶	3.70	-6.29	-2.44	1.23	-27.49	-3.02	-6.40	-52.63	-113.89	-4.61	-4.05	-3.85	-9.43	7.63
丁苯橡胶	15.13	-10.69	12.23	14.63	-26.52	-4.40	11.16	-256.80	168.08	-1.48	15.89	-0.65	31.36	-4.10
己内酰胺	19.98	-7.03	-6.62	11.74	8.81	-5.07	-26.41	-44.70	NA	-11.24	-26.87	1.29	9.20	-12.21
丙烯酸酯	17.42	-2.94	32.29	29.30	55.22	-0.12	24.64	-12.27	-5113.73	-0.48	NA	14.61	32.85	-6.44
聚酯切片	NA	-19.28	10.19	1.21	54.82	-8.67	-18.24	-120.34	NA	-8.37	1.63	0.56	10.19	-5.14

数据来源:由中国贸易救济信息网产业数据资料库数据收集整理而得,NA 代表数据无法获得。

书中使用计量数据软件包(Statistical Product and Service Solutions,SPSS)进行主成分运算,通过计算样本的相关系数矩阵,可以发现许多指标间存在较高的相关关系。例如,人均工资与产能这两个指标之间的相关系数达到0.924,销售收入与劳动生产率这两个指标之间的相关系数达到0.852,就业人数与产能利用率之间的相关系数为0.731,现金净流量与产能之间的相关系数为-0.629。样本分析表明产业救济指标体系内的指标相关性是客观存在的,指标间相关系数矩阵见图4-3所示。

	产量	销售量	销售价格	税前利润	劳动生产率	库存	人均工资	产能	市场份额	销售收入	现金净流量	投资收益率	产能利用率	就业人数
产量	1.000	0.002	0.537	-0.154	0.100	0.241	0.202	0.118	0.570	0.136	0.442	-0.432	0.469	0.450
销售量	0.002	1.000	0.600	-0.012	-0.297	0.029	0.096	-0.033	-0.419	-0.241	-0.322	-0.211	-0.476	-0.505
销售价格	0.537	0.006	1.000	0.308	-0.517	-0.213	-0.001	-0.175	-0.166	-0.595	0.304	-0.125	-0.450	-0.418
税前利润	-0.154	-0.012	0.308	1.000	-0.369	-0.611	-0.054	-0.007	-0.170	-0.573	0.177	0.112	-0.480	-0.387
劳动生产率	0.100	-0.297	-0.517	-.0369	1.000	0.362	0.764	0.820	0.330	0.852	-0.472	0.105	0.748	0.731
库存	0.241	0.029	-0.213	-0.611	0.362	1.000	-0.055	0.144	0.196	0.730	-0.071	-0.226	0.569	0.475
人均工资	0.202	0.096	-0.001	-0.054	0.764	-0.055	1.000	0.924	0.103	0.420	-0.582	0.156	0.347	0.430
产能	0.118	-0.033	-0.175	-0.007	0.820	0.144	0.924	1.000	0.096	0.578	-0.629	0.102	0.444	0.569
市场份额	0.570	-0.419	-0.166	-0.170	0.330	0.196	0.103	0.096	1.000	0.446	0.456	-0.433	0.771	0.633
销售收入	0.136	-0.241	-0.595	-0.573	0.852	0.730	0.420	0.578	0.446	1.000	-0.346	-0.190	0.864	0.797
现金净流量	0.442	-0.322	0.304	0.166	-0.472	-0.071	-0.582	-0.629	0.456	-0.346	1.000	-0.236	0.014	-0.034
投资收益率	-0.432	-0.211	-0.125	0.112	0.105	-0.226	0.156	0.102	-0.433	-0.190	-0.236	1.000	-0.274	-0.303
产能利用率	0.469	-0.476	-0.450	-0.480	0.748	0.269	0.347	0.444	0.771	0.864	0.014	-0.274	1.000	0.887
就业人数	0.450	-0.505	-0.418	-0.387	0.731	0.475	0.430	0.569	0.663	0.797	-0.034	-0.303	0.887	1.000

图4-3　中国反倾销部分涉案产业经济指标相关系数矩阵图

利用计量软件包SPSS中的因子分析(Factor Analyze)对指标数据进行主成分分析。SPSS在调用此过程进行分析时,会自动对原始数据进行标准化处理,并生成总方差解释表和因子载荷矩阵,如表4-2和图4-4所示。

由图4-4可知,从初步建立的反倾销政策实施效果评估14个指标中共提取4个主成分,其方差累计贡献率超过87%,大于85%的一般提取水平,说明这4个主成分较为全面地代表了原有14个指标的信息量。因子载荷矩阵反映了原指标与主成分的相关关系,载荷越大则说明二者之间的关系越密切。由因子载荷矩阵可知,人均工资、劳动生产率在第一主成分上具有较高的载荷,说明第一主成分主要代表了劳资类指标;库存和税前利润在第二主成分上具有较高载

表 4－2　中国反倾销部分涉案产业经济指标总方差解释表

因子序号	初始特征值			提取因子		
	特征值	方差贡献率 (%)	累计方差贡献率 (%)	特征值	方差贡献率 (%)	累计方差贡献率 (%)
1	5.725	40.890	40.890	5.725	40.890	40.890
2	2.918	20.845	61.736	2.918	20.845	61.736
3	1.987	14.189	75.925	1.987	14.189	75.925
4	1.635	11.677	87.602	1.635	11.677	87.602
5	0.772	5.514	93.116			
6	0.461	3.289	96.406			
7	0.283	2.019	98.424			
8	0.111	0.793	99.217			
9	0.088	0.630	99.847			
10	0.021	0.153	100.000			
11	3.427×10^{-16}	2.448×10^{-15}	100.000			
12	3.951×10^{-17}	2.488×10^{-16}	100.000			
13	-1.403×10^{-16}	-1.002×10^{-15}	100.000			
14	-8.203×10^{-16}	-5.860×10^{-15}	100.000			

	主成分			
	1	2	3	4
人均工资	0.979	−0.067	0.050	0.065
劳动生产率	0.809	0.373	0.399	−0.012
产能	0.775	0.057	0.074	0.003
现金净流量	−0.654	−0.245	0.279	0.583
库存	0.040	0.874	0.018	0.173
税前利润	−0.030	−0.835	0.030	−0.028
销售收入	0.509	0.747	0.381	0.092
销售量	0.047	−0.095	0.954	0.005
销售价格	−0.102	0.409	0.815	0.494
产能利用率	0.394	0.531	0.580	0.440
就业人数	0.485	0.421	0.562	0.426
产量	0.138	0.044	0.060	0.935
市场份额	0.075	0.152	0.564	0.707
投资收益率	0.155	−0.315	0.133	−0.626

图 4－4　中国反倾销部分涉案产业经济指标旋转后因子载荷矩阵图

荷,说明第二主成分主要代表了经营类指标;此外,销售量和销售价格在第三主成分上具有较高载荷,说明第三主成分主要代表了销售类指标;第四主成分分别代表了生产类指标,包括产量。综上所述,在不损失信息量的基础上,本书合并相关程度较高的指标,并消除指标之间的重叠关系和相关性影响,最终构建了较为独立的反倾销政策实施效果评估指标体系,如图4-5所示。

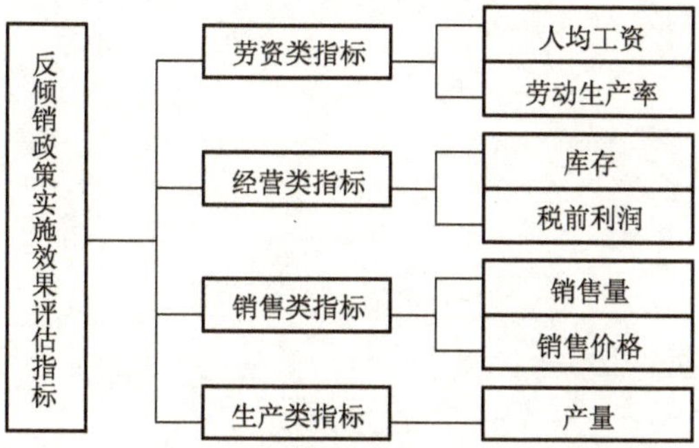

图4-5　主成分分析后的反倾销政策效果评估指标体系图

反倾销政策实施效果评估指标体系主要包括劳资、经营、销售和生产四个成分,下一层级具体由人均工资、劳动生产率、库存、税前利润、销售量、销售价格、产量7个指标构成。经过主成分分析,该指标体系已经消除了指标之间的相关性影响和重叠关系,适用于反倾销政策实施效果的评估,本书后续的评估体系研究都基于本指标体系进行。

4.3　本章小结

本章根据前文已有理论文献的综述,通过对国际贸易主要国家和地区反倾销措施实施状况的考察,以及进口反倾销产业救济的作用机理分析,搭建了由反倾销政策实施效果评估指标体系、反倾销政策实施效果评估标准体系以及反倾销政策实施效果评估方法体系三部分构成的反倾销政策实施效果的基础理论框架平台。作为反倾销政策效果评估的基础性工作,本章对反倾销政策实施效果的评估目标、评估原则和评估对象进行了全面界定,基于目前国内外反倾销政策效果评估的理论与实践，构建了初步评估指标体系，并选取 1997—2007 年我国部分反倾销案件产业指标数据，利用主成分分析法，对指标体系进行降低维度的处理，最终提取出劳资、经营、销售、生产四大类主成分，重新构建了包含产量、销售量、税前利润、平均工资、库存、销售价格和劳动生产率在内的 7 个指标评估指标体系，为后续反倾销政策实施效果评估打下了坚实的基础。

5

反倾销政策实施效果评估标准体系构建

政策评估的意义在于检验政策实施效果，并为是否对政策进行修正、调整、继续或终止提供重要的决策依据。任何科学性评估都需要建立一套科学、合理的评估标准，用于评估结果的分析与讨论，从而得出能够指导实践的最终评估结果。建立政策评估标准是进行政策评估的起点，也是政策评估的重要内容，作为公共政策范畴的反倾销政策效果评估同样如此。反倾销政策效果评估标准对反倾销政策评估具有重要的理论与实践意义，国内外已有的研究文献尚未对反倾销政策效果的评估标准展开专题研究，本章将就此问题进行讨论，并得出可用于操作层面的反倾销政策实施标准确定方法与影响范围。

5.1 反倾销政策效果评估标准建立的基础

为了明确反倾销政策实施是否对国内产业具有适当的救济效果，进行反倾销政策效果评估前，首先需要建立一个可以量化的评估标准，即建立反倾销政策效果适当与否的评估标准，从而为判断反倾销政策效果是否理想提供决策依据。

5.1.1 评估标准构建依据

根据反倾销政策效果评估的"救济适度"原则，反倾销政策对进口国国内产业的救济效果应当适度，即反倾销措施应当弥补了国内产业遭受的损害，使得国内产业得到了恢复和发展。如果反倾销措施对国内产业提供的救济过度，则国内产品价格可能上涨过高，对其下游产业和消费者将产生冲击和影响，从国家整体福利而言会得不偿失；而如果反倾销措施对国内产业提供的救济不足，无法弥补国内产业遭受的损害，则反倾销政策措施就没有发挥应有的救济作用。因此，反倾销措施是否使得国内产业得到了应有的恢复与发展是反倾销政策效果评估的重要依据。反倾销政策评估标准构建思路如图 5－1 所示。

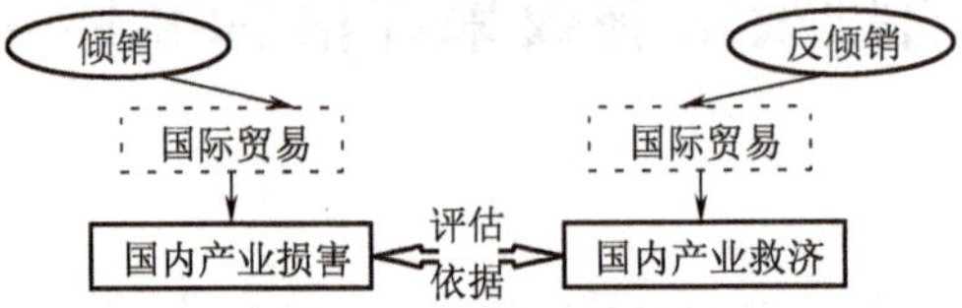

图 5－1　反倾销政策实施效果评估依据图

基于上述研究思路，本书提出反倾销政策实施效果的衡量标准应当是反倾销政策是否完全弥补了倾销对国内产业造成的负面影响，即书中以倾销所造成的负面影响程度作为评估反倾销政策效果是否适度的标准，量化倾销行为对国内产业各类指标的影响幅度，并将此量化研究结果作为确立反倾销政策实施效果的评估标准，

5.1.2　评估标准影响因素

以国外厂商倾销行为造成的负面影响程度作为评估政策效果的标准，就需要对倾销行为的影响进行深入研究与分析。当进口产品采取低价倾销策略时，消费者将购买更多的进口产品，而减少对国内产品的购买，这将会减少对国内产品的需求，导致其降低价格、减少产出，从而造成国内产业利益的进一步受损。

图 5－2 详细描述了倾销行为对进口国贸易与国内产业的影响作用。图 5－2(a)为国内产品的需求与供给，图 5－2(b)为进口倾销产品的需求。下标"0"和"1"分别代表倾销进口与正常进口。出口厂商基于不同的价格策略，可以选择倾销出口或者正常出口。假定出口商采取倾销行为，将出口价格由 P_1 降低为 P_0，则消费者将增加对倾销产品的购买，购买量从 q_1 上升为 q_0；消费者会同时减少对国内产品的需求，导致国内需求曲线由 D 移动到 D'，为此引起国内产品的价格与产量均下降，产品价格由 P_1 降为 P_0，产量由 Q_1 降为 Q_0，这将进一步影响国内产业的销售收入、利润等各方面，造成产业的实质性损害。

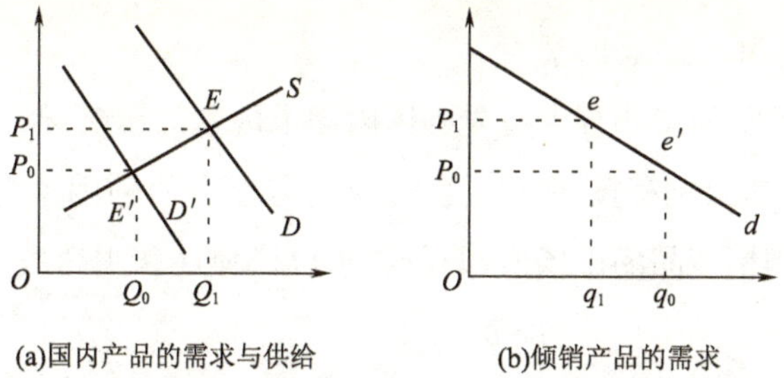

图 5－2　倾销行为对进口国国内产业造成负面影响示意图

倾销行为对进口国贸易与国内产业造成的损害程度受到价格转嫁、国内需求、国内供给、非倾销进口等多方面因素的作用与影响。

5.1.2.1　价格转嫁因素

倾销行为所造成的损害是通过降低出口价格实现的，即当产品的出口价格低于其正常价值时，这种损害才会发生①。一般情况下，倾销幅度越大，价格的下降幅度就越大，倾销行为对贸易及进口国产业的负面影响也就越大。但是需要注意的是，出口价格的降低幅度不等同于倾销幅度，这里存在倾销幅度的转嫁（Pass-through）问题。

假设倾销幅度为 M，正常出口价格为 P_0，倾销的价格为 P_1。在完全转嫁的情况下，倾销价格 $P_1=(1+M)\times P_0$，即倾销价格比正常价格降低百分比为 $M/(1+M)$。如果出口商具有一定的市场支配力，采取价格歧视的出口策略，则其出口价格将低于国内销售价格。若不存在倾销的假设情况，即出口商停止倾销行为，它可以同时调整国内售价与出口价格来消除倾销幅度，则出口价格由于倾销造成的下降幅度将小于 $M/(1+M)$，这就是部分转嫁的情况。

由此可见，部分转嫁出现在出口商在国内市场具有一定市场支配力的情况下，可以通过调整国内市场价格来调整倾销幅度；而部分转嫁的幅度，主要取决于国内与国外市场份额的大小。如果国外市场份额较大，出口商将更多地调整

① 倾销行为造成损害还有一种情况是出口价格低于成本，与出口价格低于正常价值的情况类似，在此不另作讨论。

国内市场的价格，即国内价格下降幅度将大于出口价格的上涨幅度。

5.1.2.2 国内需求因素

倾销行为的负面影响程度也受到国内需求因素的影响，倾销造成国内产品需求下降越多，其影响程度越大。影响国内需求方面的因素主要包括以下四个：倾销幅度、倾销产品的市场份额、总需求价格弹性和倾销产品与国内产品之间的替代弹性。

产品倾销幅度越大，则相对于国内产品而言，倾销产品的价格优势就越大，国内消费者对国内产品的需求就会越少。例如：与5%的倾销幅度相比，50%的幅度将使得更多的消费者转而购买倾销产品；倾销行为将造成倾销产品市场份额的增加，以及国内产品市场份额的减少。对于给定的消费数量变化，倾销产品的市场份额越大，国内产品的市场份额就越小，则国内产品市场份额下降的幅度就越大。

消费者对进口产品和国内产品的总需求价格弹性将影响消费需求的变化。倾销会造成进口产品价格下降，从而降低该类产品的整体价格。总需求价格弹性越低，消费者对价格越不敏感，则价格下降导致的该类产品消费增加就越少。但由于倾销使得进口产品相对国内产品而言具有价格优势，消费者会改变其购买组合，增加对倾销品的购买、减少对国内产品的购买；如果倾销产品与国内产品具有较为严格的替代关系，则给定倾销幅度，消费者将更多地购买倾销产品，而减少购买国内产品，进而倾销对国内产业的影响就越大。

5.1.2.3 国内供给因素

国内供给情况同样也会影响到倾销的影响程度，其决定性因素是国内供给的价格弹性大小。国内供给价格弹性越大，则同样的倾销幅度导致国内供给的减少程度越大，国内产业的受损程度也就越大。

5.1.2.4 非倾销进口因素

许多反倾销案件中还涉及非倾销进口产品。由于倾销产品同时与非倾销产品及国内产品展开竞争，因此非倾销进口担负了部分倾销造成的负面影响，降低了倾销对国内产业造成的损害程度。非倾销进口对于倾销造成负面影响的降低程度，主要取决于以下两个因素：非倾销进口的供给弹性和非倾销进口与倾销进口的相对市场份额，上述各类影响因素对评估标准的影响方向如表5－1所示。

表5－1　评估标准的影响因素表

影响因素	子因素	对评估标准的影响方向
价格转嫁因素	倾销幅度	+
	转嫁幅度	+
国内需求因素	进口倾销的市场份额	+
	总需求价格弹性	−
	倾销品与国产品之间的替代弹性	+
国内供给因素	国内供给的价格弹性	+
非倾销进口因素	非倾销进口的供给弹性	−
	非倾销进口与倾销进口的相对市场份额	−

基于上述非倾销进口因素影响分析，如果相比国内产品供给弹性为高，则倾销将更多地减少非倾销品的供给，而不是国内产品的供给；给定所有进口产品的市场份额，非倾销进口占的市场份额比例越大，则倾销对国内产业造成的负面影响就越小。

5.2　实施反倾销政策产业发展判别标准

为确定反倾销政策实施后国内产业的期望发展状况，需要找到衡量反倾销后国内产业期望发展（Industry Development）程度的合适目标。正如以国民经济发展速度作为衡量一国经济发展状态的指标一样，衡量国内产业的预期发展状态也需要找到类似的指标。通过使用指标达标法，即指定不同产业所关注的指标，就能找到产业的期望发展状态。在本书中，将处于幼稚阶段和成长阶段的产业统称为新兴成长型产业，把处于成熟阶段的产业称为成熟产业，把处于衰退阶段的产业称为衰退产业。

5.2.1　国内产业类型识别方法

在反倾销政策实践中，要进行产业发展标准研究就需要判断反倾销涉案产业的类型。根据现有国内外学者关于产业生命周期理论的研究成果，目前判断一个产业处于何种发展阶段，主要有生产率衡量法、技术进步率衡量法、需求收入弹性衡量法、产业吸引力衡量法和生长曲线模拟法，下文将分别予以介绍。

5.2.1.1 生产率衡量法

生产率衡量法使用产业的生产率来度量产业所处的发展阶段。产业生产率是某产业产出与投入之比，其度量的是产业中单位投入的产出效率，即投入资源（包括人力、物力、财力等资源）被开发利用的效率。众所周知，生产率的不断提高是人类社会经济发展的重要推动力，同样，在一个产业中，生产率的不断提高也是其演进变化的基本规律。生产率低的产业必然在激烈的市场竞争中萎缩和衰退，而生产率高的产业也会在竞争中脱颖而出、茁壮成长。生产率低的产业逐渐被生产率高的产业替代，从而走向衰退或衰亡，这是一个无法逆转的客观规律，因此通过对一个产业的生产率的纵向和横向比较，就可以判断该产业所处的发展阶段。实际计算时，可以把产业的全要素生产率（TFP）作为生产率衡量标准，其计算公式为：TFP = 总产量 - 劳动、资本、土地要素的投入量，即产出增长率超出要素投入增长率的部分。如果一个产业在一段时期内的TFP 指数增长趋势明显，则认为该产业为成长型产业；如果 TFP 指数变化不大，趋于平稳，则认为该产业为成熟型产业；如果 TFP 指数下降趋势明显，则认为该产业为衰退型产业。

5.2.1.2 技术进步率衡量法

一般来说，产业经济增长的要素主要包括投入要素的增长、技术进步、技术效率和规模效率的增长，而根据产业发展的外生增长理论，决定一个产业发展的最关键因素是科学技术水平的不断提高，也就是技术进步，它是决定该产业增长与否的决定性因素。从这个意义上讲，衡量一个产业的技术进步状态，能够从侧面反映一个产业的发展情况，从而达到确定产业发展阶段的目的。在采用技术进步率来衡量产业发展状态时，目前主要通过柯布—道格拉斯生产函数来确定。与生产率衡量法判别过程类似，当技术进步率逐步增长时，认为该产业为成长型产业；如果技术进步率变化不大，趋于平稳，则认为该产业为成熟型产业；如果技术进步率下降趋势明显，则认为该产业为衰退型产业。

5.2.1.3　需求收入弹性衡量法

产业需求收入弹性反映了需求结构变动对产业的影响程度。一个产业的需求收入弹性高,意味着伴随收入水平的提高,消费者对该产业生产产品的需求增长率也随之增大,这表明该产业具有较大的成长空间和成长潜力;反之,如果产业需求收入弹性小,则说明消费者对该产业生产产品的需求在逐渐减小,也就是说,需求的增加和减小将最终影响到产业的发展态势。综上所述,某产业的需求收入弹性呈上升趋势,说明该产业为成长型产业;若某产业的需求收入弹性保持不变,说明该产业为成熟型产业;某产业的需求收入弹性呈下降趋势,则说明该产业为衰退型产业。

5.2.1.4　产业吸引力衡量法

产业吸引力衡量法主要是通过衡量产业在资本市场的表现情况,来判断产业所处的发展阶段。在市场经济中,资本市场反映了社会公众对产业的兴趣和认同程度,一个正在成长的产业往往会吸引更多人的目光,也倾向于吸引更多的资本。由于一个公司的股票价格反映了社会公众对公司未来成长能力的预期,产业内所有公司股票价格的整体成长性代表了产业的成长性,因此利用证券市场上产业内各公司的公开资料,就可以判别产业所处的发展阶段,较为常用的方法是利用股票价格来测算各产业内企业的未来成长能力,从而推算出产业的成长系数。当产业成长系数较高时,认为该产业为成长型产业;当产业成长系数一般时,认为该产业为成熟产业;当产业成长系数较低时,则认为该产业为衰退型产业。当然,产业吸引力法在应用时也受到一定限制,需要待判断的产业进入资本市场才可行。

5.2.1.5　生长曲线模拟法

生长曲线模拟法是通过建立曲线来拟合产业发展数据,从而判定产业发展阶段的一种方法,其中最常用的是皮尔曲线。皮尔曲线是由美国生物学家和人口统计学家雷蒙德·皮尔(Raogmond Pearl)建立的一种描述生物生长阶段的数学模型。由于产业成长与生命体的成长存在相似性,所以很多学者将其引入产业问题的研究中。皮尔曲线的数学模型如下:

$$\frac{dy}{dt} = ky(\bar{y} - y) \tag{5.1}$$

式中：y 代表产业总产值占国民生产总值的比重；$\bar{y}$ 代表产业产值占国民生产总值的最大比重；$\frac{dy}{dt}$ 表示产业总产值占国民生产总值比重的增加速度。

在上述模型中，产业占 GDP 比重的增加速度既与现有比重成正比，又与现有比重和最大比重的差值成正比。产业现有产值占 GDP 的比重离最大比重越远，其增长速度越高；反之，增长速度越低。在曲线的实际拟合时，产业产值占 GDP 的比重最大值可由 $\bar{y}$ 实际数据确定。通过考察产业历史数据，就可以拟合出产业的生长曲线，根据产业拟合生长曲线就可以确定该产业所处的发展阶段。

在使用上述介绍的判断产业类型的五种不同方法时，还需要特别注意，无论使用以上哪种方法判断国内产业的类型，都应当把考察期认定为国内产业遭受国外倾销产品影响的前几年，这主要是因为由于国外企业的倾销行为，国内产业在反倾销调查期内各项指标会出现明显下降，然而这种经营状况并不是正常范围的下降，而是由于国外产品倾销所带来的，因此不能将反倾销调查期内的指标变化作为产业种类的评判依据。

5.2.2 不同类型产业发展标准

与人的生命类似，每个产业也会经历一个由初创到衰退的演变过程。从一个国家或地区的产业政策角度而言，产业的生命周期不同，政府政策支持的重点也不一样。反倾销政策是通过影响国际贸易领域来影响国内产业的，政策措施更多地体现在贸易领域，产业保护政策是直接通过政府政策倾斜或是提供优惠条件来发展产业，政策措施更多地体现在产业领域。反倾销措施作为一种贸易救济手段，虽然在实现手法上与单纯的产业保护政策有所不同，但从反倾销贸易和产业作用效果的本质来说，两者的目的相同，最终都是为本国产业发展服务，都是为了保护本国产业。从这个角度说，反倾销政策实施的目的在面对不同种类的产业时就需要根据国家的产业政策战略作相应调整。这种调整反映在反倾销政策实施效果评估中就是对处于不同发展阶段的产业，其评估标准要发生相应的变化。

5.2.2.1 新兴成长型产业发展标准

对于新兴成长类型中的幼稚产业来说，由于其正处于初创阶段，技术水平不高、生产力低下，国际竞争力较弱，因而在面对成熟的国外相同产业的有力竞争时，往往会处于下风，容易中途夭折，难以获得发展。但这种产业往往具有“外部性”的特点，一方面它表现为比其他产业的资本和技术密集度高，对社会技术进步贡献大，具有可共享的技术信息和市场优势，能够给其他相关产业带来效益提高和成本降低的好处；另一方面它表现为动态规模经济，即随着幼稚型产业的产量增加，工人的熟练程度会逐步升高，产品质量趋于稳定，生产成本沿“学习曲线”[①]下降，给社会福利带来的好处也越来越多。

对幼稚型新兴产业采取保护措施已成为国际上的共识，WTO也对幼稚产业的保护作了明确规定。无论是贸易保护主义者还是贸易自由主义者都保持认同，对幼稚新兴产业采取保护不仅有利于发展民族工业，增强国家经济的独立性，而且能够提供更多的就业机会，增加国家的整体福利。但是，对于幼稚型产业的保护并不是无限期的，传统的幼稚产业保护理论和新幼稚产业保护理论都认为对于幼稚产业的保护应该有一定的期限，国家应在保护期限内促使幼稚产业迅速成长起来，对于那些经过长时间的保护仍没有发展起来的幼稚产业应适当调整保护策略，因此产业发展的速度对于幼稚型产业来说至关重要。对于新兴成长型中的成长产业来说，从幼稚期进入成长期，正是产业的快速发展阶段，市场需求的大幅增长能够刺激产业以较快的速度发展，产业扩张速度很快，为此，高产业发展速度也是成长型产业追求的目标。

基于以上分析，对于新兴成长型产业采取反倾销措施，其主要目的除了要制止国外商品的低价倾销行为，维护进口国国内市场正当的竞争秩序，消除倾销行为对进口国国内产业所造成的影响以外，还应保持该类产业处于一定的发展速度，即新兴成长型产业应在反倾销政策保护下达到预期的产业发展速度。本书将新兴成长型产业保持预期发展速度的状态作为新兴成长型产业的发展标准。一般来说，产业发展速度指的是产业产值的变化速度，但也可能是产业多指标综合后整体状态的变化速度。尽管指标个数不一样，但方法是一致的。

① 学习曲线（Learning Curve），也称为经验曲线，是随着产品累计产量的增加，单位产品的成本会以一定的比例下降。学习曲线是以图形的形式表示在一定时间内获得的技能或知识的速率。

由于产业产值并不是反倾销政策实施效果评估体系中的指标，所以可以将国内产业在达到产业预期发展速度时的销售量、销售价格、产量等指标，按照指标综合方法进行加权处理，作为反倾销政策实施后国内产业的期望发展状态，并把它作为新兴成长型产业的发展标准，具体计算方法将在本书后续章节详细讲解。

5.2.2.2　成熟型产业发展标准

经过一个快速成长阶段后，成熟产业的发展将向缓慢增长过渡。在这个过渡期，产业中的各个企业都开始面对市场规模增长速度放缓的现实。在有限的市场中，占有尽可能多的市场份额，保持稳定的营利能力成为企业稳步发展的关键，为此产业内各企业会采取各种策略努力降低成本，提高服务，以应对越来越激烈的竞争局面。从本质上来说，这种竞争有利于各企业提高自身技术水平，提升产品质量，从而促进整个产业的再发展。然而，受倾销商品的影响，国外厂商使用低价策略占据了相当程度的市场份额，进口国国内产业中的各企业经营利润也随之开始下降，同时经营利润的下降也会缩减现金流转，为应对国外企业的低价竞争，国内产业中的企业只能降价跟随。

多轮降价使得国内产业陷入了恶性竞争当中，由此可见，对于成熟型产业采取反倾销政策措施的主要目的是要制止国外商品的低价倾销行为，维护进口国国内市场正当的竞争秩序，消除倾销行为对进口国产业所造成的影响；同时，为了让市场维持应有的竞争，以增强国内产业的技术开发能力、服务水平以及产品质量，应保持一定的营利能力，不至于影响到成熟产业中企业的正当竞争。因此对于成熟型产业来说，其反倾销政策实施后的预期发展目标就不能定为发展速度，而是应该定为与国际同类产业相匹配的合理利润报酬水平、相匹配的合理劳动生产率、相匹配的合理产业集中度和相匹配的合理技术水平等能够巩固国内产业竞争实力的指标。由于反倾销政策实施效果评估指标体系中没有设定产业集中度和技术水平的专项衡量指标，所以可以将国内产业利润率达到国际同类产业利润率且劳动生产率达到国际同类产业劳动生产率时的国内产业发展状态，作为反倾销政策实施后国内产业的期望发展状态，并把它作为成熟产业的发展标准。

5.2.2.3 衰退型产业发展标准

对于衰退型产业来说,由产业自身发展规律引起的衰弱是不可避免的。随着市场整体需求的下降,产业自身生产效率开始降低,技术停滞不前,产能过剩导致产业中各企业低于成本销售的情况时有发生,价格战发生次数频繁,产业利润也急剧下降。同时,国外进口产品的倾销行为进一步加剧了衰退型产业的困境,为应对国外竞争者的低价策略,衰退型产业继续加入到降价大军中,从而更深地加剧了该类产业调整产业结构的困难。

对于衰退型产业来说,即使没有受到国外倾销产品的影响,产业自身也已经开始出现利润下滑和生产减产的趋势,故对衰退型产业在反倾销政策实施后的表现不应设置过多利润增长或是产业发展方面的要求。鉴于衰退型产业采取反倾销政策措施的主要目的是为了制止国外商品的低价倾销行为,维护进口国国内市场正当的竞争秩序,消除倾销行为对进口国国内产业所造成的影响,为衰退产业进行结构调整创造时机,因此本书对衰退型产业不再设置具体的产业发展标准。

综上所述,对于不同类型的产业,现阶段国际上通行的发展目标是:对于处于初创和成长阶段的产业,政府主要提供科研支持,降低其投资风险,鼓励其开拓市场,扶植其快速成长;对于处于成熟阶段的产业,政府主要根据国家战略,有目的的扶持那些对于国家整体经济而言占有战略地位和先导地位的企业,创造更加有效的竞争环境,促使该类产业形成比较优势;而对于那些处于衰退阶段的产业,政府更多的是依靠提供政策优惠条件,以创造更好的产业结构调整环境,帮助其迅速调整产业结构。

5.3 反倾销政策效果评估标准的确定方法

为了计算得出反倾销政策实施效果评估标准的合理值域,需要对倾销的影响进行量化研究,分析倾销行为对进口贸易及国内产业主要经济指标的影响幅度可以借鉴“反事实分析”的思想方法。反事实分析法本质上是一种经济学建模与模拟方法,它通过对比存在倾销与不存在倾销两种情况下进口贸易与国内产业的表现，得出倾销造成产业影响幅度的定量化结论。基于反事实分析确定反倾销评估标准值域思路如图 5-3 所示。

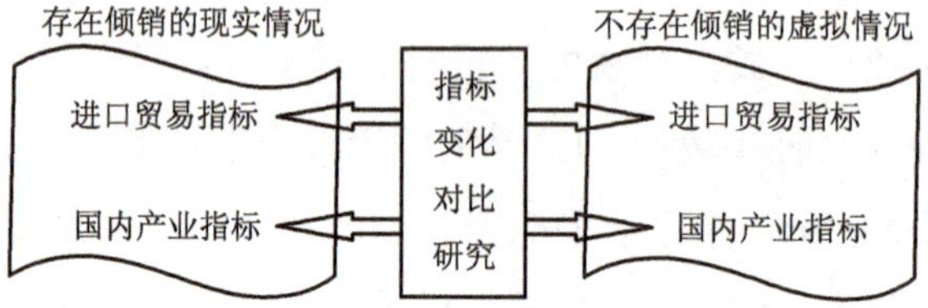

图 5-3　基于"反事实"分析法确定评估标准值域思路图

反事实分析方法首先建立一种不存在倾销的虚拟情况，即出口商的国内市场和出口市场是一体的，出口产品在两个市场上的价格是一致的，然后将这种虚拟情况下进口贸易与国内产业的表现与现实情况相比较，从而得出倾销行为对各主要指标造成的影响幅度，这可以作为确定评估标准值域的依据。

5.3.1　基于完全转嫁假设的倾销影响分析

下面首先基于鲍塔克（Boltuck，1991）、凯利和马克瑞（Kelly & Morkre，1998）的研究模型，建立在完全转嫁假设下倾销影响作用机理的理论框架，然后对其模型的完全转嫁假设进行改进，分析倾销影响作用机理的一般理论框架。

5.3.1.1　反事实分析界定

倾销首先是企业的一种出口定价策略，它将直接导致出口产品在进口国的销售价格低于本国销售价格或者平均成本。对于消费者而言，他们必将调整消费支出结构，购买更多的倾销进口产品，减少对国内产品的购买，进而导致进口国国内市场价格、销售数量的改变，从而形成新的市场均衡。因此，倾销行为通过对贸易价格的影响，间接作用于进口国国内市场，影响国内生产企业。

为了分析倾销的影响作用，需要明确在没有发生倾销情况下的贸易与国内产业状况和现实发生倾销的情况会有什么不同，这种理论与现实的差异就可以理解为由倾销所造成的影响，为此需要研究一种虚拟的情况，即企业不存在出口倾销时的市场状况，这就是一种反事实分析法的研究思路。反事实分析法（Counterfactual Analysis）本质上是一种经济学建模与模拟方法，通过对比存在倾销与不存在倾销两种情况下进口贸易与国内产业的表现，分析倾销影响的作用途径与机理。在本书中，使用鲍塔克（Boltuck，1991）、凯利和马克瑞（Kelly & Morkre，1998）、焦恩（Jione，2004）等学者的定义，将不存在倾销的虚拟情况定义为"出口商的国内市场和出口市场是一体的，出口产品在两个市场上的价格是一致的"。

5.3.1.2 基于完全转嫁假设的倾销作用机理

假定进口国市场共有三种产品，分别为倾销产品、非倾销进口产品以及国内产品。作为一般性的假设，进口产品与国内产品是不完全替代的，也就是说，在进口国市场上，进口产品与国内产品可以采取不同的价格销售。如果进口产品价格升高，其销售量就会有所减少；如果进口产品价格下降，那么国内生产的产品销售量就会下降。为了分析倾销的影响机理，需要分别确定倾销产品、国内产品以及非倾销进口产品的需求与供给函数。

1. 需求函数。对于需求函数而言，该函数应该能够明确不同类别产品之间的不完全替代关系，并且函数所需参数估计越少越好，据此对函数结构作出如下假设。

首先，假定国内市场有国内产品、倾销产品以及非倾销进口产品三类产品。设 Q_d 为国内产品的数量，Q_u 为不公平贸易中的倾销产品数量，Q_f 为公平贸易中的非倾销进口产品数量；其次，假定在 Q_d，Q_u 和 Q_f 中，任意两者之间的消费边际替代率与其他产品的消费无关。Q_d，Q_u 和 Q_f 与其他产品之间的可分性（即"弱可分性"①），说明这三类产品可以归总为一大类产品，称之为 Q_A。最后，假定 Q_d，Q_u 和 Q_f 之中，任意两种产品之间的替代弹性不变且相等。这样可以将 Q_A 表示为 Q_d，Q_u 和 Q_f 的不变替代弹性函数形式（CES）②：

$$Q_A = [b_d Q_d^{-\rho} + b_u Q_u^{-\rho} + b_f Q_f^{-\rho}]^{-1/\rho} \tag{5.2}$$

---

① 弱可分的性质是同一组内的边际替代率不会受到组外商品数量的影响。关于这一理论的证明参见 Leontief（1947）。

② Armington（1969）首次将 CES 函数运用于实证分析，此后 CES 函数被越来越多地应用于国际贸易实证领域，其中 Boltuck（1991）首次将 CES 函数用于分析倾销与反倾销问题，并被后来的许多学者沿用。

式中：b_d，b_u，b_f 和 ρ 均为常数，并且 $b_d+b_u+b_f=1$，$\rho>-1$ 且不为0。

将总类产品价格 P_A 定义为：

$$P_A \equiv [P_dQ_d+P_uQ_u+P_fQ_f]/Q_A \tag{5.3}$$

式中：P_d，P_u 和 P_f 分别为国内市场上的进口国国内产品价格、倾销产品价格以及非倾销进口产品价格。

根据上述总需求函数可以推出 Q_d，Q_u 和 Q_f 的需求函数形式。根据CES函数性质，任意两种产品之间的替代弹性 σ 是常数，且满足算式：$\sigma=1/(1+\rho)$。消费者对于各产品的需求量 Q_d，Q_u 以及 Q_f 取决于式(5.2)中用于购买总类产品 Q_A 的总预算，以及式(5.3)国内产品、倾销产品及非倾销进口产品三类产品的市场价格 P_d，P_u 和 P_f。根据弱可分性函数性质以及CES总需求函数，推出三类产品的需求函数为：

$$\begin{cases} D_d(P_d,P_u,P_f)=b_d^{\sigma}Q_A(P_d/P_A)^{-\sigma} \\ D_u(P_d,P_u,P_f)=b_u^{\sigma}Q_A(P_u/P_A)^{-\sigma} \\ D_f(P_d,P_u,P_f)=b_f^{\sigma}Q_A(P_f/P_A)^{-\sigma} \end{cases} \tag{5.4}$$

假定 α_A 为常数，ε_A 为总类产品需求价格弹性，则总类产品需求不变弹性函数的形式为：

$$D_A=\alpha_A P_A^{\varepsilon_A} \tag{5.5}$$

联立式(5.2)—式(5.5)得到国内产品、倾销产品及非倾销进口产品三类产品的需求函数为：

$$\begin{cases} D_d(P_d,P_u,P_f)=(b_d/P_d)^{\sigma}\alpha_A^{-\sigma/\varepsilon_A}Q_A^{(1+\sigma/\varepsilon_A)} \\ D_u(P_d,P_u,P_f)=(b_u/P_u)^{\sigma}\alpha_A^{-\sigma/\varepsilon_A}Q_A^{(1+\sigma/\varepsilon_A)} \\ D_t(P_d,P_u,P_f)=(b_f/P_d)^{\sigma}\alpha_A^{-\sigma/\varepsilon_A}Q_A^{(1+\sigma/\varepsilon_A)} \end{cases} \tag{5.6}$$

2. 供给函数。假定国内产品和非倾销进口产品的供给函数采取如下不变弹性函数的形式：

$$\begin{cases} S_d=\alpha_d P_d^{\eta_d} \\ S_f=\alpha_f P_f^{h_f} \end{cases} \tag{5.7}$$

式中：S_d 和 S_f 分别是国内产品供给以及非倾销进口产品的供给，α_d，α_f，η_d 以及 η_f 均为正的常数。

3. 参数估计。为了便于参数估计,定义 r_d,r_u,r_f 三个变量分别为国内产品、倾销产品及非倾销进口品的销售价值份额,其计算式如下:

$$\begin{cases} r_d \equiv P_dQ_d/P_AQ_A \\ r_u \equiv P_uQ_u/P_AQ_A \\ r_f \equiv P_fQ_f/P_AQ_A \end{cases} \tag{5.8}$$

给定上述市场结构方程,可以推导出国内产品、倾销产品及非倾销进口产品三类产品的需求价格弹性及交叉价格弹性如下①:

$$\begin{cases} \varepsilon_d = (1-r_d)\sigma + r_d\varepsilon_A \\ \varepsilon_u = (1-r_u)\sigma + r_u\varepsilon_A \\ \varepsilon_f = (1-r_f)\sigma + r_f\varepsilon_A \end{cases} \tag{5.9}$$

$$\begin{cases} \varepsilon_{du} = r_u(\sigma - \varepsilon_A), \varepsilon_{ud} = r_d(\sigma - \varepsilon_A) \\ \varepsilon_{fd} = r_d(\sigma - \varepsilon_A), \varepsilon_{df} = r_f(\sigma - \varepsilon_A) \\ \varepsilon_{uf} = r_f(\sigma - \varepsilon_A), \varepsilon_{fu} = r_u(\sigma - \varepsilon_A) \end{cases} \tag{5.10}$$

式中:ε_i 为产品 i 的需求价格弹性;ε_{ij} 为产品 j 价格的变动所引起的产品 i 的交叉价格需求弹性。因此上述弹性因销售价格和数量的不同而有所变化。

根据供给函数方程,可以计算参数 α_d 和 α_f 如下:

$$\begin{cases} \alpha_d = Q_d/P_d^{\eta_d} \\ \alpha_f = Q_f/P_f^{\eta_f} \end{cases} \tag{5.11}$$

根据产品之间边际替代率等于价格比率的均衡条件,可以计算出参数 b_d,b_u 和 b_f。

$$\begin{cases} \dfrac{\partial Q_A/\partial Q_u}{\partial Q_A/\partial Q_d} = (b_u/b_d)(Q_d/Q_u)^{(1+\rho)} = P_u/P_d \\ \dfrac{\partial Q_A/\partial Q_f}{\partial Q_A/\partial Q_d} = (b_f/b_d)(Q_d/Q_f)^{(1+\rho)} = P_f/P_d \end{cases} \tag{5.12}$$

$$\begin{cases} b_u = b_d(P_u/P_d)(Q_u/Q_d)^{(1+\rho)} \\ b_f = b_d(P_f/P_d)(Q_f/Q_d)^{(1+\rho)} \end{cases} \tag{5.13}$$

再根据 $b_d + b_u + b_f = 1$,可以求出 b_d 的计算式为:

---

① 参数推导过程可参见 Armington(1969)。

$$b_d = [1 + (P_u/P_d)(Q_u/Q_d)^{(1+\rho)} + (P_f/P_d)(Q_f/Q_d)^{(1+\rho)}]^{-1} \tag{5.14}$$

将式(5.14)中 b_d 的值带入式(5.13),可求出 b_u,b_f 的表达式;将 b_d,b_u,b_f 带入式(5.2)和式(5.3),即可求出 Q_A 和 P_A,而 α_A 可以通过式(5.5)计算得出。

至此,已求出了市场结构方程的所有参数。计算这些参数以及明确市场结构方程,需要的基础数据包括:P_d,P_u,P_f,Q_d,Q_u,Q_f,此外需要已知四个弹性数值:ε_A,σ,η_d,η_f。如果获得了上述数据,就可以求出市场均衡状态,也就可以求出不存在倾销状态下进口及国内产业的虚拟状况,从而明确倾销对产业的影响与作用。

4. 基于完全转嫁假设的反事实分析。根据反事实分析法,还需要明确没有倾销存在时的出口价格。设倾销幅度为 M,那么在没有倾销时企业出口价格应当提高的幅度为 M,则有公式:

$$P_u^* = P_u(1 + M) \tag{5.15}$$

式中:P_u 是产品倾销的价格,P_u^* 是不存在倾销时的价格。很明显,这里隐含了一个假设,即如果不存在倾销,那么产品的出口价格应当上升的幅度就是倾销幅度,这就是完全转嫁假设。因此,在完全转嫁条件下,发生倾销时产品价格的下降幅度为:

$$(P_u^* - P_u)/P_u^* = M/(1 + M) \tag{5.16}$$

根据市场结构方程,可以推出倾销产品价格变化对进口国国内产业收入的影响为:

$$\mathrm{dln}(R_d)/\mathrm{dln}(P_u) = \frac{r_u(\sigma + \varepsilon_A)(1 + \eta_d)/(\sigma + \eta_d)}{1 - r_d(\sigma + \varepsilon_A)/(\sigma + \eta_d) - r_f(\sigma + \varepsilon_A)/(\sigma + \eta_f)} \tag{5.17}$$

为简化分析,仅考虑一种特殊情况,即国内产品供给及非倾销进口产品的供给为完全弹性,即 $\eta_d = +\infty$,$\eta_f = +\infty$ 时,上式可表示为:

$$\mathrm{dln}(R_d)/\mathrm{dln}(P_u) = r_u(\sigma + \varepsilon_A) \tag{5.18}$$

由此可见,倾销对国内产业收入产生的负面影响为 $[M/(1 + M)][r_u(\sigma + \varepsilon_A)]$,这一影响程度取决于倾销幅度 M,倾销产品的市场份额 r_u,替代弹性 σ,以及总需求弹性 ε_A。

5.3.2 基于不完全转嫁假设的倾销影响分析

在现实经济活动中,企业出口倾销通常是一种差别定价策略,即在市场控制力较强的国内市场制定较高价格，而在市场控制力较弱的进口国市场则制定相对较低的价格，这也是倾销发生的主要原因。在这种情况下，出口企业如果停止倾销行为，可以通过同时调整国内市场及出口销售价格来实现，而不必通过单独提高出口市场价格来实现，此时出口价格上升幅度就小于倾销幅度，因此在完全转嫁假设中，不发生倾销行为时，出口价格提高幅度就是倾销幅度的假设过于局限，明显夸大了倾销对出口以及进口国国内产业的作用。

5.3.2.1　出口企业采取倾销情况

当出口商采取倾销策略时，假定出口倾销厂商为了追求利润最大化目标，选择一个国内市场价格 p_h，以及一个出口市场价格 p_u，则其利润函数为：

$$Profits = (P_h \times D_h + P_u \times D_u) - [C \times (D_h + D_u)] \tag{5.19}$$

式中：C 为平均边际成本，D_u 为倾销产品在进口国市场的需求；D_h 为倾销产品在本国国内市场的需求，其固定弹性函数表达形式为：

$$D_h = D_h(P_h) = \alpha_h P_h^{\varepsilon h} \tag{5.20}$$

式中：ε_h 为需求价格弹性。根据式(5.6)，出口企业的价格与产量决策可以表示为非线性规划问题，即满足 $\{P_u D_u(P_d, P_u, P_f) + P_h D_h(P_h) - c[D_u(P_d, P_u, P_f) + D_h(P_h)]\}$ 最大。

根据利润最大化的一阶条件，将上述最大化满足表达式分别对 P_u 和 P_h 求偏导数并令其为零，可以求得 P_u 和 P_h 如下所示：

$$\begin{cases} P_u = \dfrac{c}{1 + [\varepsilon_u + \varepsilon_{ud}(P_u/P_d)(\mathrm{d}P_d/\mathrm{d}P_u) + \varepsilon_{uf}(P_u/P_f)(\mathrm{d}P_f/\mathrm{d}P_u)]^{-1}} \\ P_h = \dfrac{c}{1 + 1/\varepsilon_h} \end{cases} \tag{5.21}$$

式中：$(P_u/P_d)(\mathrm{d}P_d/\mathrm{d}P_u) = \mathrm{dln}P_d/\mathrm{dln}P_u$；$(P_u/P_f)(\mathrm{d}P_f/\mathrm{d}P_u) = \mathrm{dln}P_f/\mathrm{dln}P_u$。

在进口国市场，国内产品、非倾销进口产品必须达到市场均衡。根据市场供给与需求相等的均衡条件，有下列公式：

$$\begin{cases} D_d(P_d, P_u, P_f) = S_d(P_d) \\ D_f(P_d, P_u, P_f) = S_f(P_f) \end{cases} \tag{5.22}$$

将式(5.22)分别对 P_u 求一阶导数可得：

$$\begin{cases}(\partial D_d/\partial P_d)(\mathrm{d}P_d/\mathrm{d}P_u)+(\partial D_d/\partial P_u)+(\partial D_d/\partial P_f)(\mathrm{d}P_f/\mathrm{d}P_u)=(\partial S_d/\partial P_d)(\mathrm{d}P_d/\mathrm{d}P_u)\\(\partial D_f/\partial P_d)(\mathrm{d}P_d/\mathrm{d}P_u)+(\partial D_f/\partial P_u)+(\partial D_f/\partial P_f)(\mathrm{d}P_f/\mathrm{d}P_u)=(\partial S_f/\partial P_f)(\mathrm{d}P_f/\mathrm{d}P_u)\end{cases}\tag{5.23}$$

则根据式(5.23),可以将 $\mathrm{d}P_d/\mathrm{d}P_u$ 和 $\mathrm{d}P_f/\mathrm{d}P_u$ 表示为:

$$\begin{cases}\mathrm{d}P_d/\mathrm{d}P_u=\dfrac{(-\partial D_d/\partial P_u)[(\partial D_f/\partial P_f)-(\partial S_f/\partial P_f)]+(\partial D_d/\partial P_f)(\partial D_f/\partial P_u)}{[(\partial D_d/\partial P_d)-(\partial S_d/\partial P_d)][(\partial D_f/\partial P_f)-(\partial S_f/\partial P_f)]-(\partial D_f/\partial P_d)(\partial D_d/\partial P_f)}\\\mathrm{d}P_f/\mathrm{d}P_u=\dfrac{(-\partial D_f/\partial P_u)[(\partial D_d/\partial P_d)-(\partial S_d/\partial P_d)]+(\partial D_d/\partial P_u)(\partial D_f/\partial P_d)}{[(\partial D_d/\partial P_d)-(\partial S_d/\partial P_d)][(\partial D_f/\partial P_f)-(\partial S_f/\partial P_f)]-(\partial D_f/\partial P_d)(\partial D_d/\partial P_f)}\end{cases}\tag{5.24}$$

依据需求价格弹性定义 $\partial D_d/\partial P_u=\varepsilon_{du}$,$\partial D_f/\partial P_f=\varepsilon_f$,$\partial S_f/\partial P_f=\eta_f$,带入式(5.24)得:

$$\begin{cases}\mathrm{dln}P_d/\mathrm{dln}P_u=[\varepsilon_{du}(\eta_f-\varepsilon_f)+\varepsilon_{fu}\varepsilon_{df}]/[(\eta_d-\varepsilon_d)(\eta_f-\varepsilon_f)-\varepsilon_{fd}\varepsilon_{df}]\\\mathrm{dln}P_f/\mathrm{dln}P_u=[\varepsilon_{fu}(\eta_d-\varepsilon_{fd})+\varepsilon_{du}\varepsilon_{fd}]/[(\eta_d-\varepsilon_d)(\eta_f-\varepsilon_f)-\varepsilon_{fd}\varepsilon_{df}]\end{cases}\tag{5.25}$$

因此,将式(5.25)代入式(5.21),求得 P_u 的最终表达式为:

$$P_u=c\left\{1+\left[\varepsilon_u+\frac{\varepsilon_{ud}[\varepsilon_{df}\varepsilon_{fu}-\varepsilon_{du}(\varepsilon_f-\eta_f)]+\varepsilon_{uf}[\varepsilon_{du}\varepsilon_{fd}-\varepsilon_{fu}(\varepsilon_d-\eta_d)]}{(\varepsilon_d-\eta_d)(\varepsilon_f-\eta_f)-\varepsilon_{fd}\varepsilon_{df}}\right]^{-1}\right\}^{-1}\tag{5.26}$$

式(5.26)求出的 P_u,也就是出口商采取倾销策略时的出口价格。

5.3.2.2 出口企业不采取倾销情况

与前面完全转嫁假设不同,在此假定出口企业同时调整出口价格和国内销售价格,使得出口价格与国内价格相同,从而不存在倾销。出口企业的利润函数为:

$$Profits'=P_I\times D_I-C\times D_I\tag{5.27}$$

式中:P_I 是统一的销售价格,D_I 是国内外市场的总需求,等于出口商国内需求 D_h 与进口国市场需求 D_u 的总和。根据出口企业利润最大化的一阶条件,得出:

$$P_I=\frac{c}{1+1/\varepsilon_I}\tag{5.28}$$

式中:ε_I 是市场总需求价格弹性。

利用市场需求方程 $D_I=D_h(P_I)+D_u(P_I,P_d)$,将等式两边对 P_I 取对数偏导数,求得:

$$\begin{cases} \varepsilon_I = a \times \varepsilon_h + (1-a)\varepsilon'_u \\ a = D_h/(D_h + D_u) \end{cases} \tag{5.29}$$

依据需求交叉弹性定义式(5.25),进口国市场需求价格弹性为:

$$\varepsilon'_u = \varepsilon_u + \frac{\varepsilon_{ud}[\varepsilon_{df}\varepsilon_{fu} - \varepsilon_{du}(\varepsilon_f - \eta_f)] + \varepsilon_{uf}[\varepsilon_{du}\varepsilon_{fd} - \varepsilon_{fu}(\varepsilon_d - \eta_d)]}{(\varepsilon_d - \eta_d)(\varepsilon_f - \varepsilon_f) - \varepsilon_{fd}\varepsilon_{df}} \tag{5.30}$$

将式(5.30)和(5.29)带入式(5.28)得到:

$$P_I = C/\{1 + 1/[a \times \varepsilon_h + (1-a)\varepsilon'_u]\} \tag{5.31}$$

由式(5.31)得出的就是出口企业在不采取倾销策略时的出口价格。至此,将价格函数表示为基本弹性的形式,只要获得基本弹性数据便可对各经济变量进行描述。这为下文倾销影响效果的分析提供了研究基础。

5.3.2.3 倾销的影响机理与效果

前文已经明确了存在倾销与不存在倾销时,出口企业分别采取的价格策略,即分别求出了 P_u 与 P_I 的表达式。下面将讨论分析倾销对出口贸易的直接影响,以及通过贸易效应对进口国国内产业的影响。

1. 倾销对贸易的直接影响。这种直接影响体现在以下几方面。

首先,倾销将对出口价格造成影响,即出口价格将低于在出口国市场的正常价值。据此,将倾销造成的出口价格的变化幅度表示为:

$$\mathrm{dln}P_u = \mathrm{d}P_u/P_u = (P_u - P_I)/P_I \tag{5.32}$$

式中:P_u 由式(5.26)给出,P_I 由式(5.31)给出。根据前式明显可以看出,$P_u < P_I$,故 $\mathrm{dln}P_u < 0$,可见倾销造成了出口价格的降低。

其次,倾销将对出口数量造成影响,即出口商将改变其产量决策。一般而言,倾销价格越低,出口数量将增长越多。倾销引起的国外倾销厂商出口数量的变化和国外非倾销厂商出口数量的变化可以分别表示为:

$$\begin{cases} \mathrm{dln}Q_u = \mathrm{dln}P_u \times \eta_u \\ \mathrm{dln}Q_f = \mathrm{dln}P_f \times \eta_f \end{cases} \tag{5.33}$$

此外,倾销引起的倾销出口商及非倾销出口商销售收入的变化可以表示为:

$$\begin{cases} \mathrm{dln}R_u = \mathrm{dln}P_u + \mathrm{dln}Q_u \\ \mathrm{dln}R_f = \mathrm{dln}P_f + \mathrm{dln}Q_f \end{cases} \tag{5.34}$$

2. 倾销对进口国国内产业的影响。倾销价格以及倾销产品数量的改变必将影响市场均衡，改变国内产品的销售价格、市场需求与供给，进而对国内产业的各经济指标造成影响。

(1)倾销将引起国内产品价格的变化。由于倾销的产品与国内产品互为竞争性替代品，因此倾销产品价格降低一般将引起国内产品销售价格的降低，表示为：

$$\mathrm{dln}P_d = (\mathrm{dln}P_d/\mathrm{dln}P_u) \times \mathrm{dln}P_u \tag{5.35}$$

式中，$\mathrm{dln}P_d/\mathrm{dln}P_u$ 由式(5.25)给出，$\mathrm{dln}P_u$ 由式(5.32)给出，则带入可求得：

$$\mathrm{dln}P_d = \frac{[\varepsilon_{du}(\eta_f - \varepsilon_f) + \varepsilon_{fu}\varepsilon_{df}]}{[(\eta_d - \varepsilon_d)(\eta_f - \varepsilon_f) - \varepsilon_{fd}\varepsilon_{df}]} \times \frac{P_u - P_I}{P_I} \tag{5.36}$$

(2)倾销将引起进口国国内产品销售数量的改变。一般来说，在消费总需求不变的情况下，倾销产品销售价格越低、销售数量越多，则国内产品销售数量就越少。倾销造成国内产品销售数量的变化可表示为：

$$\mathrm{dln}Q_d = \mathrm{dln}P_d \times \eta_d = \frac{[\varepsilon_{du}(\eta_f - \varepsilon_f) + \varepsilon_{fu}\varepsilon_{df}]}{[(\eta_d - \varepsilon_d)(\eta_f - \varepsilon_f) - \varepsilon_{fd}\varepsilon_{df}]} \times \frac{P_u - P_I}{P_I} \times \eta_d \tag{5.37}$$

(3)倾销对国内产业销量的影响必将传导到产量方面。从长远来看，企业的产量与销量是直接相关的，产量增长或下降的幅度应当与销量基本持平。据此，假定受倾销影响，国内产业产量的变化幅度与销量变化幅度相同，表示为：

$$\mathrm{dln}Pr_d = \mathrm{dln}Q_d = \mathrm{dln}P_d \times \eta_d \tag{5.38}$$

式中：Pr_d 为国内产业产量。

(4)倾销影响了国内产业的销售，也必将影响到产业的利润水平。利润水平的高低取决于销售收入和成本费用两个因素，由于成本费用数据的不可获得性，假定边际成本为零，此时倾销造成利润水平的变化幅度为销售收入的变化幅度，表示为：

$$\mathrm{dln}R_d = \mathrm{dln}P_d + \mathrm{dln}Q_d = \frac{[\varepsilon_{du}(\eta_f - \varepsilon_f) + \varepsilon_{fu}\varepsilon_{df}]}{[(\eta_d - \varepsilon_d)(\eta_f - \varepsilon_f) - \varepsilon_{fd}\varepsilon_{df}]} \times \frac{P_u - P_I}{P_I} \times (1 + \eta_d) \tag{5.39}$$

式中：R_d 为国内产业利润。

(5)根据劳动生产率指标的定义，劳动生产率等于产量与就业人数的比值。

在反倾销实践中,国内产业受到倾销影响后,产量和就业人数都会发生一定的变化。根据我国进口反倾销案件数据库的统计数据,倾销行为对我国国内产业就业人数的影响幅度较小,每起案件平均为 -2.3%。据此,设就业人数变化幅度为常数,即 $\mathrm{dln}L_d = c$,因此倾销对国内产业劳动生产率的影响幅度为:

$$\mathrm{dln}RLP_d = \frac{\mathrm{dln}Pr_d - \mathrm{dln}L_d}{1 + \mathrm{dln}L_d} = \frac{\mathrm{dln}Pr_d - c}{1 + c} \tag{5.40}$$

式中:RLP_d 为国内产业劳动生产率;L_d 为国内产业就业人数。

(6)库存的变化幅度主要取决于产量与销量之差。如果倾销造成的国内产业销售下滑,而国内产业能够及时根据市场变化情况调整产量,则库存不会出现明显变化;但也可能出现另外一种情况,即在倾销的影响下销售水平严重下滑,几乎处于滞销状态,而产业为了收回固定成本,即便保持最低水平的产量,仍然超出市场需求,使得库存水平不断增加。因此,倾销造成库存的变化幅度取决于国内产业的生产方式,其最大变化幅度为产量增加幅度,最小变化幅度为0,即 $\mathrm{dln}St_d = [0, \mathrm{dln}Pr_d]$,其中 St_d 为国内产业库存。

(7)倾销对国内产业平均工资水平的影响是间接的。根据我国进口反倾销案件数据库的数据,对1997—2007年我国发起的30起反倾销案件的平均工资数据进行统计分析,发现在30起案件中倾销造成人均工资的平均变化幅度约为0.8%,几乎可以忽略不计,因此书中不考虑倾销引起的平均工资水平的变化。

5.3.3 弹性参数分析与评估标准值域确定

根据上节分析,倾销行为通过对产品进口价格、数量的直接影响,在市场机制的作用下,对进口国国内产业各类经济指标产生间接影响。一般而言,倾销将给国内产业造成损害,使得国内产业各经济指标出现一定程度的恶化。书中将各指标在倾销作用下的变化幅度作为反倾销政策效果的评估标准,衡量反倾销措施是否使得国内产业各评估指标出现恢复,弥补了倾销造成的损害,达到政策实施预期效果。

国内产业各经济指标的变化幅度是以多个基础性经济参数来表示的,需要的基础经济参数包括需求价格弹性、供给价格弹性、替代弹性等经济弹性以及市场份额、倾销幅度等经济数据。下表 5－2 列出了各类需要获得的经济弹性参数，通过基础经济参数可推导的经济参数，以及通过计算获得的各指标的变化幅度。

表 5－2　倾销对国内产业影响分析所需各类经济弹性参数表

需要获得的经济弹性参数	可推导的经济弹性参数	倾销造成国内产业各指标的变化幅度
国内及进口产品之间替代弹性 国内总需求弹性 国内产品供给弹性 倾销产品的供给弹性 非倾销进口品的供给弹性	国内产品需求弹性 进口产品需求弹性 国内与进口产品交叉价格弹性 进口与国内产品交叉价格弹性	价格变化幅度 $\mathrm{dln}P_d$ 销售量变化幅度 $\mathrm{dln}Q_d$ 产量变化幅度 $\mathrm{dln}Pr_d$ 利润变化幅度 $\mathrm{dln}R_d$ 劳动生产率变化幅度 $\mathrm{dln}RLP_d$ 库存变化幅度 $\mathrm{dln}St_d$

上述表中给出的五类经济弹性参数，是计算国内产业各指标变化幅度的基础。在反倾销政策效果评估中，获得各类弹性参数主要有两种途径：其一，通过基础经济数据进行测算；其二，通过研究文献的检索获得。一般而言，无论采用何种途径，评估者只能获得各类弹性参数的估计值，而难以获得经济弹性的精确值。事实上，给出弹性参数的精确值既是不现实的，也是没有必要的。本书中假定在反倾销政策评估中，无法给出各弹性参数的精确值，而是给出各弹性参数值的区间，弹性参数的区间估计能够确保参数值落在一定的区间范围内。更为重要的是，弹性参数表现为区间值，使得基于这些弹性参数计算的国内产业各指标变化幅度同样表现为区间值，从而使得评估标准更具有合理性和可操作性。

设第 i 个弹性参数 $\alpha_i = [\min\alpha_i, \max\alpha_i]$，即弹性参数可以为该区间内的任意取值；设第 j 个指标的变化幅度可以表示弹性参数 α_i 的函数，即 $\mathrm{dln}X_j = f(\alpha_j)$；则第 j 个指标变化幅度表示为区间值域为：

$$\begin{cases} \mathrm{dln}X_j = [f(\min\alpha_i), f(\max\alpha_i)], & \text{当} \dfrac{\mathrm{d}f(\alpha_i)}{\alpha_i} > 0 \text{ 时} \\ \mathrm{dln}X_j = [f(\max\alpha_i), f(\min\alpha_i)], & \text{当} \dfrac{\mathrm{d}f(\alpha_i)}{\alpha_i} < 0 \text{ 时} \end{cases} \tag{5.41}$$

上述给出的倾销造成国内产业第 j 个指标的变化幅度，即为第 j 个指标在产业救济效果评估中的评估标准，即反倾销措施对该指标救济恢复程度的评估标准。至此，书中以指标变化幅度的区间值域确定了反倾销政策效果的评估标准。

5.4 本章小结

本章首先根据反倾销政策实施的“救济适度”原则，提出了建立反倾销政策效果评估标准的依据，即以倾销对国内产业造成的负面影响程度作为实施反倾销政策的救济效果评估标准；基于倾销影响的理论，研究得出倾销行为对进口国贸易与国内产业造成的损害程度受到价格转嫁、国内需求、国内供给、非倾销进口等多方面因素的作用与影响。其次，借鉴产业生命周期理论的研究成果，依据新兴成长型、成熟型和衰退型产业的不同特点，分别研究了产业发展标准的确定方法，并给出了国内产业类型的识别方法。本章最后基于“反事实”分析框架，对现有国内外学者关于反事实模型中“完全转嫁”的假设进行改进，研究“非完全转嫁”假设下倾销影响作用机理的一般理论模型，给出了倾销对进口国国内产业经济指标影响幅度的计算方法，同时结合弹性参数的估计方法，明确了确定各指标救济效果评估标准的方法。

6

反倾销政策实施效果评估方法框架构建

协调好公平竞争与贸易保护之间的关系,促进国内产业经济和贸易的发展是进口国实施反倾销措施的主要目的,因此评估反倾销措施对国内涉案产业的救济效果是反倾销政策评估的重要内容。采取反倾销措施后,国内产业的发展状况,包括各类经济贸易指标数据的变化,在一定程度上体现了反倾销措施的影响效果。然而,国内产业的发展和变化同时也受到宏观政策、市场需求、行业发展等众多因素的干扰,并非是反倾销措施这一因素单独作用的结果。另外,在某些反倾销案件中,反倾销措施力度不大,对国内产业的影响微弱,仅根据国内产业的发展变化情况评估反倾销措施的救济效果,其结果往往难以令人信服。因此,评估反倾销政策实施效果需要遵循科学合理的评估思路,以及采用适合实践应用的评估理论与方法,这正是本章节研究内容要主要解决的问题。

6.1 反倾销政策实施效果评估方法框架

反倾销政策会对国内产业、上下游产业和消费者等各利益相关主体产生方方面面的影响。反倾销政策实施之后,进口国调查机关迫切需要了解反倾销措施产生的实际效果,从而可以在整体上把握反倾销措施救济程度,以汲取经验和教训,为未来政策实施提供必要的理论支持,为此科学合理的框架体系对于反倾销政策实施效果评估而言至关重要。

6.1.1 三位一体评估框架体系

从本质上来看,反倾销救济措施是一种贸易政策手段,因此其评估方法应符合公共政策评估的一般性特点。公共政策评估是对政策运行全过程的分析和评判，公共政策评估是合理配置公共资源的基础，也是实现公共政策民主化、科学化的重要途径。公共政策评估根据时间节点的差异可以分为三类：事前评估，即在前期规划阶段对政策方案进行可行性评估；事中评估，即政策评估人员对政策问题的认定过程、政策方案的规划过程和政策方案的执行过程进行评估；事后评估，即政策人员对政策方案的执行结果进行评估。本书所涉及的反倾销政策效果评估属于标准的事后评估，侧重分析实施反倾销政策对国内受损产业经营环境的恢复程度和改善效果。

在公共政策学中，较为常见的政策评估方法包括比较分析法、成本效益分析法、成本效率分析法、统计抽样分析法和成本效能分析法等，各种评估方法适用环境和条件有所不同：比较分析法是通过对比政策实施前后对象状况的变化差异显示政策效果的方法，常用于政策实施效果分析，检验公共政策是否达到预期目的；成本效益分析法是将政策运行成本与政策实施效益加以对比的分析方法，常用于考虑政策经济性和社会福利分析，主要检查政策效益是否大于成本，政策是否具有实施价值；成本效率分析法是对政策运行成本与政策实施结果加以对比的分析方法，常用于检测政策的效率性，这种方法与成本效益分析法的区别在于，评估能否以最小的政策投入获得最大的政策产出；统计抽样分析法是根据抽样调查的资料进行统计推断的一种方法，常用于评测实施对象较多、辐射范围广泛的重大型政策所产生的社会影响；成本效能分析法是根据多种备选方案或政策预期结果的成本与效能，评估每个方案或政策效果的方法，与以上政策实施后效果评估方法相比，成本效能分析法最大的不同体现在此方法用于政策的前期评估，即在公共政策实施前，分析各种政策的可能收益，从而在多个备选方案中选择最优方案。

上述公共政策评估方法为反倾销措施效果评估提供了思路，然而要具体确定采用何种方法，还需要结合反倾销政策效果评估的自身特点和政府部门实际需求予以考虑。与一般政策评估不同的是，反倾销政策效果评估将焦点集中在反倾销措施的产业救济效果上，同时对于单个具体的反倾销案件来说，由于反倾销政策客观存在并且不可更改，因此其不具备从成本效率角度分析反倾销措施的经济效益和效率的必要性，所以政策的目的性检验是反倾销政策效果评估方法的主要任务，其关注的重点是反倾销措施有无效果，反倾销救济措施实施效果程度如何。从这个角度出发，国内外已有学者涉及了反倾销措施对进口国涉案产业救济效果的评估，这些研究多利用实证分析得出从发起反倾销调查开始，直至最终反倾销裁决对于进口国国内产业的影响效果，例如莎拉（Sarah，1998）使用资本市场事件研究法，以美国1980—1992年的反倾销申请者股票价格数据为样本，分析了反倾销调查立案、初裁及终裁三个阶段企业股价的影响，分析表明反倾销措施显著增加了反倾销申请企业的收益；约瑟夫与哈尔克（Jozef & Hylke，2001）对反倾销措施与欧盟企业全要素生产率（TFP）的关系进行了实证研究，结果表明，相同时间段内获得反倾销保护的企业TFP的增长要高于没有受到保护的企业；科瑞恩与苏珊（Corinne & Susan，2002）通过对美国反倾销案中产业数据的实证计量分析发现，反倾销措施不仅使美国国内涉案产业的产量和产值增加，而且对国内产业市场份额也起到了提升作用；约瑟夫与哈尔克（Jozef & Hylke，2009）后期利用双重差分计量方法（Dif－in－Dif）评估了反倾销措施对进口国国内受保护产业出口的影响，得出当反倾销措施提高受保护市场份额的5%时，就会对同类产品的出口产生一定负面影响。国内也有部分学者考察了反倾销措施对进口国国内涉案产业的救济效果，其中宾建成（2003），朱钟棣、鲍晓华（2004），杨悦、何海燕（2008），向洪金、赖明勇（2010）分别通过对我国新闻纸和钢铁产业反倾销数据的统计分析得出，我国对外反倾销措施实现了预期效果，保护了国内相关产业的公平发展。

从国内外的现有研究成果可以发现，目前关于反倾销政策产业救济效果的评估多以数据统计资料为基础，在案例实证研究中，学者常常针对国内涉案产业某一方面或几个方面的变化情况进行定性描述，例如考察反倾销措施对国内涉案产业产量、价格、生产率、市场份额、股价、股票报酬率等指标产生的关联影响，并以此作为分析反倾销措施对国内产业救济效果的依据。毋庸置疑，这些变化在一定程度上揭示了反倾销与国内涉案产业之间的关系，而且初步得出了反倾销政策效果的定量化结论，然而反倾销措施对国内涉案产业某一方面或几个方面的影响不能代表其整体的综合影响，因此上述评估结论也就无法代表反倾销政策的整体救济效果，这是现有反倾销政策产业救济效果评估研究中存在的缺陷。鉴于现有研究空白,结合反倾销政策效果评估的特点,本书首次提出了实际趋势综合评估、反事实预测评估及理想状态模拟评估(AT - CF - IS)的综合评估方法体系,构建了"三位一体"的进口反倾销政策实施效果评估方法体系框架,如图 6 - 1 所示。

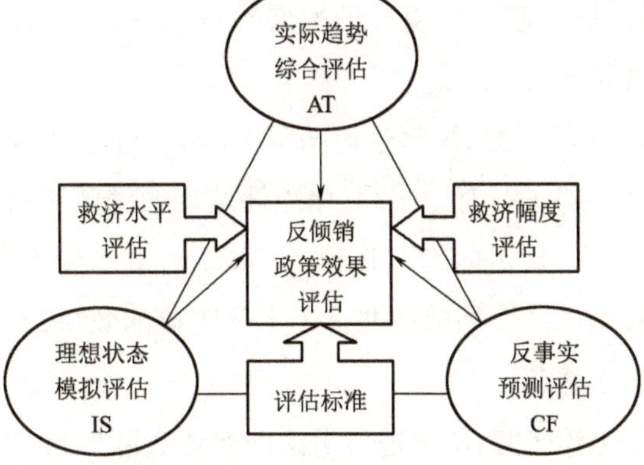

图 6 - 1　反倾销政策实施效果 AT - CF - IS 评估方法体系框架图

图 6 - 1 中,"AT"代表对进口国国内涉案产业实际发展趋势(Actual Trend)的综合评估,在评估过程中,主要利用系统综合评价理论与方法,将进口国国内涉案产业在反倾销政策实施后的实际状态值与反倾销政策实施前选定的基期值进行对比分析评价;"CF"代表对进口国国内涉案产业反事实发展态势(Counter Factual)的评估,即利用时间序列预测的理论与方法,对没有受到反倾销政策救济作用,仍然处于国外同类产品厂商持续倾销状态下,国内产业发展态势进行的综合评估;"IS"则代表反倾销政策实施后,对进口国国内涉案产业在预期理想发展态势(Ideal State)下的评估,即模拟反倾销政策发挥最理想的效果,将国内产业实际经济状态与理想运行状态进行对比,评估国内产业的恢复状况和发展水平。

上述反倾销政策实施效果"AT - CF - IS"评估方法体系框架,为评估反倾销政策实施效果提供了不同的评估视角,再现了国内产业的多种发展情景,分别是在反倾销政策实施前后国内产业的实际发展情况,未实施反倾销政策国内产业的反事实发展情况，以及反倾销政策发挥预期效果时国内产业的理想发展情况。“三位一体”的评估框架同时为反倾销政策效果评估提供了多角度比较研究与量化的途径与方法。

(1)“CF－IS”关联研究，即研究进口国国内涉案产业的预期理想发展态势与反事实发展态势之间的关联关系。本书利用前述章节反倾销政策评估标准的研究成果，通过反倾销政策反事实的发展态势，分析模拟进口国国内涉案产业的预期理想发展状态。

(2)“AT－CF”比较研究，即将进口国国内涉案产业实际发展态势与未实施反倾销政策的发展态势进行对比研究，单独评估反倾销政策对进口国国内产业的实施效果，在此引入“救济幅度”(Remedy Margin)测度作为量化评估的指标，说明反倾销政策对国内产业的救济取得了十分明显的效果，抑或反倾销政策对国内产业救济效果不显著。

(3)“IS－AT”比较研究，即将进口国国内产业实际发展态势与获得的反倾销政策理想救济效果态势进行对比研究，评估反倾销政策实际效果与理想效果相比存在的差距，书中引入“救济水平”(Remedy Level)测度作为量化评估指标，用以说明反倾销政策效果是否达到理想预期水平，抑或存在反倾销政策救济不足的情况。

“救济幅度”指标和“救济水平”指标从反倾销政策效果评估的量化视角出发，是本书评估反倾销政策实施效果的重要依据，下述章节将对这两种指标的含义和测评步骤进行详细阐述，并在此基础上对实际发展、反事实预测、理想状态三种情景的评估原理与评估思路展开讨论，最终给出三种情景评估视角的比较研究与指标量化计算方法。

6.1.2 反倾销政策实施效果测度

反倾销政策实施后，国内涉案产业进出口贸易形势和经济发展状态显而易见，但为了考察反倾销政策对国内涉案产业救济所达到的具体程度和规模，说明反倾销政策实施是否达到了理想效果，抑或存在救济不足或救济过度的情况，就需要将反倾销政策对国内产业的作用效果进行多视角量化分析。

6.1.2.1　反倾销救济幅度

在反倾销政策效果评估中，首先需要关注的问题是反倾销政策是否对国内产业起到了救济作用，国内产业是否摆脱了国外同类产品厂商倾销造成的不利影响，整体产业得到预期恢复和发展。依据前节反倾销政策效果评估框架论述，通过对国内产业发展趋势的系统组合评价，可以获得采取反倾销政策实施后国内产业的实际发展趋势曲线；通过对国内产业进行反事实预测评价，可以获得不实施反倾销政策情况下国内产业的发展趋势曲线，而国内产业的实际发展趋势曲线与不存在反倾销情况下的反事实趋势曲线之间的差距，即为反倾销政策的实施效果（如图 6－2 所示）。

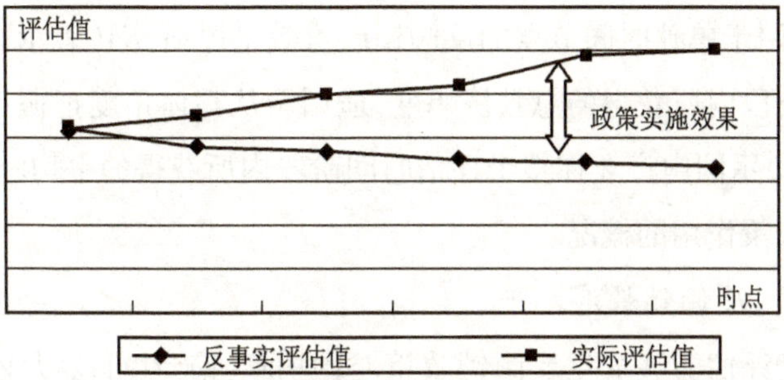

图 6－2　反倾销政策救济幅度评估示意图

根据上图所示，如果国内涉案产业的实际发展趋势曲线始终在反事实发展趋势曲线之上，说明实施反倾销政策使国内产业摆脱了倾销造成的负面影响，反倾销政策发挥了一定的产业救济作用。实际评估值曲线与反事实评估值曲线之间差距越大，表明国内产业恢复和发展的水平越好，即反倾销政策实施效果较好；如果国内产业的实际发展趋势曲线位置基本与反事实发展趋势曲线持平，甚至在反事实趋势曲线之下，则说明反倾销政策没有产生明显的产业救济效果，国内产业尚未摆脱倾销造成的负面影响。

为了便于量化反倾销政策对国内产业的实际作用效果，本书引入反倾销政策"救济幅度"（Remedy Margin）概念，用于表示反倾销政策对国内产业救济所达到的程度和规模，量化反倾销政策对国内产业作用的直接效果。将救济幅度

RM 定义为：

$$\begin{cases} RM_j = \dfrac{AV_j - CV_j}{CV_j} \times 100\% \\ RM = \dfrac{\sum\limits_{j=1}^{n} AV_j - \sum\limits_{j=1}^{n} CV_j}{\sum\limits_{j=1}^{n} CV_j} \times 100\% \\ \overline{RM} = \dfrac{\sum\limits_{j=1}^{n} RM_j}{n} \times 100\% \end{cases} \tag{6.1}$$

式中：AV_j 表示国内产业在 j 时点实际发展趋势的综合状态评估值；CV_j 表示国内产业在 j 时点的反事实预测状态评估值，RM_j 表示国内产业在 j 时点所获得的救济幅度，适用于单独时间节点的反倾销政策效果评估；RM 表示国内产业在整个评估时间阶段内所获得的总救济幅度，适用于从整体角度把握反倾销政策实施效果；$\overline{RM}$ 表示国内产业在整个评估时间阶段内所获得的平均救济幅度，用以描述反倾销政策作用的概况。

6.1.2.2 反倾销救济水平

救济幅度评估能够量化反倾销政策对国内产业产生了多大程度的救济效果，明确反倾销政策是否发挥了应有的作用。但是反倾销政策实施的最终目的是抑制倾销行为的继续发生，弥补国内产业遭受的损害程度，使得国内产业得到理想的恢复和发展，这才是反倾销政策预期的理想效果。因此在反倾销政策实施效果评估中，还需要对反倾销政策是否达到了理想的状态进行评估，分析国内产业是否获得了适度的恢复效果，弥补了倾销造成的损害程度，达到了预期的最佳发展水平。

国内产业实际发展趋势曲线与理想状态发展趋势曲线之间的差距，反映了实际反倾销政策实施效果与理想效果的差异。如图 6－3 所示，两者差距越大，说明反倾销政策实施效果偏离期望效果越远；而其差距越小，则说明反倾销政策实施效果越理想；如果国内产业的实际发展趋势曲线低于理想发展趋势曲线，则说明反倾销政策实施效果总体尚未达到理想水平。

为了量化反倾销政策实际救济效果与预期理想状态之间存在的差距，在此

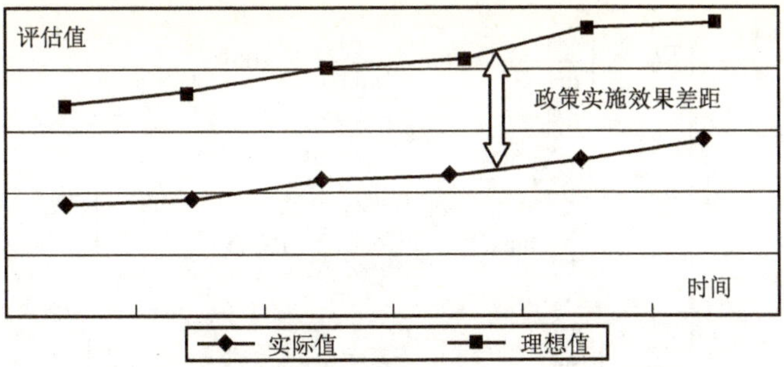

图 6－3　反倾销实际政策效果与理想效果差距示意图

引入反倾销政策“救济水平”（Remedy Level）概念，用于说明反倾销政策实施是否达到了理想效果，抑或存在救济不足或救济过度的情况。将救济水平 RL 定义为：

$$\begin{cases} RL_j = \dfrac{AV_j}{IV_j} \times 100\% \\ RL = \dfrac{\sum_{j=1}^{n} AV_j}{\sum_{j=1}^{n} IV_j} \times 100\% \\ \overline{RL} = \dfrac{\sum_{j=1}^{n} RL_j}{n} \times 100\% \end{cases} \tag{6.2}$$

式中：AV_j 表示国内产业在 j 时点的实际发展趋势状态评估值；IV_j 表示国内产业在 j 时点的理想状态评估值；RL_j 表示国内产业在 j 时点所达到的救济水平，适用于单独时间节点的反倾销政策救济水平评估；RL 表示国内产业在整个评估时间内所达到的总救济水平，适用于从宏观视角把握反倾销政策救济效果；$\overline{RL}$ 表示国内产业在整个评估时间内所达到的平均救济水平，是针对反倾销政策实施概况的描述。在这里需要特别指出，IV_j 作为国内产业在 j 时点的理想状态评估值，并非只取单一值，其取值范围广泛分布在一个区间值域内①，即 IV_j =

① 该指标区间值域的确定方法参见本书第五章的相关内容。

$[\min IV_j, \max IV_j]$，因此，救济水平 RL 的取值也在区间值域范围内：

$$\begin{cases} RL_j = \left[\dfrac{AV_j}{\max IV_j} \times 100\%, \dfrac{AV_j}{\min IV_j} \times 100\%\right] \\ RL = \left[\dfrac{\sum_{j=1}^{n} AV_j}{\sum_{j=1}^{n} \max IV_j} \times 100\%, \dfrac{\sum_{j=1}^{n} AV_j}{\sum_{j=1}^{n} \min IV_j} \times 100\%\right] \\ \overline{RL} = \left[\dfrac{\sum_{j=1}^{n} \min RL_j}{n} \times 100\%, \dfrac{\sum_{j=1}^{n} \max RL_j}{n} \times 100\%\right] \end{cases} \tag{6.3}$$

根据理想状态评估值的区间值域，将评估时点 j 的救济水平 RL_j 分为三个区间，分别为救济水平适度、救济水平不足和救济水平过度，具体区间划分如下：

(1) $\min RL_j \leqslant 100\% \leqslant \max RL_j$，即 $\dfrac{AV_j}{\max IV_j} \leqslant 100\% \leqslant \dfrac{AV_j}{\min IV_j}$ 时，产业救济适度。

(2) 当 $\max RL_j < 100\%$，即 $\dfrac{AV_j}{\min IV_j} < 100\%$ 时，产业处于救济不足水平。

(3) 当 $\min RL_j > 100\%$，即 $\dfrac{AV_j}{\max IV_j} > 100\%$ 时，产业处于救济过度水平。

为了进一步评估反倾销政策实施效果的水平，同理也可以对总救济水平 RL 和平均救济水平 $\overline{RL}$ 区间进行划分。在这其中，产业救济适度表明反倾销政策对进口国国内产业的救济效果适当，即反倾销措施正常弥补了国内产业遭受的损害，使得国内产业得到了恢复和发展；产业救济不足表明反倾销措施尚未完全弥补国内产业遭受的损害，反倾销措施没有发挥应有的救济作用；产业救济过度则表明反倾销措施在弥补国内产业损害后，对国内产业形成了特殊意义的贸易保护，有违 WTO“公平贸易”原则，应及时予以纠正。

6.2 实际趋势综合评估

反倾销政策的实施对进口国国内受到损害的产业而言，是一项重大利好消息，在大多数情况下，进口国国内受损产业在采取反倾销政策之后都获得了明显的恢复与发展。反倾销政策实施过程包括立案调查、初裁、终裁等多个阶段，在这一系列过程中，国内产业将获得不同程度的救济效果，而要获得每一个时间阶段的政策实施效果，就需要对国内产业的整体发展趋势有准确而清晰的认识。对进口国国内产业反倾销政策实施前后的发展变化情况进行全面、科学地分析与综合评估，明确国内产业的整体发展态势，能够较为直观地了解与把握反倾销政策的实施效果，因此国内产业发展趋势的综合评估是反倾销政策效果评估的重要依据。然而，这一评估所面临的现实问题是：如何描述进口国国内涉案产业的发展态势，用何种指标进行综合评估，使用何种评估理论与方法进行评估。为了解决这些问题，书内使用前述第四章建立的产业政策效果评估指标体系所包含的定量化指标，采用综合评估方法处理国内产业相关指标数据，综合描述国内产业总体发展状况，分析其在反倾销政策影响下的发展趋势，对反倾销政策前后进行时间序列指标的前后对比分析，进而从总体上把握反倾销政策的实施效果。

6.2.1 实际趋势评估原理与思路

反倾销政策对进口国国内产业的发展具有重要影响，通过本书第三章对反倾销政策作用机理的分析能够看到，反倾销政策实施通常会对国内产业起到一定程度的救济作用，使得国内产业的经营发展状况出现好转，因此在反倾销政策效果的评估中，可以认为反倾销政策与国内产业的发展状况具有一定的因果关联关系，国内产业的整体发展情况在某种程度上反映了反倾销政策的实施效果。

整体而言，实际趋势综合评估可以被称为反倾销政策“前后对比分析评估”，即根据反倾销政策实施前后国内产业的综合发展情况，对反倾销政策效果进行评估。前后对比评估方法是一般政策效果评估中常用的一种方法，其思路是通过对比政策实施前后政策作用对象的状态变化来衡量政策效果。实际上，该方法也是反倾销调查机关在调查实践中应用最广泛的一种方法。如果获得反倾销政策救济后国内涉案产业整体发展态势较好，说明反倾销政策可能起到了一定的救济作用；而如果实施反倾销政策后国内涉案产业整体发展态势并未好转，则说明反倾销政策可能并未取得理想效果，但是该方法也存在一个明显缺陷，就是没有考虑政策实施后，其他因素变化对政策作用对象造成的影响，因而可能造成评估结果被夸大的现象，在本评估中应当给予改进。基于国内产业实际发展态势的反倾销政策效果评估原理如图 6－4 所示。

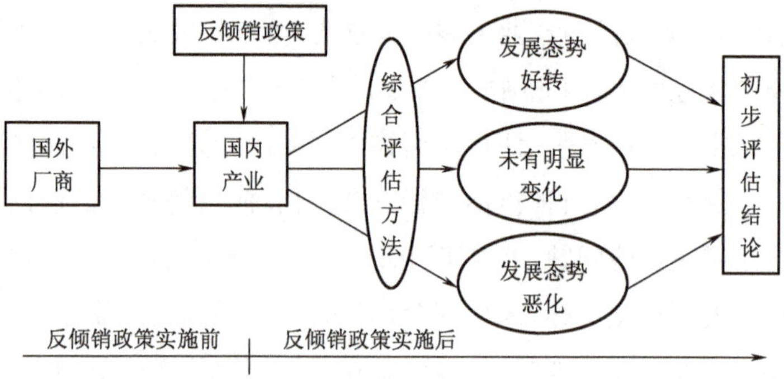

图 6－4　基于国内产业实际发展态势的反倾销政策效果评估原理图

为了对国内产业在反倾销措施实施前后的发展情况进行综合评估与对比分析，可以根据国内涉案产业各类经济指标数据，采用各种综合评估方法进行评估。在一般政策效果评估中，假设以 A_1 表示政策作用对象在政策执行前的状态，以 A_2 表示政策作用对象在政策执行后的状态，则政策效果就是（A_2-A_1）。根据以上思路，在反倾销政策效果评估中，分别把反倾销措施实施前后，国内产业的综合状态定义为 A_1 和 A_2，则（A_2-A_1）就是反倾销政策效果，其评估思路如图 6－5 所示。

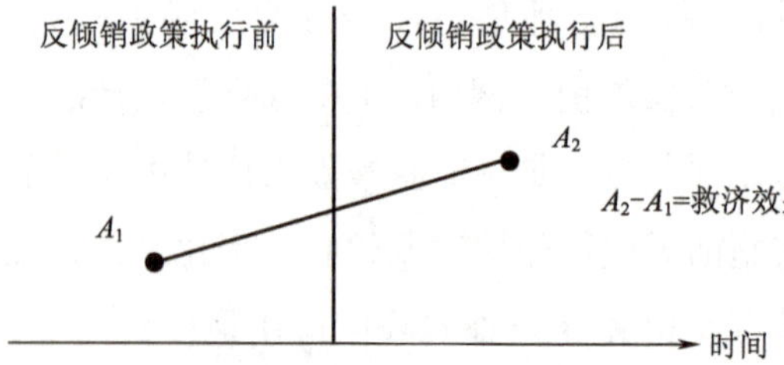

图 6－5　基于国内产业实际发展态势的反倾销政策效果评估思路图

基于国内产业实际发展态势的反倾销政策效果评估法，在实践操作中需要解决以下三个关键性技术问题：第一，确定反倾销措施实施前后国内产业及其相关利益体的状态，即图6-5中A_1和A_2的位置。第二，确定反倾销救济效果评估标准，即解决(A_2-A_1)差值结果的比较对象问题。由于(A_2-A_1)仅能衡量反倾销措施是否有效果，而对于该效果能够达到何种程度，还需要与评估标准进行比较，从而得到量化的结果。第三，去除反倾销政策实施后其他因素对国内产业及其相关利益体的影响。由于反倾销政策实施后国内产业及其相关利益体的状态不仅受反倾销措施的影响，同样也受到其他因素的影响，因此这部分其他因素的影响能否去除直接关系到反倾销救济效果评估的准确性。在图6-5中，其他因素的影响去除问题就是A_2点如何重新确定的问题。针对以上关键点，提供两种综合评估形式考察国内产业在反倾销措施实施前后的发展变化情况：一是在单个指标前后对比变化基础上进行加权综合评估，二是在指标综合评估基础上的前后对比分析。

6.2.1.1 先单独指标前后对比，后加权综合评估

反倾销政策实施前后，涉案产业各指标数据均发生一定变化，指标变化幅度反映了国内产业的发展趋势。例如，产量增加、产品销售价格回升、销售利润提高、工资水平上涨等正向指标说明国内产业整体发展趋势向好，而销售量减少、库存增加、价格下降、产能利用率降低等负向指标则说明国内产业发展势头下滑。基于此评估思想，如果首先计算得出单个指标在反倾销政策实施前后的变化幅度，再将各指标变化幅度值进行加权综合，则其评估结果就应为国内产业的整体发展变化情况，可用于反倾销救济效果的分析评估。这种评估思路属于静态评估方法，简单概括为先进行单独指标的前后对比，再进行整体效果的加权综合评估，具体操作步骤如图6-6所示。

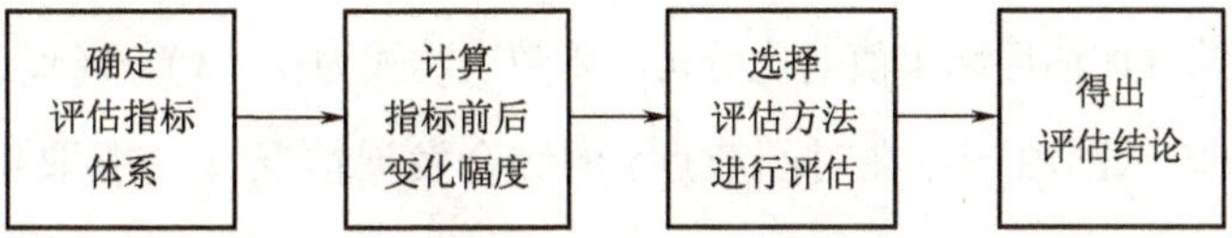

图6-6 先前后对比后综合评估的操作步骤图

先前后对比后综合评估表达式为：$F(X) = f(\Delta x_1, \Delta x_2, \cdots, \Delta x_n)$。其中：$F(X)$ 表示国内涉案产业的整体发展情况；x_i 表示国内产业各类经济指标，如产品销售量、销售价格、税前利润、产量等；Δx_i 则表示反倾销政策实施前后各指标变化幅度；函数 $f(\Delta x_i)$ 的确定取决于具体选择的评估方法，由于存在计算精度差异，$f(\Delta x_i)$ 的取值会有略微的差别。需要特别说明，反倾销政策实施后进行评估的时间节点可以根据实际情况选择，例如在反倾销实践中，调查机关往往根据反倾销期中复审或者日落复审的需要，进行反倾销政策效果的评估，此时评估节点可以在反倾销措施执行满 5 年之内的时间范围内进行合理选取。

6.2.1.2 先指标综合评估，后综合结果前后对比

由于国内涉案产业各经济指标均能反映产业的发展变化情况，根据反倾销政策效果综合评估原理，可以认为各经济指标的综合评估结果即可代表国内产业的综合发展状况。如果将整个反倾销政策措施实施前后期间内，国内产业的经济指标数据进行综合评估，则可以形成国内产业在一定时间段内的综合发展情况，在此基础上将国内产业在反倾销措施实施前和实施后的发展情况进行前后对比分析，就可用于反倾销政策效果的分析评估，因此可以选择先对两个时间节点经济指标进行综合评估，再将综合评估的结果进行前后对比的分析，这就是第二条综合评估思路，具体操作步骤如图 6－7 所示。相对第一种先单独指标前后对比，后加权综合评估的思路而言，这种评估思路可以对国内产业在某一时间序列内进行分析，是一种相对动态的评估方法。

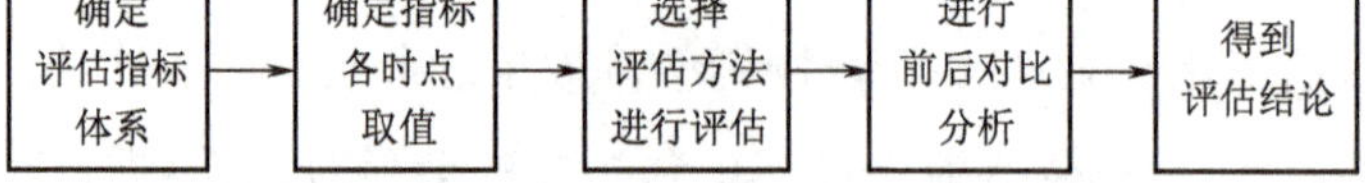

图 6－7　先综合评估后前后对比的操作步骤图

先态势综合评估后结果值对比分析的函数表达式为：$F_i(X) = f(x_{1i}, x_{2i}, \cdots, x_{ni})$。其中：$F_i(X)$ 表示国内产业在时间节点 i 的综合发展情况，i 一般取年份值；x_{ni} 表示第 n 个产业指标在 i 时点的取值；函数值 $f(x_{ni})$ 的确定同样取决于根据精度需求而选择的综合评估方法。在此需要说明，上述依照国内产业整体发展态势

对反倾销政策效果进行评估的方法，最为直观而简单，在反倾销政策评估实践中较常使用。

事实上，国内涉案产业的整体发展情况受到内外部多种因素的影响，例如国内产业技术升级、上下游市场需求变化、竞争格局转变、企业管理水平提升、产业发展周期转换等因素，都有可能对国内产业的发展态势造成影响。因此，国内产业发展态势较好，既可能是反倾销政策效果的显现，也可能是消费者或下游市场需求增加、企业管理水平提升等因素造成的；而国内产业发展态势较差，既可能是由于反倾销政策效果不理想，也可能是下游需求萎缩、市场竞争加剧等因素造成的。可见，根据国内产业的发展态势对反倾销政策效果进行一般性评估，并未分离其他干扰因素的影响效果，即便通过分析辨别出其他因素对国内产业发展状况具有影响作用，其量化剔除过程也较为烦琐而难以实现。因此，实际发展态势的反倾销政策效果评估法常与其他评估方法结合使用。

6.2.2 反倾销政策效果影响因素

反倾销政策实施后，由于受到贸易抑制效应的影响，国外涉案进口产品的销售数量会大幅减少，国内相关产业所面临的市场需求将会增加，如图6－8中(a)所示，此时国内产业所面临的需求曲线 D 会向右侧 D_{new} 移动；同时生产能力的增加或减少等因素也会导致反倾销政策实施后国内产业的供给情况发生变化，如图6－8中(b)所示，此时国内产业的供给曲线 S 会向左 S_1 或向右 S_2 移动；除此之外，产业技术升级等其他部分因素的变化，也会导致国内产业需求曲线

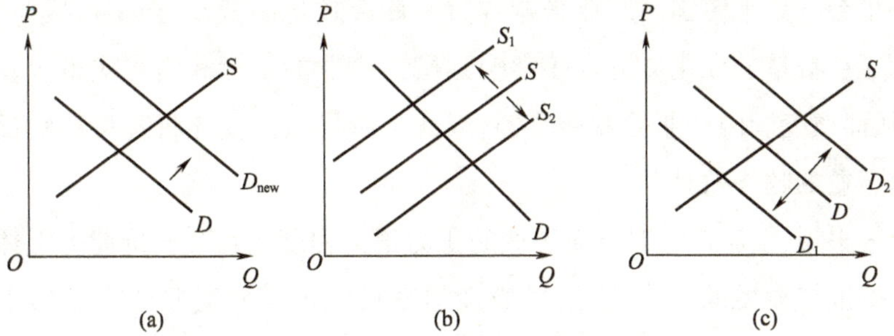

图6－8 不同因素变化对国内产业发展影响作用图

发生变化，如图6-8（c）所示，需求曲线D会向左D_1或向右D_2移动。不难看出，反倾销政策实施后，国内产业的发展变化并不仅仅是由反倾销措施所带来的，它还有可能受到其他一些因素的影响，而国内产业的发展状况正是用以判断反倾销救济效果好坏的主要媒介，因此要准确评估反倾销政策救济效果，就需要分析找出那些影响国内产业发展变化的其他因素，并采用科学的方法去除这些影响因素在反倾销后国内产业发展上的影响，剥离出反倾销救济措施的纯效果。这里需要特别指出的是，本书中所涉及的影响反倾销救济效果的其他因素仅限于经济领域内，对反倾销救济效果产生直接影响的其他因素，并不包括政治、文化、社会领域，因此属于狭义范围的其他影响因素分析。

根据迈克尔·波特（Michael Porter）教授提出的竞争分析模型，影响产业竞争力的因素主要包含五个方面，分别是供应商的讨价还价能力、购买者的讨价还价能力、潜在竞争者进入的能力、替代品的替代能力和行业内竞争者现在的竞争能力。在反倾销政策产业救济效果评估中，判断涉案国国内产业的发展状况是否变好，本质上就是判断其产业竞争能力有没有增强，因此本节从上游供给、下游需求、替代产品和市场竞争（包括潜在竞争者和行业内竞争者的竞争能力）四个角度来分析它们对反倾销政策救济效果产生的影响。

6.2.2.1 上游供给对反倾销政策效果影响

上游产业供给产品在价格和销售数量上的变化，无疑将影响到作为下游的国内产业经营状况的变化。具体来说，上游原材料和能源价格变化会导致国内产业的产品生产成本发生变动，同样上游供应的紧张或松弛、销售数量的减少或增多也会导致下游国内产业采购数量和库存数量的变动，而生产成本、采购成本和库存数量的变化又将直接影响到国内产业的生产和销售决策以及获利空间，从而改变国内产业的发展轨迹，因此上游供给的变化将直接影响反倾销后国内产业的救济效果。

一般来说，上游产业对下游产业的压力很大程度上在其砍价能力上体现出来。根据波特教授的研究，上游供应商的砍价能力通常受几个固定因素的影响，具有以下特点的上游供应商往往实力雄厚，拥有较强砍价能力，从而更容易影响下游国内产业的竞争实力：首先，上游供应方由几个公司支配，且其集中化程度比作为下游的国内涉案产业高，为此供应商在向较为分散的国内产业买主销售产品时，往往更能够在价格、质量及交货期上施加影响，上游原材料的价格更容易产生波动。其次，上游供应方不存在替代产品供应商与之竞争，即国内产业的原材料只能由该供应方提供。在这种情况下，供应方对原材料价格的控制力明显增强，下游产业对上游原材料的价格变化无明显的影响能力。再次，作为下游的国内产业并非上游供应方的主要客户。当供应商在众多产业中销售产品，而下游国内产业仅占据其下游份额的较小部分时，供应商往往能够更好地控制销售价格和数量；反之，如果国内产业属于供方的一个主要客户，其需求占据上游供应商需求的较大部分时，上游供应商在对其产品的销售价格和销售数量的控制力上将大打折扣。最后，上游供应商提供的原材料是国内产业生产产品的主要投入品。这种投入品对国内产业的生产工艺或产品质量方面的成功至关重要，这也使得上游供应商的实力大增。

上游原材料价格变化导致下游产业价格波动在我国现有反倾销案件中不乏实例。邻苯二酚反倾销案是我国发起的一起重要反倾销调查案件，此案对于保护国内自主知识产权高技术企业具有重要示范意义。在邻苯二酚反倾销案中，苯酚是生产邻苯二酚的重要原材料，其采购成本占邻苯二酚生产成本的40%—60%，而在邻苯二酚反倾销措施保护期内，受到国际原油价格上涨以及我国2003年对苯酚采取反倾销措施的影响，中国国内市场的苯酚价格大幅上涨，对邻苯二酚产业的生产成本造成了巨大压力，2001—2007年苯酚价格上涨幅度总计达147.7%，年均上涨幅度达16.3%，苯酚价格趋势如图6－9所示。

苯酚价格的上涨直接导致了下游邻苯二酚产业原材料生产成本的提高，从而导致邻苯二酚产品价格也紧跟上涨。从图6－9可以看出，自2002年对邻苯二酚产品采取临时反倾销措施后，国内产业销售邻苯二酚的价格累计上涨幅度达35%，这种上涨虽然与邻苯二酚反倾销措施息息相关，但也与苯酚价格的上涨密不可分。

6.2.2.2　下游需求对反倾销政策效果影响

下游需求的变化也是影响国内产业经营状况变化的关键因素。一个产业的发展壮大在很大程度上是由下游需求的不断增大所拉动形成的，同样，产业

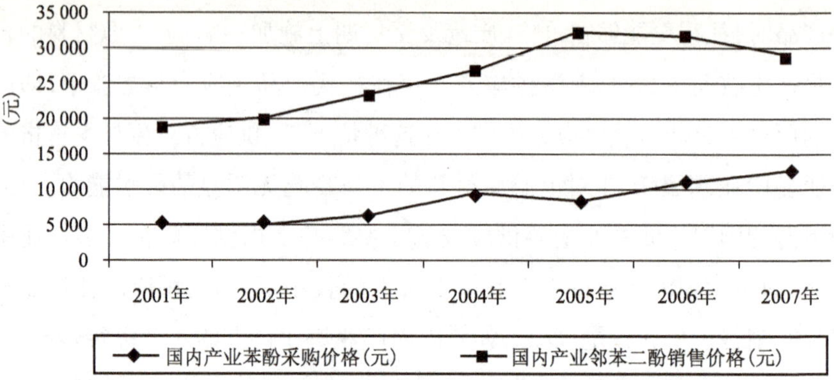

图 6－9　国内产业苯酚采购价格和邻苯二酚销售价格趋势图

数据来源:商务部苯酚和邻苯二酚反倾销案件终裁公告。

下游需求的不断萎缩必然也会造成上游产业发展上的困难,造成上游产业产品积压、利润下降,因此,下游需求量的变化情况不但直接影响到上游国内产业的销售和获利情况,而且是影响上游国内产业发展变化的重要因素。此外,下游用户在与作为上游的国内产业谈判决定其生产产品的价格时,由于其固有地位的不同,也会极大影响下游用户的砍价能力和定价策略,从而影响到国内产业的销售价格和数量。从上述两方面来看,下游需求的变化和其固有实力将直接影响到上游国内产业的销售规模和营利能力,造成反倾销后国内产业救济效果的变化。

下游需求的变化首先来自于下游客户不断变化的需求能力。人口增长、市场扩大、新客户加入和客户对未来的良好预期都会增加下游客户对上游国内产业的需求,这种扩大的需求反映到上游国内产业的生产经营上,就是生产扩大、市场销路拓宽、产品获利能力提升;反之,市场的萎缩和客户的退出将使得上游的国内产业面临货物卖不出去的境地,或者是只能通过降低销售价格来维持生产,从而保持一定的市场占有率,那么反映到国内产业的各项生产经营指标上就是各项指标数据的减小。其次,下游产业的固有实力也会让其在与上游国内产业谈判时拥有不同的砍价能力,这将导致上游国内产业在生产和销售上的不同表现。下游对上游的压力同样能够在其砍价能力上体现出来:第一,与上游供应商的销售量相比，下游客户购买量较小时其无力要求上游产业作出价格让步、承办货运等其他特殊照顾；反之，如果下游用户的需求量较高，占据上游国内产业销售产品重要份额，则其在产品价格上将获得极大优势。第二，当上游固定成本较高时，下游客户购买量将对其砍价能力具有重要意义，下游客户在与上游关于产品的价格谈判中也将处于有利地位，下游更容易改变上游的销售价格。第三，当下游用户缺乏合适的挑选来源，即上游国内产业生产的产品是其有限提供原材料的供应商，则下游用户的砍价实力将大大削减。对他们来说，寻找新的卖主或新的品牌所需代价太大，因此只得维持现有卖主。

下游需求变动和其固有实力所导致的砍价能力会最终影响下游国内产业反倾销后的发展变化情况，从而影响到反倾销措施对国内产业的救济效果。仍以邻苯二酚反倾销案为例①，邻苯二酚作为重要的化学中间体，其下游用途较为广泛，可用作橡胶硬化剂、电镀添加剂等，是合成树脂、农药克百威、医药黄连素、香料香兰素等的原料之一，在这其中呋喃酚是邻苯二酚的主要消费领域，占邻苯二酚消费总量的80%左右。在邻苯二酚反倾销保护期内，以呋喃酚为原料的一批低毒高效的氨基甲酸酯类产品得到迅速发展，直接带动了中国呋喃酚产品需求的不断增长，国内呋喃酚表观消费量呈加速增长趋势；另外，2004年呋喃酚反倾销案件的裁定也给呋喃酚的发展创造了有利时机，下游呋喃酚的强劲需求带动了邻苯二酚的需求。由此可以看出，下游产业的良好发展态势能够完善作为中间产品的涉案产品的下游产业链，增强国内市场对涉案产品的需求，带动涉案国内产业的发展。从这个意义上讲，下游需求增长在一定程度上放大了上游产品的反倾销措施救济效果。

6.2.2.3 替代产品对反倾销政策效果影响

涉案产业与生产替代产品的产业之间为竞争关系，替代产品限制了涉案产业的潜在利润，替代产品的价格变化会直接影响到涉案产业产品价格，替代产品的需求变化也会直接影响涉案产业的需求市场，因此，实施反倾销政策后，替代产品在价格和需求上的变化将在很大程度上影响国内涉案产业发展的走势，

---

① 数据来源：商务部呋喃酚反倾销案件初裁和终裁公告。

从而影响国内产业的反倾销救济效果。

尽管在目前的反倾销案件审理中，调查机关将从产品的物理特性、化学特性、生产过程、用途及可替代性、市场价格及竞争性等各方面确认被调查产品的范围，使得被调查产品范围中可能存在若干与调查产品功用相类似的产品，然而这种确定的被调查产品范围往往很小，更多同样具备被调查产品功能的产品不在同类产品的范围内，因此寻找并确定其他不在调查产品范围之内的替代产品就十分必要。仍以邻苯二酚反倾销案为例，邻苯二酚的一个重要用途就是制作香兰素。从同为制作香兰素的原材料角度来说，邻硝基氯苯是邻苯二酚的替代产品，邻硝基氯苯的需求情况和价格变化在很大程度上会影响邻苯二酚的需求和价格变化情况。实际中，由于使用邻硝基氯苯制作香兰素的工艺生产流程长，收益率低，环境污染严重，产品质量差，在国人环保意识显著增强的大环境下，原先使用该工艺生产香兰素的厂家纷纷改为使用由邻苯二酚制作香兰素的工艺。替代产品的需求逐渐减少，直接增加了邻苯二酚的需求，极大地促进了反倾销后国内邻苯二酚产业的发展。

6.2.2.4 市场竞争对反倾销政策效果的影响

反倾销政策实施后，涉案产品的国内市场竞争情况同样会影响到国内产业的发展变化情况，市场结构、竞争程度和市场进入退出成本都会造成国内产业发展的不同，因此反倾销政策实施后，国内产业所处市场的竞争情况会使反倾销救济效果评估产生差别。

首先，从企业竞争行为角度考虑。反倾销措施实施后，国内产业联盟预期将获得原先国外厂商的市场份额，在产品差异较小的情况下，为了争夺市场份额，产业联盟内部企业可以轻易通过降低价格的方式来最大化地占领国外厂商退出的市场份额。尽管产业内企业都意识到降价竞争的威胁，然而降价销售所可能带来的利润增长诱惑如此之高，使得产业联盟各企业在内部竞争时无可避免地选择自身最优策略；在规模效应影响下，各企业也会选择扩大产能，以期在反倾销救济机会下尽可能多地降低成本，增加产品的竞争力，此时产业内部竞争行为对反倾销政策实施效果造成了明显干扰。

其次，从国外企业直接投资角度考虑。进口国采取的反倾销措施对出口国而言是一种贸易壁垒，它的存在激励了出口企业通过在进口国投资设厂，或者在未遭受反倾销指控的第三国，采取投资设厂生产再出口等方式来跨越反倾销保护。这种投资既是反倾销措施产生的经济效应，同时也是影响反倾销实施效果的重要因素，因为这种效应不仅削弱了反倾销措施救济效果，甚至可能给进口国市场带来更为激烈的竞争。国外企业从反倾销的实施对象直接变为进口国国内产业的一员，使得反倾销措施无的放矢。在邻苯二酚反倾销案件中，涉案国外企业法国罗地亚公司既是全球领先的精细化工生产企业，同时也是全球最大的邻苯二酚生产企业，我国每年从罗地亚进口的邻苯二酚占国内总进口量的八成。2003 年及 2006 年，我国先后两次采取的反倾销措施，在很大程度上是为了抑制罗地亚公司的倾销行为。然而，我国采取反倾销措施以后，法国罗地亚公司于 2006 年 3 月启动了对中国镇江的双酚工厂投资项目①，该项目建设包括邻苯二酚工厂和对苯二酚工厂，生产的产品不仅包括邻苯二酚和对苯二酚，还包括下游衍生物，如香兰素、二甲氧基苯等。2007 年 6 月，项目正式投产，每年可产邻苯二酚 7 200 吨、对苯二酚 4 800 吨，取代了大部分的进口。罗地亚镇江工厂的投产，将使罗地亚在中国的邻苯二酚及其下游产业链进一步完善，巩固了罗地亚在邻苯二酚业务上的领先地位，也使得反倾销措施陷入无处着力的尴尬局面。

最后，从市场进入壁垒角度考虑。反倾销措施实施后，如果国内产业市场进入壁垒较小，则对于市场繁荣的预期使得徘徊在市场外的潜在竞争者们拥有足够的驱动力进入到现有市场，在产品差异较小的情况下，新进入的生产商将使得国内市场的竞争压力更大，这种潜在生产者的盲目蜂拥而入在新闻纸反倾销案件中表现地尤为突出。1998 年我国对新闻纸采取反倾销措施后，新闻纸市场暂时出现“一纸独秀”的形势，纸业同行纷纷抢滩加入新闻纸投产扩产的竞争行列之中。对反倾销后良好形势的预期使得市场中的企业数迅速增长，市场竞争更为激烈②。2000 年后期，国内新闻纸由反倾销后的活跃市场蜕变为国内

---

① 资料来源于中国化工网，http:// news. chemnet. com/item/ 2007 – 11 – 29/764269. html.

② 资料来源于慧聪网纸业行业频道，http://info. paper. hc360. com/HTML/001/007/9022. htm.

同业的恶性竞争。现实情况说明，反倾销措施一方面阻止了国外企业的低价倾销，给反倾销胜诉后的国内同类产品市场带来了活跃繁荣的局面；另一方面又因为产业中企业的过分预期而导致潜在生产者不断进入和反倾销措施保护后期产业内部低价恶性竞争。后一种现象是反倾销措施保护的意外结果，该结果自然减小了反倾销措施应有的救济效果。

6.3 反事实预测评估

对国内产业在反倾销政策实施前后进行发展趋势综合评估，固然能够把握反倾销政策对国内产业的整体救济效果，但是国内产业的整体发展趋势并非反倾销措施单一因素作用的结果，宏观经济环境、产业政策等各方面因素都可能对国内产业发展态势造成或多或少的影响。由此可见，虽然反倾销政策实施将对国内产业造成不可逆转的影响，但是这一影响与其他因素的影响互相交织难以区分，为了对反倾销措施的影响进行单独量化，需要运用反事实的分析方法，即通过假定不存在反倾销政策情况下国内产业的发展状况与国内产业现实状况的对比分析，剥离其他因素对国内产业造成的影响，从而量化反倾销政策效果。

6.3.1 反事实预测评估原理与思路

反事实预测法是反倾销政策评估的经典研究方法，其分析思路是假定进口国未实施反倾销政策，国内产业受到持续倾销行为影响，预测在此状态下的国内产业的发展情况，然后将预测结果与国内产业获得反倾销救济后的实际发展情况进行比较。在反倾销政策评估效果中，反事实分析的理论基础通常体现在经济学中的博弈论模型中，本书引用这一评估原理，用于分析反倾销政策对国内产业造成的影响作用。假设在没有反倾销措施救济情况下，国外厂商的倾销行为不会停止，那么通过预测国内产业在受到持续倾销的情况下将会如何发展，进而将这一虚拟情况与实际国内产业受到反倾销措施救济后的情况进行对比分析，就可以得出反倾销政策实施对国内产业的效果，因此这一评估方法也可以称之为反倾销政策的“有无对比分析”，即存在反倾销措施与没有反倾销措施之间的对比分析，基于反事实预测方法的反倾销政策评估原理如图 6 - 10 所示。

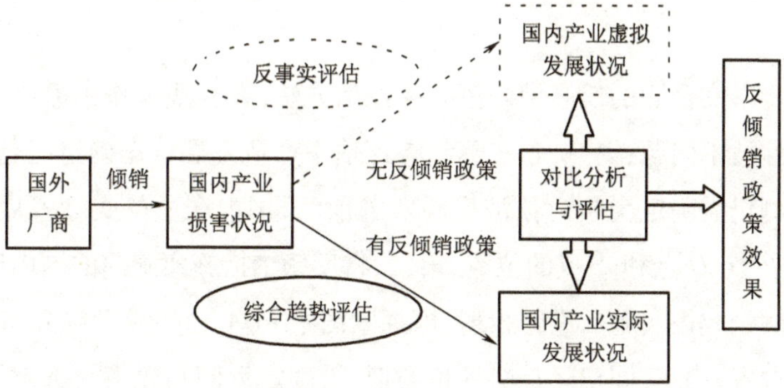

图 6 - 10　基于反事实预测方法的反倾销政策效果评估原理图

使用反事实预测评估的现实困难在于，描述与分析不存在反倾销政策情况下，国内产业的发展状况。为此本书提供反事实预测评估思路，如图 6 - 11 所示，即使用国内产业在反倾销政策实施前的各项经济指标数据，运用相关预测方法，对不存在反倾销政策的情况下国内产业的发展情况进行预测模拟，描述反事实情况下国内产业的虚拟状态，继而与国内产业在反倾销政策实施下的实际情况进行对比，得出反倾销措施对国内产业的实际效果。假设在反倾销政策执行前，国内产业在某时间点的综合状态为 P，后期仍在倾销调查范围内的产业综合状态为 Q，则根据 P，Q 两点的变化趋势，可以对反倾销政策实施后作简

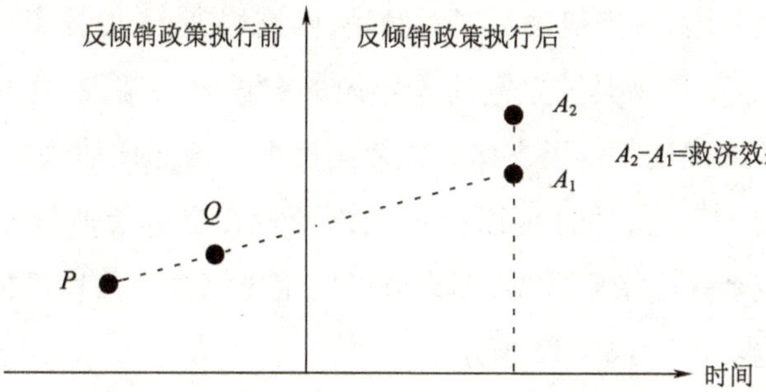

图 6 - 11　基于反事实预测方法的反倾销政策效果评估思路图

单投射形成 A_1，则 A_1 表示的是如果不执行反倾销政策措施，国内产业在反倾销保护期内可能呈现的综合状态，而图中 A_2 表示的是反倾销政策措施实际执行后，国内产业的实际综合状态，那么由此得出的 $(A_2 - A_1)$ 就是反倾销政策的救济效果。

基于反事实预测的反倾销政策效果评估方法，在实践操作中需要解决以下三个关键性技术问题：第一，与实际趋势评估中产业发展状态确定问题相一致，反事实预测仍需确定反倾销救济措施实施前后，国内产业的实际发展情况，即确定图中 P 点、Q 点和 A_2 点的位置；第二，将反倾销措施实施前的国内产业综合状态向反倾销政策实施后进行投射，即探索图中 PQA_1 趋势线发展方向，确定 A_1 点的具体位置；第三，同实际趋势评估类似，需确定反倾销政策救济效果的评估标准，即图 6－11 中 $(A_2 - A_1)$ 差值结果的比较对象。为了描述不存在反倾销政策，并且国外厂商持续倾销的情况下，国内产业的发展态势，需要根据国内产业在未受到反倾销救济之前的指标数据，对其未来发展态势进行预测。由于数据可获得性的限制，针对上述反事实预测关键问题点，依据不同情况提供两种预测评估方法：一是先对国内产业受到倾销损害时的季度或月度数据进行综合评估，然后基于适当的预测方法对持续倾销时的发展趋势进行预测；二是采用适当的预测方法直接对各指标数据在持续倾销情况下的趋势进行预测，然后再基于预测的指标值进行综合评估。

6.3.1.1 先综合评估后模拟预测

当反倾销调查机关接受国内产业申请作出立案决定后，就开始进入案件调查程序。在这个阶段，调查机关为了对倾销、倾销幅度、产业损害及因果关系等进行全面论证，需要产业提供立案前 3 年内的数据以备调查，这些数据也同时为后期反倾销效果评估提供了支撑。在使用反事实预测评估法的过程中，如果产业经济数据较为完备，并且可以获得国内产业在受到反倾销政策救济之前3—5年的月度或者季度指标数据，那么可以使用先综合评估后模拟预测的评估方法，具体操作步骤见图 6－12 所示。

使用适当的综合评估方法，首先对反倾销政策效果的评估指标体系进行综合评估，获得反倾销政策实施前 3—5 年国内产业的月度或季度综合评估值；其

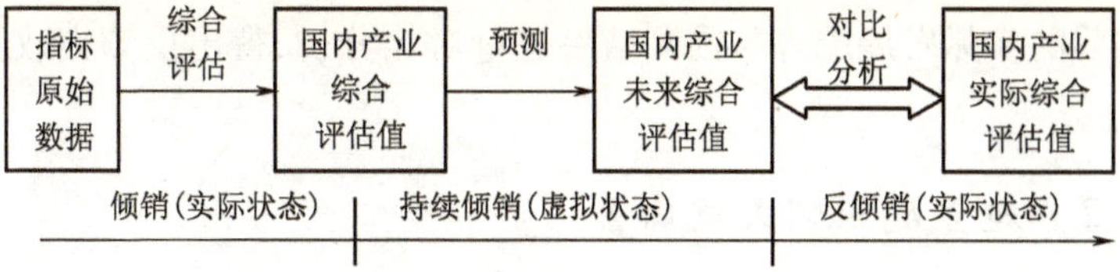

图 6-12 先综合评估后模拟预测的操作步骤图

次，根据上述连续时间序列的综合评估值绘制出散点图，并根据其变动趋势选择适当的预测方法；再次，基于选定的预测方法对国内产业在不受反倾销政策影响，持续倾销情况下的综合发展趋势进行预测评估；最后，将预测结果与国内产业在受到反倾销政策影响后的实际发展趋势进行对比分析，得出反倾销政策效果评估结论。

6.3.1.2 先模拟预测后综合评估

在反倾销救济效果评估实践中，由于不同产业在建立时间、经营发展、管理模式等方面存在差异，可能难以获得国内产业在受到倾销损害的历史时期内各指标的月度或季度数据，因此无法获得足够的基础数据样本量进行预测。为了解决这一问题，可以根据各经济指标之间的内在紧密关联关系，使用合理的预测方法，基于指标历史数据的变化情况，对其未来的发展趋势进行预测，然后再根据指标预测数据进行国内产业发展趋势的综合加权评估，具体操作步骤如图6-13所示。

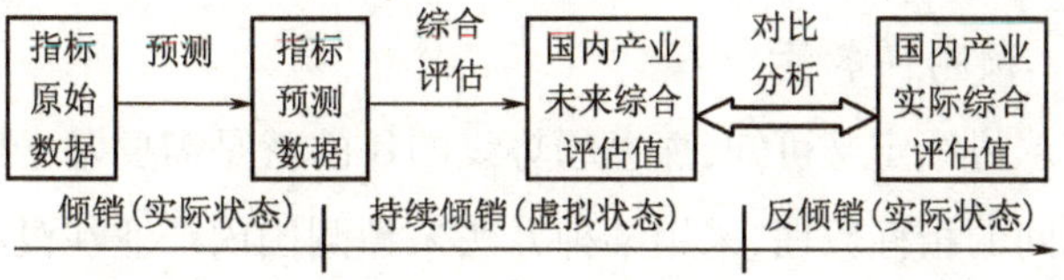

图 6-13 先模拟预测后综合评估的操作步骤图

使用先模拟预测后综合评估方法，首先搜集反倾销政策效果评估体系中能够获取完备数据的指标；其次，基于选定的预测方法利用指标间的关联关系，合理预测不存在反倾销政策时，受到倾销损害的产业经济指标值；再次，将持续倾销情况下国内产业的发展趋势进行综合评估；最后，将国内产业在受到反倾销政策影响后的实际发展趋势与预测结果进行对比分析，得出反倾销政策效果评估结论。

6.3.2　趋势线预测关键因素

反事实预测中涉及的趋势线，实际上就是基于反倾销政策前国内产业综合状态，预测未实施反倾销措施情况下国内产业综合状态的一种方法。在设计具体的趋势线预测方法之前，首先应考虑以下影响趋势线确定的因素，以保证趋势线确定过程的科学有效性。

6.3.2.1　预测时间跨度

依照趋势线定义，预测的时间跨度应为反倾销措施实施后到反倾销救济效果评估之前的时间段。由现实情况可知，反倾销政策救济效果评估通常在反倾销措施实施期间或实施期满之前才展开，评估结果是调查机关为案件开展情况或即将进行的日落复审服务的。从这个角度来说，反倾销政策救济效果评估是一种标准的“事后评估”。根据 WTO《反倾销协议》和《中华人民共和国反倾销条例》的规定，我国对反倾销措施的保护期一般设定在自反倾销措施公告发布后5年。如果受损害产业申请保护延长，必须通过反倾销调查机关的日落复审程序，调查机关确定终止反倾销税可能导致倾销和损害的继续或再度发生，则可继续征收反倾销税，而一旦通过日落复审，调查机关判定延长保护期，则国内产业的下一个保护期依然是5年，因此趋势线预测的时间跨度应是反倾销措施实施后的5年，甚至有时还需要包括征收临时反倾销税的期间。

6.3.2.2　预测样本量

同样依照趋势线定义可知，探索趋势线的目的就是需要基于国内产业在反倾销前一段时间的指标数据，采用某种方法来预测国内产业在没有反倾销措施情况下未来的可能发展态势。那么，反倾销前一段时间到底取什么时间段比较合适呢？对于这个问题，我们可能会很容易想到把国内产业损害调查期作为预测的样本时间段。在反倾销实践中，由于具体案件性质不同，产业特点不同，有的产业可能在提起反倾销诉讼前就长期处于国外产品倾销的市场环境中，而有的产业则可能是在受到倾销后的短时间内就提起了反倾销申请，因此根据 WTO

《反倾销协议》和《中华人民共和国反倾销条例》的规定，调查机关在确定倾销造成的产业损害时，一般考察国内产业在申请反倾销调查前3年内的产业发展态势，而如果国内产业建立时间不足3年的话，倾销考察期可能会更短。

通过以上分析可以看到，如果使用产业损害调查期中国内产业的指标数据作为样本数据，那么用于预测的样本量至多为反倾销立案前3年的国内产业的面板数据，而如果使用年份数据，则预测的样本量明显不够。那么能否使用反倾销立案前3年中的月份数据或季度数据呢？乍看起来，使用月份或季度数据的确能够起到增大样本量的目的，然而仔细分析，把3年中的月份或季度数据作为预测样本空间依然存在问题。尽管能够通过获取月份或季度数据使得预测样本量变大，但是未来需要预测反倾销实施后5年的情况，这也就是说要用3年的数据去预测5年的数据，这明显存在较大的不对称性和不确定性，因此将倾销损害3年调查期中国内产业的指标数据作为预测样本不太合适。基于以上考虑，我们可以转变思路，把预测的样本量放大到反倾销措施采取之前的数年，选取反倾销措施之前的10年或更长时间作为预测的样本数据空间。

6.3.2.3　预测对象

受到预测时间跨度和样本数据量的影响，评估预测对象也会随之发生变化。反倾销政策效果评估指标体系中，对国内涉案产业的所有指标数据直接进行预测显然是不可行的，这主要有以下原因：一是有些反倾销案件中，国内产业存在历史较短，其数据长度有限；二是指标体系内并不是所有数据都适用一般预测方法，如产能与企业自身固定资产数量等诸多要素有关，普通方法无法对现实波动作出预测；三是国内产业各指标数据在预测期内还受到其他因素的影响，对预测干扰较大，因此在评估过程中可以选择国外涉案企业的进口价格和进口数量作为反事实预测对象，其他指标在上述两项指标的基础上进行推测。选择进口价格和进口数量两个指标的原因在于：在实际反倾销案件中，国外企业的进口时间较长，进口数据样本大；进口价格和数量在不受反倾销措施制裁的情况下，受进口国国内其他因素的影响较小，可以较好规避其他影响因素的影响；进口价格和数量是评价指标体系中最基础的指标，借助经济指标的内在关联关系，可以简单有效地推测出其他指标数据。

由于反倾销涉及不同的产品，而不同的产品产业具有不同的特征，并且各产业受倾销影响的时间、程度等方面都具有不同的表现，所以各反倾销涉案产业在倾销影响下的发展情况千差万别。因此，在进行国内进口竞争产业虚拟状态的预测评估时，不可能采用统一的预测模型与方法，而是需要根据国内产业的具体情况进行相应的选择，才能保证评估结论的可靠性。通过对反事实评估中趋势线各影响因素的分析，就可以将国内产业综合状态趋势线求解的复杂问题，转变为对国外涉案企业销售价格和销售量的趋势线求解问题，而对于国外涉案企业销售价格和销售量预测方法的原理，及其在反事实预测评估中的应用等相关分析将在本书下面章节进行详细论述。

6.4 理想状态模拟评估

理想状态模拟评估从本质上来说也属于反倾销政策的预测性评估，其分析思路是在反倾销政策实施后，量化得到反倾销政策对国内涉案产业的实际救济效果，判断反倾销政策对受到损害的国内产业是否达到了预期恢复效果。在很多反倾销案件中，反倾销措施对国内涉案产业的救济效果十分明显，受损产业经济状况得以恢复，产业安全发展空间得到保障，但是国内产业的良好发展态势也有可能是宏观经济环境、产业政策、行业技术、市场竞争等因素共同作用的结果，为此应当考察反倾销政策实际实施效果是否达到了预期理想目标。使用反倾销政策效果理想状态模拟评估方法，需要明确反倾销政策实施效果的理想状态值，即反倾销措施对国内产业恢复的最佳经济形式值，继而通过反倾销实际政策效果与预期理想效果的对比分析，明确反倾销政策对国内产业是否达到了适度救济的目标，抑或存在救济不足或救济过度的情况。

6.4.1 理想状态模拟评估原理与思路

反倾销政策发挥理想效果时，应当完全弥补了国内产业遭受的倾销损害，充分发挥反倾销政策的效用，为此研究理想状态模拟评估需要与反倾销政策的评估标准相结合。在国外厂商持续性倾销的情况下，国内相关产业各经济指标值下降，此时实施反倾销政策的预期目的在于恢复国内受损产业发展，促进国内产业经济指标值的有效提升。在理想状态模拟评估中，受损产业各经济指标应当达到了弥补倾销造成的损害后的最优发展水平，那么倾销对各指标造成的负面影响程度就是各指标在理想状态下应当恢复和发展的程度。从这个角度来看，理想状态模拟评估方法也可以称之为反倾销政策的“优劣对比分析”，即反倾销措施实际政策效果与反倾销措施实施前预期理想效果之间的对比分析，基于理想状态模拟法的反倾销政策评估原理见图 6－14 所示。

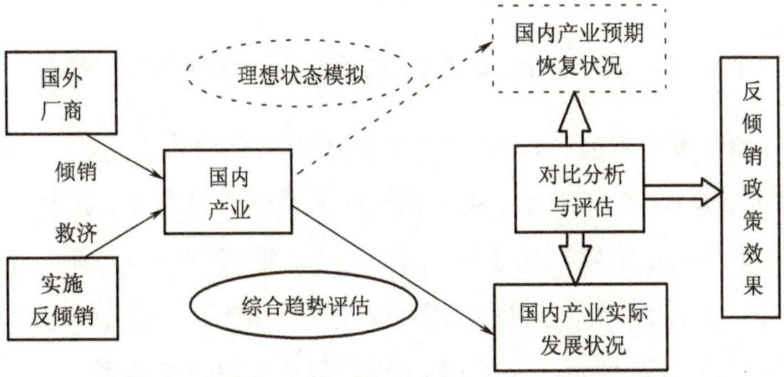

图 6－14　基于理想状态模拟法的反倾销政策效果评估原理图

反倾销政策理想状态模拟评估，应当基于国内产业各经济指标恢复和发展到理想状态的指标数据，通过评估处理模拟国内产业的理想运行状态，并将国内产业的实际经济状态值与期望运行状态值进行对比研究，从而分析反倾销措施对国内产业的救济效果水平。这一评估思路的关键问题是如何对反倾销政策发挥理想效果的状态进行描述与界定，以及如何对国内产业在理想状态下的发展态势进行模拟评估。为此本书提出理想状态模拟评估思路，如图 6－15 所示，即使用国内产业在反倾销政策实施前的各项经济指标数据，运用相关预测方法对反倾销政策实施后国内产业的最优发展情况进行预测模拟，继而与国内产业在反倾销政策实施下的真实情况进行对比，得出反倾销措施对国内产业的实际救济水平。

假设反倾销政策执行前，国内产业在某时间点的综合状态为 P，反倾销政策实施后国内产业的发展状态为 Q，这两点都是产业实际存在的综合评估状态

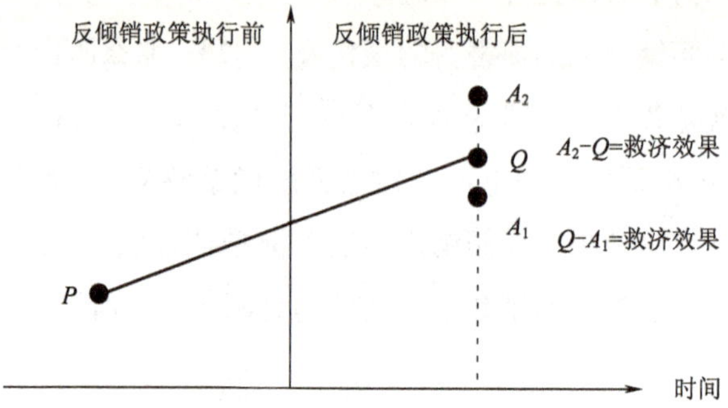

图6－15　基于理想状态模拟法的反倾销政策效果评估思路图

值。在反倾销政策实施前，对国内产业的理想预测模拟状态为A_1或A_2，那么由此得出的(A_2-Q)或者$(Q-A_1)$就是反倾销政策的救济效果，其中(A_2-Q)表示反倾销政策实际救济效果低于预期理想目标，即反倾销政策救济不足；同样可以得出$(Q-A_1)$表示反倾销政策实际救济效果高于预期理想目标，即反倾销政策救济过度，形成隐性贸易保护，有违世界贸易组织公平原则。

基于理想状态的反倾销政策效果评估方法，在实践操作中需要解决以下三个关键性技术问题：第一，确定反倾销救济措施实施前后某时间节点国内产业的现实发展状态，即确定图6－15中P和Q的位置；第二，对反倾销措施实施后的国内产业应恢复达到的综合状态进行模拟预测，即确定图中A_1或A_2点的具体位置；第三，与实际趋势评估方法类似，应去除反倾销政策实施后，其他因素对国内产业及其相关利益体的影响。针对以上关键问题点，依据不同理论提供两种预测评估方法：一是先对反倾销政策实施效果进行预测，将预测结果作为国内产业恢复发展的理想状态，然后将理想状态与实际产业发展状态进行对比评估；二是利用前述章节涉及的反事实预测结果，利用逆向思维确定反倾销政策预期理想状态，最后将理想状态与实际产业发展状态进行对比评估。

6.4.1.1　基于反倾销效果预测的理想状态模拟评估

在确认反倾销政策实施的情况下，国内产业的理想发展水平是指国内产业受到反倾销救济作用影响，在弥补产业损害后能够获得公平竞争的经济状态。为了评估国内产业在反倾销政策效果理想状态下的发展情况，需要明确国内产业各经济指标预期恢复值，并在此基础上进行综合评估，最终获得国内产业理想的发展状况。反倾销政策救济效果理想状态的评估步骤如图6－16所示。

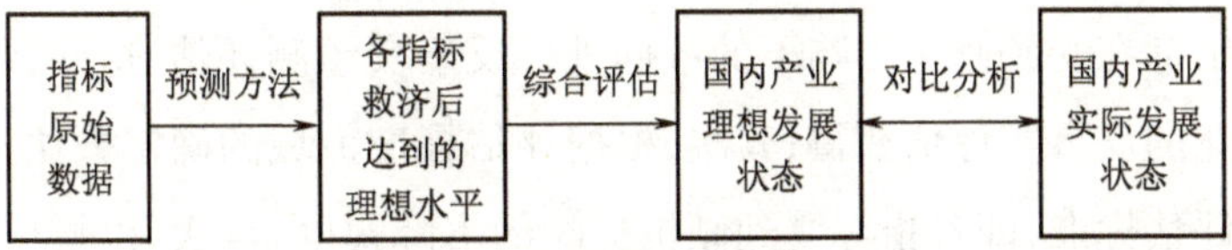

图6－16　基于反倾销效果预测的理想状态模拟评估步骤图

基于反倾销政策的理想状态模拟评估，可以使用先模拟预测后综合评估的方法，首先获取反倾销政策效果评估指标所需的完备原始数据；其次，利用指标间的紧密关系，选择适当的时间序列预测方法，合理预测模拟反倾销政策实施后，国内产业经济指标的较优恢复状态值；再次，将反倾销政策实施情况下国内产业经济指标的恢复值进行综合评估；最后，将理想状态下国内产业的发展态势与实际发展态势进行对比，分析反倾销政策是否在世贸组织规则下起到了理想的救济作用。

6.4.1.2　基于反事实预测结果的理想状态模拟评估

国内产业理想发展水平也包括国内产业没有受到倾销的影响，处于正常市场竞争环境中的发展水平。未受到倾销影响是假定虚拟状态，在现实中并不存在，此时为了评估国内产业在反倾销政策效果理想状态下的发展情况，可以考虑使用逆向思维法，将上述理想状态转换为能够充分弥补产业损害后的“反事实”状态，为此需要明确理想状态下国内产业的各经济指标值，并在此基础上进行综合评估，最终获得国内产业理想的发展状况，反倾销政策救济效果理想状态的评估步骤如图6－17所示。

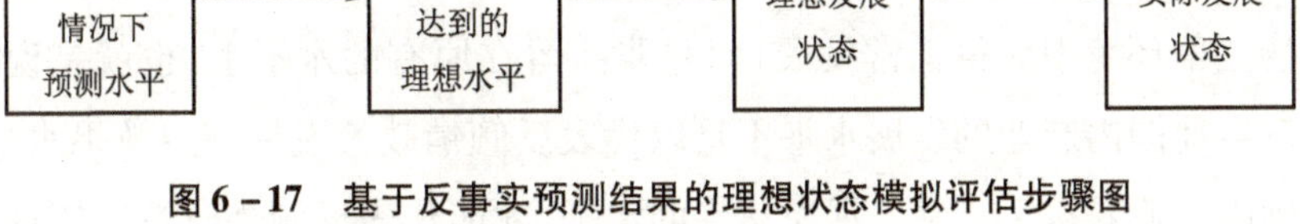

图6－17　基于反事实预测结果的理想状态模拟评估步骤图

国内产业在未受到反倾销措施救济的“反事实”状态下,国内产业各经济指标受到倾销影响而恢复上涨后,国内产业所需达到的整体发展水平,即是国内产业救济效果的预期理想状态。为此首先应当根据反事实评估方法,对国内产业各经济指标在受到倾销影响下的数据进行反事实预测评估,这些数据可以通过国内产业的反事实评估获得;其次,根据评估标准值域的确定方法,明确各经济指标的评估标准,即各指标受到倾销影响的下降幅度;再次,以指标的下降幅度作为反倾销政策理想状态下各指标的恢复上涨幅度,给出各指标在理想状态下所达到的水平;随后,以各指标的理想水平作为数据基础,对国内产业理想状态下的发展态势进行综合评估;最后,将理想状态下国内产业的发展态势与实际发展态势进行对比,分析反倾销政策是否起到了理想的救济效果。

6.4.2 救济效果预期理想状态

进行反倾销政策救济效果理想状态评估的首要前提是明确在什么情况下,反倾销政策效果达到了理想状态,此时国内产业各经济指标达到了何种水平,国内产业的整体发展态势又如何,所以理想状态的确定包括两个内容:一是反倾销政策何时达到了理想效果;二是国内产业何时达到了理想的发展水平。基于反倾销政策效果评估属于事后评估范围,因此理想状态模拟评估多采用基于反事实预测结果的模拟评估方法。

6.4.2.1 反倾销政策效果理想状态界定

反倾销政策实施的目的是制止国外厂商倾销行为、救济国内受损产业,因此,如果反倾销政策实施达到了理想的效果,那么国内厂商的倾销行为应当得到抑制,国内产业受到倾销损害的影响应当得到恢复和弥补。当反倾销政策发挥理想的效果时,国内产业至少应当恢复到受到倾销损害前的水平。由此可见,应当根据国内产业的恢复和发展水平来评估反倾销政策是否达到了理想的效果。

通过进一步分析可以发现,如果没有倾销行为发生,国内产业应当在公平的市场竞争环境中获得正常发展,而并非停留在原有的水平上,也就是说倾销行为发生前国内产业的发展水平不足以代表反倾销政策发挥理想效果水平,只有当国内产业获得了正常发展所达到的水平,才能代表反倾销政策发挥理想效果的水平，因此有必要界定一种虚拟状态，即如果国外进口产品没有发生倾销行为，国内产业在公平的市场竞争环境中正常发展，此时国内产业发展水平才能够反映反倾销政策发挥理想效果时的水平。为此，政策效果理想状态的界定是基于一种假设，即国内产业没有受到倾销行为的影响。此时，如何界定国内产业在没有受到倾销影响时的发展水平，就成为界定反倾销政策发挥理想效果的关键，同时也是确定国内产业理想发展水平的关键。

6.4.2.2 国内产业理想发展水平确定

如前所述，国内产业理想发展水平是国内产业没有受到倾销的影响，处于正常的市场竞争环境中的发展水平。现实中，国内产业受到了国外进口产品倾销影响，对国内产业造成了实质性损害影响，通常导致国内产业发展水平的降低和经济指标的恶化，而此后采取的反倾销政策对国内产业产生了作用，影响了产业原有的发展态势，因此现实中无法找到国内产业没有倾销影响、处于正常市场竞争环境的发展状态。

采用逆向思维方式，假定存在国内产业没有受到倾销影响的正常发展情况，则这个阶段的水平代表了国内产业理想的发展水平，而国外厂商倾销行为的出现无疑对产业的理想发展水平产生了影响，对国内产业造成了严重损害，使得其整体发展水平降低。为了描述国内产业的理想发展水平，我们可以基于以下两种理论来模拟国内产业没有受到倾销影响，处于正常市场竞争环境的发展状态，如图 6－18 所示。

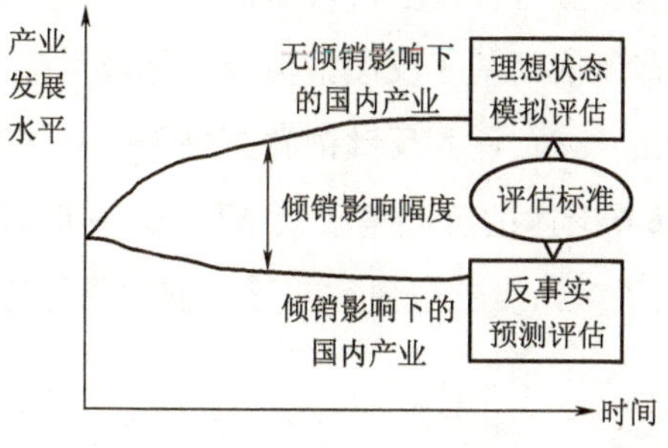

图 6－18　进口国国内产业理想发展状态确定模拟图

在图 6－18 中，国内产业在反事实预测评估中的发展态势，给出了国内产业在受到国外厂商倾销损害影响下的发展水平，为国内产业理想发展态势的确定提供了参照依据；而反倾销政策实施效果的评估标准，则给出了国内产业受到倾销影响后各指标的下降幅度以及国内产业受到的影响幅度。在此基础上，理想发展状态是以国内产业受到损害的发展状态为起始点，以国内产业受到倾销影响的幅度为正常恢复程度，确定国内产业没有受到倾销影响、处于正常市场竞争环境下的综合发展状态。

6.5 本章小结

反倾销措施是一种贸易政策手段，反倾销措施对国内受损产业的救济效果是反倾销政策评估的重要方面。本章在一般性公共政策评估理论的基础上，根据反倾销政策实施效果评估原理和反倾销实践特点，构建了“三位一体”的AT－CF－IS评估理论框架体系，明确了反倾销政策实施效果评估的整体思路，给出了各评估方法的评估原理与步骤，为评估反倾销政策实施效果提供了不同的评估视角和产业预期发展情景。AT－CF－IS评估框架，分别从国内产业的实际发展趋势综合评估、反事实预测评估以及理想状态模拟评估三个方面对反倾销的政策实施效果进行全面研究与评估，其中实际发展趋势评估通过国内受损产业在反倾销政策实施前后整体发展态势的对比，较为直观地展现了反倾销政策的实施效果；反事实预测评估将不存在反倾销政策情况下国内产业的发展状况与国内产业现实状况进行对比分析，从而获得反倾销政策实施对国内产业的救济效果；理想状态评估则基于反倾销措施实际政策效果与反倾销措施实施前预期理想效果之间的比较，评测反倾销政策是否弥补了倾销对各国内产业的负面影响程度。本章节论述的反倾销政策AT－CF－IS评估理论框架，为反倾销政策效果评估提供了多角度比较研究与量化的途径与方法。

7

反倾销政策实施效果评估方法体系研究

基于反倾销调查机关的需要，检验反倾销政策是否对国内产业发展产生了应有的救济作用，能够为反倾销调查机关提供充分的理论依据。科学、有效地评估反倾销政策的实施效果，对反倾销调查机关的未来决策支持也具有重要的实践意义。本书第六章构建了“三位一体”的评估理论框架体系，明确了反倾销政策实施效果评估的整体思路，给出了各评估方法的评估原理与实施要点。然而，在反倾销政策实施效果评估中，计量模型的构建是综合评估的关键，评估模型包括评估指标的选取、评估标准的确定、政策效果的计算等步骤，每个步骤都需要运用一些科学的计量方法，因此反倾销政策效果评估模型的建立是一个多种方法综合运用的过程，本章将对每一步的处理过程作出详细分析。

7.1　产业实际发展趋势评估模型

产业实际发展趋势评估是对国内产业在反倾销政策作用下的实际发展情况进行综合评估，通过时间序列评估指标的前后对比，分析反倾销政策效果。对于产业发展趋势的综合评估很大程度上取决于具体评估方法的选择，即如何对反映国内产业政策效果的指标体系进行综合评估，如何描述国内产业在反倾销政策实施前后的现实发展趋势曲线。这是典型的综合评价的问题，需要找到科学而适用的评估理论与方法。

7.1.1　综合评估方法概述

确定国内产业在反倾销政策实施前后的发展状态，需要对各项指标进行综合评估，这涉及三个方面的问题，即设立评估指标体系、确定评估指标权重、计算综合评估值。在反倾销政策效果评估中，使用本书第四章建立的反倾销救济效果评估指标体系作为综合评估体系，而对于评估指标权重的确定和评估值的综合计算问题，将在下文中分别予以阐述。

7.1.1.1 评估指标权重确定方法

目前，有关指标权重的确定方法有很多，但根据计算权重时原始数据来源的不同，可以分为主观赋权法、客观赋权法和组合赋权法三类。客观赋权法，即根据指标之间的相关关系或指标值之间的差异来确定权重向量，权重来自统计数据，本身不受人为因素的影响；主观赋权法易于操作、方法简便，信息来自专家咨询，即依据综合咨询评分方法来确定权重向量；组合赋权法是基于主观、客观赋权法的优势，对两种方法的结合。相比较而言，三类评估方法各有特点，本节分别从主观赋权法和客观赋权法两类综合评价方法中选择具有适用性和代表性的评估方法，并基于一种最优化组合评价模型探讨适用于国内产业发展趋势评估的组合评价方法，从而为国内产业发展趋势的评估提供一种科学合理的选择方案。

1. 主观赋权法。主观赋权法是指确定指标权重所依据的原始数据，主要通过专家根据经验主观判断获得，然后进行统计而确立指标权重的方法。主观赋权法属于“求大同存小异”的方法，主要包括专家咨询法、德尔菲法、最小平方和法、层次分析法、极值迭代法等。这类方法的共同特征是：第一，普遍含有主观色彩，即赋权结果与评估者（或决策者）的知识结构、工作经验以及偏好等有关；第二，评估过程的透明性、再现性较差；第三，在一定的时间区间内，权重系数具有保序性和可继承性。主观赋权法的优点在于各专家能够根据实际问题，合理确定各指标权重系数之间的排序，不会出现指标系数与其实际重要程度相悖的情况。目前，应用最广泛的一种主观赋权法是层次分析法，该方法由美国运筹学专家萨迪（Saaty）于20世纪70年代提出，其主要特点是在深入分析复杂评价与决策问题的本质、影响因素及其内在关系之后，构建一个评价与决策的层次结构模型，然后利用较少的定量信息，将评价者对复杂系统的评价思维过程数学化，从而达到解决多层次、无结构特性的复杂评价与决策问题的目的。层次分析的基本步骤是评价者通过将复杂评价问题分解为多个层次和相关因素，依据某些评判原则，在同层次的各要素之间进行简单地比较与判断，依据所得的判断矩阵计算出每一层次中各因素的相对重要性，从而获得各级指标的评价权重系数。层次分析法确定指标权重的过程主要包括构造判断矩阵、检验判断矩阵的一致性等步骤。

2. 客观赋权法。客观赋权法根据实际采集的数据，判定各指标间的相关关系或变异程度，从而确定指标权重系数。与主观赋权法相比，客观赋权法避免了权重系数来源的主观性，使其具备了相对较强的客观性。客观赋权法是“求大异存小同”的方法，主要包括主成分分析法、因子分析法、熵值法、拉开档次法、均方差法和极值法等。此类方法对权重的判断主要来自于评估样本的数据，因而避免了主观赋权法的弊病。然而，该类方法也容易出现“重要指标权重小，非重要指标权重大”的现象，并且其要求样本数据空间较大，在实际应用中往往受到限制。目前，应用比较广泛的客观赋权法是熵值法和拉开档次法。熵值法赋权根据评估指标差异程度，以信息熵为工具，给各评估指标赋予恰当权重，从而进行多指标综合评估，是一种突出局部差异的方法。信息熵越小，信息无序度越低，其信息效用值越大，指标的权重也越大；反之，信息熵越大，信息的无序度越高，其信息效用值越小，指标的权重也越小。因此信息熵能够反映系统信息的有序程度和信息的效用值，通过分析各指标间的联系程度及指标所提供的信息量就能够客观地决定指标的权重。拉开档次法从整体上尽可能体现出各评价对象之间的差异，以利于对其排序。拉开档次法具有评价过程透明和保序性好等特点，它把 n 个评估对象看成是 m 个指标构成的 m 维空间上的 n 个点，通过向 m 维空间作 n 个点的一维投影，使得投影点的分散程度最大，从而找出各指标的权重。

3. 组合赋权法。事实上，没有一种方法在任何时候，对于各种评价目的而言都是最优的。选用不同方法，实际上是以不同的视角进行综合评价，由于各种评估方法的机理不同、方法的属性层次各异，在实际评估中各种方法的评价结论会存在差异，如果仅根据某一种评价方法作出决策，往往有失偏颇，因此将不同类别的评估方法进行综合考虑，通过组合得出综合评估结论，能够有效解决各种方法本身存在的不足，平衡各种评估方法的差异性，这一研究思路就是

"组合评价方法",是系统综合评价未来的重要研究方向。组合评价方法的步骤是首先根据主观赋权法和客观赋权法找出各自的权重系数,然后根据主观赋权法和客观赋权法权重的比重来综合确定权重系数。目前使用较多的组合赋权法,主要是采用主观赋权法和客观赋权法线性相加来表示权重,这样既能充分利用客观信息,又搜集了专家和决策者的意见,通过把主观赋权法确定的权重和客观赋权法确定的权重线性相加,来求得国内产业综合状态计算中所需要的权重。组合赋权法权重表达形式如下:

$$w_j = k_1 p_j + k_2 q_j, \quad j = 1,2,\cdots,n \tag{7.1}$$

式中:p_j,q_j 分别表示由主观赋权法和客观赋权法产生的各指标权重。显然,组合赋权法的关键问题是待定系数 k_1,k_2 的确定,实际上,k_1,k_2 一般可由数学模型生成,当要体现被评估对象之间的整体最大差异时,应使下列表达式取值最大:

$$\sum_{i=1}^{m} y_i = \sum_{i=1}^{m} \sum_{j=1}^{n} (k_1 p_j + k_2 q_j) x_{ij} \tag{7.2}$$

式中:m,n 分别代表评估对象和评估指标的个数,x_{ij}取评估指标的具体数据值。在满足条件 $k_1^2 + k_2^2 = 1$ 且 $k_1 > 0$,$k_2 > 0$ 下确定 k_1,k_2,应用拉格朗日条件极值原理,可得:

$$\begin{cases} k_1 = \dfrac{\sum\limits_{i=1}^{m} \sum\limits_{j=1}^{n} p_j x_{ij}}{\sqrt{\left(\sum\limits_{i=1}^{m} \sum\limits_{j=1}^{n} p_j x_{ij}\right)^2 + \left(\sum\limits_{i=1}^{m} \sum\limits_{j=1}^{n} q_j x_{ij}\right)^2}} \\ k_2 = \dfrac{\sum\limits_{i=1}^{m} \sum\limits_{j=1}^{n} q_j x_{ij}}{\sqrt{\left(\sum\limits_{i=1}^{m} \sum\limits_{j=1}^{n} p_j x_{ij}\right)^2 + \left(\sum\limits_{i=1}^{m} \sum\limits_{j=1}^{n} q_j x_{ij}\right)^2}} \end{cases} \tag{7.3}$$

当要弥补主客观赋权法产生的"差异"时,也可在满足 $k_1 + k_2 = 1$ 且 $k_1 > 0$,$k_2 > 0$ 的条件下确定 k_1,k_2,使式(7.4)取值最小。当然,系数 k_1,k_2 也可以由评估者的偏好信息来确定,例如,由人为设定两者所占的比例。

$$\sum_{i=1}^{m} y^2 = \sum_{i=1}^{m} \left[\sum_{j=1}^{n} (k_1 p_j + k_2 q_j) x_{ij} \right]^2 \tag{7.4}$$

目前,关于组合评价方法仍然存在两个问题:首先,组合对象多集中于多种评价方法的排序结果，而对评价得分的组合形式较少，尤其是关于多种评价得分组合评价结论的有效性问题尚未引起重视，而在反倾销产业发展趋势评估中，重点关注的是国内产业在评估时间序列内的评估得分值，而并非排序结果；其次，组合评价方法过于强化客观赋权法与主观赋权法的区别，其组合评价结论的准确性很大程度上依赖于由主、客观赋权法确定的权重系数各自所占比例，缺乏对评价结论本身一致性的考虑。鉴于上述问题，本书将从主观赋权法和客观赋权法两类综合评价方法中，选择具有适用性和代表性的评估方法，并基于一种最优化组合评价模型，探讨适用于国内产业发展趋势评估的组合评价方法，从而使国内产业的实际发展趋势评估更加科学合理。

7.1.1.2　指标评估值综合计算方法

产业发展状态反映为多种复杂指标的综合，计算产业发展状态评估值的基础是评估指标数量化和指标归一化处理。反映产业发展状态的各种指标，可以根据其性质采用不同的测量尺度进行数量化，然而数量化后不能直接进行比较，因为它们的量纲不同，必须使之在量纲上统一，而量纲一元化的重要方法就是无量纲化。本书将反映产业发展状态的绝大多数指标采用简单阈值法进行标准化处理，其计算式为：

$$y_i = \frac{x_i}{\max x_i} \tag{7.5}$$

式中：x_i 为单项指标的实际值；$\max x_i$ 为样本中该指标取得的最大实际值；y_i 为归一化处理后指标的评估值。对于税前利润指标，其实际值可能会出现负数的情况，因此采用极值差值法对其进行标准化处理，其公式为：

$$y_i = \frac{x_i - \min x_i}{\max x_i - \min x_i} \tag{7.6}$$

式中：x_i 为单项指标的实际值；$\max x_i$ 为样本中该指标取得的最大实际值，$\min x_i$ 为样本中该指标取得的最小实际值；y_i 为归一化处理后指标的评估值。

现阶段，指标评估值综合计算方法很多，包括加权平均法、功能系数法、理想点决策法、灰色综合评估法、人工神经网络评估法、模糊综合评判法、熵值法等，在评估国内产业综合状态时，可以根据评估的精度需要选择不同的计算方法。当要求精度不高时，可采用加权求和法；当要求精度较高时，可采用人工神经网络法;当涉及不确定性指标时,可以采用模糊或灰色综合评估法。下面对这几种常用到的指标评估值综合计算方法进行介绍。

1. 加权平均法。在指标评估值综合计算方法中,加权平均法是最简单的一种指标综合方法,它具有加法法则和乘法法则两种形式。假设有指标 F_j 的得分为 a_j,各指标的权重系数为 w_j,则加权综合得分值 ϕ 的加法及乘法法则形式分别为:

$$\begin{cases} \phi = \sum_{j=1}^{n} w_j a_j \\ \phi = \prod_{j=1}^{n} a_j^{w_j} \end{cases} \tag{7.7}$$

加权平均法只需要有各指标权重值和原始数据,就可以利用最为便捷的乘法或加法形式进行综合评价。乘法法则公式要求各项指标尽可能取得较好的水平,才能使总的评估值较高。只要一项指标的得分为零,综合评估值就会为零,相当于"一票否决";加法法则公式中各项指标的得分可以线性地互相补偿,一项指标的得分较低,其他指标的得分都比较高,总的评估值也比较高,任何一项指标的改善,都可以使总的评估值较高。

2. 功能系数法。功效系数法是通过对指标进行无量纲化处理,评估方案优劣的一种系统性综合评价方法。功效系数法根据多目标规划原理,对每一项评价指标确定一个满意值和不允许值,以满意值为上限,以不允许值为下限,计算各指标实现满意值的程度,并以此确定各指标的分数,再经过加权平均进行综合,从而评价被研究对象的综合状况。对评估方案的各指标赋予一定的功效系数 $d_i(0 \leqslant d_i \leqslant 1)$,其中 $d_i = 0$ 表示最不满意,$d_i = 1$ 表示最满意,当评估方案的指标值全部转化为功效系数 d_i 后,可以用一个总功效系数作为评价指标,总评价指标 D 综合性很强,是一个正项指标,其值越大越好,可表示为:

$$D = \sqrt[n]{d_1 d_2 d_3 \cdots d_n}, \quad 0 \leqslant D \leqslant 1 \tag{7.8}$$

3. 理想点法。理想点法(Technique for Order Preference by Similarity to Ideal Solution,TOPSIS)是一种多目标的决策方法,使用该方法评价的关键在于寻找决策方案的"正理想解"和"负理想解"。所谓正理想解,是指设想最好的解,它的各指标值均达到各候选方案中的最优值;而负理想解则是设想最坏的解,它的指标值是各方案中的最差值。有了正理想解和负理想解，就可以考察哪个方案距离正理想解最近，同时又距离负理想解最远，那么这个方案就是所有备选方案中最好的。在进行指标综合评估时，可以计算各样本指标值与最优值之间的相对距离，并把该距离作为综合评估值。

4. 灰色评估法。灰色评估法是基于灰色理论的一种综合评估法，该理论由中国学者邓聚龙教授于 1982 年提出，目的在于用以研究少量数据、贫乏信息不确定性问题。灰色系统理论以部分信息已知而部分信息未知的“小样本”“贫信息”不确定性系统为研究对象，主要通过对“部分”已知信息的生成、开发，提取有价值信息，实现对系统运行行为、演化规律的正确描述和有效监控。灰色系统理论分析系统的常用工具是关联分析，即通过计算比较数列与参考数列的关联系数和关联度，来确定各种影响因素或备选方案的重要程度，进而决定重要因素或选择出最优方案。

5. 人工神经网络法。人工神经网络(Artificial Neural Networks, ANN)综合评估法是把人工神经网络引入综合评估后产生的一种方法。该方法主要依靠系统的复杂程度，通过调整内部大量节点之间相互连接的关系，从而达到处理信息、得到评估结果的目的。由于人工神经网络具有自学习和自适应的能力，可以通过预先提供的一批相互对应的输入输出数据，分析掌握两者之间潜在的规律，以最终根据这些规律，用新的输入数据来推算输出结果，因此该方法在综合评估中已被广泛应用。该方法也有其局限性，一是其需要大量样本数据训练，二是模型不同收敛程度和评估精度会有差别，三是需要其他评估方法相配合。

6. 模糊综合评判法。模糊综合评判方法(Fuzzy Comprehensive Evaluation Method, FCEM)是 20 世纪 60 年代，由美国科学家扎德(L. A. Zadeh)教授创立的，针对现实中大量经济现象具有不确定性和模糊性而设计的一种评判模型和方法。模糊数学理论通过模糊集利用隶属函数将不确定性在形式上转化为确定性，也就是将模糊性问题加以量化，从而为解决模糊不确定性问题提供了数学工具。模糊综合评价法根据模糊数学的隶属度相关理论将定性评价转化为定量评价，能较好地对涉及多个模糊因素的对象作出总体评价。它首先将系统各因素进行层次划分,然后由最低层次开始由下至上对各层次的模糊因素进行综合评价,最终可得到系统的综合评价结果。模糊综合评判方法既有严格的定量刻画,也有对难以定量分析的模糊现象进行主观上的定性描述,是把定性描述和定量分析紧密结合起来的一种方法,在实践中多用于评估指标模糊性较强的场合。

7.1.2 基于最优组合法的产业状态评估

结合上述各指标评估值综合计算方法的思想,本书在反倾销产业发展趋势评估中,主要采用基于最优组合法的评估方案进行产业发展趋势综合评估。评估步骤如下:第一,基于产业发展趋势评估的需要,根据相容方法集的基本原理,选择符合要求的一般性评估方法。第二,搜集指标在评估时间段内的有效数据,使用各种原始评估方法对评估指标数据进行处理,给出各种评估方法在评估时段内关于产业发展趋势的综合评估结论。第三,基于协和系数(KENDALL)对各种评估方法产生的结论进行一致性检验,如果通过检验,则进入组合评估阶段;如果未通过检验,则采用聚类分析对各种评估方法进行分类、剔除与重新组合,直到满足一致性要求为止。第四,对原始方法的评估结论进行矩阵行标准化处理,获得标准化评估矩阵,基于最优化模型求出实对称矩阵及其最大特征值和标准特征向量。第五,基于标准特征向量不同取值的分析讨论,确定组合评价权重向量,并根据组合评价模型获得组合结论,对国内产业在评估时间内的发展趋势进行综合评估。第六,使用斯皮尔曼(SPEARMAN)等级相关系数及平均百分比误差(MAPE)两个指标,分别从排序值和评估值两个方面对组合评价方法进行有效性检验。

7.1.2.1 组合评价模型相容方法集的确定

通过组合方法得出综合评估结论,能够平衡各种评估方法的差异性。在实践中,由于不同的评价方法其机理和评价结论的表现形式不尽相同,以致不同方法之间不一定都具有可比性,而不可比的方法是很难进行组合的,为此在定义相容方法集之前要首先定义可比的方法集。可比方法集是指运用不同方法,对同一组对象进行评价时其结论之间具备(或可转化为具备)可比性的所有方法的集合 M。所谓可比性是指不同方法的评价结论是以同质(或可转化为同性质)的指标形式来表示的。一般而言,不同方法对一组待评价对象如果其评价结论能以评价值表现或直接以排序形式给出,其结论通过一定的数学变换(如归一化等)均可使之具有可比性。在以上定义的基础上本报告将相容方法集定义为:在给定检验标准条件下适用于被评价对象的所有评价方法的集合 M_1,且 $M_1 \subset M$。

1. 相容方法集的选取。设反倾销政策效果产业发展态势评估的可比方法集 $M = \{m_1, m_2, \cdots, m_s\}$,评估对象集 $X = \{x_1, x_2, \cdots, x_n\}$,用第 i 种评价方法对 n 个评估对象进行评估,可以得到评价结论向量 $u_i = (u_{i1}, u_{i2}, \cdots, u_{in})^T$,$(i = 1, 2, \cdots, s)$。根据可比方法集的定义,上述评估方法的评价结论向量应当具有可比性,或已转化为具有可比性的结论。根据反倾销政策评估特点,进一步缩小相容方法集的选择范围。为了对反倾销措施前后国内产业的综合发展态势进行评估,评估对象为连续时间序列的产业指标体系,评估结论应当表示为产业综合评估值。鉴于这一特点,选择如下四种方法作为相容方法集:功效系数法、理想点法、灰色关联综合评价法及因子分析法,这四种方法的评价结论都表现为对产业发展的综合评估值,评估结论具有可比性,符合相容方法集的定义。

反倾销产业救济效果综合评估方法由于原理与适用范围的不同各有优缺点,表 7-1 列出了各种评估方法的比较与汇总情况,然后根据对比结果再探讨各种评估方法在反倾销救济评估中的适应性。在此需要说明的是,功效系数法、理想点法和灰色综合评价法本身并不能解决评估指标权重的确定问题,因此需要结合使用层次分析法(AHP)、主观赋权法和熵值客观赋权法等解决指标权重问题。

表 7-1 相容评价方法集对比表

方法名称	方法描述	优点	缺点	适用范围
功效系数法	通过指标无量纲化处理,根据功效系数评估方案的优劣	原理清晰,计算简便,结果直观明了	确定各指标满意值、不允许值及权重时存在一定人为因素	一般性系统综合评价

续表

方法名称	方法描述	优点	缺点	适用范围
理想点法	根据各评估对象与理想解和负理想解的距离来评估方案的优劣	数学几何意义明确，计算步骤简便	方法本身无法确定指标权重，需要与其他方法结合使用	一般性系统综合评价
灰色综合评价法	通过比较参考数列和被比较数列，计算其关联度来确定评估对象优劣	可以处理信息不完全情况，计算量小，数据要求低	计算结果精度不高，方法本身无法确定指标权重	应用领域广泛
人工神经网络法	通过训练方法预测主要综合指标值进行评估	方法的理论基础可靠，结论客观合理，无须人为赋权	需要评估对象数据量较大，存在统计检验的限制	对评估对象分类与综合评估
层次分析法	针对多层次结构，用相对量比较确定判断矩阵，据此计算指标权重	反映了专家意见，可靠性较高	评估对象因素不宜过多，否则影响评估结论的准确度	多用于指标权重确定、多层次评估指标赋权
熵值法	通过计算指标的差异系数获得指标权重	突出指标的局部差异，不受人为因素干扰	可能出现重要指标权重小、而不重要指标权重大的情况	指标权重确定，尤其是不采取专家打分法时

2. 相容方法集评价结论的一致性检验。由于组合评价是以多方法评价结果为基础建立起来的，其科学性和合理性直接取决于所选取的这几种评价法的结果是否合理，这就需要检验相容方法集的评价结果能否相互符合，即是否具有一致性。只有当相容方法集所选择的原始方法具有一致性时，在此基础上所建立的组合评价才是有效的，这里运用一致性系数（KENDALL）来验证相容方法集评价结论是否具有一致性。具体检验步骤如下。

（1）将四种方法的评估结果转化为排序矩阵。假设分别采用功效系数法、理想点法、灰色关联综合评价法以及因子分析法对 n 个时间段内产业救济效果评估指标进行评价。根据各方法得出评估结果，并组成相应的排序矩阵，如表

7－2所示。

表7－2　相容方法集排序值评价矩阵表

对象/方法	功效系数法	理想点法	灰色综合评判法	因子分析法
时点1	Y_{11}	Y_{12}	Y_{13}	Y_{14}
时点2	Y_{21}	Y_{22}	Y_{23}	Y_{24}
…	…	…	…	…
时点n	Y_{n1}	Y_{n2}	Y_{n3}	Y_{n4}

注：Y_{ij}表示第i个时点在第j个评价方法下的排序值。

（2）提出假设性检验。原假设H_0：四种评价方法的评估结论不具有一致性。备选假设H_1：四种评价方法的评估结论具有一致性。

（3）计算检验统计量假设。当时间序列$n \leqslant 7$时，检验统计量为：

$$W = \sum_{i=1}^{n} R_i^2 - \frac{1}{n}\left|\sum_{i=1}^{n} R_i\right|^2 \tag{7.9}$$

式中：W为一致性系数；R_i为第i个被评估时点在四种评估方法中的排序值之和，即

$$R_i = \sum_{j=1}^{4} Y_{ij} \tag{7.10}$$

给定显著性水平α，查找“KENDALL一致性系数临界值表”，得出临界值W_α。如果$W \geqslant W_\alpha$，则拒绝H_0接受H_1，即认为四种方法的评估结论具有一致性；如果$W < W_\alpha$，则接受H_0，即认为四种方法的评估结论不具有一致性，需要剔除其中某法再进行检验，直到满足一致性检验为止。当$n > 7$时，检验统计量为：$\chi^2 = m(n-1)T = 4(n-1)T$，其中：

$$T = \frac{12\sum_{i=1}^{n} R_i^2}{m^2 n(n^2-1)} - \frac{3(n+1)}{n-1} \tag{7.11}$$

在第一次检验中$m=4$，R_i表达式同式（7.10）所示。给定显著性水平α，由于χ^2分布自由度为$(n-1)$，则查找χ^2分布表，得到临界值$\chi_a^2(n-1)$。如果$\chi^2 \geqslant \chi_a^2(n-1)$，那么拒绝原假设，认为四种评估方法之间具有一致性；如果$\chi^2 < \chi_a^2(n-1)$，则接受原假设，认为评估结论不具有一致性，需要剔除其中的某个方

法再进行检验,直到满足一致性检验为止。

如果评估方法通过了一致性检验,说明各种评估方法之间具有显著的相容性,可以对各种方法的评估结论进行组合研究。如果四种评估方法无法通过一致性检验,则需要通过聚类分析对方法进行分类、剔除与重新组合,直到满足一致性要求为止。

7.1.2.2 基于最优化模型的组合权重算法

将 n 个被评价对象看成 m 个方法构成的 m 维评价空间中的 n 个点或向量。寻找 n 个被评估对象的评估值,相当于把 n 个点向某一维空间作投影。相对于几何意义而言,就是根据 m 维评价空间构造最佳的一维空间,使得各点在一维空间的投影点最为分散,即分散程度最大。将 m 种评价方法的评估结论视为 m 个指标或变量 $y_1, y_2, \cdots, y_m$ 的取值,设其为极大型指标,即数值越大评价结论越好。取 m 个极大型评估指标组合评价值函数为:

$$z_i = \lambda_1 y_1 + \lambda_2 y_2 + \cdots + \lambda_m y_m = \lambda^T y \qquad (7.12)$$

式中:$\lambda = (\lambda_1, \lambda_2, \cdots, \lambda_m)^T$ 为待定的组合评价权重向量;$y = (y_1, y_2, \cdots, y_m)^T$ 为 m 种评价方法的评估结论向量。如果将第 i 个评估对象在 m 中评估方法的评估值 $y_i = (y_{i1}, y_{i2}, \cdots, y_{im})^T$ 代入式(7.12),可得到:

$$Z = \begin{pmatrix} z_1 \\ z_2 \\ \cdots \\ z_m \end{pmatrix} = \lambda y = \begin{bmatrix} y_{11} & y_{12} & \cdots & y_{1m} \\ y_{21} & y_{22} & \cdots & y_{2m} \\ \cdots & \cdots & \cdots & \cdots \\ y_{n1} & y_{n2} & \cdots & y_{nm} \end{bmatrix} \begin{bmatrix} \lambda_1 \\ \lambda_2 \\ \cdots \\ \lambda_m \end{bmatrix} \qquad (7.13)$$

为了最大限度地体现出各评估对象的整体差异,选取组合评价权重向量 $\lambda = (\lambda_1, \lambda_2, \cdots, \lambda_m)^T$,使 Y 投影转换到 Z 中的 n 个组合评价值的样本方差最大。这种方法可以从整体上尽量体现各评估系统之间的差异性,是一种“少数服从多数”的方法,具有客观、评价过程透明的特点,突出了与组合评价结论一致性较高的方法的作用,同时兼顾一致性程度较低的方法,从而既对多种评价结论进行了优化组合,又充分利用了所有评价方法的信息。对于组合评价变量 Z,计算其样本方差为:

$$s^2 = \frac{1}{n-1}\sum_{i=1}^{n}(z_i - \bar{z})^2 = \frac{Z^T Z}{n-1} - \frac{n}{n-1}\bar{z}^2 \tag{7.14}$$

假设 $z_1, z_2, \cdots, z_m$ 已经过标准化处理，则 $\bar{z} = 0$，因此有：

$$(n-1)s^2 = Z^T Z = \lambda^T H \lambda \tag{7.15}$$

式中：$\lambda^T \lambda = 1$；$H = Y^T Y$，H 为 $y = (y_1, y_2, \cdots, y_m)^T$ 的协方差矩阵（实对称矩阵）。至此，组合评价权重向量 $\lambda = (\lambda_1, \lambda_2, \cdots, \lambda_m)^T$ 的求解问题转化为如下最优化模型：

$$\begin{cases} \max \lambda^T H \lambda \\ s.t.\ \lambda^T \lambda = 1 \\ \lambda > 0 \end{cases} \tag{7.16}$$

若 λ' 为 H 最大特征值对应的标准特征向量，则取 $\lambda = \lambda'$ 时，$\lambda^T H \lambda$ 取得最大值。从参数具有的性质上来看，组合权重向量不同于反映指标重要性程度的主观权重（若指标是极大型的，则相应主观权重必然大于零），而是在模型求解过程中由样本数据产生的一种“客观权重”。设 H 最大特征值对应的标准特征向量为 $\lambda' = (\lambda'_1, \lambda'_2, \cdots, \lambda'_m)^T$，特征向量是不分方向的，因此会有 $\lambda'_k \leqslant 0$ $(k = 1, 2, \cdots, m)$ 的情况出现，而组合评价中必须要确定组合权重向量所表示的投影方向，相反两个投影方向意味着两组完全相反的组合评价结论，因而要对标准特征向量 λ' 进行处理。已知 $y_1, y_2, \cdots, y_m$ 为极大型指标，评价结论 z 表达式如下：

$$z = \left(\sum_{i=1}^{m} \lambda_i\right) \cdot y, \quad i = 1, 2, \cdots, m \tag{7.17}$$

如果使用各种评估方法对评估对象 A 的评价值都高于评估对象 B，则评估对象 A 的组合评价值应当高于对象 B 的组合评价值，可见 z 与 y 具有正向关联性，即 z 应当随 y 的增加而增加，随 y 的减小而减小。然而，如果式（7.17）中指标系数小于零，则 z 随着 y 的增加而减小；如果指标系数等于零，则 z 不会随 y 的变化而变化，z 缺乏对不同评价对象的区分能力。上述两种情况都不符合要求。因此，式（7.17）指标系数是确定组合权重向量的必要条件。基于上述分析，给出如下确定组合权重向量 λ 的方法：

$$\begin{cases} \lambda_i = \dfrac{\lambda'_i}{\sum\limits_{i=1}^{m} \lambda'_i}, & \lambda'_i \geqslant 0, i = 1,2,\cdots,m \\ \lambda_i = -\dfrac{\lambda'_i}{\left|\sum\limits_{i=1}^{m} \lambda'_i\right|}, & \lambda'_i \leqslant 0, i = 1,2,\cdots,m \end{cases} \tag{7.18}$$

组合权重向量还存在一种特殊的情况，若 $\lambda'_k > 0, \lambda'_l < 0, \lambda'_g = 0$，则需分情况讨论：

(1) 如果 $\left|\sum\limits_{k=1}^{m} \lambda'_k\right| \neq \left|\sum\limits_{l=1}^{m} \lambda'_l\right|$，则：$\lambda_k = \dfrac{\lambda'_k}{\left|\sum\limits_{k=1}^{m}\lambda'_k + \sum\limits_{l=1}^{m} \lambda'_l\right|}, \lambda_l = -\dfrac{\lambda'_l}{\left|\sum\limits_{k=1}^{m} \lambda'_k + \sum\limits_{l=1}^{m} \lambda'_l\right|}, \lambda_g = 0$。

(2) 如果 $\left|\sum\limits_{k=1}^{m} \lambda'_k\right| = \left|\sum\limits_{l=1}^{m} \lambda'_l\right|$，则按最优化模型重新计算组合权重，直到获得满意解。

基于建立上述最优化模型，可以获得"最优化"的组合评价权重向量，并找出"最满意的"组合评价结论。

7.1.2.3　组合评估模型的构建与有效性检验

对 n 个评价对象 m 种评价方法得到的评价结论（即评估值）用矩阵 Y 来表示。不失一般性，设 $n \geqslant 3, m \geqslant 3$，则：

$$Y = [y_{ij}]_{n\times m} = \begin{bmatrix} y_{11} & y_{12} & \cdots & y_{1m} \\ y_{21} & y_{22} & \cdots & y_{2m} \\ \cdots & \cdots & \cdots & \cdots \\ y_{n1} & y_{n2} & \cdots & y_{nm} \end{bmatrix} \tag{7.19}$$

如果对 m 种评价方法的评估结论进行组合，$Z = (z_1, z_2, \cdots, z_n)^T$ 表示为 n 个被评估对象的组合评价结果向量：

$$z_i = \lambda_1 y_{i1} + \lambda_2 y_{i2} + \cdots + \lambda_m y_{im}, \quad i = 1,2,\cdots,n \tag{7.20}$$

式中：y_{ij} 表示第 i 个被评估对象在第 j 中评估方法中获得的评估值。

至此，组合评价模型可描述为：在给定运算规则下，寻找一组最优组合权重

向量 $\lambda = (\lambda_1, \lambda_2, \cdots, \lambda_m)^T$，将 m 维向量 Y 转换为一维组合评价向量 Z（该转换的几何意义是 m 维空间向量 Y 向一维空间向量 Z 的投影变换），其转换结果即为最优化组合评价结论。

组合评价方法结论虽然是多种评估方法的综合，但是否能够有效反应多种评估方法的信息仍需要进行验证。组合评价法的有效性检验是一种事后检验，主要是为了检验组合评价方法所获得的评价结论与原始方法所得评价结论之间的一致性程度。组合评价法的初衷就是既要避免单一评价法的不足，又要吸纳多种评价法的优点，因此组合评价法的结果与原始多种评价法的结果之间虽不是完全相同，但也一定相近，并应当具有显著相关性。基于上述思想，使用斯皮尔曼（SPEARMAN）等级相关系数及平均百分比误差（MAPE）两个指标，分别从排序值和评估值两个方面对组合评价方法进行有效性检验。具体检验步骤如下。

1. 将组合评价的结论及各原始评估方法的评价结论分别表示为评估值和排序值，评估结果如表 7－3 所示。

表 7－3　相容方法集评价结果矩阵表

对象/方法	功效系数法	理想点法	灰色综合评判法	因子分析法	组合评价法
时点 1	Y_{11}	Y_{12}	Y_{13}	Y_{14}	Y_1
时点 2	Y_{21}	Y_{22}	Y_{23}	Y_{24}	Y_2
…	…	…	…	…	…
时点 n	Y_{n1}	Y_{n2}	Y_{n3}	Y_{n4}	Y_n

注：表中 Y 代表各种评估方法的排序值或评估值。

2. 计算排序值的检验指标。给出排序值的检验指标为：

$$\begin{cases} \rho = \dfrac{1}{m}\sum_{j=1}^{m} r_j \\ r_j = 1 - \dfrac{6\sum_{i=1}^{n} D^2}{n(n-1)} \end{cases} \tag{7.21}$$

式中：r_j 为斯皮尔曼（SPEARMAN）等级相关系数；D 为组合评价法与第 j 种评价方法排序的等级差；ρ 反映了组合评价方法与原 m 种评价方法之间的平均相关

程度，ρ 值越大说明组合评价方法越能够代表原有评价方法的信息。

3. 计算评估值的检验指标。平均百分比误差作为评判拟合误差的指标，可以直接作为检验组合评价效果的指标，其计算公式为：

$$\begin{cases} MAPE = \dfrac{1}{n}\sum_{i=1}^{n}\left|\dfrac{Y_i - \bar{Y}_i}{\bar{Y}_i}\right| \\ \bar{Y}_i = \dfrac{\sum_{j=1}^{m} Y_{ij}}{m} \end{cases} \tag{7.22}$$

式中：Y_i 表示第 i 个评价对象采用组合评估方法所获的评估值；$\bar{Y}_i$ 表示第 i 个评估对象采用多种评估方法的平均评估值；$MAPE$ 的数值越小，说明组合评价方法与原评估方法的一致性程度越高，组合评价方法越有效。

7.1.3 反倾销救济效果影响因素剔除

从第六章分析可知，反倾销政策实施后国内产业的发展状况变化不仅受反倾销措施的影响，还受到下游需求、上游原材料、替代产品和自身市场竞争环境变化的影响，因此要准确度量反倾销措施的救济效果，就需要把这些其他因素对反倾销后国内产业发展的影响去除掉，本书提供联立方程模型作为参考，实际评估中可根据需要选择运用。

7.1.3.1 联立方程模型的相关理论

在现实生活中，社会现象和经济现象纷繁复杂，所有需要被研究的问题都是一个个系统，而不是孤立的元素，系统内各元素之间的交互影响决定了研究中难以依靠单一方程来精确描述系统的运动规律，因此为了更全面地描述系统的运行规律，就需要把各个相互联系的单一方程都联立起来，这就是所谓的联立方程模型。与单一方程中只有被解释变量和解释变量不同，联立方程模型中可能存在同一个变量在一个方程中是解释变量，而在另一个方程中是被解释变量的情况，因此在联立方程模型中为了避免混淆，通常把变量分为内生变量和外生变量两大类。考察如下一个由两个简单方程构成的联立方程模型：

$$\begin{cases} Y_{1t} = a_1 + b_1 Y_{2t} + c_1 X_{1t} + u_{1t} \\ Y_{2t} = a_2 + b_2 Y_{1t} + c_2 X_{2t} + u_{2t} \end{cases} \tag{7.23}$$

式中：Y_{1t} 和 Y_{2t} 就是相互影响并由模型本身或模型系统内部决定的，表现为具有一定概率分布的随机变量，其受联立方程模型中其他变量的影响，是联立方程模型要求的解，被称为内生变量；X_{1t} 和 X_{2t} 是由联立方程模型之外其他因素决定的，表现为非随机变量，被称为外生变量。联立方程模型中还存在一种滞后变量，用于描述固定时刻前已经知道的变量，如 $Y_{1(t-1)}$ 就是滞后内生变量，$X_{1(t-1)}$ 就是滞后外生变量。滞后变量和外生变量统一被称为前定变量，都被认为是模型确定前就确定了取值的变量，外生变量和内生变量需要在联立方程模型构建之前就确定好。

估计联立方程参数首先要进行联立方程的识别，所谓识别就是指能否从简化式模型参数估计值中推导出结构式模型的参数估计值，而结构式模型是根据经济理论建立的，描述经济变量之间直接关系结构的经济方程系统，其中每一个方程都直接表述某种经济行为或经济关系，或者是对一种经济结构或某种经济主体的行为直接描述的数学方程。模型中每个随机方程的被解释变量不仅是内生变量，而且还是由其他内生变量、前定变量和随机误差项所表示的函数，而简化式模型是指联立方程中每个内生变量只是前定变量与随机误差项的函数。结构式模型可以转化成简化式模型，如果结构化参数能够由简化式参数估计值表示，则称这个联立方程可识别，否则为不可识别。联立方程模型不可识别，意味着方程不可能被估计，只有在联立方程可识别的情况下，才能估计联立方程中的各个方程。

根据目前学者的研究，判断联立方程可识别的方法一般有：统计形式的唯一性计算法和阶条件、秩条件法等。本书采用简单的阶条件法，其判断方法是：如果一个方程能够被识别，那么这个方程不包含的变量总数应大于或等于模型系统中的方程个数减 1。记 m = 联立方程模型中内生变量的个数；m_i = 联立方程模型中第 i 个方程中内生变量的个数；k = 联立方程模型中前定变量的个数；k_i = 联立方程模型中第 i 个方程中前定变量的个数，则当 $m_i + k_i > k + 1$ 时，方程不可识别；当 $m_i + k_i = k + 1$ 时，方程恰好识别（有唯一解）；$m_i + k_i < k + 1$ 时，方程过度识别（有多组解）。

判断完联立方程的识别问题后，对于可识别方程才能采用不同方法估计联立方程模型中的参数。联立方程的模型一般不能直接由最小二乘法进行估计，这是因为方程的解释变量中往往含有与随机误差项相关的内生变量，产生联立方程偏误的现象，因此对于恰好识别的联立方程模型，一般采用间接最小二乘法（ILS），而对于过度识别模型，一般采用二阶段最小二乘法（2SLS）和三阶段最小二乘法（3SLS）。

7.1.3.2 基于供需关系的联立方程模型和计算步骤

反倾销措施实施后，出口国涉案产品的进口价格将会上升，相对应其进口量将会出现下降，这是反倾销措施对贸易最直接的影响。发生的贸易效应会首先传递到国内产业的价格和销售数量上，继而再通过这两个指标向其他指标进一步传递。在反倾销案件中，涉案产品的价格是反倾销救济措施实施的缘由，也是涉案国内产业和国内调查机关较为关心的指标，因此要去除其他因素在反倾销后对国内产业发展状态变化的干扰，就需要首先探讨国内产品的价格和销售数量，找出反倾销措施的直接影响。

假定无论是反需求函数还是反供给函数，国内产业销售产品的价格不仅与自身的销售量 Q_d 有关，而且还与其他因素紧密相关，这些因素发生变化很可能影响国内产业生产的产品在国内市场中的均衡价格，继而影响到整个反倾销救济效果。一般反需求函数中，影响国内产业销售价格的其他因素应包括：①涉案产品市场竞争影响，包括指控国企业在国内市场销售同类产品的价格 P_{sd}，非指控国企业在国内市场销售同类产品的价格 P_{nsd}，国内产业中包含企业的个数 V_e 对国内产业销售价格的影响；②涉案产品下游需求影响，包括该产品的直接下游产品销售价格 P^i_{down} 对国内产业销售价格的影响（i 表示不同的下游产品）。

一般在反供给函数中，影响国内产业销售价格的其他因素应包括：①涉案产品的上游供应影响，包括该产品的主要上游投入原材料价格 P^j_{up}（j 表示不同的上游产品）、生产涉案产品的主要能源投入价格 P^k_{eng}（k 表示不同的能源投入）对国内产业销售价格的影响；②涉案产品的替代产品影响，包括进口国国内生产的涉案产品的替代品价格 P^l_{subd}，由国外进口的该产品的替代品价格 P^l_{subi} 对国内产业销售价格的影响（l 表示不同种类的替代品）。

根据以上因素,可列出国内产业同类产品的反需求函数 P_d^d 和反供给函数 P_d^s 如下:

$$P_d^d = \gamma_{11}Q_d + \gamma_{12}P_{sd} + \gamma_{13}P_{nsd} + \gamma_{14}V_e + \gamma_{15}P_{down} + u_1 \tag{7.24}$$

$$P_d^s = \gamma_{21}Q_d + \gamma_{22}P_{up} + \gamma_{23}P_{eng} + \gamma_{24}P_{subd} + \gamma_{25}P_{subi} + u_2 \tag{7.25}$$

式中:u_1,u_2 为随机误差项。均衡条件为:

$$P_d^s = P_d^d \tag{7.26}$$

同时,在需求函数和供给函数中,国内产业销售同类产品的数量不仅与自身的销售价格 P_d 有关,而且还与其他因素紧密相关。一般需求函数中,影响国内产业销售数量的其他因素应包括:①涉案产品的国内市场竞争影响,包括指控国企业在国内市场销售同类产品的数量 Q_{sd} ,非指控国企业在国内市场销售同类产品的数量 Q_{nsd} ,国内产业中包含企业的个数 V_e 对国内产业销售数量的影响;②涉案产品的下游需求影响,包括该产品的直接下游产品的销售数量 Q_{down}^i,该产品的直接下游产品的生产能力 CAP_{down}^i(i 表示不同的下游产品)对国内产业销售数量的影响。

一般在供给函数中,影响国内产业销售数量的其他因素应包括:①涉案产品的上游供应影响,包括该产品的主要上游投入原材料数量 Q_{up}^j(j 表示不同的上游产品),生产涉案产品的主要能源投入数量 Q_{eng}^k(k 表示不同的能源投入)对国内产业销售数量的影响;②涉案产品的替代产品影响,包括进口国国内生产的涉案产品的替代品销售数量 Q_{subd}^l,由国外进口的该产品的替代品数量 Q_{subi}^l 对国内产业销售数量的影响;③自身产能的影响 CAP_d 。

根据以上因素,可列出国内产业生产的同类产品的需求函数 Q_d^d 和供给函数 Q_d^s 如下:

$$Q_d^d = \beta_{11}P_d + \beta_{12}Q_{sd} + \beta_{13}Q_{nsd} + \beta_{14}V_e + \beta_{15}Q_{down} + u_3 \tag{7.27}$$

$$Q_d^s = \beta_{21}P_d + \beta_{22}Q_{up} + \beta_{23}Q_{eng} + \beta_{24}Q_{subd} + \beta_{25}Q_{subi} + \beta_{26}CAP_d + u_4 \tag{7.28}$$

式中:u_3,u_4 为随机误差项。均衡条件为:

$$Q_d^s = Q_d^d \tag{7.29}$$

将以上式(7.24)—式(7.26)联立,形成第一个联立方程模型;将式(7.27)—式(7.29)联立,形成第二个联立方程模型。假设涉案产品的直接下游产品、原材料投入、能源投入、替代品均只有一种。首先采用阶条件法判定上述联立方程模型的可识别性：在反需求函数中，变量个数 $m_1+k_1=6$，而联立方程中前定变量个数 $k=8$，所以反需求函数是可识别的；在反供给函数中，变量个数 $m_1+k_1=6$，而联立方程中前定变量个数 $k=8$，所以反供给函数是可识别的；在需求函数中，变量个数 $m_1+k_1=6$，而联立方程中前定变量个数 $k=9$，所以反需求函数可识别；在供给函数中，变量个数 $m_1+k_1=6$，而联立方程中前定变量个数 $k=9$，所以反供给函数也可识别，因此第一个和第二个联立方程模型都是可识别的。

下面使用三阶段最小二乘法，估计取对数后的联立方程模型，步骤如下：①将结构模型转化为简化式模型，并用最小二乘法（OLS）得到内生变量的估计值；②使用 OLS 估计变量替换后的结构式模型，即用上一步骤所得的各内生解释变量的估计值替换结构式模型中的内生解释变量，再使用 OLS 法得到结构化参数的估计值，由此获得结构式模型中各方程随机误差项的方差和协方差的估计；③使用广义最小二乘估计法（GLS）对以单一方程形式表现转换后的联立方程模型进行估计，即首先将原始联立方程模型结构按照前面所介绍的方法转换为单一方程形式，其次为克服转换后单一方程随机误差项异方差和自相关问题，用各方程随机误差项方差和协方差的估计值对单一方程进行变换，使其随机误差项满足 OLS 假定，最后使用 OLS 估计变换模型，得到 3SLS 的参数估计值。

估计出联立方程组的各参数后，还需要对联立方程模型进行检验，包括单个结构方程的检验和总体模型的检验。单个结构方程的检验包括经济意义检验、统计检验、计量经济学检验和预测检验，总体模型检验包括拟合效果检验、预测性能检验、方程间误差传递检验和样本间误差传递检验。通过检验，可以剔除不明显的其他因素影响，留下各显著因素对反倾销后国内产业价格的影响。

假设直接下游产品的销售价格 P^i_{down} 为显著性因素，则其估计参数为直接下游产品的销售价格变化对国内产业销售价格变化的影响程度；同理，反需求函数中国外涉案产品销售价格 P_{sd} 前的参数 γ_{12} 就反映了在其他影响国内产品销售价格的因素不变化的情况下，反倾销救济措施对国内产业销售价格变化的影响程度；需求函数中国外涉案产品进口量 Q_{sd} 前的参数 β_{12} 就反映了在其他影响国内产品销售数量的因素不变化的情况下,反倾销救济措施对国内产业销售数量变化的影响程度。找出了 γ_{12},β_{12},就能知道在其他因素保持不变的情况下,反倾销措施导致进口产品价格下降和进口量减少对国内产业所造成的影响,从而达到去除其他影响因素对反倾销后国内产品销售价格和销售数量变化干扰的目的。

假设反倾销政策实施后某年某指标的实际值为 $Index_{(t)}$,去除其他因素干扰的修正值为 $Index_{(t)}'$,$Index_{(t-1)}$ 为反倾销前一年的实际值,则反倾销救济效果评估指标体系中的所有指标变化情况可以按以下方法推导。

1. 国外涉案产品的进口量及进口价格。从上面建立的联立方程模型可知,国外涉案产品的进口量和进口价格为外生变量,故国外涉案产品的进口量和进口价格不受国内产业上游、下游、替代产品等其他因素变化的影响,即 $P_{s(t)}' = P_{s(t)}$,$Q_{s(t)}' = Q_{s(t)}$。

2. 国内产业销售同类产品的价格 。反倾销政策的实施与否会对涉案产品的销售价格产生直接而明显的影响,另外,涉案产品的销售价格具有一定的时间趋势,具有记忆特性,能够反映出一定的统计规律性,是企业经营者最为关心的指标之一。由于 γ_{12} 表示国外涉案产品价格变化 1%,国内产业销售同类产品的价格变化程度,即

$$\frac{P_{s(t)}' - P_{s(t-1)}'}{P_{s(t-1)}'} \times \gamma_{12} = \frac{P_{d(t)}' - P_{d(t-1)}'}{P_{d(t)}'} \tag{7.30}$$

故国内产业销售同类产品的价格修正值可表示为:

$$P_{d(t)}' = \left[\frac{P_{s(t)}' \times \gamma_{12}}{P_{s(t-1)}'} - \gamma_{12} + 1\right] \times P_{d(t-1)}' \tag{7.31}$$

当 t 取反倾销后第一年时,$P_{d(t-1)}' = P_d$,$P_{s(t-1)}' = P_s$。

3. 国内产业销售同类产品的数量。由于 β_{12} 表示国外涉案产品销售量变化 1%,国内产业销售同类产品数量的变化程度,即

$$\frac{Q_{s(t)}' - Q_{s(t-1)}'}{Q_{s(t-1)}'} \times \beta_{12} = \frac{Q_{d(t)}' - Q_{d(t-1)}'}{Q_{d(t)}'} \tag{7.32}$$

故国内产业销售同类产品的数量修正值可表示为:

$$Q_{d(t)}' = \left[\frac{Q_{s(t)}' \times \gamma_{12}}{Q_{s(t-1)}'} - \beta_{12} + 1\right] \times Q_{d(t-1)}' \tag{7.33}$$

当 t 取反倾销后第一年时，$Q_{d(t-1)}' = Q_d$，$Q_{s(t-1)}' = Q_s$。

4. 国内产业生产同类产品的数量。由于国内产业在生产产品时，不仅跟销量有关，还跟库存和预期等相关，故在确定国内产业去除其他因素影响情况下的产量时，可以根据实际情况中国内产业产量与销量的比值，以及国内产业在去除其他因素影响情况下的销量来确定，即国内产业同类产品生产量修正值 $Pr_{d(t)}'$ 表示为：

$$Pr_{d(t)}' = Pr_{d(t)} \times \frac{Q_{d(t)}'}{Q_{d(t)}} \tag{7.34}$$

5. 国内产业的产能。国内产业的产能不仅受到自身销售情况的影响，而且受到国内产业自身性质和资本规模的影响；另外，国内产业中各个企业经营者的决策不同，也会导致产能规模扩大在数量上的不同，因此不能简单由产量推得产能，而是根据国内产业的产能序列来确定国内产业产能的预期值。假设反倾销后某年国内产业的产能数值为 $CAP_{d(t)}$，其后续年份大于 $CAP_{d(t)}$ 的扩张产能为 $CAP_{dn(t')}$，则该年的预期国内产业产能计算公式为：

$$CAP_{d(t)} = \begin{cases} CAP_{d(t-1)}, & Q_{d(t)} \leqslant CAP_{d(t-1)} \\ CAP_{dn(t')}, & Q_{d(t)} > CAP_{d(t-1)} \end{cases} \tag{7.35}$$

6. 国内产业的产能利用率。国内产业的产能不仅受到自身销售情况的影响，而且受到国内产业自身性质和资本规模的影响。另外，国内产业中各个企业经营者的决策不同也会导致产能规模扩大在数量上的不同。根据产能利用率公式计算，即国内产业的产能利用率的修正值为：

$$CU_{d(t)}' = \frac{Q_{d(t)}'}{CAP_{d(t)}'} \tag{7.36}$$

7. 国内产业的就业人数。一般认为国内涉案产业在遭受国外产品的倾销损害而面临经营困难时，会采取裁员的做法以维持经营。企业在实际生产经营过程中就业人数和人均工资涉及的影响因素非常复杂，不在模型的讨论范围之内，因此国内产业就业人数修正值仍采取反倾销后的实际值，即

$$W_{s(t)}' = W_{s(t)} \tag{7.37}$$

8. 国内产业的劳动生产率。根据劳动生产率的计算公式以及调整后的国内涉案产业产量、国内涉案产业就业人数来计算调整后的国内涉案产业劳动生

产率，即国内产业的劳动生产率修正值为：

$$Lb_{d(t)}' = \frac{Q_{d(t)}'}{W_{d(t)}'} \tag{7.38}$$

9. 国内产业的利润。销量增加将直接导致国内产业利润水平的升高。根据利润计算公式，利润水平的高低取决于销售收入和成本费用两个因素，故可以使用先计算收入修正值，再利用收入修正值和反倾销后实际单位平均成本数据，计算国内产业利润修正值。假设反倾销后国内产业的实际单位平均成本为 $c_{(t)}$ ，则利润预期值可按以下公式计算：

$$\pi_{d(t)}' = [P_{d(t)}' - c_{(t)}] \times Q_{d(t)}' \tag{7.39}$$

10. 国内产业的投资收益率。投资收益率等于利润除以投资总额。利润的上涨会带动投资收益率的上涨，因此本书把投资收益率的变化等同于利润的变化，投资收益率的修正值按以下公式计算：

$$IR_{d(t)}' = \frac{\pi_{d(t)}'}{\pi_{d(t-1)}'} \times IR_{d(t-1)}' \tag{7.40}$$

11. 国内产业的市场份额。根据市场份额的计算公式和修正后的国内产业销量数值，国内产业的市场份额按下列公式计算，即

$$Share_{d(t)}' = \frac{Q_{d(t)}'}{Q_{d(t)}' + Q_{f(t)}'} \tag{7.41}$$

12. 其他影响因素。在影响因素去除过程中，难以确定外资技术控制率、外资的国别集中度和产业结构优化程度三项指标的实际变化情况，因此本书认为该三项指标的修正值保持实际值不变，即 $TC_{d(t)}' = TC_{d(t)}$，$FF_{d(t)}' = FF_{d(t)}$，$IO_{d(t)}' = IO_{d(t)}$。

通过使用上述方法，可以推出反倾销实施后国内产业在去除其他因素影响时的各指标修正值，再通过对以上指标按照指标综合方法进行加权处理，就可计算得到国内产业在去除其他因素影响时的综合发展状态。

7.1.4 实际发展趋势评估步骤与特点

上述内容解决了产业实际发展趋势评估方法的三个关键技术问题点，我们就可以按照实际发展趋势评估思路，遵循如下步骤评估反倾销政策实施效果。

1. 搜集反倾销政策效果评估指标体系在倾销调查期和反倾销保护期内的

指标数据，并使用前述第四章中描述的方法对指标进行标准化和一致化处理；采用上诉组合赋权法和综合评估方法，对反倾销政策实施前后各时间节点的国内产业各指标数值加权计算，得到各个时间点的国内产业综合状态评估值。

2. 对反倾销保护期内实际各年的国内产业综合状态量化值，按照上述其他因素影响去除方法剥离其他因素的影响，得到仅在反倾销措施影响下的反倾销后国内产业各年综合状态量化值。根据产业类型判定方法先确定评估对象产业类型，再根据恢复标准确定方法和发展标准确定方法，找到评估对象产业的恢复标准和发展标准。

3. 分别将反倾销前后各年国内产业的综合量化值求和，再求两者的差值得到反倾销措施采取之后国内产业的恢复量化值。比较该恢复量化值与恢复标准的大小，如果恢复量化值小于恢复标准，则判定反倾销措施救济无效；如果恢复量化值大于或等于恢复标准，判定反倾销措施救济有效，继续判断反倾销保护期内，国内产业的综合量化值之和与发展标准的大小，并用二者的比值表示反倾销措施救济达标度，得出反倾销救济效果量化结果。以上关键计算步骤可由表7－4进一步表示。

表7－4　实际发展趋势评估方法关键步骤计算表

关键步骤	所需参数	计算方法	计算结果
1	国内产业在倾销调查期和反倾销保护期内的各指标实际值	综合评估方法	V_{1999}，V_{2000}，V_{2001}，V_{2002}，V_{2003}，V_{2004}，V_{2005}，V_{2006}
	国内产业、上游产业、下游产业、替代产品和竞争者在反倾销保护期内的各指标实际值	联立方程组模型和影响因素去除方法	V_{2002}'，V_{2003}'，V_{2004}'，V_{2005}'，V_{2006}'
2	国内产业在倾销调查期内的各指标实际值以及其他必要参数	恢复标准计算方法	$S_{损}$
	国内产业在反倾销保护期内的各指标实际值	发展标准计算方法	$S_{期}$
3	V_{2002}'，V_{2003}'，V_{2004}'，V_{2005}'，V_{2006}'，V_{1999}，V_{2000}，V_{2001}，$S_{损}$	求差比较大小	ED
	V_{2002}'，V_{2003}'，V_{2004}'，V_{2005}'，V_{2006}'，$S_{期}$	求商比较大小	GD

假设某反倾销案件2002年初裁,1999—2001年为反倾销调查期,2002—2006年为反倾销保护期,其国内产业实际各年发展状况量化值分别为V_{1999},V_{2000},V_{2001},V_{2002},V_{2003},V_{2004},V_{2005},V_{2006},去除影响因素后的反倾销保护调查期内国内产业各年发展状况量化值分别为V_{2002}',V_{2003}',V_{2004}',V_{2005}',V_{2006}',则国内产业的恢复标准为$S_{损}$,国内产业的发展标准为$S_{期}$,在救济幅度和救济水平概念基础上,提出反倾销政策救济有效度为ED,救济达标度为GD。表7-4中ED计算公式如下:

$$ED=\begin{cases}\text{有效,} & (V_{2002}'+V_{2003}'+V_{2004}'+V_{2005}'+V_{2006}')-(V_{1999}+V_{2000}+V_{2001})\geqslant S_{损}\\ \text{无效,} & (V_{2002}'+V_{2003}'+V_{2004}'+V_{2005}'+V_{2006}')-(V_{1999}+V_{2000}+V_{2001})<S_{损}\end{cases}\tag{7.42}$$

其中,$V_{2002}'+V_{2003}'+V_{2004}'+V_{2005}'+V_{2006}'$表示反倾销后去除其他因素影响的国内产业调整综合总得分,$V_{1999}+V_{2000}+V_{2001}$表示反倾销前国内产业的实际综合总得分,两式之差则表示反倾销救济措施的恢复得分,即表7-4中GD计算公式如下:

$$GD=\frac{V_{2002}'+V_{2003}'+V_{2004}'+V_{2005}'+V_{2006}'}{S_{期}}\tag{7.43}$$

产业实际发展趋势评估方法适用于评估者对反倾销前3年和反倾销后5年的国内产业及其相关利益者的情况了解得比较清楚的情况,但由于这些关键数据大多牵涉相关利益体的机密,因而评估者在数据获取上相对困难。另外,即使评估者能够掌握大量数据,但由于实际发展趋势评估方法在去除其他因素的影响时,需要用到计量经济学的联立方程模型,这就需要评估者具备较多的统计学和计量经济学知识。因此对于普通的反倾销调查机关工作人员来说,实际发展趋势评估方法操作起来复杂程度较高、难度较大,方法的实际推广性相对较差。尽管产业实际发展趋势评估方法存在以上两个明显劣势,但由于其考虑了反倾销政策实施前后进口国国内环境的变化问题,并且将其他因素对反倾销救济效果的干扰已充分去除,因此评估精度较高,有利于反倾销调查机关精确把握实际的反倾销救济效果,特别是在国内产业的发展环境发生重大变化时,使用该方法就显得更为合理。

7.2 产业发展反事实预测评估模型

反事实评估是在未受到反倾销救济，而国外企业继续倾销的情况下，对国内产业发展状况的模拟评估。实践中，国内产业在遭受到国外进口产品的倾销冲击后，其生产经营状况往往受到影响，表现为各类经济指标恶化，整个国内产业发展态势出现下降趋势。如果国内产业受到国外产品倾销损害后，及时向进口国调查机关提起了反倾销诉讼，在反倾销政策实施之后，国内产业通常会受到政策作用的影响，逐步得到恢复和发展。然而，如果假定国内产业未受到反倾销政策的救济，继续遭受进口倾销损害，那么对国内产业的发展态势的评估就符合反事实的分析思路。本书在前述章节已经对反倾销政策救济效果的评估标准，及国内产业在反倾销政策实施前后的发展态势综合评估方法进行了量化研究，在此不再赘述，本节重点关注反事实预测评估中趋势线的确定方法。

7.2.1 预测基础问题描述

反倾销案件涉及的不同产品产业具有自身的特征，各产业受倾销影响的时间、程度等方面都具有不同的表现，所以各反倾销涉案产业在倾销影响下的发展情况千差万别。进行国内进口竞争产业未来发展的“反事实”虚拟状态预测，需要获得预测基础样本数据，此基础样本数据是国内产业受到倾销损害而未实施反倾销政策的各产业发展经济指标数据。为了保证产业发展预测结论的可靠性，下面对预测过程中产生的相关基本问题予以交代。

7.2.1.1 预测基期的确定

根据反事实评估思路，预测模型需要基于国内产业受到倾销损害期间的指标数据，采用某种方法预测产业未来发展态势，由此可见，预测的基础数据为国内产业在反倾销保护前、受到倾销损害时的数据。在实践中，国内产业遭受倾销损害的情况各不相同，某些产业可能在提起反倾销诉讼前长期处于国外产品倾销的市场环境中，而某些产业则可能在受到倾销后短时间内就及时提起了反倾销申请。根据 WTO《反倾销协议》以及《中华人民共和国反倾销条例》的规定，调查机关在确定倾销造成的产业损害时，只需要考察国内产业在申请反倾销前3年内的产业发展态势，也就是说，以反倾销立案前3年作为产业损害的调查期。基于这一现实，本书将国内产业在提起反倾销申请[①]前3个自然年的产业数据作为预测的基础。由于年度数据太少，无法进行有效预测，因此确定指标3年内的月度或季度数据作为预测的基期数据。

7.2.1.2　预测指标的选取

在预测前，首先需要选定预测基期的具体指标，也就是说，需要基于何种指标对国内产业的发展态势进行反事实评估。本书基于“先综合后预测”及“先预测后综合”两条评估思路提出如下两种指标选择路径：①基于产业发展态势综合评估值。在上节产业发展态势综合评估中，已经基于国内产业救济效果评估体系的主要指标对国内产业的发展态势进行了综合评估，因此可以在国内产业综合评估值的基础上进行预测，直接获得国内产业在“反事实”情况下的综合发展态势。②基于产业救济效果评估体系的指标。由于在某些情况下无法获得国内产业各指标的季度或月度数据，无法形成足够的基期样本数据进行预测，此时可以根据各指标的变化特点直接进行预测。

7.2.1.3　国内产业时间序列数据类型的识别

在明确预测指标之后，就需要基于指标时间序列数据的变化情况，研究预测数据属于何种类型，并据此选择适当的预测方法。由于反倾销涉案产业不同，倾销对各类产业造成的影响程度也有所不同。在不同的反倾销案件评估中，基于国内产业历史数据反映出来的变化规律也将有很大不同。假设能够获得国内产业在反倾销前3年的月度或季度综合评估值，则需要识别这些时间序列数据的类别。根据时间序列数据影响因素的分析，主要从如下几个方面考虑国内产业时间序列数据的类别。

1. 长期发展趋势。长期趋势是时间序列在较长的时间内，受某种根本性因素影响所呈现出的总体发展趋势，是对时间序列数据进行分析预测的重点。国内产业基期时间序列数据中必然隐含长期发展态势，表明了国内产业在受到倾销损害情况下的整体发展态势。这种态势一般呈下降趋势，但也可能出现水平

① 此处可以将反倾销立案前3年作为预测基期，因为产业提出申请与获得立案的时间间隔较小。

趋势或上升趋势。

2. 季节变动趋势。季节变动趋势是时间序列受季节更替、销售淡旺季或节假日等影响而呈现的周期性变动。当国内产业预测的基础数据为各年季度数据时，出现季节性变动趋势的可能性较大。

3. 循环变动趋势。循环变动是一种变化非常缓慢、需要经过数年或数十年才能显现出来的循环现象，这需要很长时间的样本数据加以分析才可能获得循环变动的信息。限于国内产业数据样本量的限制，反事实预测评估中可以不考虑循环变动因素。

4. 随机变动。随机变动是指时间序列由于突发事件或各种偶然因素引起的无规律可循的变化。一般而言，各类时间序列数据都或多或少存在随机变动因素，需要通过数据预处理消除随机变动的影响再进行模型预测。

结合上述各种变动趋势，可以对国内产业的时间序列数据进行分类与识别，主要类型包括：水平趋势型、线性趋势型、曲线趋势型、水平趋势季节型、线性趋势季节型和曲线趋势季节型，各类不同的数据类型应当选用不同的预测模型与方法进行反事实预测评估。

7.2.1.4 预测时间跨度

预测时间跨度是根据反倾销评估的具体时间与实际需要而确定的。如果反倾销措施已经采取了很长时间后才进行评估，则预测时间较长；如果是在反倾销措施实施后短时间内发起评估，则预测时间不需要很长；如果只是为了评估反倾销措施在过去某一段时间内的效果，则预测时间只要满足这一时间跨度即可。由于反倾销措施5年即到期①，因此最长的预测时间跨度为5年。根据预测时间跨度的长短，将其分为以下几类：近期预测，指预测期不满半年的预测；短期预测，指预测期为半年至1年的预测；中期预测，指预测期在2年至3年的预测；长期预测，指预测期在5年左右的预测。需要说明的是，在评估前必须确定预测时间跨度，其长短直接影响到样本数据的搜集、预测方法的选择及预测结果的精度。

---

① 如果反倾销日落复审认为有必要继续采取措施，反倾销措施可以继续延期，但这种情况较少。

7.2.2 反事实预测模型选择

反事实即通过假定不存在反倾销情况下国内产业的发展状况与国内产业现实状况的对比分析，剥离其他因素对国内产业造成的影响，从而量化反倾销政策的实施效果。很明显，这种反事实的虚拟发展状况实际上是基于一种假设，即没有实施反倾销政策，国内产业在受到产业损害期间发展态势的一种继续和延伸。对于这一虚拟发展态势的评估，应当基于国内产业在遭受倾销影响期间的发展态势，预测其未来发展趋势，如图 7－1 所示。根据上述评估思路的分析，对于国内产业发展态势的反事实评估很大程度上取决于预测方法的选择，即如何根据国内产业在受到倾销损害期间的原始指标数据，预测其在未受到反倾销救济、国内企业继续倾销情况下的发展趋势。

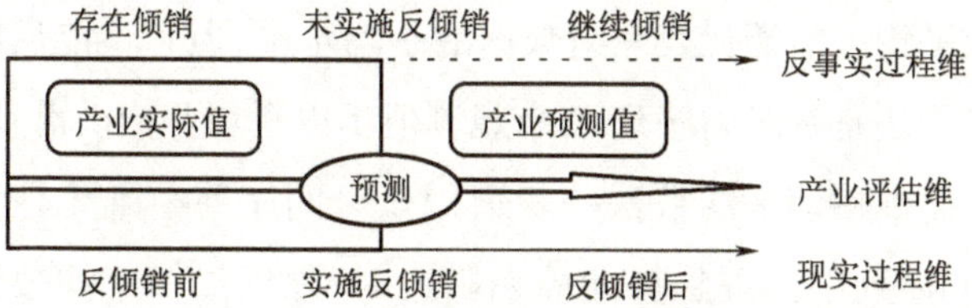

图 7－1　产业发展态势反事实评估预测思路图

预测科学理论为经济社会实践提供了种类繁多的预测方法与模型，每种方法都有其特点、用途和适用范围。按照根本属性的不同，可以将预测方法分为定性预测法和定量预测法：定性预测法又称为“经验判断法”，它是根据已掌握的历史资料和现实材料，以人的经验、事理等主观判断为依据，对事物未来发展的性质作出描述，主要对事物发展的趋势、方向和重大转折点进行预测；定量预测法又称“数学分析法”，是在分析相关资料的基础上，根据预测目标利用预测对象的历史和现实数据，按变量之间的函数关系建立数学模型，从而计算出预测对象的预测值。在实际应用中，应当结合预测对象所处环境及其各种影响因素的变化趋势，注意定性分析和定量预测相结合。在反倾销救济效果评估中，需要使用反事实预测的方法，基于国内产业受到倾销损害期间的数据，对国内产业的发展趋势进行预测，描述国内产业在“反事实”情景下的发展情况，因此选择科学、适用的预测理论与方法对反事实评估具有根本性的意义。

7.2.2.1 适用反事实评估的预测方法

预测科学提供了多种预测的理论、方法与模型，例如时间序列平滑预测法、季节波动预测法、马尔科夫预测法、回归分析预测法、投入产出预测法、系统动力学预测法等。预测方法虽然很多，但是没有哪种方法对所有的问题都适用，只有当预测对象及影响因素反映的规律符合预测方法的要求时，该预测方法才适用，得到的预测结果才较为可靠。基于反事实预测问题描述，根据各类预测方法原理和适用范围的不同，下文给出适用于产业发展反事实评估的六类预测方法及其在反事实预测评估中的应用范围。

1. 移动平均法。移动平均法是在算数平均法的基础上发展起来的一种预测方法。算数平均虽然能代表一组数据的平均水平，但它不能反映数据的变化趋势。移动平均法是将时间序列 N 个观测值予以平均并依次滑动，得到时间序列的预测值。简单移动平均数法一般适用于时间序列中既无趋势也无周期变化的情况，时间序列中出现趋势和周期因素时，须用加权平均数法。由于加权平均数法使预测者能更灵活地设计预测模型，所以即使在时间序列中没有明显的趋势和周期形态，也常常被使用。

在反事实评估中，如果国内产业历史时间数据没有明显的周期和趋势变化，则可以考虑使用一次或二次移动平均法；如果国内产业在不同历史阶段的数据重要性不同，例如国内产业在后期的发展态势更为重要，更能代表倾销造成的影响，则可以采用加权移动平均法，赋予后期数据更大的权重；如果国内产业在倾销影响下，出现明显发展减缓趋势，可以考虑在两次移动平均的基础上建立线性预测模型，从而进一步对国内产业进行预测。

2. 指数平滑法。指数平滑法是对时间序列由近及远，采取具有逐步衰减性质的加权处理。赋予近期观察值较大的权数，远期实际值较小的权数，使预测值既能较多地反映最新信息，又能反映大量历史资料，从而使预测结果更符合实际。指数平滑法适用于具有或不具有季节形态的短期预测，主要包括一次指数平滑法、二次指数平滑法、霍特（Holt）双参数指数平滑法、布朗（Brown）三次指数平滑法、温特(Winter)线性和季节性指数平滑法等。

在反事实评估中,如果国内产业时间序列数据既没有循环变动也没有趋势变化,则可以采用一次指数平滑方法进行预测;如果国内产业数据呈现出趋势变动形态,则可以采用二次指数平滑的方法进行预测;如果国内产业时间序列数据还存在季节变动因素,则可以采用简单季节预测、温斯特指数平滑等方法对其进行预测。

3. 曲线趋势法。曲线趋势预测法是中长期趋势预测的主要方法,它是根据时间序列的发展趋势,配合适当的曲线模型,外推预测未来的趋势值。当被预测数据序列的变动存在明显变化趋势时可选用曲线趋势预测法。曲线趋势预测法有直线模型预测法、多项式曲线模型预测法、指数曲线模型预测法、成长曲线模型预测法等。

在反事实评估中,如果国内产业时间序列逐年变化量大致相同,那么其发展趋势是直线型的,可以配合直线模型来预测未来;如果国内产业时间序列逐年变化率大体相同,那么其发展趋势是指数曲线型的,可以配合指数曲线模型来预测未来;如果国内产业时间序列的变化量中期大、前期和后期小,那么其发展趋势呈二次抛物线形,可以配合二次抛物线模型来预测未来;如果国内产业受到倾销影响后呈下降发展趋势但出现下限,则可以采用有增长上限的曲线预测模型。由此可见,选择上述各种曲线趋势预测方法时,需要对国内产业的历史时间序列数据进行分析,找出符合实际情况的曲线形式进行预测。

4. 时间序列模型法。时间序列模型方法(B-J)是由博克斯(Box)和詹金斯(Jenkins)创立的一类常用随机时间序列模型的统称,这类模型通过运用时间序列的过去值、当期值和之后扰动项的加权来解释和预测时间序列的变化规律。B-J时间序列模型主要包括自回归(AR)模型、滑动平均(MA)模型、自回归滑动平均(ARMA)模型、自回归积分滑动平均(ARIMA)模型等,这些模型已被广泛应用于各种经济分析的短期预测中。

在反事实评估中,如果国内产业的时间序列为平稳时间序列,则可以采用ARMA方法对其进行预测;如果国内产业时间序列为非平稳时间序列,则可在单整序列基础上使用ARIMA模型进行预测。这类方法需要大量的样本数据作为预测基础，只有当国内产业历史数据时间跨度较长、样本量较为充足时才可以使用。

5. 灰色预测法。灰色预测法是一种对含有不确定因素的系统进行预测的方法，它用生成模块建立微分方程模型，可从少量的、离散的、杂乱无章的数据中找出规律性，能够根据现有的少量信息进行计算和推测，先根据自身数据建立动态微分方程，再预测自身的发展。灰色预测模型具有要求样本数据少、运算方便、短期预测精度高等特点，目前已广泛运用于工业、农业、军事等社会经济生活的各个领域。

在反事实评估中，国内产业发展所受影响因素众多，未来发展趋势如果能够考虑多种因素的影响，则预测结论将更为可靠。因此，在国内产业发展的反事实评估中，可以通过使用灰色系统理论进行预测与分析。

6. 人工神经网络预测法。人工神经网络（ANN）适用于处理实际中因不确定性、不精确性等引起的系统难以控制的问题，映射复杂的输入/输出关系。在神经网络中，反向传播算法 BP（Back Propagation Algorithm）是训练人工神经网络的基本方法，得到了广泛应用。由于神经网络对大量非结构性、非精确性规律具有自适应功能，能够有效处理多变量和非线性问题，从而成为目前国内外专家学者研究得比较多的一种定量预测方法。目前，国内外已有许多将 BP 神经网络应用于期货、电力、物流、消费需求预测等方面的研究，并取得了良好效果，但神经网络比较适用于短期预测，对波动较大的数据进行长期预测，其预测精度会大大降低。

神经网络预测法需要大量的样本数据对网络进行训练，限于大多数反倾销案件中国内产业历史数据的有限性，反倾销前国内产业历史数据样本量不足以支撑数据需求量，这也在很大程度上限制了该方法在反事实预测评估中的广泛使用。

7.2.2.2 不同预测方法的比较与选择

根据分析，上述各种预测方法在不同的情况下，都可以应用于国内产业发展的反事实评估中，各种评估方法的使用范围和特点如表 7－5 所示，但最重要的是评估者应当根据各种方法的特点和使用范围的不同加以合理选择和使用。

表 7－5　各类预测方法特点比较表

方法名称	预测原理	数据量要求	数据分布	时间跨度
移动平均法	经济要素变化的时间推移理论	5—10 个样本量	稳定水平	较短
指数平滑法	信息波动历史影响到衰退理论	10—20 个样本量	短期趋势	较短
曲线趋势法	经济发展曲线趋势延伸理论	10—20 个样本量	长期趋势	较长
B－J 时间序列法	经济系统自回归理论	50 个样本量以上	平稳序列	较短
灰色预测法	灰色系统理论和微分方程原理	5 个或以上样本量	无要求	较长
神经网络预测法	神经网络和非线性函数理论	50 个样本量以上	无要求	较短

在反事实评估中，评估者应当着重根据以下三个方面选择具体的预测方法：样本数据量的多少、预测时间跨度的长短及时间序列数据的类别。

首先，基于样本数据量的多少考虑预测方法的选择。如果样本数据量较少，例如只能获得国内产业在 3 年内的季度数据时，则采用移动平均法、指数平滑法或者曲线趋势预测法较为恰当；而如果样本数据量较大，例如能够获得国内产业受到倾销影响 3 年以上甚至更长时间的历史数据，则可以选取 ARMA、ARIMA 或者人工神经网络预测法；在样本数据极度缺乏的情况下，可以考虑运用灰色预测方法。

其次，基于需要预测的时间跨度来选择预测方法。不同的预测方法可以预测的时间跨度有所不同。大部分预测方法都较为适合短期内的预测，可以保证预测结果的精度，例如移动平均法、指数平滑法等都不适用于 2 年以上的中长期预测；而曲线趋势法、灰色预测法则较为适用中长期时间跨度的预测。

最后，基于时间序列数据的类别选择预测方法。根据时间序列是否是平稳的、是否受季节波动影响，可以将时间序列数据划分为水平变动、趋势变动、水平季节波动、趋势季节波动等类型。对于各种类型数据需要使用不同的预测方法。当国内产业历史时间序列数据为平稳时间序列时，应首先考虑移动平均法、ARMA 模型法等；当国内产业数据表现出长期变动趋势时，需要考虑各类曲线预测模型或者通过构建单整序列，使用 ARIMA 模型；而如果国内产业的季节波动和趋势变化明显，也可以考虑各类季节指数平滑方法，例如温斯特指数平滑法、指数平滑法（H－W）等。

7.2.3 基于反事实的趋势线确定方法

基于反事实预测方法的理论陈述,结合实际评估需要,本书主要采用时间序列模型法和人工神经网络预测法,对国内受损产业在不存在反倾销政策下的发展趋势进行预测。

7.2.3.1 自回归综合滑动平均模型

当数据样本量适中,预测精度要求一般时,可以选择单一方程模型预测法。由于反事实评估中,预测的国内产业发展状态是单一的时间序列,可使用的只有待预测时间序列中的信息,因此通过运用时间序列的过去值、当期值和之后扰动项的加权和来建立模型解释和预测时间序列的变化规律。该类方法主要包括两种模型,分别是自回归滑动平均(ARMA)模型和自回归综合滑动平均(ARIMA)模型,上述模型均可借助计量经济学软件实现。

在使用上述模型时,首先要对国外涉案企业的销售价格或销售量时间序列进行单位根检验或者样本的自相关函数检验,以检验时间序列的平稳性。时间序列平稳是指时间序列的统计规律不会随着时间的推移而发生变化。如果时间序列稳定,可以直接使用 ARMA 模型,以估计其自回归的方程系数;如果时间序列不稳定,需要使用 ARIMA 模型,先采用差分方法使原不稳定序列形成单整序列(如果一个非平稳序列必须采取 d 阶差分才变为平稳序列的话,则原序列就是 d 阶单整的),然后再估计其 d 阶差分后的自回归方程系数。一般来讲,经济运行的时间序列都不是平稳序列,因此 ARIMA 在反事实预测中应用较多。

ARIMA 模型可指定 3 个参数用来分析时间序列,即描述自回归阶数(p)、差分次数(d)和移动平均阶数(q),通常被写作 ARIMA(p,d,q)。ARIMA 模型可表示为:

$$\varphi_p (1 - B)^d Z_t = \theta_0 + \theta_q(B)\alpha_t \tag{7.44}$$

式中:Z_t 为原指标数据序列;α_t 为白噪声序列,此数据序列是相互之间无关,且均值为 0、方差为 σ^2 的随机变量序列;B 为后移算子,与原数据序列的关系为 $B_t = Z_{t-1}$;φ_p 为自回归算子,$\varphi = p(1 - \varphi_1 B - \cdots - \varphi_p B^p)$,$p$ 为时间序列模型的自回除数;θ_q 为移动平均算子,$\theta = q(1 - \theta_1 B - \cdots - \varphi_q B^q)$,$q$ 为时间序列模型的

移动平均阶数；θ_0 为参数，表达式为 $\theta_0 = \mu(1 - \varphi_1 - \varphi_2 - \cdots - \varphi_p)$，$\mu$ 为平均数。ARIMA 模型具体实施步骤如下。

1. 根据原始数据时间序列的散点图、自相关函数和偏自相关函数图以单位根（ADF）检验其方差、趋势及其季节性变化规律，对序列的平稳性进行识别。

2. 对非平稳序列进行平稳化处理。如果数据序列是非平稳的，并存在一定增长或下降趋势，则需要对数据进行差分处理；如果数据存在异方差，则需对数据进行技术处理，直到处理后的数据的自相关函数值和偏相关函数值无显著地异于零。

3. 根据时间序列模型的识别规则，建立相关适用模型。若平稳序列的偏相关函数是截尾的，而自相关函数是拖尾的，可断定序列适合 AR 模型；若平稳序列的偏相关函数是拖尾的，而自相关函数是截尾的，则可断定序列适合 MA 模型；若平稳序列的偏相关函数和自相关函数均是拖尾的，则序列适合 ARMA 模型。

4. 运用时间序列的数据进行参数估计，检验是否具有统计意义，以判定该模型是否恰当。如检验判断模型建立不恰当，则返回第二步，重新选定模型；进行假设检验，诊断残差序列是否为白噪声，并利用已通过检验的模型进行预测分析。

7.2.3.2 人工神经网络预测

当数据样本量较大，且预测精度要求又较高时，可以采用人工神经网络预测法。在使用人工神经网络来预测时，最常用的是 BP 神经网络模型。BP（Back Propagation）网络是 1986 年由鲁梅尔哈特（Rumelhart）和麦克里兰（McCelland）为首的科学家小组提出的，一种按误差逆传播算法训练的多层前馈网络，也是目前应用最广泛的神经网络模型之一，通过使用误差梯度下降法不断学习，通过反向传播不断调整网络的权值和阈值。BP 网络能够使网络的误差平方和最小，从而找到输入与输出间的映射关系。BP 神经网络模型拓扑结构一般包括输入层（Input）、隐层（Hide Layer）和输出层（Output Layer），如图 7－2所示。

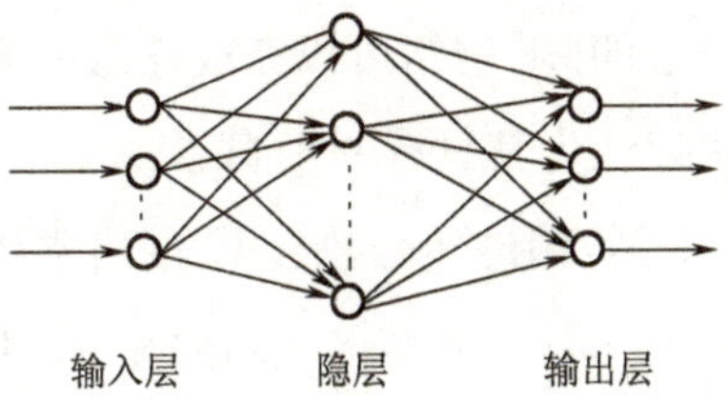

图 7－2 BP 神经网络结构示意图

BP 神经网络算法一般包括两个过程:一是数据流的前向计算(正向传播)过程,二是误差信号的反向传播过程。数据流正向传播时,传播依次方向为输入层→隐层→输出层,每层神经元的状态只影响下一层神经元,而与其他层神经元无关,如图 7－3 所示。

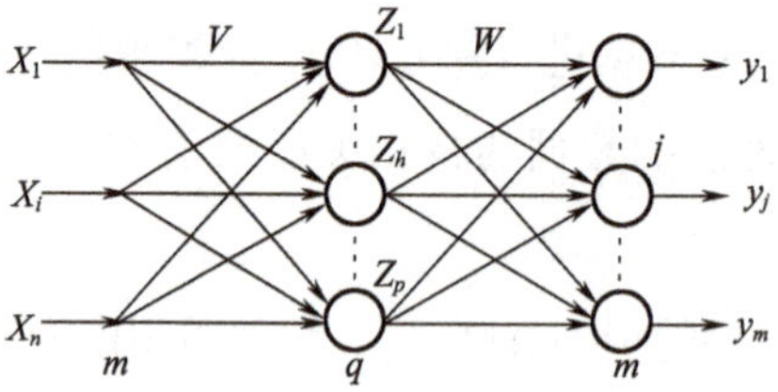

图 7－3　三层神经网络的拓扑结构图

若网络在输出层得不到期望的输出,则数据流转向误差信号的反向传播过程。上述两个过程交替进行,在权向量空间执行误差函数梯度下降策略,动态迭代搜索一组权向量,就能够使网络误差函数达到最小值,从而完成信息提取和记忆过程。

使用 BP 神经网络最关键的是输入特征选择和训练样本集的准备。若想取得实际有价值的应用效果,我们需要从最基础的数据整理工作开始,在逐步确定了神经网络层数、每层节点数、传递函数、初始权系数、学习算法后,也就确定了 BP 网络。下面阐述确定反倾销救济效果评估中的 BP 神经网络结构。

1. 隐层数的确定。由于 1998 年罗伯特・尼尔森(Robert Hecht－Nielson)证明了对任何在闭区间内的连续函数,都可以用一个隐层的 BP 网络来逼近,一个三层的 BP 网络可以完成任意的 n 维到 m 维的映照,因此初始构造的 BP 网络可以认为其只有一个隐层。

2. 常用传递函数。BP 网络常用的传递函数有三种,分别是 log－sig 型传递函数、tan－sig 型传递函数和 purelin 型传递函数,如图 7－4 所示。

其中,log－sig 型传递函数的输入值可取任意值,而输出值在 0 和 1 之间;tan－sig 型传递函数的输入值可取任意值,输出值则在 －1 到 ＋1 之间;线性传

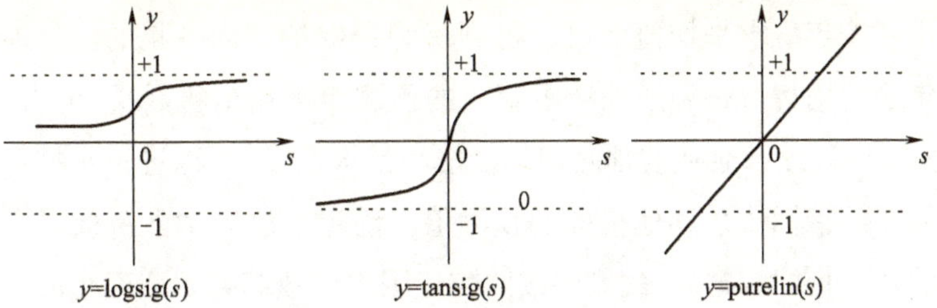

图 7-4　BP 网络常用传递函数图

递函数 purelin 的输入与输出值均可取任意值。在反倾销救济效果评估中,可以对隐层传递函数用 log - sig 函数,而输出层传递函数选用 purelin 函数。

3. 每层节点数的确定。对于多层前馈网络来说,确定隐层节点数是成败的关键。若节点数量太少,则网络所能获取的信息太少,若节点数量太多,不仅增加训练时间,而且可能导致泛化能力下降,因此选择合理的隐层节点数非常重要。根据相关文献,训练一个单隐层的三层 BP 网络,可以采用如下经验公式选择隐层节点数:

$$n_1 = \sqrt{n + m + a} \tag{7.45}$$

式中:n 为输入节点个数,m 为输出节点个数,a 为 1 到 10 之间的常数。

4. 误差的确定。BP 神经网络算法中采用的标准误差确定方法如下,当误差值小于 0.001 时结束学习。

$$E_p = \frac{1}{2}\sum_{j=1}^{m}(t_j^p - y_j^p)^2 \tag{7.46}$$

从以上分析看出,神经网络算法比较复杂,采用人工计算工作量较大,因此可以借助于矩阵实验室(MATLAB)软件包中的神经网络工具箱来实现 BP 神经网络预测国外涉案企业的价格和销量。以预测反倾销国外涉案企业的销售价格为例,假设国外涉案企业在反倾销政策实施前 15 年的各季度价格时间序列为 $p_{s(t)} = \{p_{s1}, p_{s2}, \cdots, P_{s60}\}$,使用依次排列的 4 个数据推测下一个顺序数据的方法进行预测,得出在反倾销政策保护期 5 年内,国外涉案企业的预测销售价格,记为 $p_{s(i)}' = \{p_{s61}, p_{s62}, \cdots, P_{s80}\}$, 和国外涉案企业的预测销售数量,记为

$Q_{s(i)}{}' = \{Q_{s61}, Q_{s62}, \cdots, Q_{s80}\}$ $(t = 1,2,\cdots,60; i = 61,62,\cdots,80)$，把上述两个预测时间序列按年份求平均值就可以得到反倾销保护期内各年的国外涉案企业的预测年平均销售价格和国外涉案企业的预测年平均销售数量，记为 $P_{s(t)}{}'$ 和 $Q_{s(t)}{}'$。根据国外涉案企业的预测销售价格和销售数量，可以进一步推导反倾销救济效果评估指标体系其他指标的预测值。确定了反倾销救济效果评估指标体系中的每一指标数据后，就能够按照前述国内产业综合状态确定的方法把以上指标综合，得到反事实预测评估模型中无反倾销措施情况下国内产业的趋势线。

7.2.4 反事实预测评估步骤与特点

上述内容解决了反事实预测评估的三个关键技术问题点，即反倾销措施实施前后国内产业的实际发展情况，反倾销实施前的国内产业综合状态向政策实施后投射，反倾销政策效果的评估标准。按照反事实预测评估思路，遵循如下步骤评估反倾销政策实施效果。

1. 尽可能搜集反倾销评估指标体系，在反倾销前数年到评估展开期的指标数据，并使用前述第四章中描述的指标处理方法对指标进行标准化和一致化处理；采用组合赋权法和综合评估方法对倾销调查期和反倾销保护期内各时间节点的国内产业各指标数值加权计算，得到各个时间点的国内产业综合状态实际评估值。

2. 采用上述趋势线确定方法预测不存在反倾销措施情况下，国内产业的各指标预测值并加以综合，得到反倾销后各个时间点的国内产业综合状态预测评估值；根据上述产业类型判定方法，先确定评估对象产业类型，再根据反倾销政策产业恢复标准确定方法和发展标准确定方法，找到评估对象产业的恢复标准和发展标准。

3. 分别将反倾销后各年国内产业的实际综合量化值和预测综合量化值求和，再求两者的差值得到反倾销措施采取之后国内产业的恢复量化值。比较该恢复量化值与恢复标准的大小，如果恢复量化值大于或等于恢复标准，判定反倾销救济措施的救济有效；如果恢复量化值小于恢复标准，则判定反倾销救济措施的救济无效。

如果救济有效，继续判断反倾销保护期内国内产业的综合量化值之和与发展标准的大小。对反倾销后国内产业的各年预测综合量化值与发展标准求差，得到不采取反倾销措施情况下国内产业发展状况与发展标准的距离，并用该量化值与上述恢复量化值对比得到反倾销救济措施的救济达标度，得出反倾销救济效果的量化结果。

以上关键计算步骤可由表 7－6 表示。假设某反倾销案件 2002 年初裁，1999—2001 年为反倾销调查期，2002—2006 年为反倾销保护期，其国内产业的实际各年发展状况量化值分别为 V_{1999}，V_{2000}，V_{2001}，V_{2002}，V_{2003}，V_{2004}，V_{2005} 和 V_{2006}，国内产业恢复标准为 $S_{损}$，国内产业的发展标准为 $S_{期}$，在本书第六章救济幅度和救济水平概念基础上，提出反倾销政策救济有效度为 ED，救济达标度为 GD；同时假定收集到 1991—2001 年的进口数据，由趋势线确定的假设，不采取反倾销措施时国内产业在 2002—2006 年的预测状况量化值分别为 V_{2002}''，V_{2003}''，V_{2004}''，V_{2005}'' 和 V_{2006}''。

表 7－6　反事实预测评估方法关键步骤计算表

关键步骤	所需参数	计算方法	计算结果
1	国内产业在倾销调查期和反倾销保护期内的各指标实际值	综合评估法	V_{1999}，V_{2000}，V_{2001}，V_{2002}，V_{2003}，V_{2004}，V_{2005}，V_{2006}
	1991 到 2001 年间的进口数据以及反倾销保护期内的各指标实际值	趋势线确定法	V_{2002}''，V_{2003}''，V_{2004}''，V_{2005}''，V_{2006}''
2	国内产业在倾销调查期内的各指标实际值以及其他必要参数	恢复标准计算法	$S_{损}$
	国内产业在反倾销保护期内的各指标实际值	发展标准计算法	$S_{期}$
3	V_{2002}''，V_{2003}''，V_{2004}''，V_{2005}''，V_{2006}''，V_{2002}，V_{2003}，V_{2004}，V_{2005}，V_{2006}，$S_{损}$	求差比较大小	ED
	V_{2002}''，V_{2003}''，V_{2004}''，V_{2005}''，V_{2006}''，V_{2002}，V_{2003}，V_{2004}，V_{2005}，V_{2006}，$S_{期}$	求商比较大小	GD

表 7－6 中救济有效度 ED 的计算公式如下：

$$ED=\begin{cases}有效,(V_{2002}''+V_{2003}''+V_{2004}''+V_{2005}''+V_{2006}'')-(V_{2002}+V_{2003}+V_{2004}+V_{2005}+V_{2006})\geqslant S_{损}\\无效,(V_{2002}''+V_{2003}''+V_{2004}''+V_{2005}''+V_{2006}'')-(V_{2002}+V_{2003}+V_{2004}+V_{2005}+V_{2006})<S_{损}\end{cases}$$

(7.47)

式中：$V_{2002}''+V_{2003}''+V_{2004}''+V_{2005}''+V_{2006}''$表示不实施反倾销措施情况下，反倾销保护期内国内产业的预测综合总得分；$V_{2002}+V_{2003}+V_{2004}+V_{2005}+V_{2006}$表示反倾销后实施反倾销措施的国内产业实际综合总得分，而两者之差表示的是反倾销救济措施的恢复得分。

表7－6中救济达标度GD的计算公式如下：

$$GD=\frac{|(V_{2002}+V_{2003}+V_{2004}+V_{2005}+V_{2006})-(V_{2002}''+V_{2003}''+V_{2004}''+V_{2005}''+V_{2006}'')|}{|S_{期}-(V_{2002}''+V_{2003}''+V_{2004}''+V_{2005}''+V_{2006}'')|}$$

(7.48)

式中：分母表示的是不采取反倾销措施情况下国内产业发展状况与发展标准的距离。

上述反事实预测评估过程也可以用图形加以描述，如图7－5所示。假设国内M产业于2002年申请反倾销调查并公告立案，2003年调查部门作出初裁，对涉案国外企业征收临时反倾销税，2004年作出肯定性终裁，征收为期5年的反倾销税。利用1998—2002共5年的产业发展实际状态数据，预测2003—2008后5年虚拟状态的发展指标数据，获得每一年度综合评估值的预测值

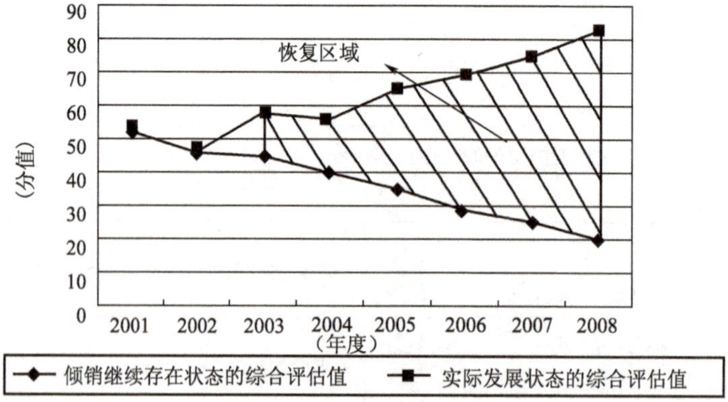

图7－5　反倾销政策效果反事实预测评估过程示意图

f_{2003}''，f_{2004}''，f_{2005}''，f_{2006}''，f_{2007}''，f_{2008}''，将各预测值相加求得 M 产业在反倾销政策实施后，继续存在倾销虚拟状态下的综合评估值为 $Z_{虚拟}$；同时，根据 M 产业反倾销政策实施后实际发展状态的指标数据计算求得2003—2008年内每一年度的实际状态综合评估值 f_{2003}，f_{2004}，f_{2005}，f_{2006}，f_{2007}，f_{2008}，将其相加求得实际状态下的产业综合评估值 $Z_{实际}$。由 $Z_{实际}$ 与 $Z_{虚拟}$ 进行差值运算，即可获得实施反倾销政策对M产业的影响效果。

反事实预测评估方法适用于评估者对反倾销政策实施前后，国内产业的各指标数据以及反倾销前一段时间内的进口数据有详细了解，但对产业环境变化因素不了解或者不关注，抑或实际产业环境变化不大的情况。反倾销前后国内产业的数据，可以通过国内产业实地调研获得，进出口相关贸易数据可以从海关处获得，因此该方法在数据的可获得性上较为便利，评估者比较容易通过相关调研获得所需要的各指标数据，这是使用反事实预测方法进行评估的重要优势。同时，反事实预测方法在使用上也相对简单。在评估要求精度不高的情况下，即使评估者不具备一定的数据分析和处理能力，也能通过使用相对简单的预测方法完成评估，因此在使用推广性上，普通反倾销调查人员也能较好地运用。但是反事实预测评估方法也存在一定缺陷，主要的关键问题就是，评估者缺乏对反倾销以后进口国国内环境变化的关注，从而导致评估结果可能被夸大，如何把反倾销后进口国国内环境条件的变化引入方法中需要进一步探讨。另一个问题是，反事实预测评估方法本质上是建立在预测技术基础之上的方法，而长期预测本身就存在难以精确度量的问题，特别是反事实方法又使得利用自身数据进行修正在实际中不具备可操作性，因此如何人为对预测数据进行必要的修正也需要进一步探讨。

7.3 理想状态模拟评估模型

为了明确反倾销政策是否达到了预期理想效果，国内产业是否得到了应有的恢复与发展，需要对反倾销政策发挥理想效果时国内产业的发展态势进行模拟评估。理想状态的模拟评估需要对国内产业的理想状态进行分析界定，在此基础上评估国内产业的理想发展态势，然后通过与实际态势的对比分析，明确反倾销政策效果是否适度。

7.3.1 评估模型的构建与实现

本书第五章所建立的反倾销政策救济效果评估标准，明确了倾销对国内产业各经济指标造成的影响幅度，为理想状态的评估提供了最直接的理论基础。评估标准基于倾销对国内产业各主要经济指标造成的影响效果而建立，主要给出了各经济指标在反倾销政策发挥理想效果时应当恢复和上涨的幅度。当然，恢复和上涨应当是在国内产业受到国外倾销之后、产业各经济指标受到影响的基础上出现的，理想状态模拟评估的关键，取决于如何将政策效果的评估标准转化为政策效果理想状态的综合评估结论。

如果在反倾销政策的作用下，国内产业各指标恢复和发展的程度达到了受倾销影响的幅度，则说明反倾销措施发挥了理想的救济效果，国内产业达到了理想的发展水平，所以各指标受倾销影响的幅度 $d\ln x_i$ 即评估标准，就是构建国内产业理想状态的依据，但国内产业各指标的变化幅度如何才能转化为产业整体的变化幅度仍需要深入思考。在此提出两种解决方法，对评估标准进行预处理，将其转化为国内产业综合评估值的变化。

7.3.1.1 先确定指标变化幅度

以反事实预测评估情况下的国内产业各指标数据为基础，以各指标评估标准为变化幅度，分别将各指标转化为理想状态下的国内产业指标数据；在此基础上，使用最优组合评价方法对国内产业在理想状态下的发展态势进行综合评估。数学推理如下：设第 i 个评估指标 x_i 在反事实预测评估中的取值为 x_{i1}，设在理想状态评估中的取值为 x_{i2}，则：

$$x_{i2} = x_{i1} \times (1 + d\ln x_i) \tag{7.49}$$

根据最优组合评价函数，将国内产业评估指标转化为综合评估值：

$$F_j(X) = f(x_{1j}, x_{2j}, \cdots, x_{nj}) \tag{7.50}$$

式中：$F_j(X)$ 表示国内产业在 j 时点的理想评估值；x_{ij} 表示第 i 个评估指标在 j 时点的理想状态值；$f(x_{ij})$ 为最优组合评价函数。需要特别说明的是，由于构建评估标准时各弹性参数以区间值域的形式给出，评估标准也为区间值域，因此国内产业的理想发展水平也以区间值域的形式给出，即国内产业在理想状态下各时点的综合评估值的值域区间为：

$$\mathrm{dln}X_i = [\mathrm{mindln}x_i, \mathrm{maxdln}x_j] \tag{7.51}$$

则理想状态下第 i 个指标 x_i 的理想评估值为：

$$x_{i2} = [x_{i1}(1 + \mathrm{mindln}x_i), x_{i1}(1 + \mathrm{maxdln}x_i)] \tag{7.52}$$

因此，根据最优组合评价函数获得的国内产业在 j 时点的理想状态综合评估值为：

$$F_j(X) = [f(\min x_{1j}, \min x_{2j}, \cdots, \min x_{nj}), f(\max x_{1j}, \max x_{2j}, \cdots, \max x_{nj})] \tag{7.53}$$

7.3.1.2　先确定综合评估变化幅度

将各指标变化幅度通过运算，转化为整个国内产业评估值的变化幅度，然后再以反事实预测评估情况下国内产业的评估值为基础，计算恢复性上涨后国内产业所达到的理想水平。数学推理如下：设第 i 个评估指标 x_i 受到倾销影响的变化幅度（即该指标的评估标准）为 $\mathrm{dln}x_i$；根据最优组合评价函数，国内产业评估值的变化幅度为：

$$\mathrm{dln}F_j(X) = \frac{\mathrm{d}F_j(X)}{F_j(X)} = \frac{F_j(\mathrm{d}x_1, \mathrm{d}x_2, \cdots, \mathrm{d}x_n)}{F_j(X)} \tag{7.54}$$

式中：$\mathrm{d}x_i = x_i \times \mathrm{dln}x_i$，表示第 i 个指标的绝对变化量。则国内产业在 j 时点的理想状态综合评估值为：

$$F'_j(X) = F_j(X) \times [1 + \mathrm{dln}F_j(X)] \tag{7.55}$$

式中：$F_j(X)$ 表示国内产业在 j 时点的反事实评估值。

根据评估标准值域区间，国内产业的评估值的变化幅度可表示为：

$$\mathrm{dln}F_j(X) = \left[\frac{\min F_j(x\mathrm{mindln}x_i)}{F_j(X)}, \frac{\max F_j(x\mathrm{maxdln}x_i)}{F_j(X)}\right] \tag{7.56}$$

则国内产业在 j 时点的理想状态评估值的值域区间为：

$$F'_j(X) = [F_j(X)[1 + \mathrm{mindln}F_j(X)], F_j(X)[1 + \mathrm{maxdln}F_j(X)]] \tag{7.57}$$

综上所述，对反倾销政策发挥理想状态时国内产业的发展态势进行评估，主要采取如下评估步骤：首先，对政策效果的理想状态进行界定，明确反倾销政策达到理想状态的评估标准；其次，评估当反倾销政策达到理想效果时，国内产业应当达到何种发展水平，以此作为衡量国内产业在理想状态下的发展水平；

再次，根据反倾销政策效果的评估标准，构建国内产业理想状态计算模型，给出国内产业达到理想状态时的经济指标。最后，结合最优组合评价方法，对国内产业的理想发展态势进行综合评估，给出当反倾销起到理想效果时，国内产业所达到的理想发展水平。

7.3.2 多评估视角比较分析

本书在之前的章节中阐述了反倾销政策对国内产业救济效果的多种评估方法，即实际发展态势的组合评估、反事实情况下的预测评估，以及理想状态下的模拟评估。反事实预测评估是基于一种未实施反倾销政策、国内产业持续受到倾销影响下的评估；理想状态评估则是基于一种没有倾销行为、国内产业正常发展状态下的评估；而实际发展趋势的组合评估则是对国内产业在实际中既受到了倾销的影响、又获得了反倾销政策救济情况下的评估。

在不同的反倾销案件中，反倾销政策的作用效果不同，为此，其评估结论也必然有所不同。假定根据评估结论，能够给出国内产业在各种情况下的发展态势，将三种情况下国内产业的发展状况描绘成趋势线，示意图如图 7－6 所示[①]，其中，由于国内产业的理想评估值为值域区间，因此国内产业理想状态的发展趋势曲线呈带状形式。

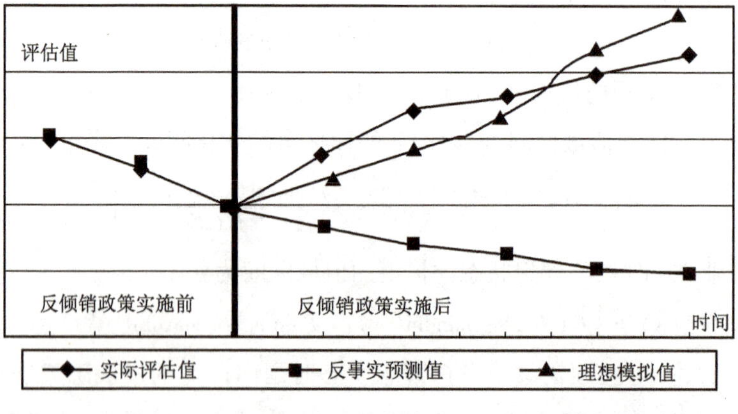

图 7－6 国内产业实际、反事实及理想状态的发展趋势比较示意图

---

① 不同反倾销案件评估结果示意图将有所不同，本示意图只为对三种评估角度进行比较研究。

首先，通过对国内产业实际发展态势的评估，能够明确国内产业在反倾销政策实施前后的整体发展趋势和水平。该发展态势能够说明反倾销政策是否对国内产业产生了一定的救济效果。在上述示意图中，当实施反倾销政策后，国内产业的发展态势明显好转，如果能够排除其他因素的影响，则可以认为反倾销对国内产业产生了明显的救济效果。

其次，通过对国内产业没有受到反倾销政策作用情况下的反事实预测，能够明确国内产业如果一直受到倾销影响、无法获得公平的竞争环境，其发展趋势和水平将会如何。该趋势能够说明在倾销持续影响下，国内产业将会如何发展。在示意图中，如果没有采取反倾销措施，在倾销的持续影响下，国内产业的整体发展态势将持续下滑。

最后，通过对国内产业理想发展态势的评估，能够明确当反倾销政策发挥理想的作用效果时，国内产业的理想发展态势和水平将会如何变化。在示意图中，如果反倾销政策发挥理想的作用效果，国内产业就会呈现明显的持续上升发展势头。

在上述三种评估思路的基础上，通过对三种评估角度和评估结论的对比分析，能够全方位地对反倾销政策实施效果进行量化研究与分析。

7.4 本章小结

在反倾销政策实施效果评估中，计量模型的构建是综合评估的关键。本章提出基于最优化组合评价方法的发展趋势评估框架，从上游供给、下游需求、替代产品和市场竞争四个方面，探讨了反倾销救济效果的影响因素及科学去除方法，并通过建立适用于政策效果评估的相容方法集，解决了实际发展评估中最优化组合权重向量的计算问题；本章基于产业发展趋势综合评估结论，对反事实预测评估方法进行研究，明确了反事实预测评估的步骤，从预测基期的确定、预测指标的选取、时间序列数据类型的识别等方面界定了反事实预测问题，给出了适用于产业发展反事实预测评估的方法与模型，以及合理选择预测模型的途径；基于本书第五章反倾销政策效果评估标准的确定方法，本章进一步分析了国内产业理想状态的模拟评估方法，明确了理想状态模拟评估的步骤，界定了反倾销政策效果的理想状态以及国内产业对应的理想发展水平，在此基础上阐述了理想状态评估模型的构建过程；最后，通过多评估视角的比较研究，全方位地对反倾销政策实施效果 AT - CF - IS 评估体系进行分析与总结，并以“救济幅度”和“救济水平”测度为基础，分别从反倾销政策实施效果的程度和距离理想效果的水平两个方面对实施效果进行指标量化研究。

8

中国反倾销政策实施效果评估案例应用

我国邻苯二酚产业属于幼稚产业，邻苯二酚产业建立之后，国外企业为了垄断我国国内市场，纷纷采取低价倾销的手段，使得邻苯二酚进口价格下降、进口量迅速增加。邻苯二酚进口价格的降低直接影响到我国国内产品的销售价格，导致国内产业受到倾销损害，产业发展受到抑制。我国针对欧盟、美国和日本邻苯二酚采取的反倾销措施，在一定程度上弥补了倾销对国内产业造成的损害，使国内产业得到恢复和发展，而是否需要继续对国外进口邻苯二酚实行反倾销措施，并对反倾销措施进行调整，需要调查机关作出科学合理的决策。因此，针对进口邻苯二酚反倾销政策的产业救济效果进行全面评估，并在此基础上提出相应的政策建议，对我国未来反倾销政策的制定与实施具有重要的理论与实践意义。

8.1 中国进口邻苯二酚反倾销案件概述

邻苯二酚，又名儿茶酚和1，2—苯二酚，英文名称 Catechol。邻苯二酚是1839年首次从儿茶素中提炼出的一种精细化学品，它不仅是重要低毒高效新型氨基甲酸酯类农药呋喃丹、残杀威、乙霉威的中间体和生产香兰素、胡椒醛等香料的原料，同时还可以用来生产对叔丁基邻苯二酚阻聚剂、抗氧剂等。

8.1.1 国内外邻苯二酚产业发展概况

目前，工业生产邻苯二酚均采用苯酚作为原料，在催化剂的作用下，通过氧化剂在苯酚上的邻位或对位发生羟基化反应，一步合成邻苯二酚和对苯二酚。根据所用氧化剂的不同，可分为过氧羧酸法、过氧化氢（H_2O_2）氧化法和空气氧化法，其中，H_2O_2氧化法享有清洁工艺的美誉，是世界工业化生产邻苯二酚的成熟的生产工艺，主要采用苯酚和双氧水作为主原料，用苯酚羟基化法生产，经过化学反应、分离操作精制而成。在材料制备过程中，催化剂的选用是影响反应选择性的好坏、收益率高低的重要因素。早期，世界上只有法国、意大利、日本的几家公司能够采用苯酚羟基化的先进技术生产邻苯二酚，最主要的工业化方法有罗地亚法（Rhodia）、宇部兴产法（Ube）和安尼凯姆法（Eniehem）等。

技术工艺落后导致我国邻苯二酚产业及下游相关产业发展受到了很大程度的制约，为此，国内相关产业开始自主研发邻苯二酚制备技术。经过多年的实验与探索，我国科技工作者在苯酚直接羟基化制备邻苯二酚方面取得了卓有成效的进展，如吉林大学化学系开发了达森（Dawson）结构钼钒磷杂多酸盐催化剂和复合氧化物类催化剂，南开大学化学系合成了稀土元素改性的二氧化锆和二氧化钛催化剂，华东理工大学化工学院合成了铁酸镁催化剂等，这些催化剂价格低廉、性能优良，具有良好的应用和开发前景。

8.1.1.1　世界邻苯二酚产业发展情况

全球精细化工第三大企业法国罗地亚集团公司成立于1998年，由原世界500强企业法国罗纳普朗克公司旗下的化工、化纤及聚合物部门在全球范围内整合而成，该公司作为世界精细化工行业中的领先企业，也是邻苯二酚的近似垄断企业。除此之外，美国、日本和意大利也有公司生产邻苯二酚产品，但规模相对较小。2004年①，国外邻苯二酚和对苯二酚装置的总能力为46 000吨/年（其中邻苯二酚和对苯二酚的比例一般为2:1），主要生产企业有法国罗地亚公司、意大利鲍利葛公司和日本宇部兴产公司，部分数据见表8－1所示。

表8－1　2004年美国、日本邻苯二酚产品情况简表　单位：吨/年

国家/观测变量	生产能力	产量	国内需求量	出口能力
美国	12 000—14 000	10 000	8 000	6 000
日本	3 000—3 500	2 600	2 000	1 000

数据来源：由北京律师事务所案件调查组提供。

① 本章节为欧盟进口邻苯二酚反倾销案件期终复审作参考，故数据截至期终复审公告前一年2007年。

从表 8 - 1 可以看出，2004 年，美国、日本合计邻苯二酚生产能力在 15 000—17 500 吨，产量为 12 600 吨，国内需求为 10 000 吨。美国、日本等国邻苯二酚的产能和产量较大，均高于国内需求量，出口能力较强。至 2007 年，世界邻苯二酚的产能大幅增长，达到 35 500 吨，见表 8 - 2，其中，罗地亚公司设在中国的公司产能就达到了 6 000 吨，而中国连云港三吉利公司的产能为 7 000吨。

表 8 - 2　2007 年世界各国邻苯二酚产能表　　单位：吨/年

观测变量/国家	法国	美国	意大利	日本	中国
产能	10 000	7 000	3 500	2 000	13 000

数据来源：根据产业发展情况调研整理获得。

由于邻苯二酚产能的大幅增加带来了严重的产能过剩，法国、美国、日本等国为了进一步开拓国际市场，先后以低于国内售价的价格对我国实施大规模倾销。据统计，2004 年法国国内邻苯二酚的售价约为 3 179.00 美元/吨，见表 8 - 3，明显高于其进口到岸价格 2 292.05 美元/吨。此外，2004 年美国国内邻苯二酚售价为 3 650.00 美元/吨，日本在本国市场邻苯二酚售价为 3 283.00 美元/吨，而同期美国出口到中国的邻苯二酚平均到岸价格为 2 502.65 美元/吨，日本出口到中国的邻苯二酚平均到岸价格为 2 295.83 美元/吨①，可以看出，美国和日本的国内销售价格也明显高于两国对中国的出口价格，构成了低价倾销的事实。

表 8 - 3　法国国内邻苯二酚历年平均售价表　　单位：美元/吨

观测变量/年份	1998 年	1999 年	2000 年	2001 年	2002—2004 年
售价	3 780	3 860	3 940	4 036	3 179

数据来源：由北京律师事务所案件调查组提供。

8.1.1.2　中国邻苯二酚产业发展情况

自 20 世纪 70 年代邻苯二酚工业诞生以来，我国的邻苯二酚一直依赖进

① 数据来源于国内产业 2004 年邻苯二酚反倾销申请书。

口，国内自给率仅在10%左右[①]。苯酚羟基化生产邻苯二酚的技术难度较大，反应控制要求苛刻，直至1999年，世界上只有法国、意大利、日本的几家公司能够采用苯酚羟基化的先进技术生产邻苯二酚。由于该技术科技含量较高，国外公司在技术转让上采取了严格的限制措施，导致我国邻苯二酚产业受到制约。在这种情况下，我国开始自主研发邻苯二酚合成技术。经过多年的实验与探索，在科技攻关实现了邻苯二酚合成工艺技术突破的背景下，1999年，连云港三吉利化学工业有限公司与多家技术单位合作建成了2 000吨/年的工业化生产装置，使我国邻苯二酚产品生产实现了产业化。

国内企业与国外企业在邻苯二酚的生产过程中，对于工艺参数、催化剂的选择可能有所差异，但生产工艺流程和采用的原料基本相同，生产的邻苯二酚的物理特性、化学特性及用途并无实质差异。产品质量执行的是企业标准，其检测指标由外观、含量、熔点和灰分组成。按此标准，三吉利公司生产的邻苯二酚含量均在98%以上，其中一等品邻苯二酚含量在99%以上[②]，同时，由该公司自主研发的"苯酚羟基化法生产邻/对苯二酚分离与纯化工程技术"具有自主知识产权，达到了较高的技术水平，并于2007年获得教育部科学技术进步二等奖、江苏省科学技术进步三等奖、连云港市科学技术进步一等奖。2000年后，三吉利公司进行了几次扩产，目前已经成为具有相当规模的邻苯二酚产品生产厂家，且为国内主要的邻苯二酚生产企业。

从我国邻苯二酚进口情况来看，1996—2007年，由于我国邻苯二酚消费领域的不断扩大和消费量的逐年增长，加上国外出口商向我国采取了低价倾销，导致国内邻苯二酚的进口量大幅增长，年均增长率达25%，远高于国内有机化学原料行业的发展速度，见表8－4所示。

2006年，我国邻苯二酚的主要进口国有5个，分别是法国、美国、意大利、日本和新加坡，5个进口国进口金额、进口总量与所占我国总进口量比例如表8－5所示。

---

① 数据来自中国化工网化工之窗栏目。

② 数据来自中国项目网招商项目库。

表 8-4　1996—2007 年我国邻苯二酚进口统计表

年份/观测变量	进口量（吨）	同比(%)	进口金额（万美元）	同比(%)	平均单价（美元/吨）	同比(%)
1996	839.63	-55.88	179.63	-32.25	2 139.25	53.64
1997	399.61	-52.38	143.82	-19.93	3 595.50	68.07
1998	412.46	3.00	184.93	28.58	4 488.59	24.84
1999	1 168.97	183.74	332.13	79.60	2 841.11	-36.70
2000	2 580.75	120.79	570.53	71.78	2 210.50	-22.20
2001	3 981.48	54.24	897.42	57.30	2 254.26	1.98
2002	4 777.10	19.98	1 030.67	14.85	2 157.57	-4.29
2003	3 866.10	-19.07	907.50	-11.05	2 347.33	8.80
2004	5 802.90	50.10	1 402.82	54.58	2 417.45	2.99
2005	6 306.51	8.68	1 953.72	39.27	3 097.84	28.14
2006	7 828.55	24.13	2 534.00	29.70	3 236.87	4.49
2007	6 994.28	-10.66	2 143.52	-15.41	3 248.33	0.35

数据来源：由中国石油和化学工业协会及国内产业调研整理获得。

表 8-5　2006 年我国邻苯二酚五大进口国统计表

排序	进口国	进口金额(美元)	进口数量(吨)	所占比例(%)
1	法国	11 437 066.00	3 419.35	43.68
2	美国	9 815 050.00	3 136.00	40.06
3	意大利	3 430 950.00	951.00	12.15
4	日本	650 007.00	320.02	4.09
5	新加坡	1 500.00	1.20	0.02
总进口		25 334 573.00	7 827.57	100.00

数据来源：由中国石油和化学工业协会资料搜集整理获得。

2007 年，我国对邻苯二酚的进口国有 4 个，分别是法国、美国、意大利和日本，4 个进口国进口金额、进口总量与所占我国总进口量比例见表 8-6 所示。

表8-6 2007年我国邻苯二酚四大进口国家及地区统计表

排序	进口国	进口金额(美元)	进口数量(吨)	所占比例(%)
1	法国	11 017 739	3 140.00	49.20
2	美国	8 178 202	2 472.97	38.75
3	意大利	1 778 700	577.00	9.04
4	日本	390 332	192.02	3.01
总进口		21 364 973	6 381.99	100.00

数据来源:由中国石油和化学工业协会资料搜集整理获得。

8.1.2 原产于欧盟的邻苯二酚反倾销案件

1999年以前,由于生产工艺落后、技术水平低等诸多原因,我国邻苯二酚生产能力不足500吨/年,国内对邻苯二酚产品的需求基本依靠进口。随着苯酚羟基化法工艺技术开发成功,1999年,我国投资建成了国内第一家邻苯二酚生产企业——江苏连云港三吉利化学工业有限公司,并于1999年5月开始正式生产邻苯二酚。在此之前,我国邻苯二酚规模化生产一直处于空白。企业投产之初,经济效益连年增长。但好景不长,在我国建立邻苯二酚产业后没过多久,国外企业为了垄断我国市场,纷纷采取低价倾销的手段,进口价格由1997年的4.50—5.00万元/吨下降到2001年的2.10—2.20万元/吨①,进口量大幅增长,严重制约了国内邻苯二酚的生产和销售,致使国内邻苯二酚产品销售价格被迫大幅下降,公司经营艰难、亏损严重、财务状况日益恶化,国内邻苯二酚产业受到严重损害。

8.1.2.1 原产于欧盟的邻苯二酚对我国产业的影响

2001年底,江苏连云港三吉利化学工业股份有限公司代表国内邻苯二酚产业提出了反倾销申请,要求终止进口自欧盟的邻苯二酚产品的低价倾销行为。2002年3月1日,国家经济贸易委员会、对外贸易经济合作部发布公告②,决定对原产于欧盟的进口邻苯二酚进行反倾销调查。调查期内,欧盟的邻苯二酚大

① 数据来自中国银河证券研究中心。

② 参见中华人民共和国对外贸易经济合作部2002年第5号公告。

量低价向中国出口导致以下结果。

1. 欧盟产品进口数量和进口价格变动情况。据中国海关数据统计,1999—2001 年,欧盟向中国出口的邻苯二酚数量分别为 911.69 吨、2 275.55 吨和 3 934.48吨,分别占同期国内进口邻苯二酚总量的 77.99%、88.17%、98.82%。1999—2001 年,从欧盟进口邻苯二酚的数量年均增长率为 107.74%,并且占国内市场份额也呈上升趋势。1999—2001 年,从欧盟进口邻苯二酚占国内市场份额分别为 75.98%、80.19% 和 91.90%,2001 年比 2000 年增加 11.71 个百分点。

据中国海关数据统计,1999—2001 年,从欧盟进口邻苯二酚的进口价格明显下降,并维持在较低水平。1999—2001 年,欧盟向中国出口的邻苯二酚平均到岸价格为每吨 2 783.29 美元、2 209.15 美元和 2 253.98 美元,年均下降 10.01%。从欧盟进口邻苯二酚的进口价格削减导致国内同类产品销售价格大幅下降。国内邻苯二酚同类产品的销售单价 1999—2001 年分别比上年同期下降 16.28% 和 10.69%,年均下降 13.53%。

2. 欧盟进口产品对国内产业发展的影响。1999—2001 年,国内邻苯二酚产品的表观消费量逐年持续增长,其中 2000 年比 1999 年增长136.49%,2001 年年比 2000 年增长 50.88%,1999—2001 年年均增长幅度为 88.89%,由此说明国内需求量迅速增加,对邻苯二酚有强烈的拉动作用,有利于国内邻苯二酚产业的发展。但由于国内邻苯二酚生产企业受到大量国外低价进口产品的冲击,产业增长受到抑制。1999—2001 年,国内邻苯二酚产业年均开工率不足 20%,大部分产能未能发挥。国内同类产品产量增长受到压制,一直无法达到批量生产要求和设计生产能力,远远低于表观消费量增长。1999—2001 年,国内同类产品产量达不到设计能力的 1/10,最高也不足 1/5。虽然受到市场需求大幅增加的影响,国内产业销售量逐年增长,但远低于国内表观消费量的增长幅度。2001 年国内产品销售量比 2000 年增长 35.02%,比同期表观消费量增幅低 15.86 个百分点,比欧盟同期对国内销售量增幅低 37.82 个百分点。同时,由于产品销售价格受到压低,1999—2001 年国内同类产品销售价格年均降低幅度 13.53%,

国内产业销售收入虽有所增长，但低于同期销售量增长幅度，造成国内产业亏损经营。

由于欧盟邻苯二酚的低价倾销导致国内邻苯二酚产业未能占据国内主要市场份额，且增长幅度缓慢。1999—2001 年分别仅为 2.58%、9.06% 和 8.10%。在国内同类产品表观消费量持续增长的情况下，国内同类产品市场份额增长远低于欧盟占国内邻苯二酚市场份额的增长幅度，特别是 2001 年，欧盟出口到我国国内的邻苯二酚占国内市场份额比 2000 年增长 11.63 个百分点，而同期国内同类产品市场份额却下降了 0.96 个百分点，导致国内同类产品存在开工率严重不足，大量产品长期积压，产业运营十分困难。

与国内同期邻苯二酚产业发展情况相反，欧盟邻苯二酚产业具有较大的生产能力和出口能力。2000 年，欧盟邻苯二酚生产能力为 17 000 吨，产量为14 000吨，欧盟成员国内的需求量仅为 7 000 吨，其 50% 的产量均用于出口。欧盟的生产能力远远超过欧盟成员国内的需求量，具有极强的出口能力，成为邻苯二酚的主要出口地区。欧盟邻苯二酚主要生产商罗地亚公司(Rhodia Organique)和鲍利葛公司(Borregaard Italia)的生产能力高达 1.7 万吨，其生产的邻苯二酚除 3% 满足欧盟市场内需求量外，剩余全部出口，而 46% 的产品都出口到中国。在中国国内，邻苯二酚产业只是一个新兴产业，随着邻苯二酚用途的不断开发，国内产业需求稳定增长，必然成为欧盟出口的重点国家，欧盟向中国出口量将保持较高水平，并呈进一步增长的可能性。

8.1.2.2 由欧盟进口邻苯二酚反倾销案件裁定

2002 年 11 月 4 日，国家对外贸易经济合作部发布初裁公告[①]，裁定法国罗地亚有机化工股份有限公司的倾销幅度为 88%，意大利鲍利葛有限公司的倾销幅度为 50%，其他欧盟公司的倾销幅度为 92%，并且倾销对中国国内产业造成实质损害。决定自 2002 年 11 月 4 日起，进口经营者在进口原产于欧盟的被调查产品时，应依据初裁决定所确定的各公司的倾销幅度

---

① 参见中华人民共和国对外贸易经济合作部2002 年第 43 号公告。

向中华人民共和国海关提供相应的现金保证金。2003 年 8 月 27 日，新组建的商务部作出终裁决定[①]，对法国罗地亚有机化工股份有限公司征收 20% 的反倾销税，对意大利鲍利葛有限公司征收 27% 的反倾销税，对其他欧盟公司征收 79% 的反倾销税。2005 年，商务部又对该案件进行了期中复审[②]，决定将适用于法国罗地亚有机化工股份有限公司的反倾销税率调整为 50%，将适用于意大利鲍利葛有限公司的反倾销税率调整为 41%，维持原终裁公告中其他欧盟公司 79% 的反倾销税率不变。2008 年 8 月 27 日，商务部决定对原产于欧盟的进口邻苯二酚所适用的反倾销措施进行期终复审调查[③]，最终决定自 2009 年 8 月 26 日起，继续对原产于欧盟的进口邻苯二酚实施反倾销措施，实施期限为 5 年。

从上述反倾销措施实施总体过程来看，2002—2005 年，中国对原产于欧盟的邻苯二酚反倾销措施的实施在一定程度上阻止了欧盟邻苯二酚的倾销行为，使其在我国的市场份额由 2002 年的 72.8% 下降至 2003 年的 24.9%[④]，其后有所回升，2005 年上升至 42.5%。由于 2005 年的反倾销期中复审，提高了部分企业的反倾销税率，使产自欧盟的进口邻苯二酚在华市场份额在 2007 年下降至 35.2%，然而，在欧盟进口邻苯二酚的倾销行为得到抑制的同时，美国、日本伺机大量低价倾销，2001—2004 年美国、日本邻苯二酚在中国市场上所占的份额呈急剧扩大之势，2004 年两国产品在中国市场份额为 49.39%，比 2001 年增长 48.30 个百分点，使得国内邻苯二酚产业应获得的市场份额又被挤占。

8.1.3 由原产于美国和日本的邻苯二酚反倾销案件

江苏连云港三吉利公司反倾销首战告捷，虽然一时消除了来自国外同类产品倾销的威胁，但时隔不久，倾销恶浪又一次袭来。2004 年，面临美国和日本公司的倾销行为，江苏三吉利公司生产经营又一次陷入困境，为此三吉利公司只

---

① 参见中华人民共和国商务部 2003 年第 41 号公告。

② 参见中华人民共和国商务部 2005 年第 61 号公告。

③ 参见中华人民共和国商务部 2008 年第 52 号公告。

④ 案件中数据来自商务部案件调查报告。

得再次提交反倾销申请。

8.1.3.1　由美国和日本进口邻苯二酚对我国产业的影响

2005 年 3 月 31 日，商务部正式收到连云港三吉利公司代表国内邻苯二酚产业提交的反倾销调查申请。2005 年 5 月 31 日，商务部对原产于美国、日本的进口邻苯二酚产品展开反倾销调查①。调查期内，美国和日本的邻苯二酚大量低价向中国出口导致以下结果。

1. 美国和日本产品进口数量和进口价格变动情况。据中国海关数据统计，2001—2004 年，美国和日本向中国出口邻苯二酚数量合计分别为 46.80 吨、508.40 吨、2 593.77 吨和 3 446.10 吨，2002—2004 年分别比上年增长 986.35%、410.18%、32.86%，年均增长 319.14%，进口数量呈快速增长趋势。同时，两国产品占中国国内市场份额也快速增加，2001—2004 年，美国和日本向中国出口邻苯二酚合计占我国国内市场份额分别为 1.09%、9.19%、48.20%、49.39%，2004 年比 2001 年高出 48.3 个百分点。

2001—2004 年，美国和日本向中国出口邻苯二酚的平均价格（不含关税）分别为 2 179.87 美元/吨、2 246.97 美元/吨、2 412.90 美元/吨和 2 487.91 美元/吨，在中国国内市场的销售单价始终低于国内产业销售价格。在原材料价格大幅上涨的情况下，美国和日本的邻苯二酚销售价格却涨幅不大，2002—2004 年分别比上年同期增长 3.08%、7.38%、3.11%，年均增长 4.5%。与此同时，在对来自欧盟的进口邻苯二酚实施反倾销措施后，国内产业逐渐开始恢复和调整，加上主要原材料苯酚价格上涨的影响，国内邻苯二酚产品的销售单价开始上调，2002—2004 年分别比上年增长 6.10%、13.91%、19.27%，年均增长 12.96%。上述多重原因导致从美国和日本进口邻苯二酚的销售价格，与国内产业同类产品的销售价格差距逐渐增大，2001—2004 年进口产品的销售价格年均增长率低于国内产业 8.46 个百分点，对国内产业同类产品的销售价格起到了严重的抑制作用。

2. 美国和日本进口产品对中国国内产业发展的影响。2001—2004 年，中

① 参见中华人民共和国商务部 2005 年第 29 号公告。

国国内邻苯二酚市场需求旺盛,表观消费量年均增长 17.68%。由于我国于 2002 年 3 月对原产于欧盟的邻苯二酚进行反倾销立案调查,并于 2003 年 8 月最终裁定对从欧盟进口邻苯二酚征收反倾销税,2002—2003 年国内产业处于对欧盟实施反倾销措施后的恢复和调整期。但 2004 年之后,来自美国和日本的邻苯二酚产品开始大量低价销售,使中国邻苯二酚的进口由来自欧盟转向由美国和日本进口,国内产业生产经营指标明显继续恶化,产业发展形势不容乐观。

2002—2004 年,国内同类产品产量分别比上年增长 325.85%、7.87%、12.23%,2004 年国内产能比上年扩大一倍,而产量仅增长 12.23%,产能的有效利用率仅为 52%。2002—2003 年,国内同类产品销量增长逐渐减缓,2002 年比上年增长 145.49%,2003 年比上年增长 80.86%,2004 年国内同类产品销量比上年下降 23.09%。从销售收入情况来看,2002—2003 年国内同类产品销售收入出现增长,分别比上年增长 160.47% 和 106.01%,2004 年开始下降,比上年减少 8.27%。2002—2003 年,国内产业亏损额逐渐减少,比上年分别减少 81.30% 和 73.60%。但 2004 年国内产业减亏幅度明显放缓,比上年降低 37.27 个百分点。由于由美国和日本进口的邻苯二酚的低价倾销,在国内市场需求持续上涨的情况下,2004 年国内产业市场份额大幅下降,现金流入量不足,劳动生产率下降,库存大幅增长,投融资遇到严重困难,产业仍然处于亏损状态,表明从美国和日本进口邻苯二酚使国内产业受到了实质损害。

与此同时,从美国和日本进口邻苯二酚对国内产业发展将会产生持续性的影响。由于美国和日本具有较大的邻苯二酚生产能力和出口能力,2004 年美国和日本邻苯二酚的生产能力在 15 000—17 500 吨,产量为 12 600 吨,其国内需求为 10 000 吨,出口能力约为 7 000 吨。据中国海关统计,2004 年美国和日本向中国国内共计出口邻苯二酚 3 446 吨,约占其出口总量的 49.2%,中国已经成为美国和日本邻苯二酚的主要出口市场。

8.1.3.2 由美国和日本进口邻苯二酚反倾销案件裁定

2005 年 12 月 2 日,商务部作出初步裁定[①],原产于美国和日本的进口邻苯

① 参见中华人民共和国商务部 2005 年第 82 号公告。

二酚存在倾销，中国邻苯二酚产业遭受了实质损害，而且倾销与实质损害之间存在因果关系，决定对美国罗地亚公司征收6%的保证金，对其他美国公司征收46.81%的保证金，对日本公司征收42.86%的保证金。2006年5月22日，商务部作出终裁决定[①]，对美国罗地亚公司征收4%的反倾销税，对其他美国公司征收46.81%的反倾销税，对日本公司征收42.86%的反倾销税。2009年7月29日，商务部决定对产自美国和日本的进口邻苯二酚进行期中复审[②]，裁定自2009年7月28日起，将原产于美国罗地亚公司的进口邻苯二酚的反倾销税率调整为9.7%，其他美国公司的反倾销税率仍为46.81%。2011年3月21日，商务部收到连云港三吉利化学工业有限公司代表国内产业正式递交的反倾销期终复审申请书，请求商务部裁定维持对原产于美国、日本的进口邻苯二酚实施的反倾销措施。商务部于2011年5月21日决定对原产于美国和日本的进口邻苯二酚反倾销措施进行期终复审调查[③]，期终复审产业损害调查期为2006年1月1日至2010年12月31日。

从上述反倾销措施实施总体过程来看，中国对原产于美国和日本的进口邻苯二酚实施反倾销措施，在一定程度上改善了中国邻苯二酚产业的市场环境，国内邻苯二酚产业生产经营状况与原审调查期相比有所改善，但由于原产于美国和日本的进口邻苯二酚仍然存在低价倾销行为，国内邻苯二酚产业长期受到实质性损害。

8.2 反倾销实施前后国内邻苯二酚产业发展对比

为了科学评估邻苯二酚反倾销政策的实施效果，本节在第四章建立的评估指标体系的基础上，从企业生产、销售、运营、就业四个方面，对反倾销政策实施前后两个时间阶段，国内邻苯二酚产业的发展情况进行对比分析，以直接观测反倾销政策对国内产业的影响作用。

---

① 参见中华人民共和国商务部2006年第32号公告。
② 参见中华人民共和国商务部2009年第52号公告。
③ 参见中华人民共和国商务部2011年第23号公告。

8.2.1 反倾销政策实施前国内产业状态

经过多年的实践和探索，江苏三吉利公司建立的邻苯二酚生产线已具有完全自主知识产权，产品质量达到国际先进水平。然而，欧盟相关公司为保持垄断，在三吉利公司邻苯二酚正式投产之时，就针对中国市场进行强力倾销。原产于欧盟（主要为法国和意大利）的同类产品出口价格不断下降，出口量大幅增长，严重制约了我国邻苯二酚的生产和销售，致使产品销售价格被迫大幅下降，国内邻苯二酚产业受到了严重损害。

8.2.1.1 生产类指标

1999—2002 年，我国国内产业生产能力保持不变，国内邻苯二酚产业产量一直低于同期生产能力，产能①未得到充分发挥，生产设备大量闲置，见表 8－7 和图 8－1 所示。1999—2001 年，国内产业产能利用率虽有一定的增长趋势，但仍维持在较低水平，3 年之间停产时间达 1 年零 10 个月。1999—2001 年，国内产业劳动生产率呈上升态势，见图 8－2 所示，劳动生产率年均增长幅度为 45.95%，但相比正常情况下的 10.60 吨/人还有一定的差距。

表 8－7 1999—2002 年国内产业生产类指标年度指数表

观测变量/年份	1999 年	2000 年	2001 年	2002 年
产能	100.00	100.00	100.00	100.00
产量	100.00	289.90	309.57	1 206.45
产能利用率	100.00	193.21	206.31	804.05
劳动生产率	100.00	247.83	310.87	1 509.78

注：表中数值为指数形式，选取 1999 年为基期，如 2000 年产能指数＝2000 年产能/1999 年产能×100，下文中指数计算公式相同。

8.2.1.2 销售类指标

1999—2002 年，我国国内产业邻苯二酚产品受市场需求的影响，销售量逐

① 本节所引用数据来源于企业实地调研。由于保密原因，本书所用数据全部经过指数无量纲化处理。

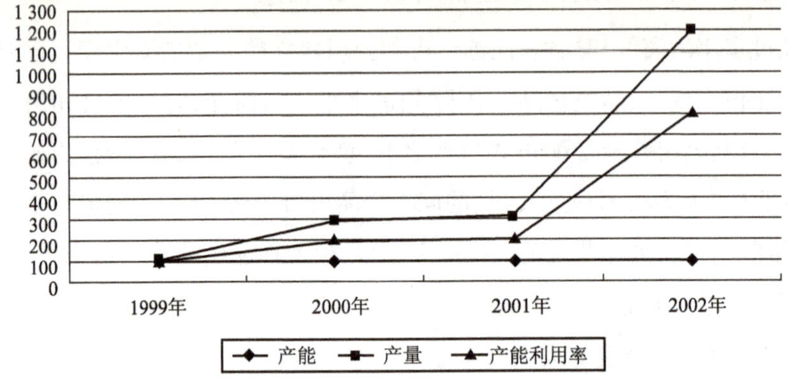

图 8－1　1999—2002 年国内邻苯二酚产能、产量和产能利用率指数图

注：图中数值为指数，基期为 1999 年。如无特别指出，下图中各指标均采用指数形式。

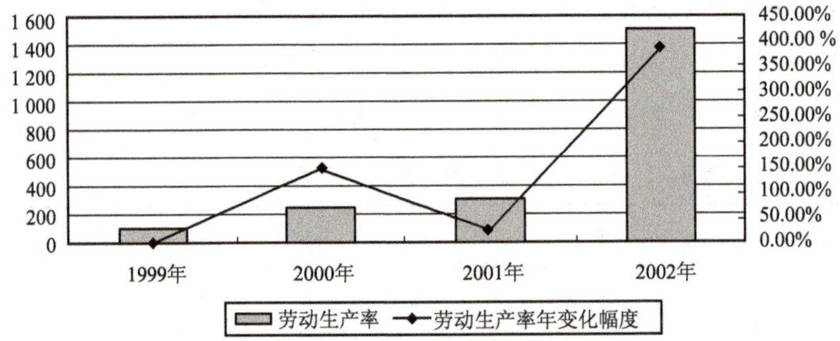

图 8－2　1999—2002 年国内产业劳动生产率指数及其年变化幅度图

年增长，但国内产业销量远低于同期国内市场表观消费量，见表 8－8 所示。国内产业邻苯二酚销量所占国内市场份额总体呈上升趋势，但由于欧盟占据我国国内邻苯二酚的绝大部分市场，国内邻苯二酚产品销量所占国内市场份额一直维持在较低水平，见图 8－3 所示。受到倾销影响，国内产业销售价格明显下滑，见图 8－4 所示。在国内产业同类产品产能利用率严重不足、停产频繁且周期长、销售困难的情况下，国内邻苯二酚产品有长期大量积压，见图 8－5 所示，国内产业同类产品期末库存量总体呈上升趋势，制约了我国邻苯二酚产业的发展。

表 8-8　1999—2002 年国内产业销售类指标年度指数表

观测变量/年份	1999 年	2000 年	2001 年	2002 年
国内产业销量	100.00	829.03	1 118.58	2 829.94
所占国内市场份额	100.00	351.16	315.12	614.73
国内产业销售收入	100.00	689.53	830.79	2 235.87
国内产业销售价格	100.00	83.17	74.27	78.80
期末库存	100.00	144.12	50.00	486.49

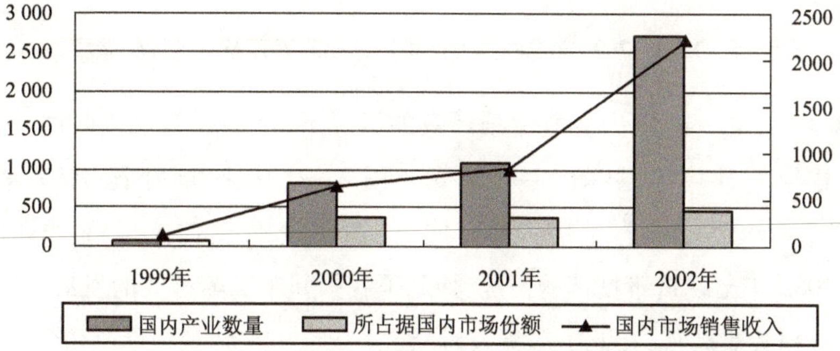

图 8-3　1999—2002 年国内产业销量、市场份额及销售收入指数图

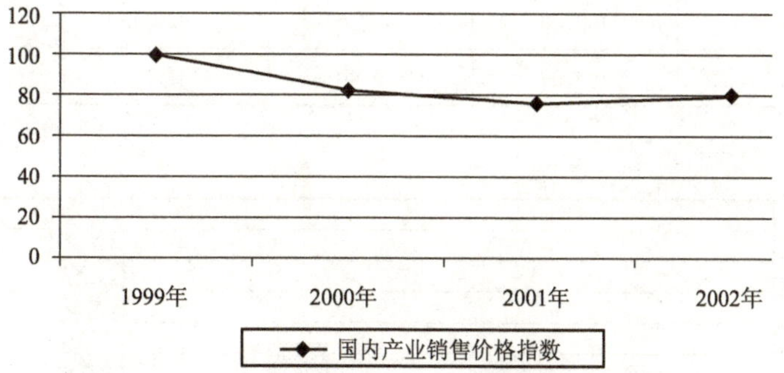

图 8-4　1999—2002 年国内产业销售价格指数图

8.2.1.3　运营类指标

1999—2002 年，虽然我国国内邻苯二酚销售收入呈逐年增长趋势，但在1999—2001 年，即第一次反倾销案件产业损害调查期间，我国国内产业同类产品的税前利润一直为负值，见表 8-9 和图 8-6 所示，国内企业亏损严重，其发

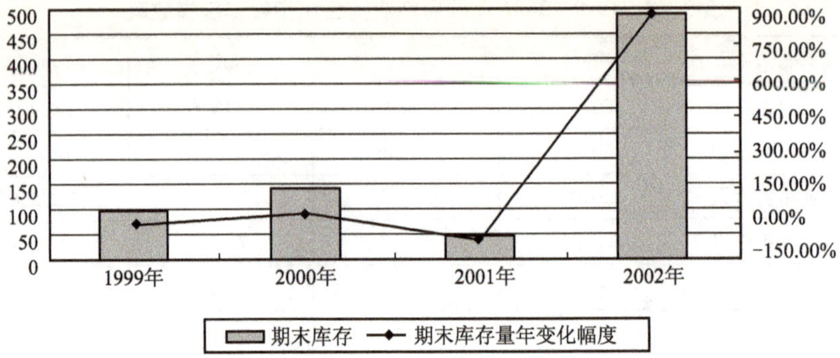

图 8－5　1999—2002 年国内产业同类产品期末库存及其年变化幅度图

展受到很大冲击。在国内企业亏损严重的情况下，巨额投资难以收回，资产负债率呈逐年上升趋势，见图 8－7 所示。图 8－7 中 2002 年比 1999 年增长 47.54%，年均增长幅度为 10.21%；同时，由于资产负债率较高，国内企业 2000—2002 年出现资不抵债的情况，抑制了我国邻苯二酚产业的发展。由于投资收益数据较难获得，在此不作深入讨论。

表 8－9　1999—2002 年国内产业运营类指标年度指数表

观测变量/年份	1999 年	2000 年	2001 年	2002 年
税前利润	100.00	-409.62	-426.13	-83.61
资产负债率	100.00	119.40	141.71	147.54

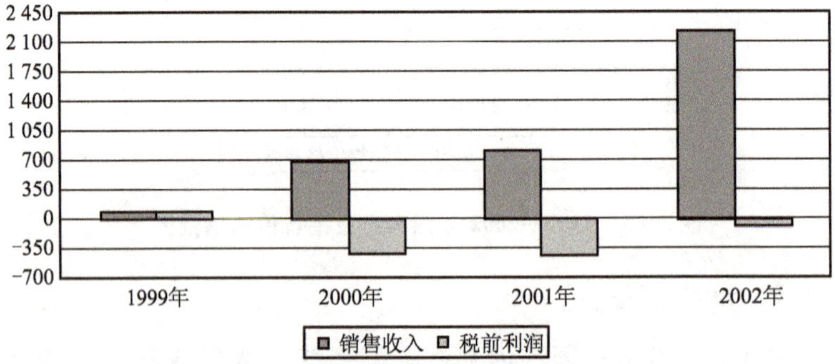

图 8－6　1999—2002 年国内产业同类产品销售收入和税前利润指数图

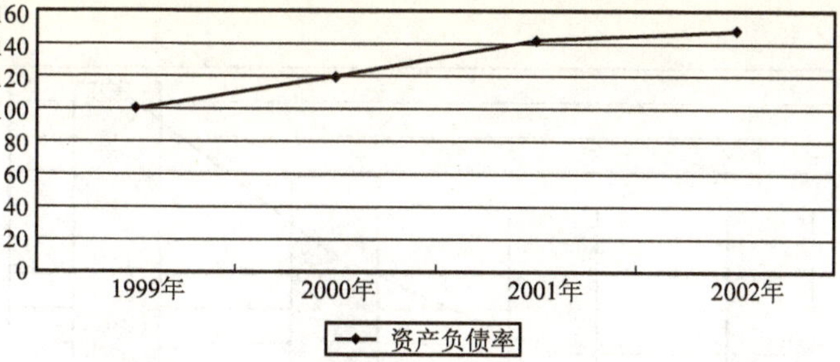

图 8－7　1999—2002 年国内产业资产负债率指数图

8.2.1.4　就业类指标

1999—2002 年，我国邻苯二酚产业就业员工人数整体呈下降趋势，见表 8－10和图 8－8 所示，2002 年比 2000 年下降 31.75%，年均下降幅度为 11.95%。随着国内产业邻苯二酚销售收入的上涨以及物价水平的整体上涨，国内产业人均工资也有一定幅度的增长，见图 8－9 所示，2002 年比 2000 年增长 71.03%，年均增长幅度为 19.59%，但人均工资水平仍然较低。

表 8－10　1999—2002 年国内产业就业人数及劳动生产率变化情况表

观测变量/年份	1999 年	2000 年	2001 年	2002 年
就业人数	100.00	116.67	99.07	79.63
人均工资	100.00	99.69	116.55	170.50

注：年工人平均人数＝（年初人数＋年末人数）/2。

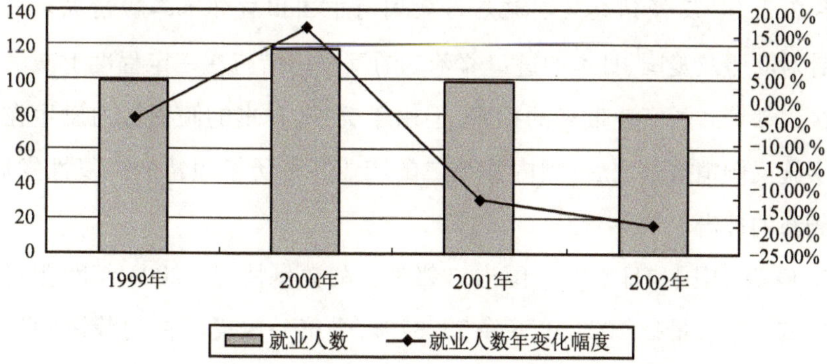

图 8－8　1999—2002 年国内产业就业人数及其年变化幅度图

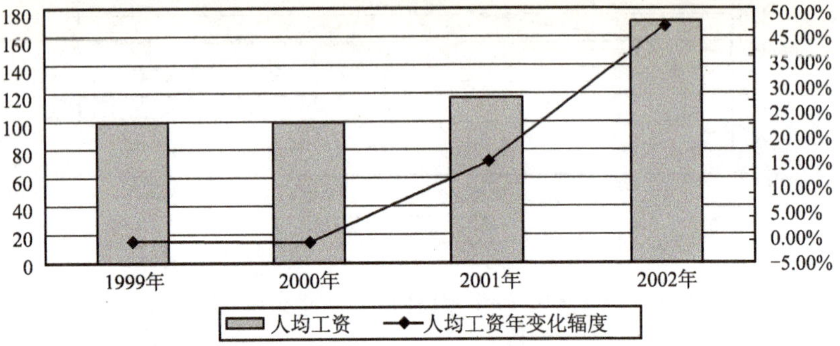

图 8-9 1999—2002 年国内产业人均工资及其年变化幅度图

8.2.2 反倾销政策实施后国内产业发展

2003 年 8 月 27 日，商务部裁定对原产于欧盟的进口邻苯二酚征收反倾销税。2004 年 12 月 10 日，商务部发布公告立案，对原产于欧盟的进口邻苯二酚进行倾销及倾销幅度期中复审调查。虽然欧盟地区受到中国反倾销措施的影响，但其受到抑制作用的市场份额又被转移到其他国家，美国和日本向中国出口的邻苯二酚产品数量呈上升态势，对我国邻苯二酚产业造成了严重的影响。自 2005 年 5 月 31 日起，商务部决定对原产于美国、日本的进口邻苯二酚进行反倾销立案调查，并于 2006 年 5 月 22 日决定对原产于美国、日本的进口邻苯二酚征收反倾销税。

8.2.2.1 反倾销政策实施后涉案国对中国出口邻苯二酚情况

针对欧盟及美国、日本的进口邻苯二酚反倾销措施在一定程度上减弱了倾销对国内邻苯二酚产业带来的损害，但由于美国、日本的倾销行为发生在针对欧盟实施反倾销措施之后，国内邻苯二酚产业在经历了短暂的恢复性发展后，又受到新的冲击。

1. 欧盟、美国和日本对中国出口邻苯二酚数量情况。2003 年欧盟对我国出口邻苯二酚数量比 2002 年下降 72.87%，受第一次反倾销初裁影响较为明显；2003—2006 年，欧盟对我国出口邻苯二酚数量呈逐年增长趋势，由 2002 年的 1 272.25 吨增长到 2006 年的 4 370.35 吨，增长幅度为 243.51%，年均增长幅度为 36.14%;2007 年欧盟对我国出口邻苯二酚数量比 2006 年下降 7.21%,见表 8-11 和图 8-10 所示。

表 8-11　2002—2007 年我国进口总量、欧盟对我国出口邻苯二酚情况汇总表

观测变量/年份	2002 年	2003 年	2004 年	2005 年	2006 年	2007 年
反倾销措施	第一次立案初裁	第一次终裁	第一次期中复审	第二次立案初裁	第二次终裁	—
欧盟对我国出口邻苯二酚数量(吨)	4 689.05	1 272.25	2 354.00	3 275.46	4 370.35	4 055.46
欧盟对我国出口邻苯二酚数量年变化幅度	-	-72.87%	85.03%	39.14%	33.43%	-7.21%
我国进口总量	4 777.10	3 866.10	5 802.90	6 306.51	7 828.55	6 994.34
欧盟出口量占同期我国进口总量比例	98.16%	32.91%	40.57%	51.94%	55.83%	57.98%
欧盟出口量占国内市场份额	84.76%	23.64%	33.74%	41.22%	42.43%	40.32%

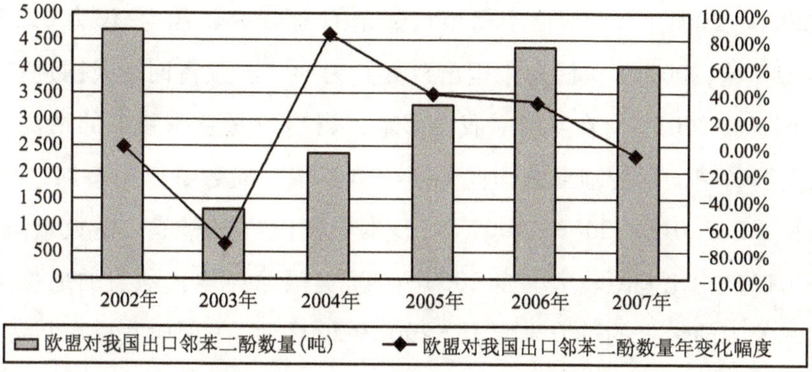

图 8-10　2002—2007 年欧盟对我国出口邻苯二酚数量及其年变化幅度图

受到第一次反倾销初裁作用影响,2003 年欧盟对我国出口邻苯二酚数量占同期我国进口总量的比例和占我国国内市场份额对比 2002 年都有明显下降趋势,分别下降 65.25% 和 61.12%,初裁影响效果明显,见图 8-11 所示。2003—2007 年,欧盟对我国出口邻苯二酚数量占同期我国进口总量比例逐年增长,但相比 1999—2002 年 77.99%、88.17%、98.82% 和 89.36% 的比例，已有明显下降趋势；2003—2006 年，欧盟对我国出口邻苯二酚数量所占我国国内市场份额呈逐年上升态势，但相比 1999—2002 年 75.98%、80.19%、91.26% 和 77.16% 的份额，也有明显下降趋势。以上表明，第一次反倾销措施的实施在一定程度上抑制了欧盟对我国邻苯二酚的出口量。

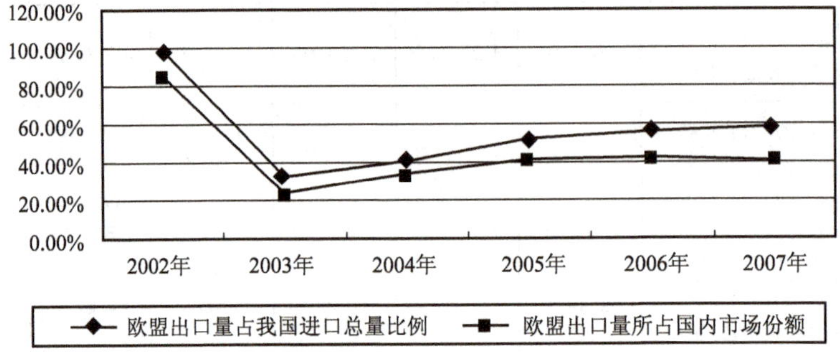

图 8-11　2002—2007 年欧盟出口量占我国进口总量比例以及所占我国国内市场份额图

2000—2001 年，美国向中国出口邻苯二酚数量非常少，仅为 0.137 吨和 0.258 吨，2002 年美国向中国出口数量为 80 吨，仅占同期我国进口总量的 1.67%。2003 年，在欧盟对我国邻苯二酚出口量急剧减少的情况下，法国在美国所建立的罗地亚公司向中国出口邻苯二酚数量急剧增加，比 2002 年增长 2 275.01%；2003—2007 年，日本向我国出口邻苯二酚数量与同期美国出口量相比差距较大。自 2003 年起，美国已经取代欧盟的地位，成为我国邻苯二酚最大的进口来源国。2002—2007 年，美国向我国出口邻苯二酚数量占同期我国进口总量比例变化趋势与美国出口量占同期我国国内市场份额变化趋势相一致，都呈先增长后降低趋势，同期日本对我国出口邻苯二酚变化与上述美国情况相同。

随着第一次反倾销措施的实施，欧盟被控倾销产品对我国产业损害程度有所降低，但美国和日本（尤其是美国）对我国邻苯二酚出口量的逐年增加，又开始对我国国内产业产生新一轮的损害影响。2002—2004 年，即第二次反倾销产业损害调查期内，美国向我国出口邻苯二酚数量占同期我国进口总量比例和所占市场份额都呈急剧上升态势，其出口量占我国进口总量比例分别为1.67%、49.15%、55.15%，年均增长幅度为220.83%，所占市场份额分别为1.45%、35.31%、45.87%，年均增长幅度为216.27%；2002—2003年，日本向我国出口邻苯二酚数量占同期我国进口总量比例和所占国内市场份额也快速上升，其出口量占我国进口总量比例分别为8.97%、17.94%，所占市场份额分别为7.74%、12.89%，但其各项数值与美国还有较大差距，见表8-12和图8-12至图8-14所示。

表8-12　2002—2007年我国进口总量、美国和日本对我国出口邻苯二酚情况汇总表

观测变量/年份	2002年	2003年	2004年	2005年	2006年	2007年
反倾销措施	第一次立案初裁	第一次终裁	第一次期中复审	第二次立案初裁	第二次终裁	—
美国对我国出口邻苯二酚数量（吨）	80.00	1 900.01	3 200.30	2 730.33	3 136.00	2 697.79
美国对我国出口邻苯二酚数量年变化幅度	—	2 275.01%	68.44%	-14.69%	14.86%	-13.97%
日本对我国出口邻苯二酚数量	428.40	693.76	245.80	288.00	320.02	209.48
日本对我国出口邻苯二酚数量年变化幅度	—	61.94%	-64.57%	17.17%	11.11%	-34.54%
我国进口总量	4 777.10	3 866.10	5 802.90	6 306.51	7 828.55	6 994.34
美国和日本对我国出口邻苯二酚数量之和	508.40	2 593.77	3 446.10	3 018.33	3 456.02	2 907.26
美国和日本对我国出口数量之和年变化幅度	—	410.18%	26.35%	-7.90%	14.50%	-15.88%
美国对我国出口邻苯二酚数量占同期我国进口总量比例	1.67%	49.15%	55.15%	43.29%	40.06%	38.57%
日本对我国出口邻苯二酚数量占同期我国进口总量比例	8.97%	17.94%	4.24%	4.57%	4.09%	2.99%
美国和日本出口量之和占同期我国进口总量比例	10.64%	67.09%	59.39%	47.86%	44.15%	41.57%

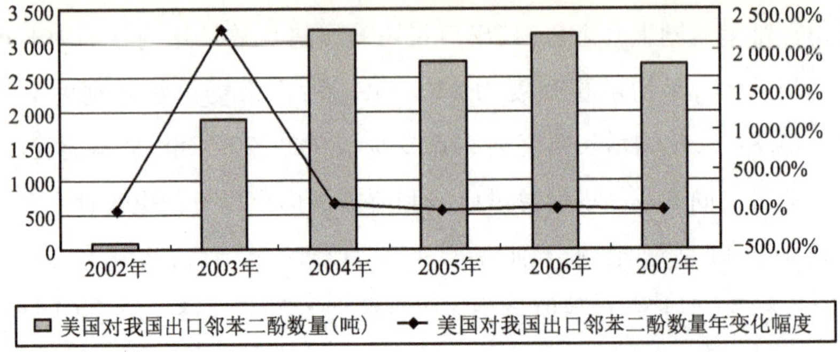

图 8-12　2002—2007 年美国对我国出口邻苯二酚数量及其年变化幅度图

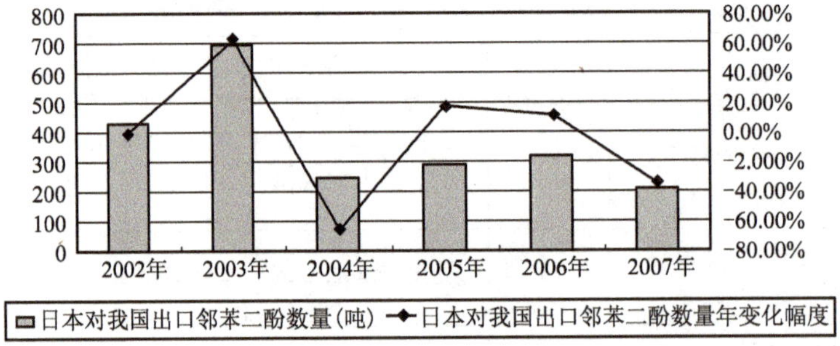

图 8-13　2002—2007 年日本对我国出口邻苯二酚数量及其年变化幅度图

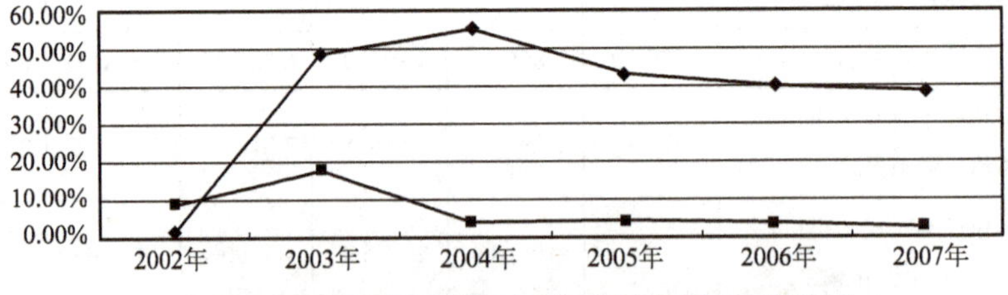

图 8-14　2002—2007 年美国和日本对我国出口邻苯二酚数量占我国进口总量比例图

2005—2007 年，由于受到第二次反倾销立案和初裁的影响，美国、日本向我国出口邻苯二酚数量占同期我国进口总量比例和所占国内市场份额都呈下降趋势，但其下降幅度不大，其中美国向我国出口邻苯二酚数量占同期我国进口总量比例年均下降3.78%，所占市场份额年均下降幅度为7.93%，同期日本向我国出口邻苯二酚数量占同期我国进口总量比例年均下降13.19%，所占市场份额年均下降幅度为16.86%，如表8－13和图8－15所示。

表8－13　2002—2007年美国与日本对我国出口邻苯二酚数量所占我国国内市场份额表

观测变量/年份	2002年	2003年	2004年	2005年	2006年	2007年
反倾销措施	第一次立案初裁	第一次终裁	第一次期中复审	第二次立案初裁	第二次终裁	—
美国对我国出口邻苯二酚数量所占市场份额	1.45%	35.31%	45.87%	34.36%	30.45%	26.82%
日本对我国出口邻苯二酚数量所占市场份额	7.74%	12.89%	3.52%	3.62%	3.11%	2.08%

注：市场份额＝美国或日本对我国出口邻苯二酚数量/国内表观消费量。

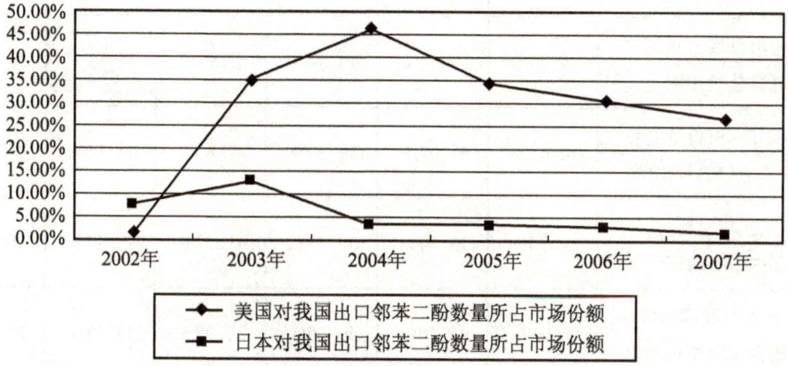

图8－15　2002—2007年美国和日本对我国出口邻苯二酚数量所占国内市场份额图

2003年，我国对原产于欧盟邻苯二酚发布反倾销初裁后，欧盟对我国产品出口量及其占我国进口总量比例和所占国内市场份额相比2002年下降幅度都较为明显，出口量比2002年下降3 416.8吨，占我国进口总量比例比2002年下降65.25%，所占国内市场份额比2002年下降61.12%。从2003年开始，欧盟上述各项数值低于同期美国和日本各项数值之和。

欧盟对我国邻苯二酚出口量及其占我国进口总量比例和占国内市场份额数值下降,但美国和日本同期相应数值之和上升,使得欧盟被控倾销产品发生了贸易转移。2003—2004 年,欧盟上述各项数值均低于同期美国和日本相应数值之和。此外,由于受到 2005 年第二次反倾销立案和初裁影响,2005—2007 年,美国和日本上述各项数值之和呈下降趋势,同期欧盟上述各项数值有小幅回升趋势,但增幅不大,如表 8 – 14、表 8 – 15 和图 8 – 16 至图 8 – 18 所示。

表 8 – 14　2002—2007 年欧盟对我国出口量、美国与日本对我国出口量之和及其同期占我国进口总量比例、我国国内市场份额表

观测变量/年份	2002 年	2003 年	2004 年	2005 年	2006 年	2007 年
反倾销措施	第一次立案初裁	第一次终裁	第一次期中复审	第二次立案初裁	第二次终裁	—
欧盟对我国出口邻苯二酚数量(吨)	4 269.05	1 272.25	2 354.00	3 275.46	4 370.35	4 055.46
美国和日本对我国出口邻苯二酚数量之和(吨)	508.40	2 593.77	3 446.10	3 018.33	3 456.02	2 907.26
欧盟出口量占我国进口总量比例	89.36%	32.91%	40.57%	51.94%	55.83%	57.98%
美国和日本出口量之和占我国进口总量比例	10.64%	67.09%	59.39%	47.86%	44.15%	41.57%
欧盟出口量所占国内市场份额	84.76%	23.64%	33.74%	41.22%	42.43%	40.32%
美国、日本对我国出口量之和所占国内市场份额	9.19%	48.20%	49.39%	37.98%	33.55%	28.91%

表 8 – 15　2007 年欧盟、美国、日本对我国出口量之和及其占我国进口总量比例和国内市场份额表

年份/观测变量	欧盟、美国和日本对我国出口邻苯二酚数量之和(吨)	欧盟、美国和日本出口量之和占我国进口总量比例	欧盟、美国和日本对我国出口量之和所占国内市场份额
2007 年	6 962.72	99.55%	69.23%

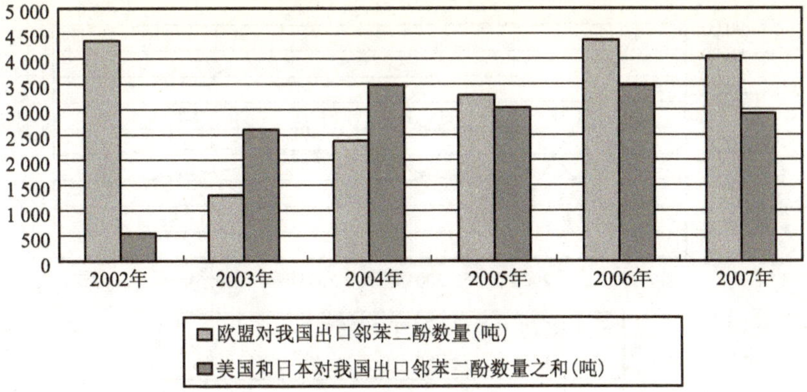

图 8－16　2002—2007 年欧盟对我国邻苯二酚出口量、美国与日本对我国邻苯二酚出口量之和图

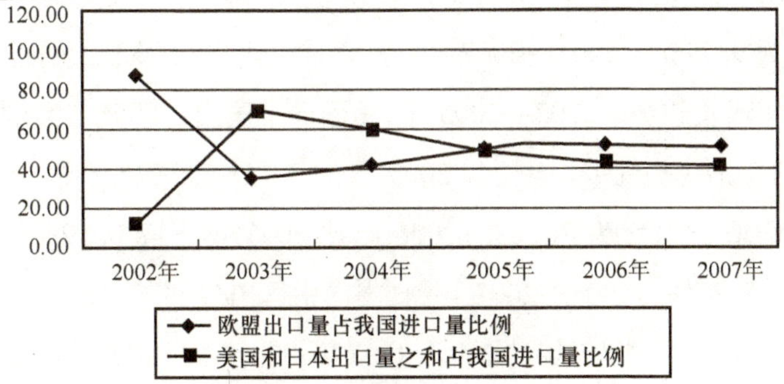

图 8－17　2002—2007 年欧盟出口量、美国与日本出口量之和占我国进口总量比例图

由表 8－15 可知,2006 年第二次反倾销终裁以后,2007 年我国邻苯二酚几乎全部是从欧盟、美国和日本进口而得,三个国家及地区出口量之和占我国进口总量的比例高达 99.55%。此外,欧盟、美国和日本对我国出口量之和所占国内市场份额为 69.23%,仍占据国内大部分市场,不利于我国邻苯二酚产业的持续发展。

2. 欧盟、美国和日本被调查产品价格及其变化情况。2002—2007 年,欧盟向我国出口邻苯二酚的平均价格有所回升,呈逐年增长趋势,由 2002 年的

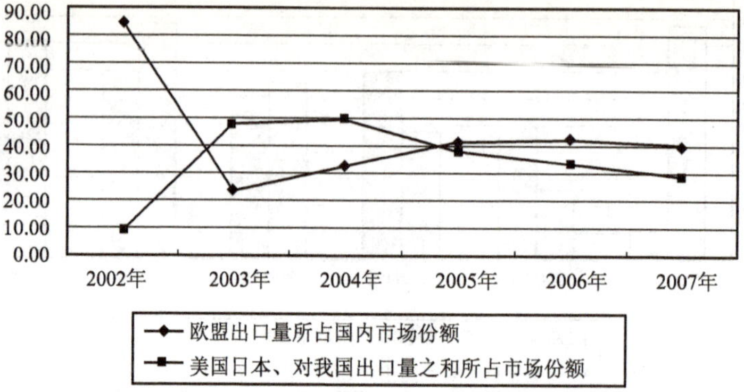

图 8－18 2002—2007 年欧盟出口量、美国与日本出口量之和占我国国内市场份额图

2 146.85美元/吨增长到2007 年的 3 755.44 美元/吨，增长幅度为 74.93%，年均增长幅度为 9.77%。2002—2007 年，美国向中国出口邻苯二酚的平均价格总体上呈逐年增长趋势。2002—2005 年，美国向中国出口邻苯二酚的平均价格由 2002 年的 2 370 美元/吨增长到 2005 年的 3 148.26 美元/吨，增长幅度为 32.84%，年均增长幅度为 7.36%；2006 年比 2005 年下降 0.59%，2007 年比 2006 年增长 15.27%。2003—2007 年，日本向中国出口邻苯二酚的平均价格呈先下降后增长趋势，由 2003 年的 2 444.10 美元/吨下降到 2005 年的2 030.83美元/吨，后又上升至 2007 年的 2 217.56 美元/吨，其中 2005 年比 2003 年下降 16.91%，2007 年比 2005 增长 9.19%，如表 8－16 和图 8－19 所示。

表 8－16 2002—2007 年被调查产品和国内同类产品价格及其变化情况表

观测变量/年份	2002 年	2003 年	2004 年	2005 年	2006 年	2007 年
欧盟向中国出口的邻苯二酚平均价格(美元/吨)	2 146.85	2 213.40	2 311.08	3 154.51	3 402.02	3 755.44
欧盟向中国出口的邻苯二酚平均价格年变化幅度	—	3.10%	4.41%	36.50%	7.85%	10.39%
美国向中国出口的邻苯二酚平均价格(美元/吨)	2 370.00	2 401.51	2 502.65	3 148.26	3 129.80	3 607.68

续表

观测变量/年份	2002 年	2003 年	2004 年	2005 年	2006 年	2007 年
美国向中国出口的邻苯二酚平均价格年变化幅度	—	1.33%	4.21%	25.80%	-0.59%	15.27%
日本向中国出口的邻苯二酚平均价格(美元/吨)	2 230.00	2 444.10	2 295.83	2 030.83	2 031.14	2 217.56
日本向中国出口的邻苯二酚平均价格年变化幅度	—	9.60%	-6.07%	-11.54%	0.02%	9.18%
国内市场邻苯二酚价格年变化幅度	—	13.91%	19.27%	17.59%	-2.90%	-6.60%

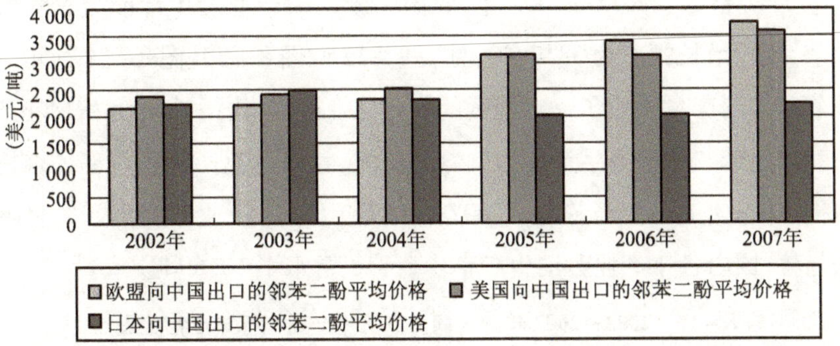

图 8－19　2002—2007 年欧盟、美国和日本被控倾销产品平均价格图

2002—2007 年,国内邻苯二酚市场价格呈先增长后下降趋势,其中 2003 年比 2002 年增长 13.91%,2004 年比 2003 年增长 19.27%。2003—2004 年,国内邻苯二酚市场价格有一定幅度的上涨,这具有其特殊的原因:一是 2003 年 8 月 27 日,商务部发出对原产于欧盟的邻苯二酚的反倾销终裁公告,国内价格出现一定程度的恢复性上涨;二是自 2002 年年底开始,国际原油价格不断攀升,特别是 2004 年创出价格新高,我国作为世界经济发展的主要力量之一,国内市场原油价格肯定受到国际原油价格上涨的影响,进而影响到以石油为基础原料的化工产品包括邻苯二酚主要原料苯酚价格的大幅上涨,导致国内邻苯二酚成本也大幅上涨,致使国内邻苯二酚市场价格上涨。但值得注意的是,2002—2005

年苯酚价格总体保持上涨水平，邻苯二酚价格的上涨速度与幅度都低于同期苯酚价格的上涨，使得邻苯二酚价格的恢复性上涨更大程度上是由于原材料上涨的影响，而反倾销措施实施的影响相对较小；2005—2007 年，邻苯二酚产品价格与苯酚产品价格走势相反，也说明了反倾销措施实施的影响正在逐渐减小。

8.2.2.2 反倾销政策实施后国内产业发展情况

2003 年 8 月，江苏三吉利公司取得对原产于欧盟的邻苯二酚反倾销案胜诉之后，企业发展迅速，生产规模扩大了一倍，经济效益也明显好转。进入 2004 年以来，三吉利公司面临美国、日本公司的倾销威胁，企业生产经营再度陷入困境，三吉利公司又一次次拿起法律武器，打响了对美国、日本的反倾销保卫战，为此，反倾销政策对我国国内邻苯二酚产业发展具有多重交织的作用。

1. 生产类指标。2002—2007 年，我国邻苯二酚产业的生产能力有较大幅度的上涨，年均增长幅度为 38.78%，见表 8－17 和图 8－20、图 8－21 所示。国内产业邻苯二酚产量得到了一定程度的恢复性上涨，年均增长幅度为 18.87%。但由于我国邻苯二酚产业生产能力的急剧扩大，我国企业产能利用率还维持在较低水平，并总体上呈下降趋势。2002—2007 年，国内产业劳动生产率呈下降后增长趋势，国内各年产业劳动生产率均高于正常水平 10.60 吨/人。

表 8－17　2002—2007 年国内同类产品生产类指标年度指数表

观测变量/年份	2002 年	2003 年	2004 年	2005 年	2006 年	2007 年
产能	100.00	100.00	200.00	242.86	714.29	714.29
产量	1 206.45	1 358.89	1 473.72	1 445.23	2 448.73	3 403.09
产能利用率	804.05	905.66	491.14	396.61	228.46	317.53
劳动生产率	1 509.78	1 419.67	1 321.52	1 187.17	1 780.44	2 838.80

注：表中数值为指数，基期为 1999 年，下文各表均同。

2. 销售类指标。2002—2007 年，我国国内产业邻苯二酚销售数量整体呈现上涨态势，见表 8－18 和图 8－22 至图 8－24 所示。虽然国内产业的产品销量得到了一定的增长，但国内产业所占市场份额一直较低，低于同期国外被控倾销产品所占国内市场份额。国内产业销售价格出现一定程度恢复性上涨。

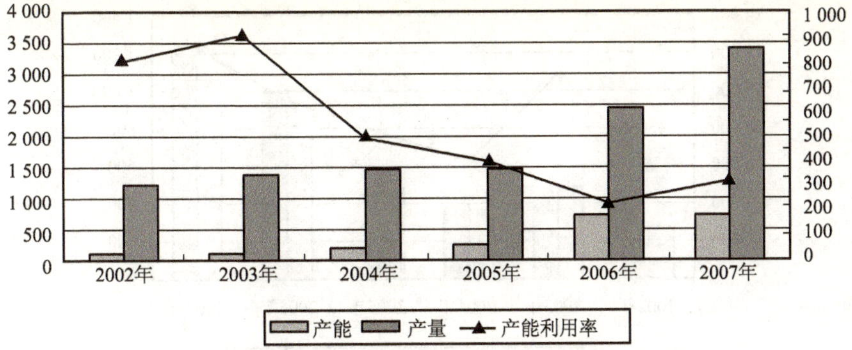

图 8－20　2002—2007 年国内同类产品产能、产量和产能利用率指数图

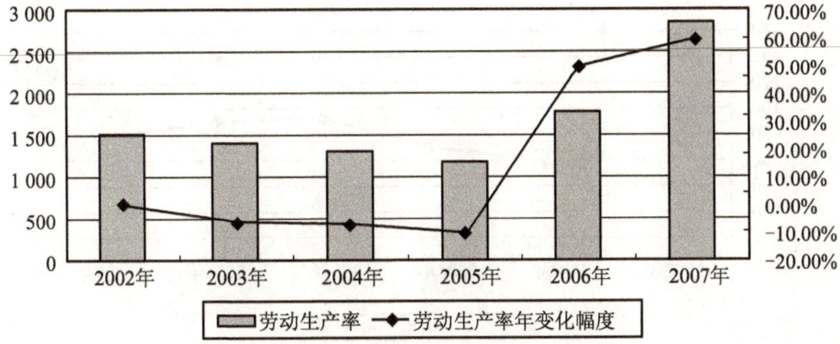

图 8－21　2002—2007 年国内产业劳动生产率指数及其年变化幅度图

国内产业销售收入的变化虽然有一定的波动，但增长态势较为明显，国内产业期末库存量整体呈下降趋势。

表 8－18　2002—2007 年国内产业销售类指标年度指数表

观测变量/年份	2002 年	2003 年	2004 年	2005 年	2006 年	2007 年
国内产业销量	2 829.94	5 039.29	3 839.13	5 384.20	8 075.09	10 677.10
销售价格	78.70	89.76	107.06	125.89	122.26	114.22
销售收入	2 235.87	4 527.41	4 111.42	6 782.92	9 876.23	12 069.70
所占国内市场份额	614.73	1 125.19	661.24	814.34	941.86	1 275.58
库存	486.49	95.40	486.96	136.47	20.19	106.90

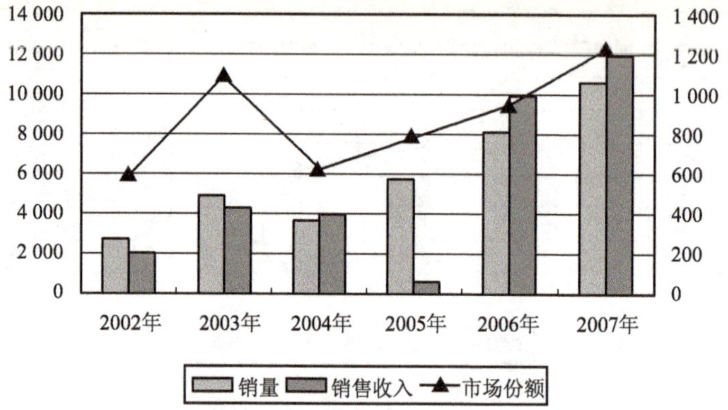

图 8－22　2002—2007 年国内产业同类产品销量、销售收入和市场份额指数图

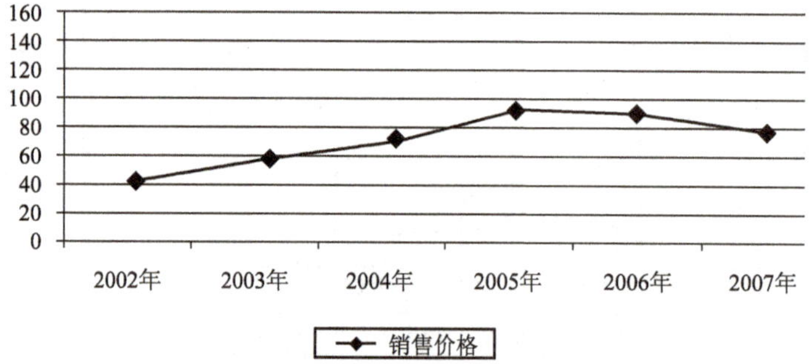

图 8－23　2002—2007 年国内产业同类产品销量价格指数图

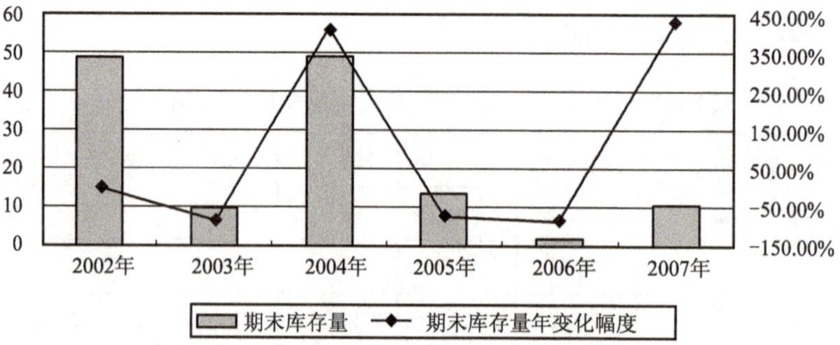

图 8－24　2002—2007 年国内产业同类产品期末库存及其年变化幅度图

3. 运营类指标。2002—2007 年，随着邻苯二酚国内产业销售状况的好转和价格的逐步回升，税前利润逐步增加；同时，国内企业资产负债率呈逐步下降趋势，有利于资金的回收和企业经营状况的改善，见表 8 - 19 和图 8 - 25、图 8 - 26所示。由于投资收益率数据较难获得，在此不作深入讨论。

表 8 - 19　2002—2007 年国内产业运营类指标年度指数表

年　度	2002 年	2003 年	2004 年	2005 年	2006 年	2007 年
税前利润	-83.61	-21.60	-13.53	141.06	476.09	29.47
资产负债率	147.54	105.63	104.51	92.55	70.13	75.16

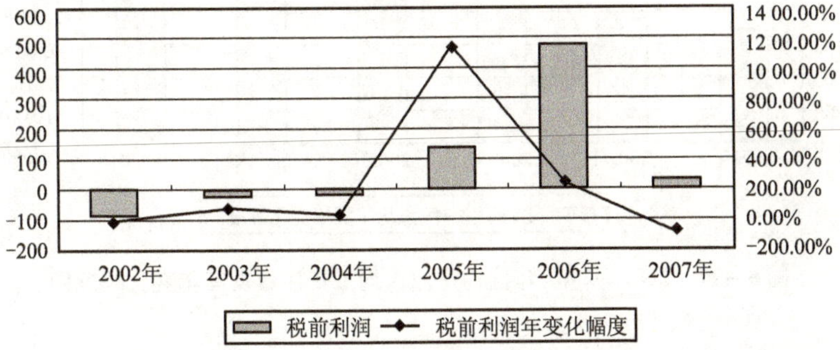

图 8 - 25　2002—2007 年国内产业同类产品税前利润指数及其年变化幅度图

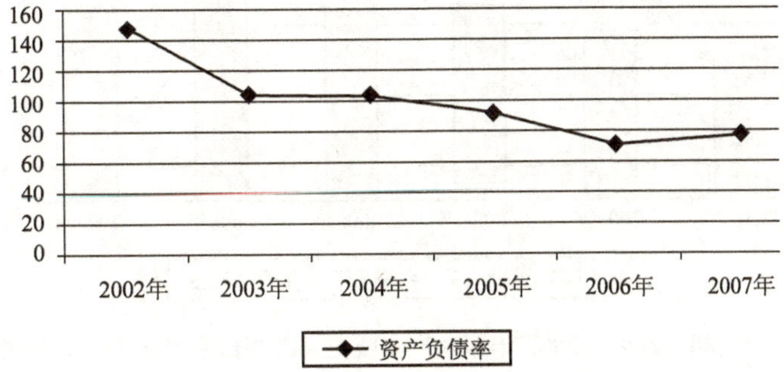

图 8 - 26　2002—2007 年国内产业资产负债率指数变化图

4. 就业类指标。2002—2007 年，邻苯二酚国内产业就业人数整体呈增长态势，但 2006—2007 年出现一定程度的下滑。国内产业人均工资水平有所提高，其中 2003—2007 年人均工资年均增长幅度为 19.08%，见表 8 - 20 和图

8－27、图 8－28 所示。

表 8－20　2002—2007 年国内产业的工资水平及其变化情况表

年度	2002 年	2003 年	2004 年	2005 年	2006 年	2007 年
就业人数	79.62	95.37	111.11	121.30	137.04	119.44
人均工资	170.50	147.11	225.39	306.59	318.81	352.19

注：人均工资＝工资总额/年工人平均人数，年工人平均人数＝（年初人数＋年末人数）/2。

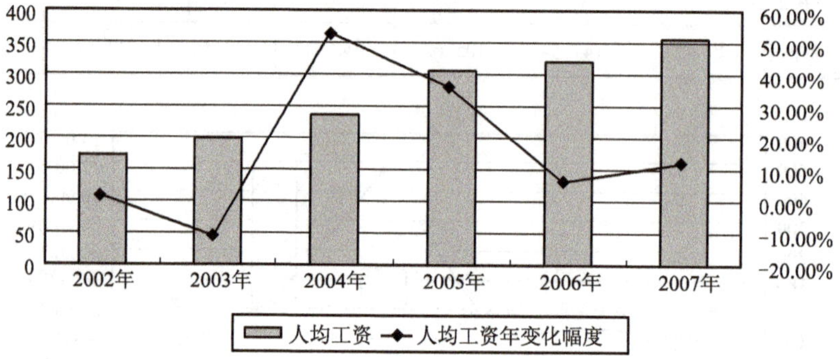

图 8－27　2002—2007 年国内产业人均工资指数及其年变化幅度图

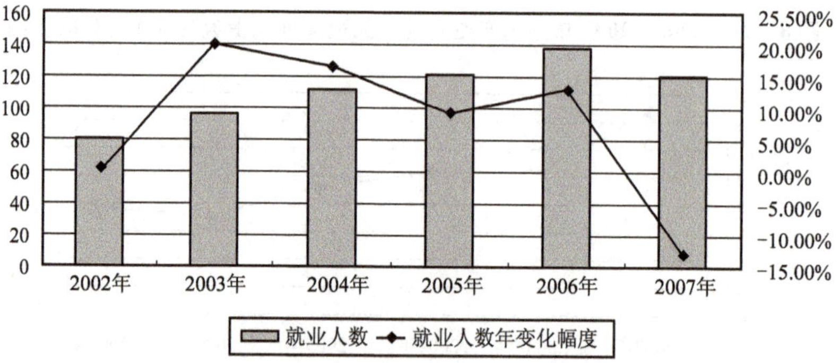

图 8－28　2002—2007 年国内产业就业人数指数及其年变化幅度图

8.2.3　影响反倾销政策实施效果因素分析

反倾销政策的实施通常会对国内产业起到一定的救济作用，使国内产业经营状况出现好转，主要经济指标数据得到改善，在一定程度上弥补倾销带来的产业损害，然而反倾销政策的实施效果也受到多方面因素的影响。由于我国反倾销涉案产品多数为中间产品，涉案产业存在上下游产业链，其上游产品的价格波动和下游产业的需求状况，直接影响着该产业的经济运行情况，并间接对反倾销政策的救济效果产生影响。此外，采取反倾销政策后，可能会出现进口市场份额向非涉案国转移的情况，这种贸易转移效应实际上削弱了反倾销的救济效果；同时，随着反倾销政策的实施，国外涉案企业可能采用外商投资的方式进入国内市场，试图规避我国反倾销政策限制，削弱反倾销政策对其造成的影响。在邻苯二酚反倾销案件中，上述三种影响因素都对我国反倾销政策的实施效果产生了显著的干扰影响作用，因此在邻苯二酚反倾销实施过程中，将着重对以上三类影响因素进行详细讨论。

8.2.3.1　上游产业对反倾销政策实施效果的影响

对于处于产业链中部的产品而言，其上游产业的经营情况、价格波动等将直接影响其生产经营状况及各项经济指标的变化，进而对反倾销政策的救济效果产生影响。我国国内产业生产邻苯二酚采用的生产工艺是苯酚双氧水法，采用苯酚和双氧水作为主原料，其中苯酚采购成本又占了邻苯二酚原材料成本的大部分。更为重要的是，近年来在国际原油价格上涨的带动下，以及我国2003年对苯酚采取反倾销措施的影响下，苯酚价格上涨幅度较大，对国内邻苯二酚产业的生产成本造成了很大的影响。

1. 苯酚价格变化情况。2002年以前，由于苯酚产品市场一直遭受国外厂商的倾销销售，苯酚产品市场价格较低，一般保持在6 000元/吨左右。2002年8月，我国对原产于韩国、美国、日本和我国台湾地区的苯酚产品发起反倾销调查，并于2004年2月作出了反倾销终裁[①]，对上述涉案国家和企业征收3%—144%不等的反倾销税，该措施在保护我国国内产业的同时，也在一定程度上推动了国内苯酚价格的上涨。

由图8－29可以看出，国内邻苯二酚产业采购苯酚的基本价格趋势，2001—2004年，国内产业采购苯酚的价格持续上涨，其中2003年比2002年上

① 参见中华人民共和国商务部2004年第2号公告。

涨30.8%,2004年比2003年上涨44.56%。2005年,苯酚市场价格随着原油价格的下跌出现了小幅回落,但在2006年随着原油价格的回升,苯酚价格再度呈现上升趋势,一度达到13 000元/吨的高位。2006年,苯酚市场价格比2005年上涨15.6%,2007年比2006年上涨23.6%。2001—2007年,苯酚价格上涨幅度达147.7%,年均上涨幅度达16.3%。

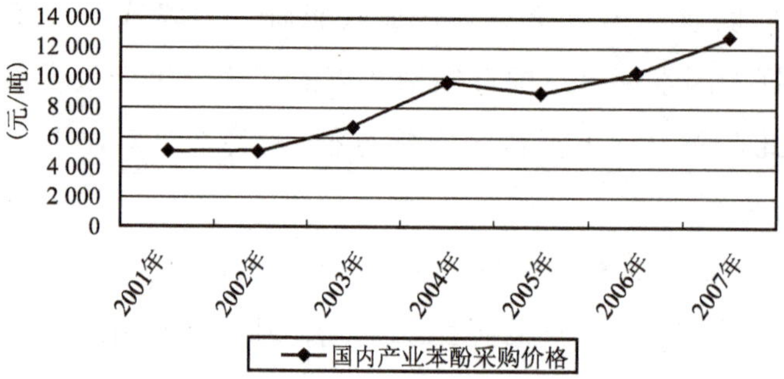

图8-29 2001—2007年国内苯酚采购价格趋势图

数据来源:由国内产业立案申请书和产业实地调研数据整理而得。

2. 上游产业对邻苯二酚反倾销政策的影响。苯酚作为邻苯二酚生产的主要原料,其价格在石油价格上涨、国内反倾销政策实施的双重影响下出现了较大幅度的增长。基于投入产出关系,苯酚价格的上涨在一定程度上将影响下游邻苯二酚产业,导致其生产成本增加和价格上升。

国内生产邻苯二酚采用的是过氧化氢羟基化法,这种方法一般消耗1吨过氧化氢,大概要消耗1.5吨苯酚,邻苯二酚回收率在90%左右。由于产品的邻、对位之比约为3:2,因此消耗1吨苯酚大约能生产0.9吨邻苯二酚①。如果排除其他因素,仅考虑苯酚价格上涨所带来的邻苯二酚价格的变化,那么苯酚涨价1元,邻苯二酚价格应上涨1.11元,因此估算该情况下邻苯二酚的售价,如表8-21和图8-30所示。

① 数据来源:由国内产业立案申请书和产业实地调研数据整理而得。

表 8-21　苯酚价格和邻苯二酚虚拟价格表　　　　单位:元/吨

苯酚	邻苯二酚虚拟价格	邻苯二酚实际价格
5 135.72	20 387.16	20 387.16
6 717.66	22 144.87	23 222.60
9 711.37	25 471.22	27 697.97
8 964.74	24 641.63	32 568.96
10 362.35	26 194.53	31 629.39
12 807.68	28 911.56	29 549.06

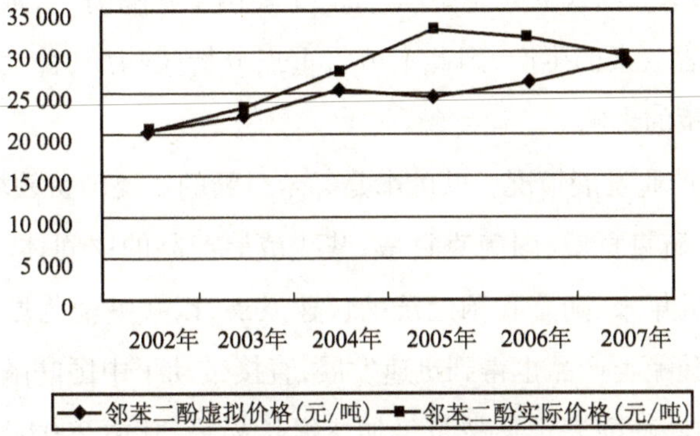

图 8-30　2002—2007 年邻苯二酚价格受到苯酚价格影响变动图

在2002—2007 年,如果仅考虑苯酚价格上涨对邻苯二酚价格的影响,邻苯二酚的价格曲线应为图 8-30 的虚拟价格曲线,略低于邻苯二酚的实际价格曲线。可计算出 2002—2007 年邻苯二酚虚拟价格曲线的平均值为 24 625.16 元/吨,实际邻苯二酚价格曲线的平均值为 27 509.19 元/吨,因此 2002—2007 年苯酚价格上涨对邻苯二酚价格上涨的影响大约占邻苯二酚实际价格上涨的 (24 625.16 - 20 387.16)/(27 509.19 - 20 387.16) ×100% =59.5%,即实际邻苯二酚价格上涨的超过 1/2 是由于苯酚价格上涨所引起的。

综上所述,邻苯二酚价格的恢复性上涨很大程度上是由于原材料上涨的影响,而受到反倾销救济效果的影响相对较小。

8.2.3.2 下游产业对反倾销政策实施效果的影响

下游产业的需求状况直接决定了中间产品的市场销售态势，从而对该行业的经营状况产生影响。如果下游产业发展稳定、需求旺盛，其上游产业也必将受到利好带动，因此下游产业的发展态势、需求状况及其他相关指标是影响反倾销政策实施效果的重要因素。

邻苯二酚是一种重要的化学中间体，其下游用途较为广泛，可用作橡胶硬化剂、电镀添加剂等，是合成树脂、农药克百威、残杀威，医药黄连素、肾上腺素，香料香兰素、黄樟素等的原料之一。目前我国邻苯二酚的下游产业还处于市场培育期，受到下游生产技术水平的限制，一些下游领域尚未完全开发。根据实地调研，我国邻苯二酚作为化工中间产品，主要用于呋喃酚（合成农药克百威的重要中间体）、香兰素的生产，因此本节将重点分析呋喃酚、香兰素产业对邻苯二酚反倾销政策的影响。

1. 呋喃酚产业发展情况。呋喃酚是邻苯二酚的主要消费领域，可作为合成农药克百威、丁硫克百威、丙硫克百威、呋线威等产品的中间体，同时还可作为医药中间体。近年来，随着我国经济的快速发展，以呋喃酚为原料的一批低毒高效的氨基甲酸酯类产品也得到迅速发展，直接带动了中国呋喃酚产品需求的不断增长，国内呋喃酚表观消费量呈加速增长趋势，其中 2002 年比 2001 年增长 8.44%，2003 年比 2002 年增长 14.92%，2004 年比 2003 年增长 28.45%。快速增长的市场需求为国内呋喃酚产业提供了良好的发展机遇，但与此同时，由于日本、欧盟和美国向中国大量低价出口呋喃酚产品，导致国内产业的生产经营受到严重影响，市场份额处于较低水平并持续下降，产能无法得到应有的扩大。

2004 年 8 月，我国商务部对原产于日本、欧盟和美国的进口呋喃酚产品进行反倾销调查[①]，并于 2006 年 2 月作出终裁[②]，认定原产于日本、欧盟和美国的进口呋喃酚产品存在倾销，并对中国呋喃酚产业造成了实质损害，倾销与实质

---

① 参见中华人民共和国商务部 2004 年第 41 号公告。

② 参见中华人民共和国商务部 2006 年第 7 号公告。

损害之间存在因果关系，决定对涉案企业征收113.2%的反倾销税。在反倾销政策的影响作用下，国内呋喃酚产业得到恢复和发展，产业整体发展态势出现好转。国内生产企业适时扩大生产规模，年产量出现了大幅上升，初步摆脱了倾销损害造成的影响，并带动了上游邻苯二酚产业的发展。

2. 香兰素产业发展情况。香兰素也是邻苯二酚的主要消费领域，我国是世界香兰素主要生产国和出口国。香兰素应用范围十分广泛，在国外大量用于生产医药中间体、植物生长促进剂、杀菌剂、润滑油消泡剂、电镀光亮剂、印制线路板生产导电剂等，在国内主要用于食品添加剂和医药领域。目前，全球大部分香兰素企业采用邻苯二酚—愈创木酚—香兰素的工艺流程，与我国传统的邻硝基氯苯—愈创木酚—香兰素制造工艺相比，具有生产流程短、收益率高、环境污染小、产品质量得到保障等优点。随着邻苯二酚生产技术的发展，我国香兰素生产企业正逐步与世界主流技术靠拢，采用以邻苯二酚为原料的愈创木酚生产工艺。

3. 下游产业对邻苯二酚反倾销政策的影响。近年来，呋喃酚和香兰素两类下游产业发展趋势稳定、产品需求旺盛，产能、产量逐步增加，已形成一定的产业规模。随着我国对高毒、高残留农药限用或禁用力度的不断加大，呋喃丹等高效、低毒、低残留农药将得到较快的发展，对呋喃酚的需求呈现快速增长的趋势。邻苯二酚作为呋喃酚的主要生产原材料，其产业发展必将受到积极影响。与此同时，如果国内香兰素生产企业全部改用以邻苯二酚为原料的愈创木酚生产，则将大幅增加对邻苯二酚的消费，带动邻苯二酚产业的发展，因此，邻苯二酚下游产业的良好发展态势将进一步增强国内市场对邻苯二酚的需求，在一定程度上放大反倾销政策的救济效果。

8.2.3.3 贸易转移效应对反倾销政策的影响

尽管反倾销是针对特定出口国发起的贸易救济措施，但在国际市场机制的作用下，反倾销政策也会对非涉案国的贸易产生影响。由于反倾销政策通常会提高涉案国出口产品的价格，相当于间接降低了非涉案国出口产品的价格，提高了对非涉案国产品的需求，因此往往会出现采取反倾销政策后，非涉案国出口量增多的现象，即反倾销政策引发贸易转移效应。可见，贸易转移效应实际上起到了一种削弱反倾销政策救济效果的作用。

1. 第一次反倾销政策引发的贸易转移效应。2003 年 8 月，我国对原产于欧盟的进口邻苯二酚采取反倾销措施，法国罗地亚、意大利鲍利葛等涉案企业被征收了 20%—27% 不等的反倾销税。邻苯二酚反倾销措施有效阻止了欧盟邻苯二酚的倾销行为，欧盟对中国出口的邻苯二酚数量也一度出现明显下滑，使其占我国市场份额的比重由 2002 年的 84.76% 下降到 2003 年的 23.64%，下降幅度达 72%。但在欧盟进口份额大幅下降之时，美国、日本出口的邻苯二酚在中国的市场份额呈急剧扩大之势，由 2001 年的 9.19% 上升至 2004 年的 49.39%，增长幅度达 437%，如图 8 - 31 所示。2002—2004 年，国内邻苯二酚产业的市场份额分别为 15.86%、29.03% 和 17.06%，虽然出现小幅上升但又很快回落。由此可见，在针对欧盟采取反倾销政策之后，尽管涉案国产品出口量出现明显下降，但市场份额很大程度上向非涉案的美国、日本发生了转移，使得国内邻苯二酚产业应获得的市场份额又被挤占。

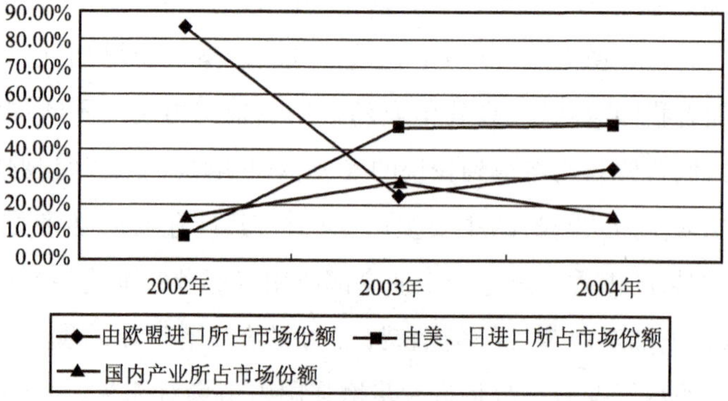

图 8 - 31　2002—2004 年邻苯二酚国内市场份额图

2. 贸易转移效应对反倾销政策的影响。由于反倾销政策引发的贸易转移效应改变了市场竞争格局，主要市场份额由涉案国向非涉案国转移，国内产业的市场竞争环境并未发生明显改善，反倾销政策的救济作用有所削弱。在贸易转移效应的影响作用下，2004 年，我国国内邻苯二酚产业发展态势较 2003 年出现下滑。2004 年，在国内产业的产能比上年增长一倍的情况下，产量比上年仅增长了 12.23%，销量和销售收入分别比上年下降 23.09% 和 8.27%，与表观消费量增长29.64%的水平形成反差。同时,由于国内产业同类产品价格较低,产业持续亏损,投资收益率一直为负。2004年,国内产业市场份额萎缩、现金流入量不足、产能利用率和劳动生产率下降、库存大幅增长、投融资遇到严重困难。上述情况表明,2003年以来,贸易转移效应使由美国、日本进口的邻苯二酚对国内产业再次造成冲击,影响了第一次反倾销政策救济作用的发挥。

8.2.3.4 同类产业外资对反倾销政策的影响

对于出口国而言,进口国采取的反倾销政策是一种贸易壁垒,激励了出口国企业通过一系列方式规避反倾销税,如在进口国投资设厂,或者在未遭受反倾销指控的第三国投资设厂然后再进行产品出口,跨越反倾销保护壁垒,这种现象被称为反倾销政策的“投资跨越效应”。投资跨越效应既是反倾销政策产生的经济效应,也是影响反倾销政策实施效果的重要影响因素,因为这种效应不仅削弱了反倾销对国内产业的救济效果,甚至可能给进口国市场带来更为激烈的国内竞争,损害国内产业利益。在邻苯二酚反倾销案件中,同样存在典型的涉案企业以外商投资方式规避反倾销措施的行为。

1. 外商投资进入背景。法国罗地亚公司是全球领先的精细化工生产企业和世界500强公司,同时也是全球最大的邻苯二酚生产企业。我国邻苯二酚主要进口供货商为罗地亚设在美国和法国的生产企业,每年进口量约占国内总进口量的80%左右。我国先后于2003年和2006年采取的两次反倾销措施,在很大程度上是为了抑制罗地亚公司的倾销行为。然而,在我国采取反倾销措施以后,法国罗地亚公司于2006年3月启动了在中国镇江的双酚工厂投资项目,该项目建设包括邻苯二酚工厂和对苯二酚工厂,年产量可达12 000吨,一期投资为1亿欧元。该厂生产的产品不仅包括邻苯二酚和对苯二酚,还包括其下游衍生物,如香兰素、乙基香兰素、二甲氧基苯等。2007年6月,项目正式投产,每年可生产邻苯二酚7 200吨、对苯二酚4 800吨,替代了大部分的邻苯二酚和对苯二酚进口。镇江工厂的投产运营使罗地亚在中国的邻苯二酚及其下游产业链进一步完善,巩固了罗地亚在邻苯二酚业务上的领先地位。

2. 罗地亚投资对反倾销政策的影响。法国罗地亚的投资有规避反倾销措施之嫌,在很大程度上抵消了我国反倾销政策的贸易限制效果。反倾销政策通常是通过对进口环节征收反倾销税来实现的，而法国罗地亚公司在江苏镇江的投资行为使其产品生产直接转移到我国境内进行，规避了反倾销税，也消除了反倾销政策对进口贸易的限制效果。

法国罗地亚的投资加大了市场竞争强度，不利于我国国内产业的发展和反倾销救济效果的发挥。根据经济学原理，一定市场容量下的企业数量与竞争程度成正比，即竞争对手越多，竞争程度越强。罗地亚投资项目的建成开工使其生产的邻苯二酚产品直接在国内市场销售，并与国内企业展开竞争，必然增大市场竞争强度，限制国内企业的发展空间。由于我国邻苯二酚产业仍处于市场培育期，竞争力较弱，并且因为受到倾销行为的损害，经营状况不佳，急需发挥反倾销政策对国内产业的救济作用，而罗地亚的在华投资很大程度上抵消了反倾销政策对国内产业的保护作用，不利于国内邻苯二酚产业的恢复和发展。

法国罗地亚的投资项目进一步扩展到了邻苯二酚下游产业，对整个邻苯二酚产业链产生了影响，从某种程度上形成市场垄断优势。邻苯二酚是一种化学中间产品，下游产业的需求对产业的发展具有决定性作用。罗地亚将投资项目的生产范围扩大到香兰素等下游产品，将直接对邻苯二酚产业形成市场影响力甚至垄断力。当然，对于某些下游企业而言，由于其产品生产长期依靠进口邻苯二酚作为原材料，罗地亚在华的生产运营为其减少了关税和反倾销税成本，具有一定的积极作用，但从长远来看，如果罗地亚的市场影响力和控制力过于强大，将不利于国内邻苯二酚产业链的发展。

8.3 邻苯二酚反倾销政策实施效果评估

本节以由欧盟进口邻苯二酚反倾销案件作为评估对象，选取欧盟反倾销期终复审为时间节点，重点分析由欧盟进口邻苯二酚反倾销措施对国内邻苯二酚产业产生的影响，以“公平贸易”“救济适度”和“公共利益”作为实施原则，通过发展趋势组合、反事实预测和理想状态模拟评估方法，得出科学合理的政策评估结果，从总体上把握反倾销政策对我国邻苯二酚产业的救济效果，为未来我国反倾销政策的制定与实施提供理论与政策依据。

8.3.1 评估指标选取与权重确定

为有效评估我国邻苯二酚产业反倾销救济效果,应首先依据邻苯二酚反倾销调查实践经验和高新技术产业产品特点,构建权重合理、科学适用的邻苯二酚反倾销评估指标体系。

8.3.1.1 邻苯二酚反倾销政策评价指标体系

考虑到案件数据在获取途径和时间上的困难,邻苯二酚反倾销评价指标体系应结合反倾销政策实施效果评估目标,充分考虑各项指标的实际可操作性。本节基于本书第四章内容,遵循如下具体原则,选取能够在反倾销政策实际工作中直接或间接获得数据的指标。

1. 完备性。为全面评估反倾销政策救济效果,构建的评估指标体系应尽可能反映反倾销政策对邻苯二酚产业各方面的影响,不仅包括反倾销政策评估的一般规律性指标,而且包括反映本案件特点的特殊性指标。各指标紧密联系,宏观与微观相结合,定性与定量相结合,经济效益与公共利益相结合,共同描述反倾销政策的全面影响。

2. 科学性。为正确描述邻苯二酚反倾销政策救济效果,构建的评估指标体系应建立在符合科学发展的客观规律基础之上,使其能够真实反映反倾销政策救济效果的全面情况,尽量减少人为因素的干扰,确保指标设计的科学性。

3. 系统性。反倾销政策的救济效果本身是一个涉及多方面因素的系统,因此在评价时要注意评价指标体系的系统性。应依据系统设计、评价的原则,避免单个指标孤立化,从系统角度考虑指标设置的合理性,同时按照层次化的思想,逐层系统地设计评价指标。

4. 动态性。邻苯二酚反倾销政策的实施包含立案、初裁、终裁等一系列过程,时间跨度比较长,因此其救济效果的显现也必将是一个动态变化的过程,所以在指标的设计上,应选取反映一定时间跨度之内救济效果的相对量指标,使构建的评估指标体系能够反映反倾销政策救济效果的全过程。

遵循以上反倾销政策效果评价指标选取原则,基于本书第四章研究结果,依据国内外现有关于反倾销政策效果评估的研究成果和反倾销实践,同时广泛听取专家、学者的建议,构建我国邻苯二酚反倾销政策效果评估指标体系(如表

8 -22 所示)。

表 8 -22 邻苯二酚反倾销政策效果评估指标体系构成表

层 级	指 标 名 称						
一级指标	劳资福利		市场销售		经济效益		生产状况
二级指标	人均工资	劳动生产率	销量	价格	库存	税前利润	产量

8.3.1.2 邻苯二酚反倾销政策评价指标权重

在邻苯二酚反倾销政策效果评估中,指标体系权重的确定是基础而关键的工作,将直接影响到最终的评估结论。为了科学合理地确定指标体系权重,本节分别采用主观赋权法和客观赋权法两种方法计算指标权重,其中主观赋权法使用层次分析法,客观赋权法选用熵值法,然后在此基础上对两类权重进行综合,从而最大限度地确保指标权重的科学性。

1. 层次分析法赋权方法。层次分析法是由美国运筹学专家萨迪(Saaty)于20 世纪 70 年代,提出的一种定性与定量分析相结合的多准则决策方法。它将一个复杂问题看成一个系统,在对复杂决策问题的本质、影响因素以及内在关系等进行深入分析之后,根据系统内部因素间的隶属关系,构建层次结构模型,将复杂问题转化为有条理的有序层次,以一个递阶层次图直观地反映系统内部因素之间各子系统的分解,然后再逐级地进行系统综合,利用较少的定量信息,把决策的思维过程数学化,从而求解多目标、多准则或无结构特性的复杂决策问题。层次分析法是目前系统工程处理定性与定量结合问题的比较简便易行又行之有效的一种方法。由于评价体系的指标反映的方面较多,各指标之间的相对重要程度揭示了指标在评估体系中的重要性。如果完全凭借专家主观赋权,难免会有失偏颇,不能客观反映事物的全貌,而层次分析法可以系统整合各利益主体,避免片面性,同时兼顾了以主观判断克服量化困难的思路,能够通过科学方法对主观判断的偏误作出校正。层次分析法赋权的基本步骤如下。

(1)明确问题,建立递阶层次结构。层次分析法将复杂系统的问题分解为称之为元素的各部分,将这些元素按属性划分成若干组别以形成不同层次。同一层次的元素作为准则,对下一层次的某些元素起支配作用,同时又受上层元素的支配，这种从上至下的支配关系形成了递阶层次，如图 8－32 所示。通常处于最上面层次的只有一个元素，一般是分析问题的预定目标或理想结果，中间层次一般是准则、子准则，最低层包括决策的方案。层次之间元素的支配关系不一定是完全的，即可以存在某些元素，并不支配下一层次的所有元素。

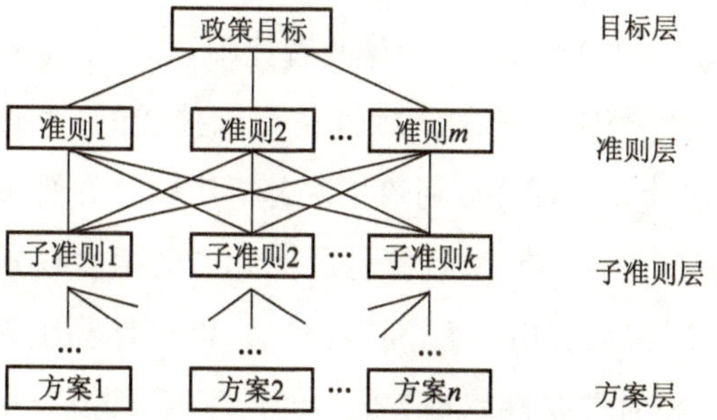

图 8－32　层次分析法递阶层次结构示意图

(2)构造两两比较判断矩阵。通常涉及社会、经济、管理、人文等因素的复杂性决策问题的主要困难在于，问题所涉及的很多因素不便进行定量比较，人们往往凭借经验和主观意识进行判断，当问题包含的因素较多时，决策结果容易缺乏全面和准确性。层次分析法采用相对尺度，通过两两相互对比的成对比较法，可以提高因素比较的准确程度。在建立递阶层次结构之后，上下层次之间元素的隶属关系已经被确定。假定上一层次的元素 C_k 作为准则，对下一层次的元素 $A_1, \cdots, A_n$ 具有支配关系，即可以在准则 C_k 之下按相对重要程度赋予 $A_1, \cdots, A_n$ 相应的权重。例如，每次取两个因素 A_i 和 A_j，用 a_{ij} 表示 A_i 和 A_j 对 C_k 的影响程度之比，按一定比例标度 a_{ij} 来度量(对重要性程度赋值)。将 n 个因素彼此比较，便构成一个两两比较的判断矩阵。

(3)进行层次单排序，基于判断矩阵，计算权重向量并作一致性检验。对于 n 个元素 $A_1, \cdots, A_n$，通过两两比较得到判断矩阵 A，求解特征根问题 $A_w = \lambda_{\max} w$。所得到的 w 经归一化处理后作为元素 $A_1, \cdots, A_n$ 在准则 C_k 下的排序权重，这种方法称为计算排序向量的特征根法，然后进行层次单排序的一致性检验。在构造两两判断矩阵时，层次分析法要求判断矩阵 A 为一致性矩阵，即其所包含的元素具有传递性，满足等式 $a_{ij} \times a_{jk} = a_{ik}$，对矩阵 A 的所有元素均成立。首先，计算一致性指标（Conformity Index，C. I.），对于多阶判断矩阵，查找平均随机一致性指标（Random Index，R. I.），算式如下：

$$\begin{cases} C.I. = (\lambda_{\max} - n)/(n-1) \\ R.I. = (\lambda_{\max'} - n)/(n-1) \end{cases} \tag{8.1}$$

得出（$C.I.$）与（$R.I.$）结果后，计算两者比值（$C.I.$）/（$R.I.$），当上述比值小于0.1时，一般认为判断矩阵的一致性是可以接受的，否则应对判断矩阵进行适当的修正，上述计算过程均可通过层次分析法软件方便实现。

（4）进行层次综合（总）排序，计算各层次元素的组合权重向量并作一致性检验。依次沿递阶层次结构由上而下逐层计算，即可计算出最低层因素相对于最高层（总目标）的相对重要性或相对优劣的排序值，即进行层次总排序。也就是说，层次总排序是针对最高层目标而言的，最高层次的总排序就是其层次总排序。除了对每个成对比较矩阵进行一致性检验之外，还要进行组合一致性检验，以确定组合权向量是否可以作为最终的决策依据。有时在实际操作中，总排序一致性检验也可以省略。

为了获得邻苯二酚反倾销政策效果评估指标体系的权重，本书研究人员向有关行业协会、企业代表、调查官员、专家学者发放了调查问卷，并提供必要的背景信息，便于其作出清晰的判断。邻苯二酚反倾销评估指标体系权重调查问卷参见附录4。最终问卷回收率达到95%。由于只需要进行各指标相对重要性的两两比较，这就大大减轻了对这一复杂问题作出判断的难度，也使得信度和效度提高。再通过数理计算，可以检测和校正这种主观判断的部分偏误，即逻辑不一致性，从而使结果更接近真实情况。通过发放调查问卷，研究人员获得了专家对于该评估指标体系的判断矩阵。在此基础上，使用层次分析法分析软件，获得的邻苯二酚反倾销政策评价指标体系权重如表8－23所示。

表8－23　层次分析法确定邻苯二酚反倾销政策评价指标权重表

指标名称	产量	价格	销量	劳动生产率	税前利润	库存	人均工资
权重	0.116	0.153	0.153	0.052	0.351	0.069	0.106

2. 熵值赋权方法。熵原本是热力学的一个物理概念，在信息系统中的信息熵是对信息无序度的度量，信息是系统有序程度的度量，两者绝对值相等，符号则相反。信息熵越小，信息的无序度越低，其信息的效用值越大，指标的权重也越大；反之，信息熵越大，信息无序度越高，其信息的效用值越小，指标的权重也越小。因此，信息熵能够反映系统信息的有序程度和信息的效用值，通过分析各指标间的联系程度及指标所提供的信息量能够客观地决定指标的权重，从而可在一定程度上避免主观赋权法中专家主观因素带来的偏差。熵值法赋权就是根据评估指标差异程度，以信息熵为工具，给各评估指标赋予恰当的权重，从而进行多指标综合评价的一种方法。利用熵值法确定指标权重主要包括如下几个计算步骤。

(1)将指标 x_{ij} 作正向化处理，并计算第 j 个指标第 i 个方案所占的比重 p_{ij}：

$$p_{ij} = \frac{x_{ij}}{\sum_{i=1}^{m} x_{ij}} \quad (i = 1,2,\cdots,m;j = 1,2,\cdots,n) \tag{8.2}$$

(2)计算第 j 个指标的熵值 e_j：

$$e_j = -k\sum_{i=1}^{m} p_{ij}\ln p_{ij} \quad (j = 1,2,\cdots,n;k \geqslant 0;e_j \geqslant 0) \tag{8.3}$$

(3)计算第 j 个指标的差异系数 g_j：

$$g_j = 1 - e_j \quad (j = 1,2,\cdots,n) \tag{8.4}$$

对于第 j 项指标，熵值 e_j 越小，指标值的变异程度(用差异系数 g_j 反映)越大；反之，对于第 j 项指标的熵值 e_j 越大，则指标值的变异程度就越小。

(4)计算第 j 个指标的权重 w_j：

$$w_j = \frac{g_j}{\sum_{j=1}^{n} g_j} \quad (j = 1,2,\cdots,n) \tag{8.5}$$

根据某项指标的差异系数占指标差异系数总和的比重来确定该指标的权重，显然该指标差异系数越小，对于该指标的赋权数值越小；反之，该指标差异系数越大，对于该指标的赋权数值就越大。根据熵值法原理与计算步骤，确定的邻苯二酚反倾销政策效果评估各指标权重结果如表 8－24 所示。

表 8-24　熵值法确定邻苯二酚反倾销政策评价指标权重表

指标名称	产量	价格	销量	劳动生产率	利润	库存	人均工资
权重	0.223	0.011	0.226	0.197	0.209	0.058	0.077

3. 加权综合赋权方法。上述分别使用层次分析法和熵值法确定了我国邻苯二酚反倾销政策评价指标体系权重。然而，无论是主观赋权法还是客观赋权法，都有自己的优势和劣势，为了使指标权重更为科学合理，采用加权平均对两种权重进行综合，以此作为邻苯二酚反倾销政策评价各指标权重，以便完成后续科学评估工作。加权综合后的权重如表 8-25 所示。

表 8-25　加权平均法确定邻苯二酚反倾销政策评价指标权重表

指标名称	产量	价格	销量	劳动生产率	利润	库存	人均工资
权重	0.159	0.096	0.122	0.171	0.295	0.064	0.094

8.3.2　邻苯二酚产业实际发展趋势评估

反倾销政策对国内邻苯二酚产业的发展具有重要的影响，邻苯二酚产业的整体发展状况一定程度上反映了反倾销政策实施效果，因此首先需要对国内邻苯二酚产业在反倾销措施实施前后的整体发展状况进行描述。

8.3.2.1　邻苯二酚产业实际发展状态测算

本节基于 1999—2007 年国内邻苯二酚产业数据，分别使用功效系数法、理想点法、灰色综合评价法以及因子分析法，对国内邻苯二酚产业的实际状态进行测算，并在此基础上引入最优组合法得到国内邻苯二酚产业发展趋势的最终评估结论，从而为后续反倾销政策救济效果的评估提供依据和基础。

1. 功效系数法。功效系数法是根据多目标规划原理而建立的一种评价方法，其含义是在评价整体综合效益时，一般有多种指标组成，各指标性质和度量单位不同，不能直接相加或综合，需要通过一定形式的函数关系将其转化为同度量指标，再将这些同度量指标加权综合，使之形成一个综合指标，称之为功效系数，以此评价整体的综合效益。

功效系数法应用包括四个基本步骤：构建评价指标体系；确定指标权重；确定指标满意值和不允许值；计算功效系数并分析结果。由于评价指标体系构建及其权重确定上文已有论述,本节不再复述。对于功效系数法在产业救济效果评估中的应用,重点是解决上述的第三步和第四步,下文将详细论述。

(1)确定指标的满意值和不允许值。指标的满意值和不允许值需要根据各指标计算原理和实际可能达到的水平进行确定。在运用时间序列分析时,对于具有正功效的指标,其最大阈值,即满意值可以通过行业标准、评估目标或者评价对象之中最大值进行确定,而其最小阈值,即不允许值可以通过行业标准或者评价对象之中最小值确定。对于具有负功效的指标,其确定方法则与正功效指标确定方法相反。

在邻苯二酚反倾销政策效果评估中,评估指标包括两种类型:一种为有正向效应的指标,这类指标数值越大,整体评价结论就越高,如产量、价格、税前利润、工资等;第二种为具有负效应的指标,这类指标数值越小,整体评价结论就越高,如库存即为典型的负效应指标。在确定各指标满意值时,选择各指标各年度数据中的最高值作为满意值,其中库存指标选取各年度最低水平作为满意值;在确定各评价指标的不允许值时,选择指标各年度实际数据中最差水平作为标准下限,而库存指标则选取各年最高水平作为下限标准。

(2)功效系数的计算。在建立邻苯二酚反倾销政策效果评价指标体系,获取了各指标满意值和不允许值后,依据以下计算公式,可以获得各级指标的功效系数。当指标对功效产生正效应时,即指标取值越大,评估越好时,功效系数选下式第一个方程;当指标对功效产生负效应时,即指标取值越大,评估越差时,功效系数选下式第二个方程。

$$\begin{cases} d_i = \dfrac{x_i - x_{si}}{x_{hi} - x_{si}} \times 0.4 + 0.6 \\ d_i = \dfrac{x_{si} - x_i}{x_{si} - x_{hi}} \times 0.4 + 0.6 \end{cases} \tag{8.6}$$

式中:d_i 表示第 i 个指标的功效系数值;x_i 表示第 i 个评估指标的实际值;x_{si} 和 x_{hi} 分别为第 i 个指标的不允许值和满意值。如前节所述,若 w_i 为第 i 个指标的权重,将各个功效系数值进行加权平均,得到各年度国内邻苯二酚产业救济效果综合功效系数为:

$$D_i = \sum_{i}^{m} d_i w_i \tag{8.7}$$

经过上述计算步骤,可求出国内产业在各年度的综合功效系数得分(如表8－26所示)。功效系数得分数值越大,说明国内产业发展态势越好,则反倾销救济效果就越明显。

表8－26 功效系数法评估邻苯二酚产业发展结果表

年份/测算值	产量	销量	劳动生产率	价格	利润	库存	人均工资	综合功效系数
1999年	0.600	0.600	0.600	0.800	0.759	0.836	0.601	0.696
2000年	0.611	0.624	0.607	0.669	0.607	0.932	0.600	0.640
2001年	0.614	0.635	0.619	0.600	0.600	0.861	0.627	0.627
2002年	0.726	0.700	0.799	0.635	0.767	0.620	0.712	0.721
2003年	0.744	0.783	0.785	0.720	0.779	0.600	0.675	0.743
2004年	0.759	0.738	0.770	0.854	0.783	0.912	0.799	0.795
2005年	0.756	0.796	0.750	1.000	0.852	0.955	0.928	0.858
2006年	0.881	0.898	0.840	0.972	1.000	1.000	0.947	0.853
2007年	1.000	1.000	1.000	0.910	0.802	0.777	1.000	0.912

2. 理想点法。理想点法是一种有效的多目标决策方法,它最初是为了解决多目标决策问题发展而来的。这种方法通过构造多目标问题的理想解和负理想解,并以靠近理想解和远离负理想解两个基准,作为评价各可行方案的依据。

在国内邻苯二酚产业发展趋势评估中,根据理想点法评估步骤,首先对国内产业原始数据进行无纲量处理,得到标准化后的决策矩阵;然后将决策矩阵与各指标权重相乘,获得加权标准化矩阵;最后,采用以下原则确定各评估指标的理想点和负理想点。

$$V_j^*(+) = \begin{cases} \max V_j(x_{ij}) \text{ 指标 } X_j \text{ 为极大型指标} \\ \min V_j(x_{ij}) \text{ 指标 } X_j \text{ 为极小型指标} \end{cases} \quad (j = 1,2,\cdots,n) \tag{8.8}$$

$$V_j^*(-)=\begin{cases}\min V_j(x_{ij}) & \text{指标 } X_j \text{ 为极大型指标}\\ \max V_j(x_{ij}) & \text{指标 } X_j \text{ 为极小型指标}\end{cases}\quad (j=1,2,\cdots,n) \tag{8.9}$$

计算各年度国内产业评估指标到正理想点和负理想点的距离，即评估方案到正理想点和负理想点的近似度：

$$\begin{cases} d_i^+=\sqrt{\sum_{j=1}^{n}(v_{ij}-V_j^+)^2} & (i=1,2,\cdots,m)\\ d_i^-=\sqrt{\sum_{j=1}^{n}(v_{ij}-V_j^-)^2} & (i=1,2,\cdots,m)\end{cases} \tag{8.10}$$

最后，计算各年度国内产业评价值距离理想点的相对贴近度：

$$T_i=\frac{d_i^-}{d_i^+ + d_i^-}\quad (i=1,2,\cdots,m) \tag{8.11}$$

根据国内邻苯二酚产业数据计算的各年度国内产业发展状态到正理想点和负理想点的近似度，以及各年度的相对贴近度值如表 8-27 所示。

表 8-27　理想点法评估邻苯二酚产业发展结果表

年份/测算值	正理想点近似度	负理想点近似度	相对贴近度
1999 年	0.078	0.032	0.289
2000 年	0.104	0.006	0.055
2001 年	0.105	0.006	0.052
2002 年	0.063	0.043	0.403
2003 年	0.061	0.046	0.431
2004 年	0.059	0.046	0.440
2005 年	0.046	0.059	0.556
2006 年	0.018	0.091	0.834
2007 年	0.048	0.080	0.626

使用理想点法，可以评估各年度产业发展情况与理想状态的距离，即相对贴近度。本年度的贴近度 T_i 值越大，说明该年度评估值距离理想方案的

距离越近，该年度整体评价水平越好，并以此作为反倾销政策救济效果的评估依据。

3. 灰色综合评价法。灰色系统理论应用最为广泛的是灰色关联分析方法，它是系统态势的量化比较分析方法，其实是比较若干数列所构成的曲线列与理想（标准）数列所构成曲线形状的接近程度，几何形状越接近则关联度越大，说明评价对象与理想（标准）对象越接近，评估结果越优，在此将该方法应用于国内邻苯二酚产业发展态势评估。首先根据灰色综合评价法原理，对国内产业原始数据进行标准化处理；其次，确定各指标参考数据列，参考数据列中各项元素由评估系统各指标数据列的最佳值组成，参考数据列为 $\{x_0\} = \{x_0(1), x_0(2), \cdots, x_0(n)\}$，其中 $x_{0j} = \max\{x_{ij}\}(1 \leqslant i \leqslant m, j = 1,2,\cdots,n)$。在本评估中，确定参考数据列为 $X_0(1,1,1,1,1,1,1)$。

在获得参考数列和被比较数列之后，使用关联分析法分别求得第 i 个方案第 k 个指标与第 k 个最优指标的关联系数如下：

$$\xi_i(k) = \frac{\min\limits_i \min\limits_k |X_0(k) - X_i(k)| + \beta \max\limits_i \max\limits_j |X_0(k) - X_i(k)|}{|X_0(k) - X_i(k)| + \beta \max\limits_i \max\limits_j |X_0(k) - X_i(k)|} \tag{8.12}$$

其中，β 为分辨系数，$\beta \in [0,1]$；在实际计算中，取 $\beta = 0.5$，则：

$$\begin{cases} \max\limits_i \max\limits_j |X_0(k) - X_i(k)| = 1 \\ \min\limits_i \min\limits_j |X_0(k) - X_i(k)| = 0 \end{cases} \tag{8.13}$$

根据上式，就可以求出各指标的关联系数矩阵：

$$E = \begin{bmatrix} \xi_1(1) & \xi_1(2) & \cdots & \xi_1(n) \\ \xi_2(1) & \xi_2(2) & \cdots & \xi_2(n) \\ \cdots & \cdots & \cdots & \cdots \\ \xi_m(1) & \xi_m(2) & \cdots & \xi_m(n) \end{bmatrix} \tag{8.14}$$

由于各指标的重要程度不同，采用加权平均法计算各评估对象的灰色加权关联度，即国内产业各年度综合评估结果为：$R = E \times W = [r_1, r_2, \cdots, r_m]^T$，其中，$r_i = \sum\limits_{k=1}^{n} W(k) \times \xi_i(k)$，表 8－28 列出了各年度指标的关联系数以及灰色加权关联度。加权关联度越大，说明该评估年度产业发展状况与产业的最好状态越相似，其综合评估结果越好；反之，产业在该评估年度的发展态势越差，评估结果越差。

表 8－28　灰色综合评价法获得邻苯二酚产业发展结果表

年份/测算值	产量	价格	销量	劳动生产率	税前利润	库存	人均工资	灰色关联度
1999 年	0.292	0.660	0.288	0.293	0.399	1.000	0.358	0.410
2000 年	0.304	0.541	0.303	0.305	0.290	0.567	0.358	0.345
2001 年	0.306	0.494	0.309	0.310	0.288	0.464	0.374	0.336
2002 年	0.383	0.517	0.352	0.460	0.407	0.366	0.437	0.416
2003 年	0.399	0.582	0.431	0.444	0.420	0.363	0.407	0.433
2004 年	0.414	0.728	0.385	0.430	0.424	0.526	0.536	0.465
2005 年	0.410	1.000	0.447	0.407	0.519	0.634	0.755	0.550
2006 年	0.588	0.933	0.621	0.518	1.000	0.907	0.808	0.776
2007 年	1.000	0.812	1.000	1.000	0.435	0.412	1.000	0.778

4. 因子分析法。因子分析法是研究如何将多指标问题转化为较少综合指标的重要统计方法，它将高维空间的问题转化到低维空间处理，使问题变得简单直观。使用统计产品与服务解决方案软件（Statistical Product and Service Solutions，SPSS）对邻苯二酚产业 1999—2007 年的经济指标进行处理。通过样本相关系数矩阵发现，指标相关性客观存在，适用于进行因子分析。在 SPSS 中选择主成分分析对所有的指标进行因子分析，根据方差解释表 8－29，从 7 个指标中共提取 2 个公因子，其方差累计贡献率超过 89.8%，大于 85% 的一般提取水平，说明这所选因子较为全面地代表了原有指标的信息量，旋转后的因子载荷如表 8－30 所示。

表 8－29　主成分分析法提取因子方差解释表

序号	特征值	方差贡献率（%）	累计方差贡献率（%）
1	7.873	65.612	65.612
2	2.907	24.223	89.835

表 8-30 旋转后的因子载荷表

指标	成分 1	成分 2
产量	0.978	-0.097
劳动生产率	0.926	-0.319
销量	0.989	-0.060
库存	-0.077	0.989
价格	0.752	0.507
税前利润	0.771	0.180
人均工资	0.944	0.178

使用 SPSS 软件,计算各年度因子得分情况。根据因子特征值确定权重,并通过加权平均计算各年度因子综合得分情况,具体数据如表 8-31 所示。

表 8-31 国内邻苯二酚产业各年度因子分析得分结果表

年份/测算值	因子 1	因子 2	综合得分
1999 年	-1.072	0.924	-0.533
2000 年	-1.023	0.568	-0.593
2001 年	-1.081	0.078	-0.768
2002 年	-0.342	-1.595	-0.681
2003 年	0.112	-1.602	-0.351
2004 年	0.038	0.119	0.060
2005 年	0.469	0.650	0.518
2006 年	1.253	1.101	1.212
2007 年	1.647	-0.242	1.137

5. 最优组合评价法。前面分别利用功效系数法、理想点法、灰色综合评价法以及因子分析法对国内邻苯二酚产业在反倾销措施实施前后的发展态势进行了综合评估,根据各评估方法得出国内邻苯二酚产业各年度评估排序值如表 8-32 所示。

表 8-32 邻苯二酚国内产业各年度评估排序结果表

对象/方法	功效系数法	理想点法	灰色综合评判法	因子分析法
1999 年	7	7	7	6
2000 年	8	8	8	7
2001 年	9	9	9	9
2002 年	6	6	6	8
2003 年	5	5	5	5
2004 年	4	4	4	4
2005 年	2	3	3	3
2006 年	3	1	2	1
2007 年	1	2	1	2

(1)一致性检验。在对四种评价方法进行组合评价之前,首先需要对四种方法评估结论的一致性进行检验。根据本书第七章最优组合法的相关内容,首先使用协和一致性系数(KENDALL)进行相容方法集的一致性检验。

a. 提出如下假设检验。原假设 H_0:四种评价方法的评估结论不具有一致性。备选假设 H_1:四种评价方法的评估结论具有一致性。

b. 计算检验统计量并检验假设。因为被评估年份 $n > 7$,故 KENDALL 一致性系数评估检验统计量为:

$$\begin{cases} \chi^2 = m(n-1)T = 4(n-1)T \\ T = \dfrac{12\sum\limits_{i=1}^{n} R_i^2}{m^2 n(n^2-1)} - \dfrac{3(n+1)}{n-1} \end{cases} \tag{8.15}$$

式中:$m = 4, n = 9, R_i$ 为第 i 个被评估时点在四种评估方法中的排序值之和。

通过计算,$T = 1.197, \chi^2 = 38.304$,临界值 $\chi^2_{0.05}(8) = 15.507$,故 $\chi^2 > \chi^2_{0.05}(8)$,则拒绝原假设,认为四种评估方法之间具有显著的一致性,可以对各种方法的评估结论进行组合研究。

(2)最优组合权重的计算。根据本书第 7 章构建的最优化模型,对最优组合权重向量进行求解。各种评价方法关于国内邻苯二酚产业发展趋势的评估值组成的原始评价结果如表 8-33 所示。

表 8-33 邻苯二酚国内产业各年度评估值结果综合表

年份	功效系数法	理想点法	灰色综合评判法	因子分析法
1999 年	0.696	0.288	0.410	-0.533
2000 年	0.640	0.055	0.345	-0.593
2001 年	0.627	0.052	0.336	-0.768
2002 年	0.721	0.403	0.416	-0.681
2003 年	0.743	0.431	0.433	-0.351
2004 年	0.795	0.440	0.465	0.060
2005 年	0.858	0.556	0.550	0.518
2006 年	0.853	0.834	0.776	1.212
2007 年	0.912	0.626	0.778	1.137

为了确保多种评价方法综合评价结论的可比性，需要对上述原始评价值 Y_{ij} 进行规范化处理，书中采用如下标准化处理方法：

$$Y_{ij}^{*} = \frac{Y_{ij} - \bar{Y}_j}{S_j} = \frac{Y_{ij} - \bar{Y}_j}{\sqrt{\frac{1}{n-1}\sum_{i=1}^{n}(Y_{ij} - \bar{Y}_j)^2}}, \quad \bar{Y}_j = \frac{1}{n}\sum_{i=1}^{n} Y_{ij} \tag{8.16}$$

据此，得到规范化评估结论矩阵：

$$Y = \begin{bmatrix} -0.065 & -0.478 & -0.539 & -0.685 \\ -1.206 & -1.390 & -0.924 & -0.762 \\ -1.336 & -1.406 & -0.977 & -0.987 \\ -0.396 & -0.026 & -0.503 & -0.875 \\ -0.176 & 0.084 & -0.403 & -0.451 \\ 0.344 & 0.120 & -0.213 & 0.077 \\ 0.974 & 0.576 & 0.290 & 0.665 \\ 0.924 & 1.669 & 1.629 & 1.557 \\ 1.514 & 0.851 & 1.641 & 1.460 \end{bmatrix} \tag{8.17}$$

根据方差最大化原理，求解 Y 的协方差矩阵 H 为：

$$H=\begin{bmatrix}8.057 & 7.291 & 7.237 & 7.429\\ 7.291 & 8.001 & 7.152 & 6.991\\ 7.237 & 7.152 & 7.991 & 7.769\\ 7.429 & 6.991 & 7.769 & 7.997\end{bmatrix} \tag{8.18}$$

根据组合权重的最优化模型，若 λ' 为 H 最大特征值 r_{max} 所对应的标准特征向量，当取 $\lambda=\lambda'$ 时，最优化模型目标函数 $\lambda^T H\lambda$ 取得最大值。运用软件求解得到协方差矩阵 H 的最大特征值为 $r_{max}=29.95$，其对应的标准特征向量为：$\lambda'=(0.5011, 0.4911, 0.5035, 0.5042)$。

由于 $\lambda'_i \geqslant 0$，根据书中最优组合权重向量的计算方法，组合权重向量为：

$$\lambda_i=\frac{\lambda'_i}{\sum_{i=1}^{m}\lambda'_i} \tag{8.19}$$

据此，求得最优化组合权重向量为：$\lambda=(0.25, 0.246, 0.252, 0.252)^T$。将上述组合权重向量带入组合评价函数：$Z=\lambda^T y=\lambda_1 y_1+\lambda_2 y_2+\lambda_3 y_3+\lambda_4 y_4$，得到各年度国内产业的最终组合评估值，如表 8－34 所示。

表 8－34　邻苯二酚国内产业各年度组合评估结果表

测算值/年份	1999 年	2000 年	2001 年	2002 年	2003 年	2004 年	2005 年	2006 年	2007 年
组合评估值	0.214	0.111	0.061	0.213	0.312	0.439	0.620	0.919	0.865

依据国内产业最终组合评估值，可以获得邻苯二酚产业在 1999—2007 年的实际综合发展趋势，如图 8－33 所示。

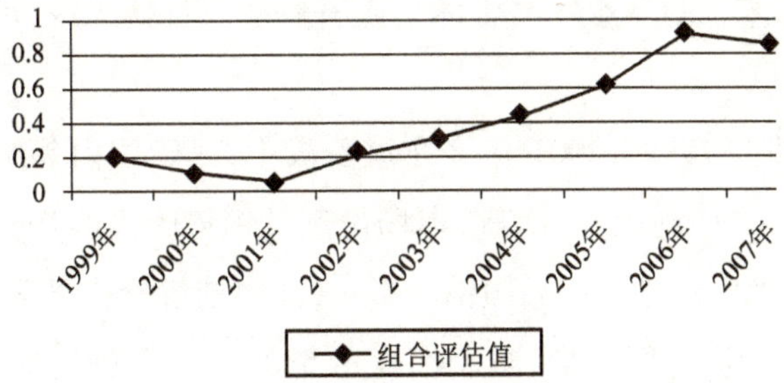

图 8－33　1999—2007 年邻苯二酚国内产业综合发展趋势图

(3)组合评价的有效性检验。为了检验组合评价方法获得的结论与原始方法所得评价结论之间的一致性程度，下面利用斯皮尔曼(SPEARMAN)等级相关系数及平均百分比误差(MAPE)两个评价指标，分别从排序值和评估值两个方面对组合评价方法进行有效性检验。

a. 斯皮尔曼等级相关系数检验。有效性检验指标为：

$$\rho = \frac{1}{m}\sum_{j=1}^{m} r_j\ , \quad r_j = 1 - \frac{6\sum_{i=1}^{n} D^2}{n(n-1)} \tag{8.20}$$

式中：r_j 为斯皮尔曼等级相关系数；D 为组合评价法与第 j 种评价法排序的等级差。经过计算，各种评价方法的等级相关系数分别为：$r_1 = 1/3, r_2 = 5/6, r_3 = 5/6, r_4 = 5/6$，有效性检验指标 $\rho = 0.71$，说明组合评价方法与原有的四种评价方法之间的平均相关程度越大，组合评价方法越能够代表原有评价方法的信息。

b. 平均百分比误差检验。平均百分比误差作为检验组合评价效果的指标，计算公式为：

$$MAPE = \frac{1}{n}\sum_{i=1}^{n} \left| \frac{Y_i - \bar{Y}_i}{\bar{Y}_i} \right| \tag{8.21}$$

经过计算，$MAPE = 0.6\%$，远小于 5% 的允许误差范围，说明组合评价方法与原评估方法的一致性程度很高，组合评价方法有效。

8.3.2.2　邻苯二酚产业实际发展趋势评估结论

根据对国内邻苯二酚产业实际发展态势的组合评价，可以看出，2002—2007 年，国内邻苯二酚产业发展整体呈上升趋势。具体来说，可分成三个明显的发展阶段。

第一个阶段为 1999—2001 年。在该阶段中，尽管国内邻苯二酚产业的产量、劳动生产率、产能利用率、销量、市场份额及销售收入等指标有不同程度的增长，但由于受到国外进口产品倾销的影响，国内销售价格显著下降，下降幅度达 25.7%；税前利润急剧减少，减少幅度达 530%；资产负债率迅速上升，增长幅度达 41.71%，企业亏损严重。根据综合评价结果，国内产业上述三个指标的恶化抵消了其他增长指标的影响，使国内邻苯二酚产业发展呈现明显下降趋势。

第二个阶段为2002—2006年。在该阶段中，邻苯二酚产业发展呈明显上升趋势。2002年与2001年相比，由于受到反倾销立案和初裁作用影响，产业发展趋势出现明显反弹。考察各指标数据变化情况，尽管资产负债率小幅上升，但国内产业产量增长近3倍，销量增长了1.5倍，市场份额增长近1倍，销售价格上升，使销售收入增长近2倍，企业大幅减亏，员工平均工资增长近60%，反倾销政策救济效果明显。

2002—2003年，商务部作出邻苯二酚反倾销终裁决定，国内产业保持了持续上升的势头。考察各指标数据变化情况，国内产业销量和市场份额分别增长近1倍，销售价格大幅回升，销售收入增长1倍多，资产负债率开始下降，企业持续减亏。2003年年底，企业扩大生产能力，产能增长1倍，反倾销政策有显著救济效果。

2004年，受反倾销政策贸易转移效应的影响，美国和日本取代欧盟成为我国邻苯二酚主要进口国，两国进口商品占领中国国内市场近一半份额，由于原油价格大幅上扬，邻苯二酚的上游产品苯酚的价格上涨了一半多，而美日两国在邻苯二酚的销售上却基本维持同一价格水平，与国内厂商销售产品的价格差距拉大，差价从2001年的398.15元/吨迅速扩大至2004年的6 222.41元/吨，相对于国内产业的销售价格构成削价销售。在国外倾销商品的冲击下，国内产业销量下降近1/4，销售收入下降近10%，虽然价格的上涨使企业保持了继续减亏的势头，但减亏幅度已大幅降低，国内产业恢复发展的良好势头有所减缓。

2005—2006年，国内企业递交第二次反倾销申请，商务部再次对原产于美国、日本的进口邻苯二酚进行反倾销调查，在采取反倾销措施之后，国内邻苯二酚产业再次出现明显上升势头。考察各指标数据变化情况，2006年与2004年相比，国内产量增长了66%，销量增长2倍多，市场份额增长了43%，销售价格上升了14%，销售收入增长了140%，企业从2005年起扭亏为盈，2005年增加利润400多万，2006年增加了近900万，资产负债率持续下降，员工平均工资增长40%。2006年，国内企业产能已能完全满足国内需求，销量已占国内市场份额近1/4，国内产业发展形势良好，反倾销政策救济效果十分明显。

第三阶段为2007年。在该阶段中,2007年国内邻苯二酚产业产量增长近40%,销量增长32%,市场份额增长48%,销售收入增长22%。但是由于邻苯二酚原材料苯酚价格在2007年大幅度上涨,上涨幅度达23%,而邻苯二酚的价格不仅没有跟随苯酚价格的上涨而上涨,反而下降了6%,成本的大幅上升导致了企业利润急剧下降。2007年,企业税前利润较上年降低了93.8%,企业发展严重受阻。分析国内产业在2007年停止增长的原因,主要归咎于国外跨国公司的直接投资影响。伴随着罗地亚在江苏镇江的新双酚厂的开工,罗地亚已由邻苯二酚进口来源国转变为国内产业的一员,国内市场竞争将更加激烈,原国内生产商的发展前景不容乐观。

总体而言,2002—2007年,国内邻苯二酚产业在两次反倾销政策的影响下,产业摆脱了反倾销前的下滑态势,产业损害得到了一定程度的恢复和弥补,产业保持了持续发展势头,反倾销政策的救济效果较为明显。

8.3.3 邻苯二酚产业反事实预测评估

本节基于国内产业发展趋势综合评估结论,利用反倾销政策实施前国内产业数据,对国内产业没有受到反倾销政策实施的影响、继续受到倾销影响情况下的发展态势进行预测评估。由于国内产业在采取反倾销政策前的年度评估数据较少,无法形成足够的预测数据样本量,因此书中首先对1999年5月—2002年5月国内邻苯二酚产业的月度指标数据进行综合评估,根据综合评价值,国内产业在反倾销实施前的发展趋势如图8-34所示。

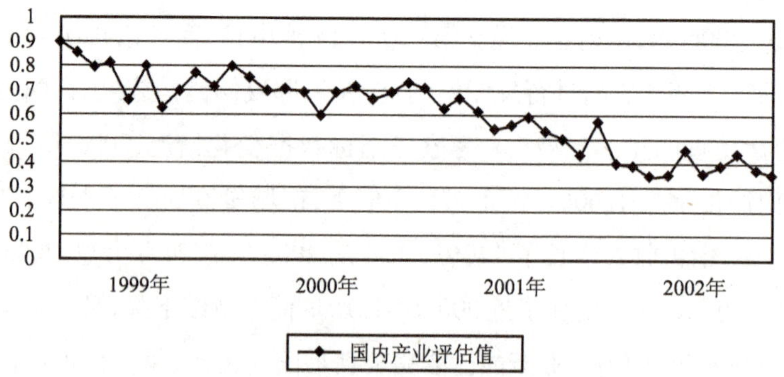

图8-34 反倾销政策实施前邻苯二酚国内产业发展趋势图

根据国内产业发展趋势图，该时间序列呈现较为明显的时间趋势，通过计量统计软件包（SPSS、Eviews 等）自相关系数检验，证明国内产业评估值为非平稳时间序列，但可以排除季节性波动的干扰因素，因此考虑使用时间序列模型（ARMA）进行预测。

首先，利用国内产业原始评估值时间序列求得一阶差分序列 $\Delta y_t = y_t - y_{t-1}$，利用单位根（ADF）检验一阶差分序列的平稳性，检验结果显示一阶差分序列 Δy_t 拒绝原假设，接受 Δy_t 序列是一阶单整序列的结论，ADF 检验结果如图8－35所示。

		t-Statistic	Prob.*
Augmented Dickey-Fuller test statistic		-7.370 578	0.000 0
Test critical values:	1% level	-3.610 453	
	5% level	-2.938 987	
	10% level	-2.607 932	

图 8－35　一阶差分序列 ADF 检验结果图①

其次，通过自相关系数和偏自相关系数对模型进行识别。利用计量软件工具包对一阶差分 Δy_t 作出时序自相关以及偏自相关函数图，以判断时间序列模型的阶数，结果如图 8－36 所示。由时序数据的自相关函数（ACF）和偏自相关数（PACF）图可以看出，自相关系数在 $K=1$ 后表现为明显的截尾性，偏相关系

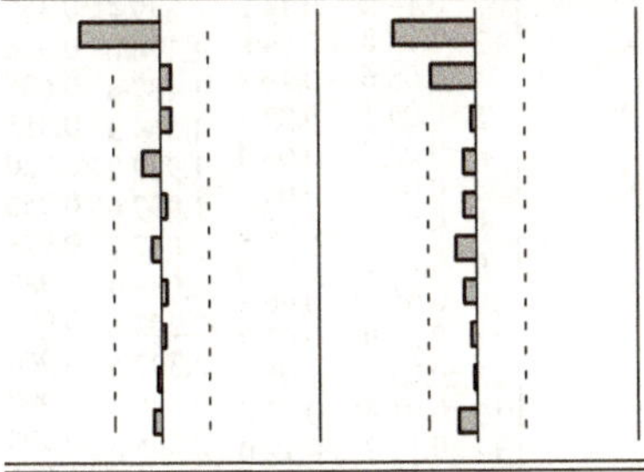

Autocorrelation	Partial Correlation		AC	PAC	Q-Stat	Prob
		1	-0.533	-0.533	12.516	0.000
		2	0.073	-0.294	12.760	0.002
		3	0.081	-0.39	13.061	0.005
		4	-0.117	-0.089	13.714	0.008
		5	0.039	-0.085	13.790	0.017
		6	-0.055	-0.144	13.944	0.030
		7	0.032	-0.091	13.998	0.051
		8	0.011	-0.033	14.005	0.082
		9	-0.016	-0.022	14.020	0.122
		10	-0.044	-0.118	14.129	0.167

图 8－36　自相关和偏自相关系数检验结果图

①　图 8－35 至图 8－38 和图 8－41 至图 8－48 由统计软件直接生成，其中的英文保持原状，序号亦按图编排。——编者注。

数在 $K=1$ 后表现为拖尾性，因此使用 ARMA 滑动平均模型 MA(1)进行分析。

使用1999 年 5 月—2002 年 5 月的数据对模型进行参数估计，结果如图 8－37所示。

Variable	Coefficient	Std.Error	t-Statistic	Prob
C	-0.012 257	0.012 257	-3.588 289	0.001 0
MA(1)	-0.715 801	0.115 141	-6.216 725	0.000 0

R-squared	0.344 033	Mean dependent var	-0.015 205 6
Adjusted R-squared	0.324 740	S.D.depenfent var	0.080 708
S.E. of regression	0.663 21	Akaike into criterion	-2.534 674
Sum square resid.	0.149 547	Schwarz criterion	-2.446 700
Log likelihood	47.62 413	F-statistic	17.83 189
Durbin-Watson stat.	1.994 936	Prob(F-statistic)	0.000 170
lnverted MA Roots	72		

图 8－37　滑动平均 MA 模型参数估计结果图

模型的 T 检验统计量结果显示模型有效，进一步检验模型对应的残差序列是否满足要求，根据下列相关系数（见图 8－38），残差序列自相关和偏自相关系数都落入了随机区间，可认为与 0 无明显差异，表明残差序列是独立的，残差序列为白噪声，通过检验，可直接用于预测。

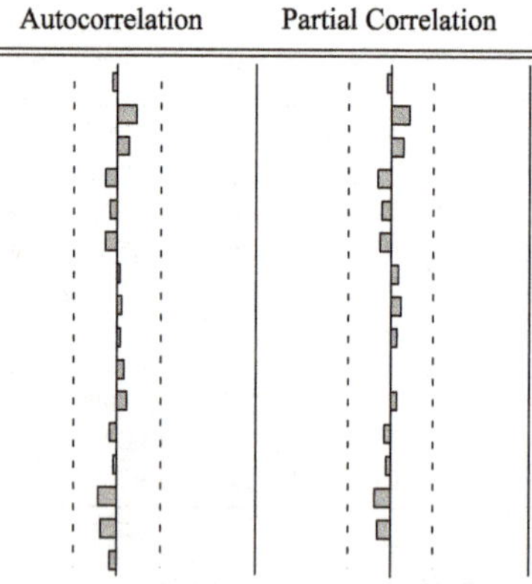

	AC	PAC	Q-Stat	Prod
1	-0.02 9	-0.02 9	0.032 4	
2	0.14 2	0.14 2	0.849 4	0.357
3	0.08 8	0.09 8	1.174 0	0.556
4	-0.08 6	-0.10 3	1.489 8	0.685
5	-0.04 1	-0.07 7	1.564 3	0.815
6	-0.09 7	-0.08 4	1.989 8	0.920
7	0.01 3	0.04 5	1.997 6	0.956
8	0.03 8	0.07 5	2.067 7	0.978
9	0.02 1	0.02 6	2.089 4	0.988
10	0.04 7	0.00 5	2.203 6	0.992
11	0.06 0	0.03 7	2.397 5	0.966
12	-0.04 2	-0.05 1	2.496 3	0.998
13	-0.01 4	-0.02 6	2.508 5	0.995
14	-0.13 2	-0.12 0	4.483 0	0.992
15	-0.11 7	-0.10 5	4.674 5	0.995
16	-0.05 3	-0.02 0		

图 8－38　残差自相关和偏自相关系数检验结果图

首先利用2002年6月—2002年10月数据对模型的预测精度进行检验，预测结果平均绝对值误差及方根误差均小于5%，模型预测精度较高。利用该模型对国内邻苯二酚产业2003—2007年的发展趋势进行预测。图8－39为预测结果输出图，实线为预测曲线，显示出2003—2007年国内产业评估值的变化趋势，两条虚线显示了加减两倍误差标准差的带状域。从模型预测结果来看，如果国内产业一直无法获得反倾销救济，在倾销持续损害的影响下，国内产业评估值持续下降。

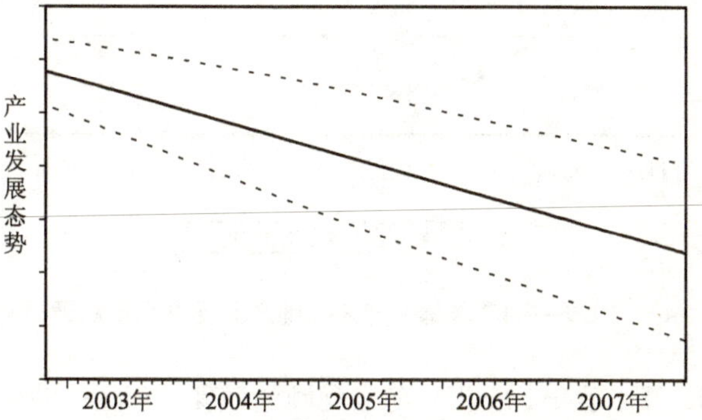

图8－39　2003—2007年国内邻苯二酚产业发展预测趋势图

由于该预测值为月度数据，为了与实际状态的综合评估值进行对比分析，同时也为了便于进行理想效果的模拟评估，研究人员基于1999—2001年的原始年度评估值，将预测获得的月度数据转化为年度数据，该数据代表了国内产业在不实施反倾销政策状态下的"反事实"预测评估值。2002—2007年各年度预测评估值如表8－35所示。

表8－35　2002—2007年国内邻苯二酚产业趋势预测评估表

年份	2002年	2003年	2004年	2005年	2006年	2007年
预测评估值	0.039	0.027	0.013	-0.002	-0.014	-0.028

从预测数据可见，国内产业各年度预测值持续下滑，2005年之后国内产业评估值成为负数。根据对国内产业利润水平的推算，1999—2004年国内产业利

润累计亏损达到9 000余万，超过注册资本8 000万，已经出现资不抵债，可以理解为在国内产业受到倾销的持续影响，又未实施反倾销政策的情况下，2005年之后将最终破产倒闭。因此，将2005年之后国内产业的预测评估值调整为0，使用邻苯二酚国内产业1999—2001年的实际评估值以及2002—2007年的预测评估值，描述国内产业反事实情况下的发展趋势如图8-40所示。

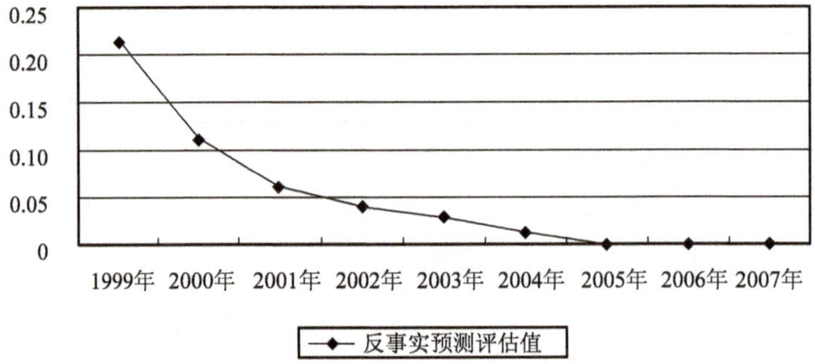

图8-40　1999—2007年国内邻苯二酚产业反事实预测评估趋势图

从图8-40可以看出，如果不实施反倾销政策，2002—2004年国内产业的发展将继续维持原有的下降趋势，出现明显的大幅下滑。具体来说，2002年以来，国内产业产能指标呈阶梯形缓慢增长；产量、劳动生产率、销量、收入、平均工资小幅缓慢增长；库存量不断增加，产能利用率震荡变化；就业人数、销售价格、市场份额维持在稳定水平，利润指标出现严重的恶化趋势，2002年企业亏损幅度将比上年增加77.7%，2003年亏损幅度比上年增加25.9%，2004年亏损幅度增加20.57%。由此可见，如果不及时对国外倾销行为采取反倾销措施，由于倾销行为没有得到及时制止，国内产业销售价格持续走低，导致企业生产成本远高于销售价格，企业一直处于亏损状态，经营状况不断恶化，最终走向破产倒闭。

8.3.4　邻苯二酚产业理想状态模拟评估

邻苯二酚国内产业发展状态的模拟评估，需要基于反事实状态下的评估结论，结合评估标准的研究进行。反事实预测评估为理想状态模拟评估提供了比较基础，而评估标准的研究为其提供了量化方法。评估标准的确定是进行产业理想状态模拟评估的基础。根据本书第五章评估标准的确定方法，各指标评估标准需要依据弹性参数值进行计算，包括国内产品与进口品的替代弹性、国内总需求弹性、国内产品供给弹性以及倾销产品的供给弹性①。书中使用邻苯二酚案件数据，通过回归分析方法对相关函数进行估计，并在此基础上对回归系数进行区间估计，从而确定各弹性参数值域。

8.3.4.1 国内产品与进口品的替代弹性

使用1999—2007年国内邻苯二酚产品销量与进口产品价格数据进行回归分析，得到 $R^2=93\%$，说明回归拟合度较好，回归系数为2.588，在95%置信水平下的置信区间估计为[1.565,3.612]。运用计量软件包得到的回归模型及系数结果如图8－41和图8－42所示。

Model	R	R Square	Adjusted R Square	Ste.Error of the Estimate	Durbin-Watson
1	0.930(a)	0.864	0.842	416.02 833	1.533

(a) Predictors(Constant):进口价格　(b) Dependent Variable:国内销量

图8－41　国内产品与进口产品替代弹性估计模型图

Model		Unstandardized Coefficients		Standardized Coefficients	t	sig.	95% Confidence Interval for B	
		B	Std.Error	Beta			Lower Bound	Upper Bound
1	(Constant)	-5 057.252	1 064.337		-4.752	0.03	-7 661.590	-2 452.915
	（进口价格）	2.588	0.418	0.930	6.187	0.01	1.565	3.612

(a) Dependent Variable:国内销量

图8－42　国内产品与进口产品替代弹性估计回归系数图

根据统计数据求得1999—2007年国内产品年度平均销售量为1 464吨，进口产品平均销售价格为2 549美元/吨。根据替代弹性计算公式：

① 邻苯二酚案件中非倾销进口品数量极少，其影响可忽略不计，故不考虑非倾销进口产品的弹性参数。

$$E_x = \frac{dQ_y}{dp_x} \times \frac{P_x}{Q_y} \quad (8.22)$$

式中：dQ_y/dp_x 即为回归系数，将回归系数区间估计[1.565，3.612]代入，求得国内产品和进口品之间的替代弹性区间估计为[2.725，6.289]。

8.3.4.2 国内总需求弹性

使用1999—2007年国内邻苯二酚市场表观消费量与国内市场平均销售价格数据进行回归分析，相关系数平方 R^2 及杜宾—瓦特森检验（D－W）说明模型回归拟合较好。回归系数为0.435，在95%置信水平下的置信区间估计为[0.178，0.692]。运用计量软件包得到的回归模型及系数结果如图8－43和图8－44所示。

Model	R	R Square	Adjusted R Square	Std. Error of the Estimate	Durbin-Watson
1	0.861(a)	0.741	0.698	1 468.925 29	1.389

(a) Predictors(Constant):国内价格　(b) Dependent Variable:表观消费

图8－43　国内产业总需求弹性估计模型图

Model		Unstandardized Coefficients		Standardized Coefficients	t	Sig.	95%Confidence Interval for B	
		B	Std.Error	Beta			Lower Bound	Upper Bound
1	(Constant)	4 537.639	2 753.295		−1.648	0.10	−11 274.709	2 199.431
	国内价格	−0.435	0.105	0.861	4.141	0.06	−0.178	−0.692

(a) Dependent Variable:表观消费

图8－44　国内产业总需求弹性估计回归系数图

根据统计数据求得，1999—2007年国内市场平均销售价格为25 728.35元/吨，年度平均表观消费量为6 669.56吨。根据需求价格弹性计算公式：

$$E = \frac{dQ}{dp} \times \frac{P}{Q} \quad (8.23)$$

式中：dQ/dp 即为回归系数，将回归系数区间估计[0.178，0.692]代入，求得国内总需求弹性区间估计为[0.687，2.669]。

8.3.4.3 国内产品供给弹性

使用1999—2007年国内产业产量及国内产业销售价格数据进行回归分析，得到回归系数0.137，在95%置信水平下的置信区间估计为[-0.003，0.276]。运用计量软件包得到的回归模型及系数结果如图8-45和图8-46所示。

Model	R	R Square	Adjusted R Square	Std.Error of the Estimate	Durbin-Watson
1	0.820(a)	0.750	0.405	791.230 14	1.145

(a) Predictors(Constant):国产价格 (b) Dependent Variable: 国内产量

图8-45 国内产品供给弹性估计模型图

Model		Unstandardized Coefficients		Standardized Coefficients	t	Sig	95% Confidence Intervel for B	
		B	Std.Error	Beta			Lower Bound	Upper Bound
1	(Constant)	-2 039.501	1 491.530		-1.367	0.015	5 689.145	1 610.142
	国产价格	0.137	0.057	0.700	2.400	0.005	-0.03	0.276

(a) Dependent Variable:国内产量

图8-46 国内产品供给弹性估计回归系数图

通过数据计算，1999—2007年国内产业年均产量为1 477吨，国内产业平均销售价格为25 700元/吨。根据供给弹性的计算公式[同式(8.23)]，代入回归系数区间估计，求得国内产品的供给弹性区间估计为[0，3.27]。

8.3.4.4 倾销产品供给弹性

由于无法获得国外倾销厂商的具体生产数据，研究人员使用倾销进口量代替出口商产量，以进口价格作为其销售价格，使用1999—2007年的数据进行回归分析，模型回归拟合较好，回归系数在95%置信水平下的置信区间估计为[1.187，6.597]。运用计量软件包得到的回归模型及系数结果如图8-47和图8-48所示。

通过基础统计数据的计算，1999—2007年进口产品平均价格为2 549美

Model	R	R Square	Adjusted R Square	Std.Error of the Estimate	Durbim-Watson
1	0.821(a)	0.674	0.619	1 099.475 50	2.265

(a) Predictors(Constant):进口价格 (b) Dependent Variable:进口数量

图 8－47 倾销产品供给弹性估计模型图

Model		Unstandardized Coefficients		Standardized Coefficients	t	Sig.	95% Confidence Interval for B	
		B	Std.Error	Beta			Lower Bound	Upper Bouond
1	(Constant)	-4 531.535	2 812.818		-1.611	0.28	-111 414.253	2 351.182
	进口价格	3.892	1.106	0.821	3.521	0.10	1.187	6.597

(a) Dependent Variable:进口数量

图 8－48 倾销产品供给弹性估计回归系数图

元/吨，年平均进口量为 5 276 吨。根据供给弹性函数算式[同式(8.23)]，将价格、数量及回归系数区间估计代入式中，求得倾销产品供给弹性区间估计为[0.57,3.19]。

根据本书第 5 章关于评估标准的计算方法，使用上述弹性参数区间估计值，分别求得倾销造成各指标年均变化幅度的区间，如表 8－36 所示。

表 8－36 倾销造成国内产业各指标变化幅度区间表

评估指标	最小变化幅度	最大变化幅度	平均变化幅度
销售价格	－10.30%	－21.50%	－15.90%
销量/产量	－10.30%	－41.20%	－25.80%
税前利润	－27.90%	－50.00%	－38.95%
劳动生产率/人均工资	－8.10%	－39.80%	－23.95%
库存	0.00%	－30.90%	－15.45%

当反倾销措施发挥理想的救济效果时，国内邻苯二酚产业各指标应当按照上述变化幅度获得救济和恢复。基于上述变化幅度，可以获得国内产业各指标在救济效果理想状态的标准值域，并据此获得国内产业在反倾销效果理想状态

的模拟评估值。由于各指标存在最大变化幅度和最小变化幅度，因此通过加权获得的国内产业理想状态的模拟评估值也存在最大值和最小值。通过加权综合平均计算，获得2002—2007年国内邻苯二酚产业各年度模拟评估值如表8－37和图8－49所示。由于存在最高和最低两种评估值，因此国内产业在理想状态下的发展态势呈现为带状曲线。

表8－37　2002—2007年国内产业各年度理想状态模拟评估值表

年度	2002年	2003年	2004年	2005年	2006年	2007年
最低评估值	0.274	0.337	0.411	0.588	0.789	0.891
最高评估值	0.315	0.379	0.454	0.625	0.835	0.914

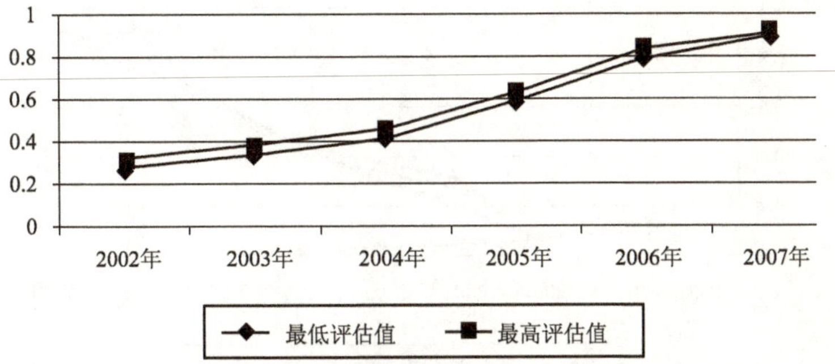

图8－49　2002—2007年国内产业理想状态发展趋势图

从图8－37可以看出，在反倾销达到理想救济效果的状态下，倾销行为得到了有效遏制，国内产业呈现明显上升趋势。具体来说，2003年之后，国内产业价格稳步回升；销售收入持续增长，2003—2007年年均增长幅度达38.67%；销售利润整体呈上升趋势，2007年比2003年增长了5倍多。资产负债率稳步下降，2003—2007年平均下降14.21%，2006和2007年国内产业资产负债已达到安全水平。

由此可见，当反倾销政策发挥理想的救济效果时，国内邻苯二酚产业不仅得到了及时恢复，而且赢得了宝贵的发展时间和发展机遇，国内产业整体发展态势良好，大幅增强了产业自身的国际竞争能力。

8.4 邻苯二酚反倾销政策综合评估结果

将前述章节得到的国内邻苯二酚产业各年度实际发展趋势综合评估值曲线、反事实情况下的预测评估值曲线,以及反倾销发挥理想救济效果的理想评估值曲线,这三条趋势线放在一起进行比较分析,如图 8－50 所示。从图中可以直观地看出国内邻苯二酚产业在不同评估方法下的发展状态,本节在观察图形的基础上,进一步探索反倾销政策对国内邻苯二酚产业救济所达到的具体程度和规模。

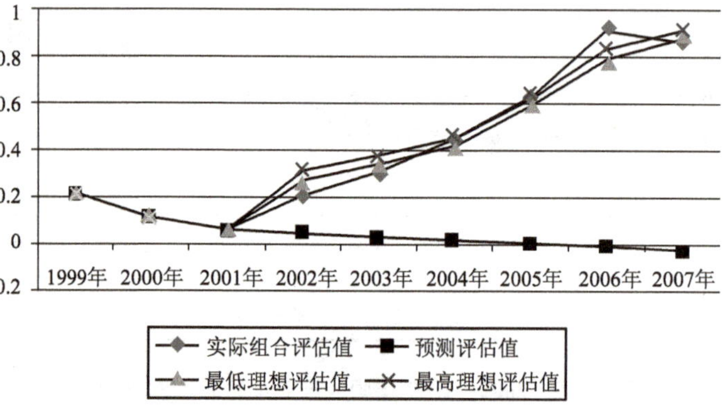

图 8－50 1999—2007 年国内邻苯二酚产业实际发展趋势、反事实预测趋势和理想发展趋势图

8.4.1 反倾销政策实施效果量化分析

根据本书第六章的相关理论,为了说明邻苯二酚反倾销政策实施是否达到了预期理想效果,抑或存在救济不足或救济过度的情况,就需要将反倾销政策对国内邻苯二酚产业的作用效果进行多视角量化分析。

8.4.1.1 救济幅度评估

为了对救济幅度进行评估,本节将国内邻苯二酚产业实际发展趋势与反事实预测的发展趋势进行对比研究。一方面,根据反事实预测评估曲线,如果国内产业没有获得反倾销措施的救济,由于倾销的持续冲击和影响,国内产业发展态势将不断下滑，并最终走向破产倒闭；另一方面，根据实际发展态势评估曲线，国内产业在2002年末开始获得反倾销措施救济之后，国内产业的发展态势出现明显好转，保持上升势头，可见反倾销措施效果明显。

将有反倾销政策和无反倾销政策情况下的两条发展趋势曲线进行对比分析，就单独分离出了反倾销政策的实施效果。由图8－50看出，国内产业实际发展趋势曲线始终处于反事实预测趋势曲线之上，而且两条曲线之间差距较大，这表明反倾销措施的救济效果非常明显。从某种意义上说，对国内产业实行反倾销救济措施与否，很大程度上决定了国内产业经营情况的好坏，也决定了产业的生存状况。

通过使用“救济幅度”指标，量化反倾销政策对国内邻苯二酚产业救济所达到的程度和规模，可评估反倾销政策的直接效果。表8－38列出了反倾销政策实施后各年度的实际评估值和预测评估值。

表8－38　2002—2007年国内邻苯二酚产业实际与预测评估值表

年份	实际评估值(*AV*)	预测评估值(*CV*)
2002年	0.213	0.039
2003年	0.312	0.027
2004年	0.439	0.013
2005年	0.620	0.000
2006年	0.919	0.000
2007年	0.865	0.000

首先，计算各年度救济幅度，计算公式为：

$$RM_j = \frac{AV_j - CV_j}{CV_j} \times 100\% \tag{8.24}$$

由于2005—2007年的原始预测评估值为负数，因此无法计算其年度救济幅度，故将其调整为0，表8－39列出了2002—2004年各年度救济幅度，其平均救济幅度为1 593%。

表8－39　2002—2004年国内产业救济幅度评估结果表

年份	2002年	2003年	2004年
救济幅度	446%	1 056%	3 277%

根据总救济幅度计算公式：

$$RM = \frac{\sum_{j=1}^{n} AV_j - \sum_{j=1}^{n} CV_j}{\sum_{j=1}^{n} CV_j} \times 100\% \tag{8.25}$$

计算2002—2007年邻苯二酚反倾销政策的总救济幅度为4 163%，该幅度为反倾销政策实施效果的量化，说明反倾销政策的实施对邻苯二酚国内产业起到了十分显著的救济效果。

8.4.1.2 救济水平评估

在评估反倾销政策直接作用效果的基础上，需要进一步对反倾销政策是否达到了理想效果进行分析评估。为此，将国内邻苯二酚产业实际发展趋势与理想状态的发展趋势进行对比分析，表8－40列出了国内产业实际评估值和理想状态下的最高评估值与最低评估值。

表8－40 2002—2007年国内邻苯二酚产业实际评估值和理想评估值

年度	实际评估值（AV）	最低理想值（IV_{min}）	最高理想值（IV_{max}）
2002年	0.213	0.274	0.315
2003年	0.312	0.337	0.379
2004年	0.439	0.411	0.454
2005年	0.620	0.588	0.625
2006年	0.919	0.789	0.835
2007年	0.865	0.891	0.914

2002—2003年，国内产业实际发展水平一直低于理想发展水平，两年国内产业实际评估值分别为0.213和0.312，而当反倾销政策发挥理想效果时，国内产业的综合评估值最低应分别达到0.274和0.337。在2002—2003年，尽管反倾销政策已经发挥了明显的救济效果，但距离理想效果仍有一定的差距，国内产业受到的倾销损害尚未完全弥补；2004—2006年，国内产业实际发展水平高于理想水平的最低值，其中2006年国内产业的实际评估值甚至高于该年度的最高理想值，说明反倾销政策使得国内产业达到了理想效果。2007年，国内产业实际评估值又略低于理想评估值，说明政策效果与理想效

果稍有差距。

书中使用“救济水平”量化反倾销政策实际与理想救济效果之间的差距，说明反倾销政策是否达到了理想效果，抑或存在救济不足或救济过度的情况。救济水平计算公式如下：

$$RL_j = [\frac{AV_j}{\max IV_j} \times 100\%, \frac{AV_j}{\min IV_j} \times 100\%] \tag{8.26}$$

利用救济水平算式，各年度救济水平计算结果如表8－41所示。根据救济水平区间划分方法，可以将2002—2007年各年度反倾销救济的水平进行划分：由于 $\max RL_j < 100\%$，2002、2003和2007年国内产业都处于救济不足水平；由于 $\min RL_j < 100\% < \max RL_j$，2004、2005年国内产业处于救济适度水平；由于 $\min RL_j > 100\%$，2006年国内产业处于救济过度水平。

表8－41　2002—2007年国内邻苯二酚产业救济水平评估结果表

年份	2002年	2003年	2004年	2005年	2006年	2007年
最低救济水平	67.6%	82.3%	96.7%	99.2%	110.1%	94.6%
最高救济水平	77.7%	92.6%	106.8%	105.4%	116.5%	97.1%
救济水平划分	救济不足	救济不足	救济适度	救济适度	救济过度	救济不足

根据下列平均救济水平公式：

$$\overline{RL} = [\frac{\sum_{j=1}^{n} \min RL_j}{n} \times 100\%, \frac{\sum_{j=1}^{n} \max RL_j}{n} \times 100\%] \tag{8.27}$$

计算得出2002—2007年，国内邻苯二酚产业平均救济水平为：$\overline{RL}$ = [91.75%，99.35%]，说明各年度平均救济水平与理想救济水平相比略有不足。

根据下列总体救济水平公式：

$$RL = [\frac{\sum_{j=1}^{n} AV_j}{\sum_{j=1}^{n} \max IV_j} \times 100\%, \frac{\sum_{j=1}^{n} AV_j}{\sum_{j=1}^{n} \min IV_j} \times 100\%] \tag{8.28}$$

计算得出2002—2007年，国内邻苯二酚产业的总体救济水平为：RL = [93.4%，102.4%]，说明总体而言，反倾销政策达到了理想水平，可以认为反倾销政策整体而言救济水平适度。

8.4.2 邻苯二酚反倾销政策实施效果

根据产业实际发展趋势综合评估结果，在邻苯二酚反倾销政策实施前后，国内产业发展趋势出现了重大变化：在反倾销政策实施前，国内产业受到进口产品倾销的影响，整体发展态势不断下滑，经营状况不断恶化，发展前景堪忧；反倾销政策实施以后，国内产业得到了迅速恢复，发展态势明显好转，国内产业整体保持持续上涨势头。这说明反倾销政策对国内产业的发展态势起到了重要的影响。

根据反事实预测评估结果，如果没有及时实施反倾销政策，倾销行为没有得到及时制止，国内邻苯二酚产业在进口倾销的影响下发展态势将持续恶化，销售价格持续走低，税前利润不断下滑，国内产业一直处于亏损状态，经营状况不断恶化，并最终走向破产倒闭。

根据政策实施效果理想状态评估结果，当反倾销政策发挥理想的效果时，国内邻苯二酚产业受到倾销影响的损害程度将会得到弥补，国内产业得到及时恢复和发展，整体发展态势持续上升，反倾销政策为国内产业的发展提供了有效的救济。

将国内邻苯二酚产业在反倾销政策实施后的实际发展态势，与反事实预测的发展趋势进行相比，发现两种情况下的发展水平存在巨大差异，国内产业的实际发展状况要远远好于反事实预测发展的趋势。根据救济幅度的量化研究，2002—2007 年邻苯二酚反倾销政策的总体救济幅度达到了 4 163%，这说明反倾销政策使国内产业在很大程度上恢复了倾销行为造成的影响，起到了十分显著的作用效果。

将国内邻苯二酚产业实际发展态势与理想状态下的发展态势进行相比，发现 2002、2003 和 2007 年，国内产业实际发展水平都低于理想状态的最低水平，说明反倾销措施对国内产业的救济不足；2004、2005 年国内产业实际发展水平高于理想状态的最低水平，同时低于理想状态的最高水平，说明反倾销措施对国内产业的救济水平适度；2006 年国内邻苯二酚产业实际发展水平高于理想状态的最高水平，说明该年度反倾销措施救济效果过度。根据总体救济水平评估

结果 $RL=[93.4\%,102.4\%]$，可以认定2002—2007年我国实施的邻苯二酚反倾销政策整体救济水平是适度的。

在邻苯二酚反倾销措施发挥理想作用的情况下，国外产品倾销行为得到了有效遏制，国内产业得到了及时的恢复，并且为邻苯二酚产业的未来发展赢得了宝贵的时间和机遇。经过长期的科研开发，我国研发出的苯酚羟基化法合成邻苯二酚技术，在工业化和经济角度等多方面取得了成功，产品外观与内在质量都可以与国外产品相抗衡，不考虑前期技术开发投入较大的因素，现在再建设装置，生产成本完全可以与国外产品一争高下。

目前，国内邻苯二酚市场需求强劲，发展前景光明，罗地亚公司在国内建设的大规模邻苯二酚装置已经把产品推向市场，我国邻苯二酚产业机遇与挑战并存。首先，连云港三吉利公司已计划扩大投资规模，建设万吨级规模化生产装置，从而形成规模效益以不断降低生产成本，增强产品的竞争力；其次，三吉利公司一直以来致力于技术研究与开发以及与产业链下游企业的合作，在推动下游发展的同时不断扩大自己的需求，甚至独立配套生产下游产品，形成上下游一体化的生产局面，规避投资风险，在合理配套中寻求经济效益和持续发展的道路。为此可以看出，我国邻苯二酚产业会发展得越来越好，最终形成完整的产业链和上下游一体化的战略新局面。

8.5 本章小结

本章以我国对原产于欧盟的进口邻苯二酚反倾销案件为例，基于反倾销政策实施效果评估体系，对欧盟进口邻苯二酚反倾销政策的实施效果进行了全面研究与分析。本章首先阐述了国内外邻苯二酚产业的发展概况和我国对原产于欧盟、美国与日本的邻苯二酚反倾销案件审理流程及各阶段裁决结果；其次，以反倾销政策实施过程为背景，对比分析了国内邻苯二酚产业在不同时间节点的基本情况，并从上下游产业影响、贸易转移效应和同类产业外资等不同角度，对我国邻苯二酚反倾销政策实施效果产生扰动的影响因素进行深入剖析；最后，分别运用产业实际发展趋势综合评估、反事实预测评估以及理想状态模拟评估方法，对由欧盟进口邻苯二酚反倾销政策的实施效果进行了全面评估与展望。本章通过国内邻苯二酚产业三种发展态势的衡量对比，以及对反倾销政策实施效果救济幅度和救济水平的量化性分析，最终得出欧盟进口邻苯二酚反倾销政策在很大程度上恢复了倾销行为造成的影响，整体救济水平适度的评估结论。

9

结　语

本书在典型性国家及地区反倾销制度规则对比分析的基础上，对反倾销政策实施的作用机理及传导机制进行了探讨，深入研究了反倾销政策对进口国国内产业、企业等相关主体造成影响的经济学原理，并据此构建了反倾销政策实施效果评估的指标体系，探讨了政策实施效果评估标准的确定方法，进一步提出"三位一体"反倾销政策实施效果评估方法体系，为反倾销政策实施效果评估提供了科学的研究思路和评估流程。

9.1　关于我国反倾销实践的思考

反倾销政策实施效果评估结论，详见前述各个章节分析内容，在此不再赘述。基于反倾销政策实施效果评估的理论分析，以及在此基础上进行的邻苯二酚案件实例应用，引发了作者对于我国反倾销政策实践的一些思考。

9.1.1　关于我国高新技术产业实施反倾销政策的思考

当今的世界竞争，首先是科技的竞争，一个国家的综合国力在很大程度上取决于其能否拥有高新技术支撑，并能够不断巩固和扩大对外经济贸易的总量和质量。高新技术产业区别于传统行业，代表了知识经济在未来的发展方向，大力扶持与发展高新技术产业是我国实现跨越式发展的重要途径，因此，在我国反倾销措施实施过程中，应当根据不同类别产业的性质，对现行反倾销政策进行相应调整，体现反倾销政策的灵活性，与国家产业政策的要求与导向保持一致。调查机关在采取反倾销措施时，应根据我国《国家高新技术产业开发区高新技术企业认定条件和办法》以及《中国高新技术产品目录》中确定涉案产品的性质与类别，对于高新技术产业，在制定具体反倾销政策时，应在法律政策允许的范围内，运用调查机关的自由裁量权，适度加大对国内产业的救济力度，延长反倾销措施救济时间。

我国邻苯二酚产业属高新技术产业，该项技术是我国经过3个五年国家科技攻关计划研制开发出来的，具有很强的自主知识产权，是下游呋喃酚、香兰素、医药中间体等产业的关键性原材料，具有重要的产业链带动作用。然而，我国邻苯二酚产业尚未发展成熟，仍需要国家政策的进一步扶持。地方政府及相关主管部门应当设立邻苯二酚产业专项扶持资金，以无偿资助、贷款贴息、资本金注入、无偿借助等灵活形式为邻苯二酚产业的发展提供资金支持，解决国内产业融资能力不足、投资资金缺乏的问题。另外，政府和行业协会应当为邻苯二酚产业技术研发及产业升级提供合作平台，加强邻苯二酚产业产、学、研的合作力度，提升国内产业技术水平。

9.1.2 关于我国反倾销政策与外商投资政策协调的思考

从反倾销政策与外商投资政策协调角度来看，同类外资进入进口国是国际上常见的一种规避反倾销的方法，它是多方利益博弈的产物。外商投资使得进口国国内产业再次面临激烈的市场竞争，并且由于成本和技术的问题，国内产业极可能处于竞争的劣势，这与进口国政府实施反倾销政策的目的相矛盾。如何在采取反倾销的同时，兼顾外商投资的进入问题，使得反倾销政策与外商投资政策协调一致，是一个重要的政策协调性问题。

在我国，商务部负责反倾销政策的制定与实施，各级发展改革部门负责外商投资项目的审批，各级地方政府负责招商引资的实际工作，反倾销政策和外商投资政策出自不同部门，涉及不同的利益主体，且各主体之间缺乏良好的沟通协调渠道，容易出现“政出多门、相互矛盾”的现象；另一方面，国内产业和国外投资企业很可能位于不同地区，而各地区相关主管部门之间缺乏沟通，投资所在地政府不了解外资进入对我国国内产业整体利益可能造成的影响，盲目引进外资；此外，某些地方政府只关注本地区发展和经济利益增长，不顾外商投资进入对我国国内产业的负面影响，对外资的进入大开方便之门，也会造成外资进入与反倾销政策的矛盾。

为了解决反倾销政策与外商投资政策的协调性问题，商务部和各级发展改革部门需要建立有效的沟通协调机制。商务部应对我国反倾销案件定期进行汇总备案，形成反倾销涉案产业目录，供各级发展改革部门在进行外商投资项目审批时查阅。各级发展改革部门在进行外商投资项目审批时，需要核对反倾销涉案产业目录，如果外商投资产业为反倾销涉案产业，则应及时与商务部进行沟通协调。商务部在获知协商请求后，可以从以下两个方面进行考虑并提出意见：第一，反倾销措施的救济效果如何；第二，外商投资进入对国内产业可能产生的影响如何。如果反倾销措施救济效果较好，外商投资进入对国内产业可能产生的冲击较小，则考虑允许外商投资的进入；否则，应考虑制止外商投资的进入。

9.1.3 关于我国反倾销政策效果评估工作的思考

首先，应当适时评估反倾销政策的实施效果。为了有效了解反倾销政策实施的救济效果，为未来反倾销政策的制定提供参考，调查机关需要在实施反倾销措施后，根据产业恢复与发展情况，适时对反倾销措施的救济效果进行评估，并据此进行反倾销政策调整。随着反倾销政策效果评估工作的全面展开，可以基于反倾销政策评估的全过程，从事前、事中和事后评估三个维度研究反倾销政策实施效果，并建立相应的反倾销政策动态评估制度。

其次，制定科学合理的评估方案。第一，调查机关可以逐步建立规范的定性与定量相结合的评估指标体系，并注重相关指标数据的收集，收集的数据应包含从调查起始日期起到评估节点的所有相关指标数据，数据应尽可能细化到月度层次；第二，应注意采用科学的评估方法，量化反倾销措施的救济效果以及实施程度；第三，应考虑其他因素对国内产业反倾销救济效果的影响，并进行区分与剔除。

再次，关注反倾销政策的其他影响效果。反倾销政策除了对国内产业和进口贸易产生救济效果外，还可能对上下游产业、消费者利益、国内生产商等产生一系列影响，形成其他经济与社会效应。在反倾销实施过程中，采取反倾销措施将使国内产业受益，而对其下游产业、消费者而言则可能利益受损，因此调查机关在反倾销政策效果评估中，可以从国家公共利益最大化的角度分析反倾销可能产生的其他影响效应,整体衡量利弊得失,寻求反倾销各利益相关者之间关系的平衡。

最后,在评估中关注影响反倾销政策效果的因素。实施反倾销政策会对国内受损产业进行保护,也会对上下游产业、国内生产商、消费者、与国外经贸关系等公共利益评估因素产生影响;相反,反倾销实施的救济效果也会受到上述全部或部分因素的影响,在本案件评估中,通过对专家访谈内容和实地调研获取资料的定性总结和定量分析,得出了下游呋喃酚、香兰素产业的发展现状在一定程度上放大了反倾销的救济效果,外商直接投资政策一定程度上弱化了反倾销的救济效果等结论。

9.2 反倾销政策启示与建议

邻苯二酚反倾销案件前后经历了两次反倾销立案调查,案件本身有其自身的特点,邻苯二酚反倾销政策的实施及其效果评估对我国反倾销实践也有着特殊的意义。本书通过对整个案件的梳理和对反倾销政策实施效果的评估,深入思考得出了针对我国反倾销政策实施的若干政策建议。

9.2.1 完善市场经济相关法规和规范企业市场行为

国家应当尽快完善市场经济的相关法规,进一步规范企业的市场行为。对影响我国国内产业健康稳定发展的种种因素,如恶性价格竞争、偷工减料、长期拖欠货款等行为进行规范,监管部门应当对不合理的企业商业流程进行监管,为所有企业提供一个公平健康的市场竞争环境。此外,国家应当加强宏观调控,用市场手段引导和调节产业投资。政府还应当从更深的层次上完善我国经济领域的相关法规和制度,对于阻碍行业整合和产业结构调整的相关政策进行调整,尝试实行企业分级制度,制订有利于行业健康发展的政策和法规,这对我国高技术产业的发展将十分有益。

9.2.2 进一步发挥行业协会的重要作用

通过邻苯二酚反倾销案件可以发现,行业协会在反倾销案件全过程中具有重要的影响和作用，为此，应继续做好以下工作。

9.2.2.1 充分发挥行业协会的桥梁作用

近年来，行业协会通过各类会议、刊物、网络等形式为生产企业提供信息、咨询和协调等各种服务，充任政府和企业沟通的桥梁。通过行业协会协调产业链中各个环节的关系，可维护行业发展利益，促进行业的协调发展。行业协会也应加强对产业发展状况的调查和研究，为政府制定相关政策提供参考。

9.2.2.2 充分发挥行业协会的协调管理职能

在反倾销工作中，行业协会应当站在全行业整体利益的高度协调各企业之间的利益。反倾销不是国内某个企业的事情，而是直接涉及整个行业的利益和发展，行业协会应当在此发挥行业管理的职能，充分协调各企业之间的利益，研究应诉模式，评议筛选律师，确定费用分摊方法等。在反倾销调查过程中，行业协会也应积极协调国内企业与国家调查机关、企业与企业之间的关系，积极配合国家调查机关的调查，辅导国内企业填写调查问卷、接受实地核查，并及时代表企业准确反映行业情况，密切跟踪并积极推动案件的进展，呼吁调查机关尽快立案、初裁和终裁，及时保护国内产业的合法权益。

此外，行业协会还要协调涉案行业与其他相关行业的关系。由于反倾销调查工作涉及本行业以及其上下游行业的不同利益，甚至相互冲击的利益，在这种情况下，国内单个企业的力量往往非常单薄，甚至不同的企业存在不同的立场，此时，行业协会作为国内企业的代言人，应从行业整体利益出发，从战略上协调本行业与上下游行业的关系和利益，并且在适当的时候，向调查机关陈述本行业的意见，以引起调查机关的重视。在反倾销实践中，调查机关（政府）也常常听取有关行业协会的意见，尤其在涉及上下游利益的问题上，行业协会应当代表本行业或者企业的利益，提供有利于本行业的政策建议或者意见。

9.2.2.3 游说并影响政府产业政策和贸易政策

随着政府职能的转变，政府不再直接参与或者干预企业的生产经营，对某个行业的情况和市场运行的了解可能有限。但是作为单个企业的力量又十分有限，无法和政府及时沟通，提供有利于本行业发展的建议。行业协会负责本行业的工作，并且与企业的发展具有共同的利害关系，注重研究本行业的市场形势和产业政策,并随时影响政府的政策实施。在反倾销工作中,行业协会作为企业利益的代言人,也应当根据本行业的市场和发展情况,适时代表企业向政府提出政策建议,甚至游说政府采取适当的贸易保护措施等。

9.2.2.4　建立反倾销预警机制,并及时监控国外反倾销动态和国外产品的进口对国内产业的冲击程度

反倾销预警是反倾销工作最基础的工作。行业协会作为企业利益的代言人,建立健全反倾销预警机制是行业协会维护产业经济安全,有效运用反倾销手段所不可缺少的前瞻性工作。一方面,行业协会对本行业重要的出口产品的出口数量、出口价格、出口国家和地区以及当地市场情况变化等情况进行有效监控,及时对可能发生的反倾销行动进行预警,并及时通报出口企业,企业可以据此及时采取相应措施;另一方面,行业协会随时对重点产品的进口数量、价格以及变化进行监控,对这些变化对国内生产及市场的影响进行分析,及时发现进口产品的异常行为,并及时组织国内产业抓住有利时机提出反倾销调查申请,以保证国内产业的合法权益得到及时保护。

9.2.3　提高企业的积极配合性和自身发展能力

为有效制止国外企业的垄断倾销行为,保护国内产业的正常竞争秩序,增强自身的竞争力,国内相关企业也应采取相应措施积极应对。

9.2.3.1　在科学决策反倾销行为基础上,积极配合反倾销申诉和调查工作

反倾销调查申诉工作是一项具有系统性和复杂性的工作,从搜集证据、申诉到案件终了需要有一段较长的时间,并且要涉及企业内许多部门和花费一定的费用。因此,企业要充分做好费用预算评估工作,把握在竞争格局中所处的地位,了解其他企业对进口反倾销所持的态度,在科学理性地作出反倾销决策的基础上,积极配合反倾销申诉和调查工作。

此外,国内涉案各企业应同心协力,本着对社会和产业负责的强烈责任感,积极参与申诉和调查的各项工作。由于调查表格繁多,数据详细,更需要申诉企业的通力合作。在企业达成共识的基础上,也可以委托行业协会代表企业提出申诉。在申诉前后,应向国家有关主管部门积极反映实际情况,进行充分的

沟通，并应准备充足、有力的证据，一定要做到有理有据。企业还要注意对员工的知识培训，注重承办律师的实绩和能力，熟悉和正确运用我国的相关法律，并学会从对手那里借鉴经验。

9.2.3.2 抓住机遇并努力提高企业自身的发展能力

目前，我国反倾销实施领域大多为生产条件、技术水平、经营管理落后的行业，也有部分是正在发展的幼稚行业，这些行业中的企业与发达国家的企业相比，普遍存在成本高、质量低的情况。这在一定程度上为外国产品的倾销提供了条件。反倾销作为一种贸易救济措施，能给国内受损产业提供恢复和发展的时间和机会，企业应抓紧反倾销救济所提供的宝贵机遇，努力提高自身的竞争力，进而提高自身发展能力。

9.2.3.3 注意自身的市场开拓，积极提高上游产业技术和培育下游用户

纵观我国的反倾销案件，涉案产品大多为中间产品，其上游产业是生产涉案产品的重要保障，下游是涉案产品的需求来源。如果企业只注重自身领域的销售，不掌握上游产业的核心生产技术，不注重挖掘新的可能需求，不善于发现新的产品市场，不思考和实施“蓝海战略”①，那么随着国内市场的逐渐饱和，必然会导致竞争加剧，利润降低。因此，企业要注重从自身发展环境来挖掘市场，积极提高上游产业技术和培育下游用户，使得自身在国际市场竞争中掌握主动权，进而进一步提高企业竞争力。

9.2.4 增强企业环保意识和强调可持续发展

目前，大众的环保意识逐渐增强，各国在经济发展中反对无限度地消耗自然资源，在保护环境的基础上强调可持续发展。由于我国提出建设资源节约

---

① “红海战略”基于产业组织经济学，就是平常所说的竞争战略。“红海战略”主要是在已知市场空间的竞争，在这里，游戏规则已经定好，只需按照这个游戏规则展开针锋相对的竞争。需要分析的就是竞争态势和已有产业的条件，这是“红海战略”需要研究的变量和因素。“蓝海战略”要求企业把视线从市场的供给一方移向需求一方，从关注并比超竞争对手的所作所为转向为买方提供价值的飞跃。通过跨越现有竞争边界看市场以及将不同市场的买方价值元素筛选与重新排序，企业就有可能重建市场和产业边界，开启巨大的潜在需求，从而摆脱“红海”——已知市场空间的血腥竞争，开创“蓝海”——新的市场空间。

型、环境友好型社会的战略规划[1]，以及公共利益原则引入反倾销法例，我国反倾销调查机关在实施反倾销措施的同时，也注重与资源、环境的和谐发展。因此，在这种背景下，我国的国内发展也要遵循这种战略思想，进一步提高生产效率，研发低成本的环保生产技术，从而增强可持续发展能力，为建设资源节约型、环境友好型社会作出贡献。

9.2.5 建立“动态四体联动”反倾销工作机制

反倾销是一个动态复杂的系统性工作。首先，从反倾销实践流程来看，反倾销是一个涉及申请、调查、立案、初裁、终裁以及征收5年反倾销税的动态过程（如有必要可以进行日落复审）；其次，从经济学角度来看，反倾销是倾销产品的出口商与倾销产品进口国的受损产业或企业之间的动态博弈过程；最后，从法律意义上来看，在终裁结果出来以后，国内厂商如果对反倾销税率有疑问，每年都有一次机会向商务部提出复审申请，这也是国际上通行的做法。因此，为做好具有动态复杂性的反倾销工作，可建立以反倾销动态过程为背景，以政府、行业协会、律师协会和涉案企业为主线的“动态四体联动”反倾销申诉和调查的联席会议制度。动态性涉及了反倾销措施实施的全过程，联动性包括了从中央政府到各级地方政府，再通过行业协会和律师到与各单个企业的紧密联系，实现对进口反倾销工作的互动。“动态四体联动”反倾销工作机制如图9－1所示。

在“动态四体联动”的工作机制中，政府、行业协会、律师和企业要分别从战略高度出发，分工协作，组成一个互动系统，通过联席会议制度共同决定反倾销联动工作的成效。

9.2.5.1 政府

政府及其职能部门是市场经济秩序的维护者，对企业利益的维护就是在保护本国经济健康的发展，而这种保护更多地体现在组织和协调各部门的工作、颁布保护本国贸易发展的法律、法规等方面。在反倾销工作中，我国政府应当

[1] 我国发布了《国家中长期科学和技术发展规划纲要（2006—2020年）》，提出以增强自身创新能力为主线，以建设创新型国家为奋斗目标，建设资源节约型、环境友好型社会。

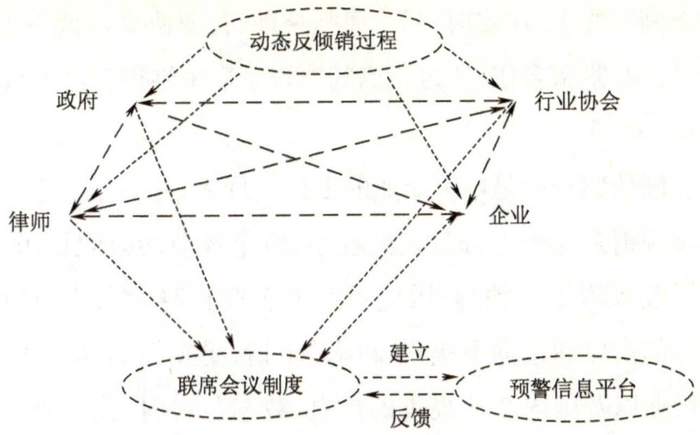

图 9－1 “动态四体联动”反倾销工作机制图

进行战略职能转变，尽可能发挥信息发布者、利益协调者和整体利益代表者的功能。在国内产业遭受损害时，应迅速作出反应，并号召行业协会和企业积极申诉或应诉。尤其，地方政府与本地区企业联系紧密，对于本地区企业受倾销与反倾销影响的情况掌握程度远比中央政府具有优势。因此，在反倾销工作中地方政府的作用不可忽视，关键是各地方政府要明确其职能定位，与中央政府紧密配合，切实促进我国反倾销工作的开展①。

9.2.5.2 行业协会

国内产业遭受国外倾销产品的损害时，由于国内部分企业规模较小，法律意识淡薄，对整个行业情况缺乏全面了解和掌握，难以维护全行业企业的合法权益。在这种情况下，行业协会作为各个企业共同组织的社会中介和整个行业利益的代表，在全面了解本行业的整体情况以及各企业实质利益的情况下，可提高对外交涉力度，充分发挥行业管理和协调的职能，组织和协助国内企业加强反倾销的申诉和应诉工作，进一步发挥其作为企业和政府之间的“桥梁”作用。

9.2.5.3 企业

企业作为反倾销的直接当事人和反倾销申诉的主体，当国外倾销产品在中

① 2003 年，深圳市贸易壁垒申诉与调查服务中心揭牌开业，这是深圳为加强反倾销而采取的一项重要举措。深圳因此成为国内第一个成立专门机构利用世界贸易组织规则应对反倾销的城市。

国市场上进行倾销并给中国企业造成损害时，企业应该提高防范意识，并依照国内反倾销条例的要求，在政府引导、律师帮助、行业协会协调下主动提起反倾销调查，相互协调，紧密合作，通过正当的法律手段来维护自己的权益。

9.2.5.4　律师

律师在反倾销调查中是申诉企业的委托代理人，并对申诉企业起着指导和帮助作用。反倾销是一个十分复杂的程序，每个环节的时限要求十分严格，每个环节对应诉成败均十分关键，因此单纯靠企业自身力量去应对，非常困难。企业要在律师的指导和帮助下提出反倾销申请，受委托律师在法律程序内，根据调查国内产业以及国内企业提供的信息、数据与材料，代表企业签署反倾销调查申请书。律师擅长的是法律程序，将法律专长与企业的产品和市场专长相结合，才能确保应诉工作的成效。

根据以上分析，政府、律师、行业协会和企业通过召开联席会议，不但有助于加强各方的紧密联系与有效沟通，而且有利于提高危害产业安全事件的联合应对效率，为及时消除国内产业所遭受的损害打下良好的基础。建议由商务部各主管部门牵头，通过律师的指导与帮助以及各行业协会的协调与组织，充分调动各企业的参与积极性来召开联席会议，定期或不定期地通报产业安全工作情况和预警信息，协调解决，建立起多层次、多视角、多渠道的预警体系，进而解决反倾销调查的有关问题，协同做好维护产业安全的工作。

参考文献

[1] 王林生,张汉林. 反倾销热点剖析[M]. 北京:人民出版社,2004.

[2] 朱彤,李磊. WTO 成立后反倾销之新趋势及特点[J]. 世界贸易组织动态与研究,2008(6):28 - 35.

[3] 侯兴政. 全球与中国反倾销调查研究——特征、影响因素及对策[M]. 上海:上海交通大学出版社,2010.

[4] Thomas J Prusa. The Trade Effects of U. S. Antidumping Actions [R]. New York: NBER Working Paper, 1996.

[5] Thomas J Prusa. On the Spread and Impact of Antidumping [R]. New York: NBER Working Paper, 1999.

[6] Gunnar Niels. Trade Diversion and Destruction Effects of Antidumping Policy: Empirical Evidence from Mexico [R]. Rotterdam: Erasmus University Rotterdam Working Paper, 2003.

[7] 沈瑶,王继柯. 中国反倾销实施中的贸易转向研究:以丙烯酸酯为例[J]. 国际贸易问题,2004(3):9 - 12.

[8] Bodhisattva Ganguli. The Trade Effects of Indian Antidumping Actions [D]. New Jersey: The State University of New Jersey, 2005.

[9] Hylke Vandenbussche, Maurizio Zanardi. The Chilling Effects of Antidumping Law Proliferation [R]. Staffordshire: CEPR Working Paper, 2007.

[10] Corinne M Krupp, Susan Skeath. Evidence on the Upstream and Downstream Impacts of Antidumping Cases [J]. North American Journal of Economics and Finance, 2002 (13): 163 - 178.

[11] Jozef Konings, Hylke Vandenbussche, Linda Springael. Import Diversion under European Antidumping Policy [J]. Journal of Industry, Competition and Trade, 2001 (3): 283 - 299.

[12] 胡麦秀,严明义. 反倾销保护引致的市场转移效应分析[J]. 国际贸易问题,2005(10):19 - 23.

[13] 鲍晓华. 反倾销措施的贸易救济效果评估[J]. 经济研究,2007(2):71 - 84.

[14] Shi Young Lee, Sung Hee Jun. On the Investigation Effects of the US Antidumping Peti-

tions: A Psychological Approach [J]. Journal of World Trade, 2002.

[15] Jozef Konings, Hylke Vandenbussche. Antidumping Protection and Markups of Domestic Firms: Evidence from Firm Level Data [J]. Journal of International Economics, 2003(1): 151 - 165.

[16] 陈坤铭.反倾销制度与产业保护效果[R].台北:经济部贸易调查委员会,2000.

[17] 刘蕾,何海燕,常明.进口反倾销措施对中国经济的影响分析[J].北京理工大学学报(社会科学版),2008(8):20 - 23.

[18] 杨悦,何海燕.进口反倾销行为对产业价格指数影响的反事实研究框架[J].商业经济与管理,2008 (1):57 - 62.

[19] 陈振凤,何海燕.成本会计核算方法的比较研究——基于反倾销视角[J].生产力研究,2008 (24):56 - 68.

[20] 陈振凤,何海燕.基于反倾销应诉的会计准则国际协调研究[J].兰州商学院学报,2010(8):67 - 90.

[21] 苏振东,刘芳.中国对外反倾销措施的产业救济效应评估——基于动态面板数据模型的微观计量分析[J].财贸经济,2009(10):77 - 84.

[22] 苏振东,刘芳.中国对外反倾销的经济救济效果评估[J].世界经济研究,2010(1):45 - 51.

[23] 苏振东,刘芳,严敏.中国反倾销措施产业救济效应的作用机制和实际效果[J].财贸经济,2010(11):88 - 97.

[24] Jozef Konings, Hylke Vandenbussche. Antidumping Protection Hurts Exporters: Firm - level Evidence from France [R]. Staffordshire: CEPR Working Paper, 2009.

[25] 向洪金,赖明勇.我国反倾销措施的产业救济效果和福利效应研究——基于 COMPAS 模型的理论与实证分析[J].产业经济研究,2010(4):153 - 162.

[26] 朱钟棣,鲍晓华.反倾销措施对产业的关联影响——反倾销税价格效应的投入产出分析[J].经济研究,2004(1):83 - 92.

[27] James J Fetzer. A Partial Equilibrium Approach of Modeling Vertical Linkages in the U. S. Flat Rolled Steel Market [R]. Washington: U. S. International Trade Commission Working Paper, 2005.

[28] 寇琳.中国对外反倾销的实证分析及对策研究[D].厦门:厦门大学,2006.

[29] 刘向丽,魏馨.我国反倾销绩效的实证分析:以化工行业为例[J].当代财经,2010

(8):130-137.

[30] Thomas J Prusa. Why Are So Many Antidumping Petition Withdrawn [J]. Journal of International Economics, 1992(33): 1-20.

[31] Maurizio Zanardi, Boston College. Antidumping Law as a Collusive Device [C]. Nashville: Midwest International Economics Meeting, 2000.

[32] Bruce A Blonigen, Chad P Bown. Antidumping and Retaliation Threats [J]. Journal of International Economics,2003(60): 249-273.

[33] Alberto Martin, Wouter Vergote. Antidumping: Cooperation Enhancing Retaliation [R]. New York: Columbia University Discussion Paper, 2005.

[34] Reinhilde Veugelers, Hylke Vandenbussche. European Antidumping Policy and the Profitability of National and International Collusion [J]. European Economic Review, 1999(43): 1-28.

[35] Bruce A Blonigen, Jee-Hyeong Park. Dynamic Pricing in the Presence of Antidumping Policy: Theory and Evidence [C]. Nashville: Midwest International Economics Meetings, 2001.

[36] 杨仕辉,王红玲,舒颜颜.反倾销动态博弈与效应分析[J].系统工程理论与实践,2001(11):43-49.

[37] 杨仕辉.反倾销的国际比较——博弈与我国对策研究[M].北京:科学出版社,2005.

[38] James Casing, Ted To. Antidumping, Signaling and Cheep Talk [R]. Pittsburgh: University of Pittsburgh Working Paper, 2004.

[39] Kara M Olson. Free Riders among the Rent-Seekers: A Model of Firm Participation in Antidumping Petitions [R]. Washington: American University Working Paper, 2004.

[40] 冯巨章.反倾销中的企业应诉决策分析[J].财经研究,2005(10):124-136.

[41] Bruce A Blonigen. Tariff-jumping Antidumping Duties [J]. Journal of International Economics, 2002(57): 31-49.

[42] Delia Ionascu. Foreign Direct Investment, Tariff-jumping Argument and the Market Conduct in the North-South Trade [R]. Prague: CERGE-EI Working Paper, 2004.

[43] 焦知岳,冯宗宪.外国直接投资与国内企业反倾销申诉——基于贸易保护需求视角的分析[J].经济评论,2008(6):103-108.

[44] 沈国兵.美国对华反倾销对中国内向和外向 FDI 的影响[J].财贸经济,2011(9):

63 – 70.

[45] Bruce A Blonigen, Stephen E Haynes. Antidumping Investigations and the Pass – Through of Antidumping Duties and Exchange Rates [J]. American Economic Review, 2002 (92): 1044 – 1061.

[46] 魏瑶,雷良海. 反倾销保护对进口国的福利效应分析[J]. 经济问题探索,2007(2): 96 – 102.

[47] 廖筠. 公共政策定量评估方法之比较研究[J]. 现代财经,2007(10):68 – 70.

[48] Heckman J, Ichimura H, Todd P. Evidence from Evaluating a Job Training Program [J]. Review of Economic Studies, 1997(4): 605 – 654.

[49] Heckman J, Ichimura H, Todd P. Matching as an Econometric Evaluation Method [J]. Review of Economic Studies, 1998, 65(2): 261 – 294.

[50] Dehejia R, Wahba S. Causal Effects in Non-experimental Studies: Reevaluating the Evaluation of Training Programs [J]. Journal of the American Statistical Association, 1999(448): 1053 – 1062.

[51] Dehejia R, Wahba S. Propensity Score Matching Methods for Non-experimental Causal Studies [J]. Review of Economics and Statistics, 2002(1): 151 – 161.

[52] Alexis Diamond, Jasjeet S Sekhon. Genetic Matching for Estimating Causal Effects: A General Multivariate Matching Method for Achieving Balance in Observational Studies [EB/OL]. http://sekhon. polisci. berkeley. edu/matching/, 2005 – 11 – 25.

[53] Heckman J, J Tobias, E Vytlacil. Simple Methods for Treatment Parameters within a Latent Variable Framework [J]. Review of Economics and Statistics, 2003(3): 748 – 755.

[54] 周黎安,陈烨. 中国农村税费改革的政策效果:基于双重差分模型的估计[J]. 经济研究,2005(8):44 – 53.

[55] 李淑艳. 贵州省退耕还林政策效果评估与分析研究[D]. 北京:北京林业大学,2006.

[56] 朱宁宁,朱建军. 我国政府建筑节能政策(措施)的实施效果评价[J]. 中国管理科学,2008(10):576 – 580.

[57] 刘诚. 中国退耕还林政策系统性评估研究[D]. 北京:北京林业大学,2009.

[58] 罗凯,王弟海. 金融危机下中国消费券政策效果评估——基于蒙代尔 · 弗莱明模型[J]. 浙江社会科学,2010(2):46 – 51.

[59] Kelly H, Morkre E. One Lump or Two: Unitary versus Bifurcated Measures of Injury at the USITC [J]. Economic Inquiry, 2006(4): 740 - 752.

[60] 何海燕.反倾销中产业损害幅度测算指标体系的建构[J].价值工程,2003(3):2 - 4.

[61] 王明明,隋伟莹.多层模糊综合评判方法在损害分析中的应用[J].北京化工大学学报,2004(3):102 - 109.

[62] 寇琳.基于灰色模型的反倾销产业损害状况评判方法[J].机电信息,2005(7):32 - 35.

[63] 姜国庆,凡刚领.产业损害程度测算指标相关性的有效消除研究[J].管理科学,2004(5):87 - 91.

[64] 常明,何海燕.基于主成分分析法的产业损害指标体系研究[J].财贸研究,2007(3):45 - 49.

[65] Jione Jung. Understanding the COMPAS Model: Assumptions, Structure and Elasticity of Substitution [D]. Gainesville: University of Florida, 2004.

[66] 向洪金,柯孔林,冯宗宪.反倾销产业损害认定的理论与实证研究——基于COMPAS模型的分析[J].中国工业经济,2009(1):42 - 52.

[67] James P Durling, Matthew McCullough. Teaching Old Laws New Tricks: The Legal Obligation of Non - Attribution and the Need for Economic Rigor in Injury Analysis Under US Trade Law [M]. Oxford: Blackwell Publishers, 2005.

[68] David Sharp, Kenneth Zantow. Attribution of Injury in the Shrimp Antidumping Case: A Simultaneous Equations Approach [J]. Economic Bulletin, 2005(5): 1 - 10.

[69] Armington, Paul S. A Theory of Demand for Products Distinguished by Place of Production [R]. IMF Staff Papers, 1969.

[70] Leontief Wassily. Introduction to a Theory of the International Structure of Functional Relationships [R]. Econometrica, 1947.

[71] 刘勇.WTO《反倾销协议》研究[M].厦门:厦门大学出版社,2005.

[72] 苑涛.WTO贸易救济措施[M].北京:清华大学出版社,2007.

[73] 邹正方.世界贸易组织规则概论[M].北京:知识产权出版社,2009.

[74] 赵生祥.贸易救济制度研究[M].北京:法律出版社,2007.

[75] Kaz M, Yuka O. Closing the Technology Gap under Protection [J]. American Economic

Review, 1995(85): 70 – 75.

[76] Richard Boltuck. Assessing the Effects on the Domestic Injury of Price Dumping. in: P K M Tharakan. Policy Implications of Antidumping Measures[M]. North – Holland: Elsevier Science Publishers, 1991.

[77] Kenneth H Kelly, Morris E Morkre. Do Unfairly Traded Imports Injury Domestic Industries [J]. Review of International Economics, 1998(2): 321 – 332.

[78] Sarah J Marsh. Creating Barriers for Foreign Competitors: A Study of the Impact of Antidumping Actions on the Performance of U. S. Firms [J]. Strategic Management Journal, 1998 (19): 25 – 37.

[79] 王骚,王达梅. 公共政策案例分析[M]. 天津:南开大学出版社,2006.

[80] 宾建成. 中国首次反倾销措施执行效果评估[J]. 世界经济,2003(9):38 – 43.

[81] 叶义成,柯丽华. 系统综合评估技术及其应用[M]. 北京:冶金工业出版社,2006.

[82] 陈国宏,李美娟. 基于方法集的综合评价方法集化研究[J]. 中国管理科学,2004(1):101 – 105.

[83] 邓聚龙. 灰色系统基本方法[M]. 武汉:华中科技大学出版社,2005.

[84] 张贵喜,马立平. 预测与决策概论[M]. 北京:首都经济贸易大学出版社,2006.

[85] 张礼兵,金菊良. 系统预测与综合评价方法[M]. 合肥:合肥工业大学出版社,2006.

[86] 宇传华. SPSS 与统计分析[M]. 北京:电子工业出版社,2007.

附录 1

美国反倾销制度规则简述

美国反倾销政策是美国贸易政策的重要组成部分，早在1916年，美国便出台了反倾销相关政策。美国是世界上仅次于加拿大、澳大利亚和南非之后的第四个早期制定反倾销政策的国家。美国反倾销政策法规历经修订和完善，形成了目前主要以《反倾销条例》《反倾销实践和程序规则》《1930年关税法》和《1988年综合贸易与竞争法》为核心的较完备的反倾销政策体系①。美国反倾销组织体系由5个机构组成，在反倾销调查审理期间各司其职，各个机构权限彼此制约，目的在于保证反倾销调查审理过程和裁决的公正性。

各个机构的名称和主要职责为：①美国商务部负责调查特定期限内外国进口涉诉商品在美国销售是否存在倾销行为，裁定具体倾销幅度。如果商务部对倾销作出肯定裁定，美国国际贸易委员会同时对损害作出肯定性裁定，商务部将对以倾销价格进口的商品作出征收反倾销税的决定。②美国国际贸易委员会负责调查特定期限内外国进口涉诉商品对美国相关产业的实质性损害或实质性损害威胁，并确定倾销与实质损害或实质性损害威胁之间是否存在因果关系，而后作出是否构成损害的裁定。③美国海关总署在商务部和国际贸易委员会都作出肯定性裁定后，根据商务部关于倾销幅度和征收日期的通知，负责征收反倾销税的具体事宜，并可按照商务部的指令，在反倾销案件调查审理期间，对外国进口涉诉商品征收保证金。④国际贸易法院负责受理因反倾销案件当事人对商务部和国际贸易委员会的反倾销裁定不服提起的上诉，对商务部和国际贸易委员会的反倾销裁定进行司法审查。⑤联邦巡回上诉法院受理反倾销

---

① United States Department of Commerce. U. S. International Trade in Goods and Service [EB/OL]. http://www.commerce.gov/, 2011 - 11 - 25.

案件当事人因对国际贸易法院司法裁决不服而提起的上诉。

一、美国反倾销实施前提条件

根据美国反倾销政策，对于来自外国的进口商品实施反倾销，必须同时具备三个前提条件：外国进口商品存在倾销、倾销进口商品对美国国内产业存在损害以及倾销和损害之间存在因果关系。

（一）国外进口产品倾销确定

美国反倾销政策规定，倾销是指以低于公平价值的价格进行销售或潜在销售。在确定是否存在低于公平价值的销售时，美国商务部采用出口国市场或第三国市场上同类产品的正常价值作为基准。因此，要确定外国进口商品是否在美国市场上存在倾销，关键是要确定外国商品的出口价格和正常价值，如果出口价格低于正常价值，即可认定为倾销。

在美国反倾销政策中，出口价格也可称为“美国价格”，它分为三种形式，即被调查的产品由进口商购买的价格、出口商在美国的销售价格以及出口结构价格。

1. 购买价格。它是指在美国进口商与出口商不存在任何关系的情况下，在商品进口到美国前，从商品的出口方所在地购买或同意购买的商品价格。只要在商品进口美国之前已完成交易，即进口商的海外代理商与无联系的生产商，或外国生产商在美国的销售子公司与无联系的消费者之间买卖成交，亦可视为购买价格。外国生产商通过一家无关的外贸公司，将商品销售给无关的美国购买商所使用的价格也视为购买价格。美国商务部一般使用外国生产商与独立的外贸公司之间的买卖价格作为美国价格的基础，但前提是生产商知道商品正在美国销售，且购买发生在商品进入美国之前。

2. 出口商销售价格，它是指在国外出口商与美国进口商存在某种关系的情况下，在商品进口到美国后，由美国进口商将该商品第一次转售给或同意转售给一个与出口商无关系的独立商人的价格。

3. 出口结构价格。出口结构价格是指在该产品进口到美国之前或之后，拥有货物所有权的出口商、或生产商、或代售商、或与他们有关系的卖方，在美国首次向无关系的买方销售或待售该产品的价格。值得注意的是，如果美国厂商或公司与该产品的外国进口商之间有代理、合营、子母公司或控股公司等关联，美国商务部将这类国内厂商也列入出口商范畴，对他们的销售价格采用“出口结构价格”，以防止国内企业与外国出口商之间的价格转移，制止虚假的出口价格等行为。

（二）美国相关产业损害确定

美国反倾销政策关于外国倾销商品对美国国内产业存在的损害，规定了三种类型：实质性损害、实质性损害威胁以及实质性阻碍。

1. 实质性损害。美国国际贸易委员会在确定倾销产品对美国产业的实质性损害时，主要考虑以下因素：第一，倾销进口产品数量，包括绝对数量和相对于美国生产和消费的市场份额；第二，倾销产品对美国相似产品价格的影响，如由于进口产品削价，导致美国相似产品价格跌落，或抑制了美国相似产品价格本来可能的大幅度增长等；第三，该倾销产品的进口对美国相似产品生产商的影响以及其他有关因素。在考虑倾销产品对产业的影响时，应具体评估以下因素：是否实际或潜在地减少了销售、市场份额、利润、生产能力、投资回报率即设备利用率；是否实际或潜在地对现金流量、库存、就业、工资、增长率、追加资本的能力等造成不利影响；是否实际或潜在地阻碍了国内产业提高生产能力等。

2. 实质性损害威胁。关于实质性损害威胁，美国反倾销政策规定，国际贸易委员会可基于实质性损害威胁的真实性和迫切性，裁定倾销进口商品是否存在对美国产业的实质性损害威胁，并具体列举了应考虑的10个因素：出口国生产能力或现有未发挥作用的生产能力的增强，存在将促使其向美国大幅度增加出口商品的可能性；存在以任何形式向美国市场渗透并由此增加实际损害的可能性；存在进口商品降低或抑制美国市场同类商品价格上涨的可能性；存在美国同类商品库存量增加的可能性；存在其他现实不利趋势时的因素；累积倾销的进口商品对美国产业造成不利影响的可能性；美国开发新一代商品的努力是否受阻；涉案出口商在其他国家的同类商品倾销是否构成实质性损害威胁。美国自1980年对中国开始反倾销以来，国际贸易委员会已在20余起案件中，单独适用“实质性损害威胁”标准对中国输美产品实施了反倾销措施①。

3. 实质性阻碍。外国倾销商品对美国国内产业新建造成的实质性阻碍，美国国际贸易委员会确定的相关标准包括：第一，已经开始生产但是经营不稳定的产业，受到了倾销进口品的严重阻碍；第二，未开始生产的产业有充分证据证明该产业投入有相当的约束和保证，但倾销商品的进口使得该新建产业的实际运营比合理预期更为不利；第三，鉴于每种产业的新建都有其特殊性，因而应当根据具体案件来认定某一新产业的建立是否被严重阻碍。然而值得注意的是，尽管美国反倾销政策早在1921年就把实质性阻碍美国产业的新建确定为损害的一种类型，但在美国反倾销实践中，实际引用该规则的情形十分罕见。迄今为止，美国国际贸易委员会只有两起案件适用了这一规则而作出了肯定性的裁决，这两起案件分别是1982年日本的人造纤维捕鱼网倾销案和1985年加拿大的干鳕鱼倾销案。

（三）倾销与美国产业损害的因果关系

倾销与损害之间的因果关系构成是反倾销措施的必要条件之一，但是对于倾销与损害之间的因果关系究竟应为何种程度，世界各国及地区反倾销政策中的规定不尽相同。美国采用“一般因果关系”标准，即当进口国有关产业受到损害，并且是由倾销产品及其他有关因素共同作用的结果时，也就是说，只要倾销成为损害的因素之一，倾销与损害之间的因果关系就将被认定为成立。

美国国际贸易委员会在审查倾销的进口产品与损害是否有因果关系时，主要考虑以下因素：第一，倾销产品进口绝对数量和相对数量的增幅。如果进口产品的增长可以忽略不计，则倾销和损害之间不存在因果关系。第二，进口产品对美国相似产品价格的影响。如果倾销产品的数量虽然大幅增长，但没有因此造成美国相似产品大幅削价或不能涨价，则不能认为倾销与损害之间有因果关系。第三，对美国国内生产商的冲击程度。对此，美国国际贸易委员会通过评估与美国产业状况有关的经济因素，如产销量、利润、投资能力等，来确定倾销与损害之间的因果关系。同时，美国反倾销政策也规定，应当排除诸如需求

① 施昌德. 论应对来自美国的反倾销[J]. 国际商务，2005(4)：20－24.

萎缩、消费模式变化和贸易限制措施等倾销之外的造成美国产业损害的因素。

在反倾销实践中，美国国际贸易委员会通常采用以下五种方法，来评判倾销与美国相关产业损害之间的“一般因果关系”①。

1. 弱201条款法。这种处理反倾销案件的方法，类似于美国1974年贸易法案项下的201条款中对“免责条款”案件的处理方式，但减少了立案申诉者的繁琐要求，并且在损害要求达到的程度和因果关系要求的紧密程度方面，适用的标准较低，因此将这一方法称为“弱201条款”。该方法不区分造成产业损害的各种原因，不区分进口造成的影响同其他原因造成的影响，只要被调查的进口产品属于造成实质性损害的原因之一，那么这种倾销进口同产业损害之间的因果关系就将被认定为成立。由于被调查的进口产品无论如何都是影响国内产业状况的一个因素，所以，根据弱201条款法进行的因果关系调查，几乎总会获得肯定性的结果。

2. 趋势分析法。该方法强调进口本身同实质性损害之间的直接因果联系，认为进口应该单独造成国内产业的实质性损害。这意味着，虽然可能确实存在着产业损害，但这种损害不一定被裁定是由进口造成的。趋势分析法主要依据进口数量、进口所占市场份额、国内产品和进口产品的价格变化、削价幅度、销售额损失以及利润下降等因素在一定时间内的发展变化趋势，来决定进口和损害之间的因果关系。

3. 幅度分析法。该方法通过比较倾销幅度与国内外产品间的价格差额，来裁定倾销行为是否导致国内同类产业的实质性损害，并以此衡量不公平的贸易行为所造成的影响。具体来说，如果倾销幅度低于国内外产品之间的价格差额，那么即使不存在倾销，一般性质的进口仍会以较低的价格进行，因此，可以推断出被调查的进口产品并未造成国内产业的损害；反之，如果倾销幅度高于国内外产品之间的价格差额，那么可以推断，倾销行为降低了进口产品的价格，并使其低于国内产品的价格水平，从而造成了产业损害。

---

① 姚一琨. 通过案例研究欧盟和美国反倾销法[D]. 吉林：吉林大学，2011.

4. 比较分析法。该方法通过建立一个经济模型，并假定不存在现实中的倾销行为，由此来比较倾销存在的现实状况，同假定不存在倾销行为的状况之间的差异，据此来裁定倾销进口对国内产业的价格和产量造成的影响程度。比较分析法把倾销对进口价格的影响同对国内同类产品的需求结合起来，然后又通过把这种对国内同类产品需求的变化同由此引发的价格和数量的变化联系在一起，由此将倾销同国内产业的状况结合在一起，以探求它们之间的因果关系。

5. 五要素分析法。该方法根据五项因素来衡量倾销行为是否具有掠夺性质，并在确定存在掠夺性意图的基础上，认定倾销进口与国内产业损害之间因果关系的成立。这五项因素包括：一个已经很大而且仍在扩大的市场份额；高额倾销幅度；产品同质性；正在下降的市场份额；对其他国外出口商的市场进入壁垒。

二、美国反倾销实施基本程序

在美国，负责反倾销的机构主要有两个：一个是商务部，主要调查是否构成倾销及确定倾销幅度的大小；另一个是国际贸易委员会(ITC)，主要调查实质性损害或实质性损害威胁。如果商务部和国际贸易委员会同时作出倾销肯定裁定，商务部则作出征收反倾销税的裁定，并由海关执行。根据美国反倾销实践工作，反倾销调查的主要工作流程如图1所示。

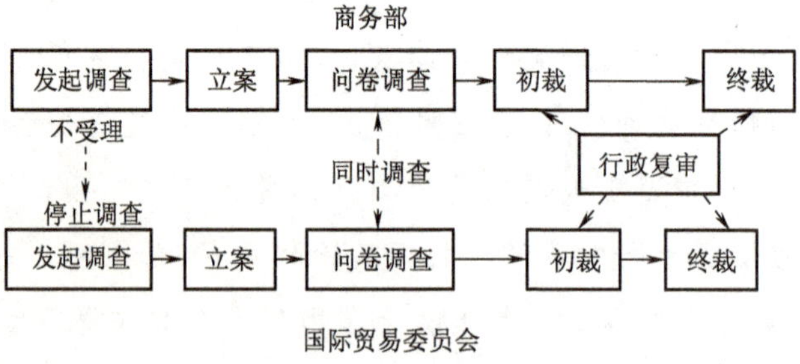

图1　美国反倾销调查程序流程图

美国反倾销调查流程基本符合WTO的反倾销调查流程，大体包括案件发起、案件调查、案件裁决、反倾销复审和辅助司法审查。

（一）案件发起

反倾销申诉是反倾销立案的依据。反倾销调查的发起必须由美国境内，声称受损害的产业或其代表所提交的书面申请而开始①。提起反倾销申请的产业必须具有代表性，如果该申请得到了其总产值占国内工业同类产品总产值的50%以上的国内生产商的支持，则该申请被认为是其国内工业提出。在任何情况下，如果提起反倾销申请的生产厂家的集体产量低于总产量的25%，则主管当局不得立案调查。

（二）立案调查

美国商务部应审查申诉人提供证据的准确性和充分性，以决定是否立案。调查是反倾销立案后，主管当局根据反倾销申诉人提出的申请，在一定期限内对被诉方产品倾销、国内产业损害以及两者之间的因果关系，从事实和法律上予以查证的过程。不管是美国商务部的调查，还是国际贸易委员会的调查，一般都是依据调查问卷和其他相关资料作出的。

在商务部决定立案调查后，通常要在宣布后的一两周内，向有关出口商和进口商发出调查问卷，并要在30天内交回问卷。调查问卷要求提供的内容相当广泛，具体包括被指控的倾销产品的国内销售、出口数量及价格、生产成本及各个环节的数据和证据。国际贸易委员会在开始调查时，也同样要发出调查问卷，并在7—14天收回问卷。

就美国商务部而言，由于其人力、财力等有限，如果遇到涉案企业较多的案件，美国商务部就会采取抽样的方法，确定一些重点调查企业（一般是出口量最大的几家企业）。美国当局如果发现没有充分证据证明存在倾销或存在产业损害，则反倾销调查应立即终止。此外，如果发现倾销幅度低于出口价格的2%，或从某一单独国家进口的倾销产品低于进口方进口相似产品数量的3%，应视

① 周兴芳. 美国反倾销调查与诉讼探析[J]. 福建工程学院学报，2011(4)：129 - 133.

为可以忽略不计的情况，也应立即终止反倾销调查。

（三）案件初步裁定

初裁是在适当调查的基础上，有关当局作出肯定的或否定的有关倾销或损害的初步裁定。美国国际贸易委员会依据问卷调查所获得的各种有关资料，在45天内作出是否损害的初裁。如果初裁结果是肯定的，案件继续进行；如果初裁结果是否定的，国际贸易委员会和商务部都要终止调查，诉讼程序结束。国际贸易委员会在作出初裁之前，通常要举行听证会，听取各有关方面的意见，并进行投票表决。

美国商务部的初裁，在国际贸易委员会初裁之后进行。商务部在接到申诉书后的160天内，必须作出进口产品是否低于公平价值销售的初裁，如果情况复杂，可延长50天。初裁作出后，其结果应在美国联邦公报上刊登通知，征求有关方面的意见。如果对初裁结果有异议，可要求商务部举行听证会进行辩论。

（四）案件最终裁决

终裁是进口方当局最终确认进口产品倾销并造成损害，而作出对其征收反倾销税的裁决。美国商务部和国际贸易委员会在收回调查问卷和初裁后，将派人到出口国进行实地核查，并举行听证会，以便作出最后裁决。

美国商务部的终裁通常在初裁后的75天内作出，如果情况复杂，可延长60天。如果商务部的终裁是肯定的，应裁明具体的倾销幅度；如果终裁是否定的，调查即告结束。在作出终裁之前，通常情况下，商务部要进行核查。核查时，要求有关生产单位及出口公司提供账本、生产记录、购销合同、发票、运输、保险等单据。在核查期间，有关方面要密切配合，及时提供所需要的资料。如不能及时提供有关资料，商务部将根据自己掌握的资料作出最终裁决。当然在作出终裁之前，如果有关当事人请求，应举行一次听证会，目的是让有利害关系的人充分陈述自己的意见。

美国国际贸易委员会的终裁。在核查和举行听证会的基础上，美国商务部和国际贸易委员会分别作出各自的最终裁决。国际贸易委员会的终裁，应在商务部作出肯定性终裁的45天内作出。如果商务部和国际贸易委员会的终裁都是肯定的，商务部在收到国际贸易委员会终裁后的7天内，发出征收反倾销税的命令，并由海关执行。

（五）行政复审

行政复审是指反倾销调查的主管机关，对已经产生法律效力的反倾销措施，依法进行重新审查的一种程序性活动。美国反倾销法规定了四种行政复审形式：年度复审、日落复审、新出口商复审和情势变迁复审。

1. 年度行政复审[①]。美国商务部作出终裁后，对应诉企业每年都要进行年度复审，否则应诉企业就会得到最高税率。如果应诉企业连续3次复审均为零税率（低于2%），且贸易量正常，商务部才对该企业终止反倾销程序；否则企业在5年内每年都要参加一次复审，确定上一年内是否构成倾销。

依据美国反倾销政策，年度行政复审的申请人为有关产品的生产商、出口商、相对于出口商的进口商以及国内生产商，以及某些组织甚至包括生产该产品的工会。在复审过程中，商务部或国际贸易委员会有权要求出口商提供机密信息，且可以向利害关系人透露有关信息，并建立相应的保护机制，设立专门机构负责商业机密的管理工作。商务部应在年度复审立案后的245日内作出初裁，并在初裁作出的120日内作出终裁。因特殊情况，商务部应在年度复审立案后的365日内作出初裁，并在初裁作出的180日内作出终裁。

2. 日落复审。日落复审又称期终复审，它是根据WTO《反倾销协议》而确定的复审程序，指的是在反倾销措施执行满5年之前的合理时间内，国内产业或代表国内产业的自然人、法人或有关组织、涉案国（地区）的出口商、生产商、国内进口商提出有充分证据的请示而由主管机关发起复审。

根据美国反倾销政策的相关规定，在终裁发布政府反倾销令5年期满前的30日内，商务部应在联邦公报上发布日落复审通知，同时列明利害关系人应该提交的相关材料。如果利害关系人没有对复审通知作出相应答复，美国商务部

---

① 美国反倾销行政复审的类型. 中国贸易救济信息网[EB/OL]. http://www.cacs.gov.cn/cacs/default.aspx, 2007-6-20.

应在复审开始后的90日内作出终裁决定，取消联邦公报公布的日落复审立案通知中的反倾销税以及中止协议。如果利害关系方提供的材料不够充分，商务部则根据已掌握的情况，在复审决定发布后的120日内作出终裁，取消反倾销税或废除中止协议。如果有利害关系方参与，则应启动全面复审，给利害关系方提供更多的发表意见的机会，以求得裁决的公正合理。商务部在复审决定发布后的240日内作出终裁；国际贸易委员会在复审开始之日起360日内作出终裁。如果商务部或国际贸易委员会认为案情特别复杂，可以延长作出终裁的期限至多90天；如果商务部延长作出终裁的期限，国际贸易委员会应在商务部作出终裁的120日内作出终裁。

3. 新出口商复审。新出口商复审是指在原反倾销调查期内，未向进口国出口过被调查产品的涉案国（地区）出口商、生产商，在原反倾销措施生效后，要求为其确定单独反倾销税率的复审。根据美国反倾销政策规定，如果商务部收到受调查产品的某一出口商或生产商的请求并且能证明：该出口商或生产商在调查期间没有向美国出口实施反倾销税的有关产品，该出口商或生产商与在调查期间向美国出口被调查产品的任一出口商或生产商没有关联关系，那么商务部根据相关法律规定，为该出口商或生产商分别确定其倾销幅度。

商务部每年会给予两次启动新出口商复审程序的机会，这两次机会分别是在反倾销税令下达月份之后的第6个月和第12个月。但最终还有其他一些影响立案的因素，这主要在商务部方面，比如调查经费、人员配置等因素。这些因素也可能导致商务部延迟或取消立案。新出口商的调查方式和程序与普通复审和原始调查基本上相同，但新出口商调查的时间程序相对较快，通常在立案后的第180天作出初裁，初裁后的第90天作出终裁。个别情况下，商务部也会将上述日期分别延至第300天和第150天。

4. 情势变迁行政复审。情势变迁行政复审是指采取反倾销措施以后，由于采取反倾销措施的有关因素发生了变化，调查机关对于是否继续实施反倾销措施进行审查。比如，国内产业已经停止生产该产品，或国内已经没有该产业，这时就无倾销以及损害可言。美国商务部门应在情势变迁复审立案后的240日内作出终裁。

（六）司法审查

司法审查是在反倾销诉讼中，当事人对进口方当局的终裁以及行政复审决定的行政行为不服，可要求独立的司法仲裁，其目的是确定终裁或行政复审决定的正确性，保障当事人的利益，防止反倾销行政当局滥用权力。在美国负责处理司法审查的部门有两个：一是美国国际贸易法院；二是美国海关与专利上诉法院。提起司法审查的单位和人员包括外国厂商、政府、国内进口商和贸易商、工商贸易团体和协会等。出口企业如对反倾销案的裁决不服，可以先起诉至美国国际贸易法院，如仍不服，再上诉至美国海关与专利法院。

三、美国反倾销措施分类

美国反倾销政策体系中的反倾销措施，主要包括临时反倾销措施、中止协议、最终反倾销税以及反规避措施①。

（一）临时反倾销措施

美国商务部在受理反倾销指控后160日内，将对此项指控作出初期裁定，并将结果在联邦公告上发表，如果情况复杂，可延长50日，如初期裁定为肯定，则同时公布所预估的倾销幅度。肯定的初期裁定公布后，或发布展开反倾销调查通知60日后，商务部门将发布暂定完税通关命令。进口商如要办理通关，则需向海关缴纳相当于商务部初期裁定所公布的倾销幅度的现金或债券作为押金，这便是临时反倾销税或临时反倾销措施。临时反倾销措施的实施一般不超过4个月，如果延长总共也不会超过6个月。如有关方面对初期裁定的结果有意见，可要求商务部举行听证会进行辩论。

为了防止进口商在初期裁定前抢先进口涉案产品从而干扰反倾销救济措施，美国反倾销政策规定，在紧急情况下，可以对反倾销税进行追溯征收，即商务部可将初期裁定后实施的暂停完税通关命令追溯到初期裁定前90天加以实

---

① 宋利芳. 美国反倾销政策法规及其实践[J]. 现代国际关系，2010(1)：39－44.

施。判断是否存在紧急情况,美国反倾销政策规定了以下四个具体认定标准。

1. 进口产品存在倾销和损害的历史。在确定被调查产品是否存在造成倾销和实质损害的历史时,美国调查机关不仅审查被调查产品最近在美国国内的反倾销案件,而且还审查其在国外的反倾销案件。对于美国以外的案件,美国调查机关主要根据WTO反倾销措施委员会的报告。

2. 进口商知道或应当知道出口商在实施倾销。为了确定被调查产品的进口商是否知道或应当知道出口商正在倾销,美国调查机关使用裁决中计算的倾销幅度作为参考。调查机关认为,以下两种幅度足以认定进口商知道或应当知道:如果出口商在美国对一个非关联公司的销售份额达到25%或25%以上;如果出口商在美国通过一个关联公司对一个非关联公司的销售份额达到15%或15%以上。

3. 倾销产品在短期内大量进口。美国反倾销政策规定,调查机关至少应当考虑一个起始于反倾销调查申请提交时的3个月期间为"短期"。在反倾销实践中,调查机关一般把"短期"定义为从提交申请到得出初裁结果之间的一段时间,然后把这段期间与提交申请前同一长度的期间进行比较,以确定是否在短期内存在大量进口。但是,由于国内产业在提交申请之前,往往需要花费时间收集相关的材料及起草申请书等,因此消息灵通的进口商或出口商很可能在申请提交前就预知调查将要开始,大量突击进口或库存倾销产品以规避反倾销税。因此,美国反倾销政策规定,如果能够证实被调查产品的进口商或出口商预先知道申请的提交,调查机关应当把提交申请前一段时间作为"短期"的一部分考虑。

在决定被调查产品是否在短期大量进口时,美国调查机关主要考虑以下三个因素:进口的数量和价值、季节性趋势以及进口所占国内消费的份额。一般来说,如果在短期内进口增加了15%或15%以上,调查机关将裁决被调查产品的进口为大量。但是,有关进口是否大量的裁决,不仅仅是对申请提交前后进口水平的一个简单比较,调查机关还必须审查过去的趋势,并确定是否存在相关进口的季节性。

4. 很可能严重损害反倾销税的补救效果。在确定是否很可能严重损害反倾销税的补救效果时，美国调查机关一般考虑以下三个因素：进口的时间和数量；进口的库存是否存在一个迅速的增长；任何表明反倾销税的补救效果将被严重损害的情况。

（二）中止协议

美国反倾销政策中规定，如果涉案厂商在商务部初期裁定后，提出中止反倾销调查的请求，商务部将考虑在一定条件下与涉案厂商订立中止调查协议而中止反倾销调查，这项措施在美国被称为中止协议。具体来说，当初裁倾销成立后，如果出口商主动通过提高其倾销产品价格，或者自动限制出口数量的方式来消除低价倾销所造成的损害影响，则美国反倾销调查当局有可能中止正在进行的反倾销调查，商务部与国际贸易委员会将不再作出构成倾销、损害和征收反倾销税的最终裁定，除非该协议被违反或未能按照计划执行。

美国接受中止协议的条件包括：第一，提出或承担中止协议的出口商，必须占全体出口商出口总额的85%以上；第二，出口方承诺在商务部中止调查后6个月内，停止向美国出口该产品或者变更价格不再以倾销价格向美国出口；第三，中止调查要符合美国公共利益，并对同类产品的零售价格和商品供应产生积极影响，美国商务部认为该价格承诺的执行将完全消除被指控商品对美国产业造成的损害；第四，美国政府对协议的执行应具有切实可行的有效监督手段；第五，在达成协议之前，商务部必须就此事征求申诉人意见，通知书应附有协议草案，此外商务部还要通知国际贸易委员会和利益各方，听取意见。

（三）最终反倾销措施

美国商务部在初期裁定公布后75日，最长为135日内，将作出反倾销最终裁定，即被调查的产品是否低于公平价格在美销售。如果最后裁定为肯定性的，商务部会下令停止通关，所有进口商需缴纳与反倾销税税率相等的现金或债券担保才能放行，同时等候国际贸易委员会最终裁定的通知。国际贸易委员会将在商务部的初期裁定后120日内，或在商务部发布肯定的最终裁定45日内，作出美国相关产业是否遭到重大损害的最终裁定。如果商务部的初期裁定为否定，但最终裁定为肯定，国际贸易委员会将在商务部最终肯定裁定后的75

日内作出其最终裁定。

商务部将于国际贸易委员会作出最终裁定后7日内发布反倾销命令,并通知海关对涉案产品征收相当于最终裁定倾销幅度的反倾销税,这就是所谓的最终反倾销税。如果最终裁定的反倾销税率与初期裁定的税率有出入,预交的押金将随之调整。如果最终裁定的反倾销税率高于根据初期裁定的临时措施而征收的现金或债券担保,其差额不再追补;如果最终裁定的反倾销税率低于已经缴纳的现金或债券担保,其差额将予以返还。如果依照最终裁决的反倾销税率所缴纳的现金担保,高于隔年行政复查判定的反倾销税税率,其差额加上利息将返还给进口商;如果最终裁定的反倾销税税率所缴纳的现金担保,低于隔年行政复查判定的反倾销税税率,则将向进口商追收差额及利息。

(四)反规避措施

反规避措施是美国反倾销政策的一个有机组成部分。所谓规避,是指当进口国管理当局对于某项产品实施反倾销措施之后,受到该反倾销措施约束产品的出口商或生产商,通过在形式上变换手法,刻意回避进口国已经发布的反倾销措施,躲避缴纳反倾销税,但实际上仍在进行与倾销性质相同的商业活动,从而使得进口国已有的反倾销措施本应具有的贸易救济效果被削弱乃至落空。相应的进口国对此类规避行为实施反规避调查,乃至最终征收反倾销税的做法则被称为反规避措施。

显然,反规避措施是反倾销措施的延伸和发展,虽然迄今世贸组织规则中尚无反规避措施方面的内容,但美国是这方面立法与实践的先行者。目前,美国已具有比较完备的反规避政策,对适用反倾销税命令的规避行为作出了以下四个方面的具体规定。

1. 在美国制成或组装的产品。如果某国向美国出口的制成品已被征收反倾销税,即使该国向美国出口拟在美国加工,或组装成该产品的零部件或原料,而且加工或组装后的产品在美国出售的产品价值,与从原被征收反倾销税的国家进口的零备件价值差额很小,该产品也受此反倾销税命令的约束。

2. 在第三国制成或组装的产品。如果某国向美国出口的制成品已被征收反倾销税,即使用该国向第三国出口零部件或原料,并在该第三国组装或加工成制成品，然后出口到美国，而且出口到美国的这一制成品价值，与上述用于第三国制成或组装产品的零部件的价值差额很小，该制成品也要受反倾销税命令的约束。但对于这类规避行为最终是否要采取反规避措施，美国商务部一般还要考虑如下三个因素：一是贸易格局，即在第三国组装的产品出口是否明显上升，而受现行反倾销令约束国家的制成品出口是否相应下降；二是零部件出口商或生产商与第三国组装商、生产商之间的关系；三是现行反倾销令发布后，出口到第三国的零部件数量是否已增长。

3. 后期开发的产品。如果一国向美国出口的某种产品已被征收反倾销税，后来开发并出口到美国的新产品只要与上述产品属于同一品级或种类，产品的主要用途没有改变，贸易渠道和销售方式也没有变化，那么即使该产品增加了新的特色和功能，也应被征收反倾销税。但是，如果增加了新特征的后期产品已改变了原产品的主要用途，并且增加新特性的花费占该产品全部成本的比值非常高，那么该新产品可以不受反倾销税命令的约束。

4. 产品的轻微改变。如果某项产品已受反倾销税命令的约束，那么该产品虽然形态或外观有轻微改变，但仍要征收反倾销税。除非美国反倾销管理当局认为在反倾销调查或反倾销税命令的产品范围内，没有必要考虑该产品，其才有权把该产品排除在外。相反，对于前三类规避行为的产品，第四类则必须经过美国反倾销管理当局考虑一系列相关因素后，才能决定是否纳入到反倾销调查或反倾销税命令所划定的产品范围之内。

至于美国反倾销管理机构在反规避行动中的职责分工，美国反规避政策规定，在上述四种规避行为中，对于前三种规避行为，由商务部开展规避调查，国际贸易委员会进行损害调查，最后由商务部发布反倾销税命令。但对于第四种规避行为，商务部则拥有单独决定征收反倾销税的权力，而无须征求国际贸易委员会的意见。

附录2

欧盟反倾销制度规则简述

欧盟的反倾销政策虽然出台时间较晚，特别是远远晚于加拿大、澳大利亚、美国和日本等发达国家，但是经过快速发展，迄今为止已经形成了较完备的反倾销政策体系及其管理体制。在反倾销实践中，欧盟是WTO成立以来全球第三大反倾销发动者，中国是欧盟反倾销的首要目标国。作为中国最大的贸易伙伴，欧盟对中国频频发起的反倾销调查已日益成为影响中国扩大对欧盟出口和中欧经贸关系进一步发展的一个主要障碍。

1967年4月17日，欧盟的前身欧洲经济共同体（简称欧共体），首次颁布了统一适用于所有成员国的欧共体反倾销法——《欧共体理事会关于防止来自非欧共体成员国的倾销与补贴进口产品条例》(459/68号条例)，并于1968年正式实施[①]。1995年12月22日，欧共体理事会通过了《欧共体理事会关于抵制非欧共体成员国倾销进口的第384/96号条例》（以下简称《第384/96号条例》），并于1996年3月6日生效。第384/96号条例是现行欧盟反倾销政策的基本渊源，被看做欧盟反倾销的基本法律依据。此外，欧盟理事会针对该条例的修正、欧盟委员会就反倾销事项所作的决定、欧洲法院就反倾销案件所作的判决，也是欧盟反倾销政策的有机组成部分。

欧盟委员会是欧盟负责反倾销实施的主要机构之一，它由20名委员组成，委员由各国政府任命，但每一位委员都要宣誓保持独立，不受任何党派偏见的影响，代表欧盟国家的利益。欧盟委员会下面包括25个总司和15个专门机构。在反倾销领域，第一总司是处理反倾销事务的主要机构，负责反倾销申诉、

---

① European Commission. Summaries of Legislation [EB/OL]. http://ec.europa.eu/index_en.htm, 2011-11-25.

反倾销调查,向欧盟理事会提出临时征收反倾销税和价格承诺这两种反倾销措施,也负责对正在实施的反倾销措施进行审议,它可以终止反倾销诉讼。最后,欧盟委员会向欧盟部长理事会提出征收最终反倾销税的建议,由部长理事会就是否征收最终反倾销税作出最终裁决。

一、欧盟反倾销实施的前提条件

根据欧盟反倾销规则,对来自欧盟外的进口产品实施反倾销,必须满足四个条件,即外国进口产品对欧盟存在倾销、倾销进口产品对欧盟相关产业造成损害、外国进口产品倾销与欧盟相关产业遭受损害之间存在因果关系,及实施反倾销符合欧盟利益。

(一)出口产品倾销确定

欧盟反倾销条例中规定,倾销是指由国外出口到欧盟的产品,其出口价格低于同类产品的正常价值。倾销的认定必须经过三个步骤:确定出口产品价格;确定产品正常价值;比较出口价格和正常价值,并计算出倾销幅度。在这三个步骤中,最为关键的就是确定出口价格和正常价值。

欧盟确定出口价格的方法共有以下五种。

1. 欧盟确定出口价格的一般方法,即如果出口商将商品直接出口销售给欧盟的独立进口商,则欧盟进口商为购买此商品向出口商实际或拟将支付的价格就是出口价格。如果只签订了进出口合同而商品没有实际转运至欧盟,则采用合同商定的价格。

2. 如果由于易货贸易①等原因导致无法确定出口价格,或者由于出口商与欧盟进口商或第三方之间存在某种合作关系或补偿协议,或者由于其他原因表面按第一种方法确认的价格不可靠,那么出口价格将按照产品首次实际转售给欧盟一个独立买主的价格来确定。

---

① 易货贸易是指在换货的基础上,把等值的出口货物和进口货物直接结合起来的贸易方式。传统的易货贸易,一般是买卖双方各以等值的货物进行交换,不涉及货币的支付,也没有第三者介入,易货双方签订一份包括相互交换抵偿货物的合同,把有关事项加以确定。

3. 如果所涉商品实际上没有发生转售或商品转售时与进口时相比已发生了形态、性质等变化，则采用根据有关数据进行计算所得的出口结构价格为出口价格。出口结构价格是在直接出口价格基础上扣除包括从进口到转售之间的税收在内的所有费用，通常应由进口商承担但却由其他有关联当事人承担了的支出，以及进口商的合理利润。此利润水平一般用其他独立出口商所能获得的较低的利润水平确定，大多为5%。

4. 如果出口商将产品出售给中间商而无法得到中间商的出口价格，则选用出口商出售给中间商的价格，或者商品原产国出口商通过第三国转口贸易的，则选用中间商的出口价格或第三国转口价格作为原产国对欧盟的出口价格。

5. 如果出口商对欧委会的调查采取不合作的态度，则将以“现有最佳资料”为证据确定出口价格。

欧盟在确定正常价值时，对于市场经济国家和非市场经济国家这两类不同的国家规定了不同的认定方法。对于来自市场经济国家的进口产品，欧盟确立了三种方法来认定其正常价值，这三种方法就是出口国价格、第三国价格和结构价格。而对于来自非市场经济国家的进口产品的正常价值的确定，欧盟又制定了一套特殊的政策。这一政策的主要内容包括认定非市场经济国家的标准、确定非市场经济国家产品正常价值的基本原则、选择非市场经济国家类比国的方法以及认定非市场经济国家产品正常价值的方法。

（二）欧盟相关产业损害确定

根据欧盟反倾销政策，倾销进口产品对欧盟相关产业造成的损害分为三类：实质性损害、实质性损害威胁以及阻碍欧盟某一产业的新建。

1. 实质性损害。欧盟反倾销政策在确定倾销进口产品对欧盟产业的实质性损害时，主要从倾销进口商品数量和对欧盟价格的影响两个方面考虑。

(1)从倾销进口商品数量来看，欧盟特别重视进口商品绝对数量是否显著增加，或者相对于欧盟的生产和消费的相对份额是否显著提高。由此可见，欧盟不仅重视进口商品数量的绝对值，更关注进口商品的市场占有率及其变化。欧盟并不是依据单个出口商的情况进行计算，而是以涉案有关商品在欧盟的总份额进行累积计算。这具体分两种情况：一种情况是，如果出口国有多个倾销出口商,欧盟则累积计算这些出口商造成的损害;另一种情况是,如果同时有多个出口国倾销,则通常也累积计算所有出口国的倾销产品对欧盟产业在数量、价格和损害方面的影响。但是有两种例外:一是其中一国倾销产品与其他涉案国产品不具备可比性可以不累积;二是一国的出口产品在欧盟的市场份额不足1%,且几个这样的涉案国在欧盟的合计市场份额不足3%,也可以不累积。这种例外条款可以在一定程度上保护出口国,但是欧盟对累积评估的立案范围显然还是小于WTO反倾销协议的规定。

(2)从倾销进口商品对欧盟价格的影响来看,欧盟一般根据出口商价格和共同体产业的价格比较来计算损害幅度。具体来说,这类损害幅度的计算方法主要包括削价法和低价法两种。

其一,削价方法。欧盟反倾销政策规定,关于倾销进口产品对价格的影响,应当考虑与欧盟同类产品的价格相比,倾销进口产品是否大幅度削低价格。在出现削价的情况下,欧委会采用削价方法(Price Undercutting)计算损害幅度。在采用削价方法计算损害幅度时,欧委会比较外国生产商销售价格和欧盟生产商的相似型号或产品的价格,两者之间的差额就是损害幅度。为保证价格比较的公平性,欧委会根据每个案件的具体情况对影响价格可比性的差异进行调整,包括销售条件和条款、税收情况、贸易水平、数量、物理特征,及任何其他被证明影响价格可比性的差异等。损害幅度通常以成本、保险费加运费(Cost Insurance and Freight Named Port of Destination,CIF)出口价格的百分比表示,公式为:损害幅度 $=(A-B)/C\times100\%$,其中 A 代表共同体生产商销售可比型号的加权平均目标价格,B 代表出口商的加权平均销售价格,C 代表出口产品的CIF价格。

其二,低价法。低价方法的实施原理在于,如果欧盟产业以正常的价格(目标价格)销售商品,应能获得足够的收入,不会遭受倾销的损害。从进口价格驱动欧盟产品价格的意义上讲,以目标价格水平进入的进口产品将允许欧盟产品在同一水平定价,这样就不会大幅度压低或抑制欧盟同类产品的价格,欧盟产业就能够获得足够的收入而不会遭受损害。

2. 实质性损害威胁。关于倾销进口品是否对欧盟某一产业产生实质性损害威胁，欧盟反倾销政策规定，只有当遭受反倾销调查的进口产品可能导致事实上的实质性损害时，才能认定存在着实质性损害威胁。尽管欧盟对实质性损害威胁的确定提供了具体的指南，但这种分析仍然充满着模糊性，在运用实质性损害威胁这一规则时，所采用的证据往往是一种双重证据，它既被用来认定实质性损害，也被用来认定实质性损害威胁。欧盟反倾销政策明确规定，欧委会在认定实质性损害威胁的证据时，将考虑进口产品的变动趋势和生产能力因素。欧盟的反倾销实践经验表明，用来认定实质性损害威胁的证据最有可能表明如下几种情况：外国出口产品存在着迅速增长趋势；外国用来生产受调查产品的产能得到扩大；宣告国外生产能力即将扩张等。

3. 阻碍欧盟某一产业新建。欧盟反倾销政策规定，只要有证据表明某种产业的建立受到了实质性阻碍，就可以据此进行损害确定。然而对于如何获得这样的证据，欧盟反倾销政策并没有作出具体的规定。由于缺乏认定实质性阻碍的具体规定以及实质性阻碍本身所具有的模糊性，欧委会在反倾销实践中难以运用这一规则，因为援引这一规则时，申诉方需要提供令人信服的事实依据，表明欧盟产业建立是可预见的，且在实施建立过程中受到倾销进口的冲击，以至于无法建立。尽管欧盟不愿援引实质性阻碍的损害证据，但既然在欧盟反倾销政策框架内存在这一规则，因此也不能完全忽视。正因如此，有理由认为，除非有十分确凿的证据加以支持，否则欧委会不会考虑实质性阻碍的损害申诉。这些证据既包括现实的未来设施规划、市场研究、预期的融资计划、产品设计以及其他影响该新建产业实施基础的各种具体因素，同时也包括其他各个相关的方面，诸如原材料以及劳动力供应的可获得性和方便程度、必要的技术设备和专门知识的可获得性、总体的市场营销和分销计划、工厂坐落位置和资本设备的确定情况以及当前流动资本的可获得性。

（三）倾销与欧盟产业损害因果关系

倾销与损害之间的因果关系构成是欧盟实施反倾销措施的又一个必要条件。由于倾销与损害之间的因果关系，欧盟采用的是“主要因果关系”标准，即当进口国有关产业的损害完全是由倾销进口产业造成的。换言之，正是由于进口产品的低价倾销才导致了进口国国内产业的损害时，倾销与损害之间的因果关系将被认定成立。根据欧盟反倾销政策，为了确认倾销进口品与欧盟产业受到的损害之间存在着因果关系，通常需要将一定时期内倾销产品在欧盟市场的价格、倾销进口的数量以及倾销产品市场份额增长的情况与同时期欧盟产业的生产和销售情况作对比，从而说明欧盟生产商减少市场份额、被迫降低价格以及不能获得合理的利润率都是由该倾销进口产品引起的。欧盟反倾销政策还规定，除审查倾销进口对欧盟产业造成的损害外，也应同时审查正在损害欧盟产业的其他因素，以便使其他因素引发的损害不被归结于该倾销进口上。这些特别应该考虑的其他因素包括：不是以倾销价格销售的进口产品的数量和价格、消费需求的变化引起营业额的减少、外国生产商和欧盟生产商限制贸易的实践和他们之间的竞争以及共同体产业生产率等。

（四）反倾销符合欧盟共同体利益考察

根据欧盟反倾销政策，在反倾销裁定中，对倾销、损害以及因果关系都作出肯定性认定后，若要实施反倾销措施，欧委会还须另行调查共同体利益，以确定实施反倾销措施对欧盟整体造成的消极影响是否会小于对申诉产业所带来的积极影响。所谓共同体利益，就是指欧盟的共同利益或整体利益，实质上是欧盟境内申诉产业、消费者和工业用户等所有有关各方的利益的综合平衡。欧盟反倾销政策规定，各方代表机构可在欧盟反倾销程序中享有提供信息、要求听证、发表意见的权利。

在适用共同体利益标准时，欧委会通常先作如下可反证推定[①]：在确认倾销、损害和因果关系的情况下，设定采取反倾销措施是符合共同体利益的，评估实施反倾销措施对申诉产业本身造成的积极和消极影响，再将反倾销措施对该申诉产业的积极影响与其他利害关系方的消极影响进行比较。如果实施反倾销措施对于申诉产业或共同体中另一产业或另一方所造成的损害，大大超过该措施对申诉产业带来的利益，那么实施该措施就会被视为不符合共同体的最大利益，从而就不应实施反倾销措施；反之，则应实施反倾销措施。

---

① 刘净.欧盟反倾销调查程序中考查公共利益标准的规定实践及启示[D].北京：对外经济贸易大学国际法学，2003.

1. 反倾销措施对申诉产业的影响。在确定实施反倾销措施对申诉产业的影响时，欧委会一般要做以下三方面的工作。第一，确定相关产品的市场，包括涉及的产品类型以及该产品市场的主要特点。相关市场的特点是通过产品的特性、市场供求、生产商和制造商的地域集中度等方面来确定的。第二，欧委会以国内生产商之间的竞争以及国内生产商与外国出口商之间的竞争等指标来评估相关市场的竞争环境。如果反倾销措施会造成欧盟共同体内竞争扭曲的情况，比如共同体生产商可能利用反倾销程序将独立进口商逐出市场，或反倾销措施的效果将造成或加强共同市场内部的某生产商的支配地位，那么采取反倾销措施就可能不符合共同体利益。第三，欧委会根据具体案件中申诉产业市场份额、价格和利润幅度、未来的生产和生产能力、就业状况等指标评估实施反倾销措施与否对申诉产业的影响。具体而言，如果发现以下一种或多种情况，采取反倾销措施的可能性就增加：申诉产业市场份额下降，征收反倾销税可能刺激对欧共体产品的需求，甚至超过对非欧共体产品的需求；同类产品价格压低，加上申诉产业负赢利的证据；申诉产业未来的存在或生存真的受到威胁；就业率有下降迹象等。

2. 反倾销措施对利害关系方的影响。在确定反倾销措施的影响时，欧委会一般考虑如下四类利害关系方，即欧共体贸易商和进口商、上游供应商、工业用户以及最终消费者。

(1)欧委会要考虑反倾销措施对于倾销产品的贸易商和进口商的不利影响。以往欧委会只是简单认为，诸如导致成本上升等这些不利影响都被低价倾销进口的利益中和了，从总体上不会造成太大损害。然而目前，欧委会则要考虑以下三个因素：贸易商和进口商在销售相关产品过程中的重要性、贸易商和进口商通过利益来消化反倾销税的能力、反倾销措施对于贸易商和进口商未来生存能力的影响。

(2)欧委会要考虑反倾销措施对上游产品供应商的影响，它常常把保护申诉产业供应商的需要与保护申诉产业本身的需要联系起来，因为在通常情况下，上游供应商（即原材料、零部件的供应商）的经济状况在一定程度上有赖于申诉产业的繁荣，采取反倾销措施对他们往往是有利的。

(3)欧委会要评估反倾销措施对工业用户的影响,为此主要考虑三方面的因素。一是相关市场的竞争条件,即实施反倾销措施可能造成产品供应短缺,进而导致欧盟市场内部的反竞争状况,影响到工业用户及其供应商之间的竞争。二是投入物成本,即反倾销措施可能导致投入物成本上升。欧委会一般根据原材料或零部件成本在最终产品中所占的比例来确定实施反倾销税的成本。三是工业用户对反倾销措施可能作出的反应。工业用户可能有多种方法来处理因征收反倾销税导致成本上升的问题,包括将征税带来的附加成本转嫁给最终消费者、以减少利润来吸收附加成本、减少劳动力及寻求可能的替代供应来源。

(4)欧委会要考虑反倾销措施对于最终消费者的影响。欧委会一贯认为保持有活力和竞争性的申诉产业符合消费者的最大利益,反倾销税导致的附加成本对消费者的影响是微小的或不重要的,由此往往推定消费者总是必须愿意承担保护申诉产业造成的成本。但实际在很大程度上,反倾销税最终会转化为消费者的负担,增加消费者的支出,同时反倾销还会限制从倾销国的进口,减少消费者的选择,从而对消费者的利益产生不利影响。

二、欧盟反倾销实施基本程序

欧盟委员会对反倾销案件的调查,只能依照当事人的申诉或各个成员国提供的材料进行,客观上它不能依职权主动立案调查,而各成员国可以依据当事人的申请提请欧盟委员会对进口商品进行调查。在没有当事人申请的情况下,各成员国也可自行收集某种商品构成倾销的证据,并提请欧盟委员会展开调查。根据欧盟的反倾销实践工作,反倾销调查的主要工作流程如图1所示。

欧盟的反倾销调查流程基本符合WTO的反倾销调查流程,大体包括案件发起、案件调查、案件裁决、反倾销复审和辅助司法审查①。

① 张振安.欧盟反倾销调查程序介绍与应诉启示[J].业界经纬,2005(10):20-21.

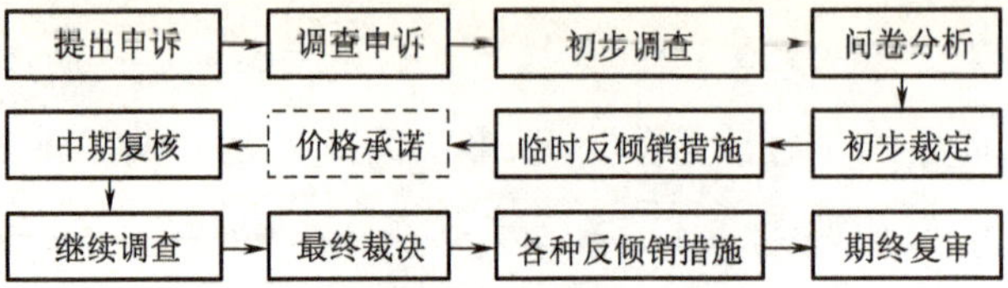

图1　欧盟反倾销调查程序流程图

注:图中虚线框表示为非必经程序。

(一)案件发起

根据《第384/96号条例》第5条,任何自然人、法人以及没有法人资格的社团都可以共同体产业的名义提出书面申诉。条例要求为对确定倾销的存在、倾销程度及其后果进行调查,诉状应包括倾销、损害以及倾销进口与损害之间存在因果关系的证据,并且需要包括以下信息:第一,原告身份以及共同体相似产品的生产数量和价值;第二,对倾销产品的说明,包括原产地国或出口地国名称、出口商或外国生产商,以及共同体进口商名单;第三,该产品在原产地国或出口地国的销售价格或者向第三国的出口价格;第四,该倾销进口在数量上扩大的情况,对共同体相似产品的价格影响以及对共同体产业造成的损害。这些需通过与共同体产业相关的因素进行说明。如果该申诉至少受到占共同体相似产品生产的25%生产商的支持,就可被视为以共同体产业的名义提出。如果支持申诉的共同体生产商的生产份额不足全部产业的25%,调查不得开始。

欧盟委员会经与咨询委员会商议,如果认为有充分证据说明应进行调查程序,应在提交诉状的45日内发动调查,并将发动调查在欧盟官方公报进行公告①。公告中包括该出口产品和国家的名称,利益当事人进行申报以及可以接受委员会所审的期限。欧盟委员会应将发动调查通告出口商、进口商及其代理机构、出口代表和原告,并在适当考虑保密的条件下,将诉状全文交付出口商和出口国代表。

① 邹静园.欧盟反倾销启动机制研究[D].上海:华东政法大学国际法,2011.

（二）启动调查

欧盟反倾销调查的内容包括倾销和损害。为了使调查的结论具有说服力，被进行调查的时间一般至少是发动调查6个月前的一段时间，调查一般是以填写反倾销调查表的方式进行。当事人收到调查表后，应当在30日内作出答复。在特殊情况下，此期限可再延长30日。委员会可要求成员国提供信息，并可要求他们对出口商、进口商以及生产商进行核实和取证，必要时甚至可要求他们到第三国进行调查。在公告规定的期限内进行过申报的利益当事人，可以在公告规定的期限内，书面请求听审，会见对方当事人，以便提出反驳性意见。但对方当事人没有义务出席这种会见。利益当事人也可以书面请求调查任何与案件有关的信息。根据《第384/96号条例》第17条，在原告、出口商或者进口商、产品或者交易数目过大的情况下，可以使用抽样方式，将调查限于数目合理的当事人、产品或者交易中进行，或者选择具有代表性的生产、销售以及出口进行调查。

根据《第384/96号条例》第18条，如果利益当事人拒绝接受调查或者不提供必要的信息或者严重妨碍调查，委员会可以根据掌握的事实作出临时的或者最终的结论。利益当事人提供的虚假或者误导性信息不予以考虑。如果利益当事人不予合作，或片面合作，从而妨碍获得有关信息，将会得到一个与其合作相比不利的后果。在当事人不予合作的情况下，委员会可参考其他方面的信息，如公开的价格、官方进口统计、海关统计以及从其他利益当事人所获的信息。

考虑到保护当事人商业秘密的需要，《第384/96号条例》第19条指出，对机密信息或者当事人以秘密方式提交进行调查的信息，在合理的情况下，当局应作为机密来对待。机密信息是指那些一经披露即可给竞争者带来重大竞争优势或者给提供信息或已获得信息的人带来重大不利后果的信息。提供机密信息的利益当事人应当对信息作一个非机密性的概述，概述应当详细到使人能合理领会其实质的程度。在例外情况下，当事人也可以不进行概述，但必须说明不能概述的理由。如果委员会认为作为机密的请求不合理，并且信息提供者既不愿意公开信息，也不同意以一般的或者概述的方式披露信息，该信息就不能予以考虑。反倾销调查一般得在一年内结束,而且在任何情况下,也不得超过15个月。

(三)案件初步裁定

在进行问卷调查或实地调查后,欧委会通常会作出反倾销初步裁决,这个裁决可能是裁定倾销不成立,从而终止调查,也可能裁定确认存在倾销,并已经或可能对有关产业造成严重损害的肯定性裁定,并据此决定是否采取临时反倾销措施,如征收临时反倾销税或责令缴纳保证金。

按规定开始调查程序之后,如果利益当事人已经得到充分机会发表意见,倾销及其对共同体产业的损害也已初步确认,并且从共同体利益出发也有对之进行干预之必要,欧盟委员会就可以采取临时反倾销措施,即征收临时反倾销税。征收临时反倾销税不得早于自调查开始起的60天,不得晚于自开始调查后的9个月。临时反倾销税的决议由委员会经与咨询委员会商议后作出,并以委员会规则的形式在欧盟官方公报上公告。根据《第384/96号条例》第20条第1款,在临时反倾销税决议公告后一个月内,利益当事人有权书面请求披露作为决议基础的基本事实和审查细节。临时反倾销税的期限可以是6个月,最长为9个月。临时反倾销税的幅度不应超过初步确认的倾销幅度。征收临时反倾销税不是诉讼的结束,其性质上是要求进口商提供保证金。在这种情况下,被调查的产品是否可进入欧盟市场,得以提供这种保证金为条件。

如果出口商自愿承诺提高对欧盟市场的出口价格,委员会经商议后对这种结果感到满意,就可以在不征收临时或者最终反倾销税的情况下终止调查。承诺的价格应当与确保消除倾销幅度的程度相适应。出口商作出价格承诺的时间,最晚不得超过反倾销调查最终结果作出之后当事人有权在10天内陈述其意见的最后期限。如果委员会认为承诺是不切实际的,比如出口商数目过大或者存在政策方面的原因,委员会就不会接受出口商的价格承诺。如果委员会经商议接受了承诺,调查就可以结束。作出承诺的出口商得定期向委员会汇报履行承诺的情况,委员会可核实有关数据。不履行承诺即构成违反承诺的情况下,如果与承诺相关的反倾销调查没有结束,违反承诺者可被征收临时反倾销税。如果该调查以最终认定倾销和损害而结束,可对之征收最终反倾销税。

（四）案件最终裁决

在反倾销调查结束后，欧盟委员会将把调查情况向欧盟理事会汇报，欧盟理事会将作出关于反倾销调查结束后的最终裁决。这个最终裁决有可能为以下的一种：当欧盟委员会认定不存在倾销时，由理事会决定不采取保护措施；欧盟委员会接受出口商、进口商或生产商作出的价格承诺，该决定由欧盟理事会作出相应的最终裁决；征收最终反倾销税。通常在不考虑期中或期终复审结果的情况下，征收反倾销税和价格承诺期限为5年。

根据《第384/96号条例》第9条，委员会经与咨询委员会商议后认为有必要征收最终反倾销税，就向理事会提交商议结果并提出终止诉讼的建议。理事会在1个月内没有作出其他决定，诉讼即为最终结束。征收最终反倾销税的决议由理事会根据委员会建议，经特定多数同意后作出，该决议以理事会规则的形式在欧盟官方公报上公告。最终反倾销税的幅度不应超过所测定的倾销幅度。最终反倾销税从征税之日起，或者从对倾销或损害做出复审结论之日起5年终止，在征收过程中，如果欧盟产业提供的信息说明实施的反倾销措施没有使倾销产品在欧盟市场的销售价格发生很大变化，委员会经商议后，可对案件重新进行调查。在必要的情况下，可修改现行的反倾销措施，重新计算倾销幅度。

（五）反倾销复审

欧盟委员会的反倾销复审共分三种：期中复审、新出口商复审和日落复审。各类复审时间、期限与复审要求分别如下。

1. 期中复审。启动期中复审的方式有两种：第一，欧盟委员会及成员国根据职权启动期中复审；第二，进口商、出口商和欧盟生产商，可在反倾销措施实施至少满一年后，向欧盟委员会申请进行期中复审。欧盟委员会在进行期中复审时，根据相关证据考虑倾销或损害是否有重大改变、正在实施的反倾销措施是否达到消除损害的目标等因素对期中复审作出裁决，期中复审在立案开始后的12个月内作出裁决。

2. 新出口商复审。在反倾销调查期内，没有向欧盟出口涉案产品的出口商符合下列条件申请新出口商复审，适用个别反倾销税率：与涉案企业无关联关系；在调查期后曾实际出口涉案产品到欧盟，或经过证明与欧盟厂商订立不可撤销的出口合同，该合同约定该新出口商将出口相当数量产品给欧盟厂商。对于新出口商的复审，欧盟委员会应该先向咨询委员会咨询，并取得欧盟同类产业的意见后加速复审。通常对调查中的新出口商不征收反倾销税，而先采取登记的方式，在新出口商复审结束后，依据确定的税率追溯征收新出口商自发动调查之日起的反倾销税。经过复审取消对新出口商征收反倾销税，以后针对涉案产品进行复审时，仍然对该新出口商进行复审。对新出口商的复审，应自立案后12个月内作出裁决。如果原调查采取抽样的方式决定采取反倾销措施，则对新出口商的复审调查不能适用抽样的方式。

3. 日落复审。任何最终反倾销措施应自实施之日起满5年终止，除非日落复审裁定停止征收反倾销税将导致继续发生倾销和损害。如果反倾销措施实施期内曾进行复审，且该复审包括对倾销和损害两个方面的审查，反倾销措施的实施期限应自该复审裁决发布之日起重新计算。欧盟委员会在反倾销措施满5年的当年，在欧盟的官方公报上公告即将到期通知。欧盟同类产品的生产商应于期限届满前3个月，提出日落复审的申请。日落复审作出裁决前，正在执行的反倾销措施继续有效，日落复审自立案后12个月作出裁决。

（六）司法审查

欧盟现行的反倾销立法384/96号规则并没有规定司法审查，一般认为反倾销司法审查制度来自于《欧洲共同体条约》。例如，该条约第173条规定："欧洲法院应该审查理事会和欧洲委员会除建议和意见之外的各种行为的合法性。"由此可以看出，欧盟对反倾销司法审查并无特别的规定，统一适用普通司法审查的机构、程序、范围和标准，但这些统一的司法审查规定又不能对反倾销案件进行有针对性的指导，因此造成反倾销案件在很多问题上无法可依，例如反倾销案件的可诉性问题。

三、欧盟反倾销措施分类

遵循 WTO《反倾销协议》,欧盟的反倾销措施主要包含五类:临时反倾销措施、价格承诺、最终反倾销措施、反规避措施以及反吸收措施。欧盟是当今世界上最早制定、运用反规避、反吸收法律措施的国家集团,积累了比较成熟的司法实践经验。反规避措施和反吸收措施作为反倾销法律措施延伸之贸易保护手段的重要组成部分,越来越为 WTO 成员方高度重视和运用,但规避与反规避、吸收与反吸收,仍然是国际贸易领域中的一个新课题,在截至目前的 WTO 反倾销法律制度中尚处于空白状态。欧盟反规避措施和反吸收措施的规定,将对 WTO 反倾销法律制度的日趋完善产生积极的影响,并起到推进作用。

(一)临时反倾销措施

欧盟反倾销政策规定,反倾销调查开始后,如果利益当事人已经得到充分机会发表意见,倾销及其对欧盟产业的损害获得初步确认,并且从欧盟利益出发,也有对之进行干预的必要,欧盟委员会就可以采取临时反倾销措施,即征收临时反倾销税。征收临时反倾销税不得早于自反倾销调查开始起的60日,不得晚于自开始调查后的9个月。临时反倾销税的决议由欧委会经与咨询委员会商议后作出,并以欧委会规则的形式在欧盟官方公报上公告。临时反倾销税决议公告后1个月内,利益当事人有权书面请求披露作为决议基础的基本事实和审查细节。临时反倾销税的征收时限可以是6个月,最长为9个月。临时反倾销税的幅度,不应超过反倾销调查初步确认的倾销幅度。征收临时反倾销税不是反倾销调查的结束,其性质上是要求进口商提供保证金,被调查的产品若要继续进入欧盟市场,必须以提供这种保证金为基本条件。

(二)价格承诺

欧盟反倾销政策规定,当倾销初裁确定后,如果出口商主动通过提高其倾销产品价格或者自动限制出口数量的方式,来消除低价倾销所造成的损害影响,则欧盟反倾销调查当局有可能中止正在进行的反倾销调查,这即是欧盟的价格承诺措施。

欧盟委员会接受价格承诺的目的在于使出口商提高其出口产品价格，以消除对欧盟共同体产业造成的损害或损害威胁。因此，在决定是否接受价格承诺时，欧委会和咨询委员会通常要考虑以下因素：第一，出口商承诺的价格是否足以消除倾销或对欧盟产业所形成的损害，出口商是否能在可以接受的时期内把价格提高到这一水平；第二，出口商有无违反价格承诺的历史，以及是否有规避价格承诺的可能；第三，对履行价格承诺的监督与检查是否切实可行；第四，出口商所在国的法律是否允许以价格承诺方式中止案件调查；第五，价格承诺是否由进口商提出。除最后一项外，如果欧委会对其他任何一项因素作出否定性结论，价格承诺的建议就会被拒绝接受。如果欧委会认为可以接受承诺，而咨询委员会没有表示反对，则价格承诺有效；如果咨询委员会表示否定，欧委会只能向理事会提交接受价格承诺的建议，由理事会投票表决。在很多情况下，对价格承诺的接受与拒绝还受政治因素的影响，如欧盟一般不向非市场经济国家提出价格承诺的建议，也不接受他们的承诺，因为欧盟将接受价格承诺视为一项优惠措施。

欧盟价格承诺的期限为 1 年，期满可自动延长，但以 5 年为限。市场变化时，双方可以进行磋商，但是出口商必须严格履行价格承诺，否则即被视为违反价格承诺。如果出口商主动撤回价格承诺，或没有按承诺价格出口，或未按期提供资料、数据，或不允许欧委会核查资料，那么欧委会可以恢复调查，在可获得的最佳信息基础上，采取临时反倾销措施，并对采取临时措施前 90 天内进口的产品征收反倾销税以示惩罚。此外，欧委会在任何时候均可能以价格承诺不再符合欧盟利益或不再适应已经变化了的情况为由，单方面终止协议，依据初裁时认定的倾销幅度，立即征收临时反倾销税。

（三）最终反倾销措施

如果欧盟反倾销管理当局最终裁定外国进口产品存在倾销、损害以及倾销与损害之间存在因果关系，而且征收反倾销税符合共同体利益，那么欧盟反倾销管理当局就将决定对倾销进口品征收最终反倾销税。征收最终反倾销税的具体程序是，如果欧委会经与咨询委员会商议后认为有必要征收最终反倾销税，那么就将向理事会提交商议结果并提出终止反倾销诉讼的建议。若理事会在1个月内没有作出其他决定，诉讼即为最终结束。征收最终反倾销税的决议由理事会根据欧委会建议，经特定多数同意后作出，该决议以理事会规则的形式在欧盟官方公报上公告。最终反倾销税的有效期为5年，在最终反倾销税的征收过程中，如果欧盟产业提供的信息表明，实施的反倾销措施没有使倾销产品在欧盟市场的销售价格发生很大变化，欧委会经商议后，可对案件重新进行调查。在必要的情况下，可修改现行的反倾销措施。

欧盟反倾销政策还规定，最终征收的反倾销税数额不得超过倾销幅度，但如果征收比倾销幅度更低的反倾销税足以消除倾销对欧盟产业的损害，那么就应该征收比这一数额更低的反倾销税，这就是欧盟的"从轻征税"原则，即反倾销税额可以小于或等于倾销幅度。换言之，如果损害幅度低于倾销幅度，欧盟将依照损害幅度而非倾销幅度征收最终反倾销税，损害幅度是欧盟确定最终反倾销税的重要依据。

（四）反规避措施

欧盟是世界上最早在反倾销政策中制定反规避措施的地区[①]。根据欧盟反规避政策，规避行为是指由于一种行为实践、加工或劳动而使第三国（或原出口国）与欧盟之间发生的一种贸易方式上的改变，这种贸易方式的改变除了征收反倾销税的原因外，没有其他充分正当的原因或经济上的理由。同时，要有证据表明这种贸易方式的改变使得征收的反倾销税的补救效果正在受到破坏，并且以原来反倾销调查中为相同或相似产品确定的正常价值作为计算标准，有证据表明存在倾销。欧盟反规避政策主要包括认定规避行为的基本条件、反规避中的组装规则和原产地规则这三项内容。

1. 规避行为认定条件。从欧盟对规避行为的定义中可见，认定规避行为成立需同时具备四个条件。

（1）在原出口国或第三国与欧盟之间存在贸易方式的改变。根据欧盟反规

① 宋利芳. WTO成立以来欧盟的对外反倾销及其对中国的启示[J]. 世界经济研究，2008（5）：64－69.

避政策,贸易方式的改变一般是指在对产品的加工、生产或进出口方式上的改变。具体来说,这种贸易方式的改变表现为四种形式,即在欧盟组装、在第三国组装、出口国在其境内对涉案产品进行了轻微改变之后出口到欧盟市场、出口国适用较高税率的被诉出口商通过获得单独税率的出口商出口涉案产品从而规避较高的反倾销税率。

(2)贸易方式的改变没有充分正当的原因或经济上的理由,仅仅是出于逃避反倾销税的目的。

(3)反倾销税的补救效果正在遭到破坏。只有当调查结果表明,在相同产品的价格或数量方面由于贸易方式的改变损害了反倾销措施的救济效力时,才可以采取反规避措施,这表明欧盟反规避政策事实上强调了规避行为与反倾销税救济效力遭受损害之间的因果关系。

(4)有证据表明存在倾销。当受反规避调查的产品或零部件的销售价格低于原反倾销调查中确定的该相同产品的正常价值时,可以认定存在倾销,但欧盟反规避政策并不要求反规避调查中的倾销幅度一定要与原反倾销调查中认定的倾销幅度相同,因为按照欧盟的规定,一旦规避行为被认定成立,欧委会将按照已经实施的反倾销税率对有规避行为的产品或零部件征收反倾销税,而不是按照反规避调查中确定的倾销幅度征税。

2. 反规避中的组装规则。出口国倾销厂商在被进口国实施反倾销措施或被征收反倾销税后,为了躲避这种惩罚措施往往会转而在原进口国或第三国进行零部件的组装、生产及出口,为此欧盟反规避政策中的组装规则规定:对于在欧盟境内或第三国进行零部件组装的规避行为,应当适用反规避措施,并对这种组装规避行为规定了以下三个认定条件。

(1)自从对出口商的制成品进行反倾销调查程序开始后或开始前不久,该零部件组装业务在欧盟境内或第三国已经发生或显著增加,且组装零部件来自被征收反倾销税的国家。但是,对于“反倾销调查程序开始前不久”以及“显著增加”的含义,法律并未作出明确决定,这种规定实质上扩大了该条款的适用范围,在很大程度上赋予了欧委会根据个案进行自由裁量的权力。

(2)来自被征收反倾销税的出口国的组装零部件在组装产品的零部件总值

中所占比例超出60%(即60%规则)。由于欧盟在计算来自被征收反倾销税的出口零部件价值时包括其组装成本,因此这种计算方法就使原出口国的组装零部件在组装产品的零部件总值中所占比例很容易达到60%的标准。此外,在计算零部件所占比例时,还会涉及零部件的原产地问题。假如进口零部件并非产于原出口国,这显然不是为了逃避反倾销税,而有可能是出于其他方面的正当理由或经济合理性考虑。这种情况下,这部分零部件不应该计算在60%的比例之内。由此可见,在涉及欧盟境内零部件组装的反规避调查中,欧盟境内的组装加工商是否能够证明零部件的原产地,将直接影响到规避行为的认定。

(3)组装地在零部件装配或生产中的增值低于生产成本的25%。这意味着,即使原出口国的零部件已达到欧盟境内或第三国组装产品的零部件总值的60%以上,甚至组装业务使用的零部件完全来自原制成品的出口国,但只要组装增值达到25%或更高,就可以不被认定为规避行为。欧盟反规避政策作出这一规定的目的,主要是从维护欧盟经济发展和利益出发,鼓励在欧盟境内创造更多的附加值,以推动欧盟经济的发展,促进本地区的就业。

3. 原产地规则。由于反倾销税的征收仅仅针对来自特定出口国生产的相同或相似的产品来征收,当出口商的某项产品在欧盟被征收反倾销税后,便可能将产品的生产或组装转移到欧盟境内或某第三国进行,从而逃避反倾销税的征收。在实践中,欧盟很早便将原产地规则引入到规避行为的认定中,将原产地规则与反规避措施相结合,作为限制出口商规避反倾销税的重要法律依据和手段。欧盟反规避中的原产地规则主要包括两项内容:一是“最后实质加工”标准,二是“当地含量要求”标准。

关于“最后实质加工”标准,欧盟反规避政策规定,对于一项产品,若其生产涉及两个或更多国家,则原产地国应视为进行最后实质的、在经济上证明是合理的加工或生产的国家,而且该加工或生产应在专为此目的而装备的设施中完成,并且在制造过程中生产出了一项新的产品或代表了制造过程的一个重要阶段。然而,该条款虽对何为“最后实质性加工或装配”规定了若干考虑因素,但规定仍相对笼统,并未提供任何操作的标准和原则,而是规定理事会或欧委会可在咨询原产地规则委员会后,就特定案件制定具体规则。

根据“当地含量要求”标准，对于一项产品来说，即使最后一道工序是在欧盟境内完成的，也不一定就能取得欧盟原产地产品的待遇。对于组装件而言，不仅要看在哪个国家组装，还要看组装件中欧盟零件的价值占多大的比例。欧盟委员会依据法律规定，在实践中确立了以下四个原则，以判断一个组件是否可以认定是欧盟原产地组件：第一，如果增加的欧盟当地价值为50%或更高，则整个零部件视为欧盟所产；第二，如果增加的欧盟当地价值为45%至50%，通常可视为欧盟产品，但此时欧盟的当地价值要高于来源于任何其他国家的价值，而且欧委会的原产地规则专家要出面审议；第三，如果增加的欧盟当地价值占40%至45%，则视情况而定，但可能不会取得欧盟产品的地位；第四，如果增加的欧盟当地价值小于40%，欧委会将拒绝承认该组件为欧盟产品。

（五）反吸收措施

一般来说，倾销产品被征收反倾销税后，相关产品的进口商会转移进货渠道或提高产品价格，以便将反倾销税最终转移到消费者身上。反倾销措施正是希望以此来消除出口商通过倾销取得的价格优势，但是上述两种结果都是出口商不愿意接受的，于是出口商为保证自己在进口国市场上的地位，有时会以降低出口价格的方法“吸收”反倾销税，以此部分或全部补偿进口商增加的费用，从而避免因被征收反倾销税而削弱出口产品的价格优势和竞争力。因此，所谓“吸收”是指在进口国已对某一进口产品征收反倾销税的情况下出口商采取报低出口价格的方法减轻进口商因承担反倾销税所产生的负担，从而削弱进口国业已实施的反倾销措施的效力的行为。

出口商吸收进口国反倾销税的行为，无疑会削弱乃至消除进口国实施反倾销措施的效果，因此欧盟的反倾销政策中专门规定了反吸收措施。所谓反吸收措施，就是指针对出口商的吸收行为，进口国反倾销管理当局所采取的对应措施，其实质是通过制裁主动降低出厂价的出口企业，以保证被课以反倾销税后出口价不下降，保证反倾销措施的效果不被吸收。欧盟反吸收措施具体包括进行反吸收调查和实施反吸收措施两个方面的内容。

1. 反吸收调查。反吸收调查是针对吸收行为所作的调查。根据欧盟反吸收政策，认定存在吸收行为的前提是反倾销措施没有带来欧盟境内转售价的上升，一般通过以下三种方式：比较有代表性数量的相关产品，在采取反倾销措施前后的转售价或随后的销售价；将反倾销税加在原来的价格之上得出预期转售价，再与真正的转售价进行比较；证明征收反倾销税后出口价格下降。对于确定转售价或随后的销售价没有充分上升，欧盟的认定一般分三步进行：第一步，将进口与转售之间发生的费用和一定利润额加在初始反倾销调查确定的最低进口价上，得出征收反倾销税后的预期价格，即基准转售价；第二步，确定反吸收调查期内真正的转售价或随后的销售价，即当前转售价或真实转售价；第三步，在加权平均的基础上比较基准转售价和当前转售价。第三步是认定的关键，在进行比较时还会遇到一些技术问题，尤其是产品和汇率变化问题。当前后两个时期产品变化很大时，很难认定和比较相同或相似产品。对此欧盟的基本做法如下：对规格相似但型号不同的产品，量化它们在影响价格可比性的物理特征或其他方面上的差异；产品差异很大时，以型号为单位比较相同或相似的型号；如果反吸收调查时出现全新的产品型号，比较时要排除全新的型号。在产品有重大变化时，欧盟产业应在申请中对可比型号提出初步意见。

2. 反吸收措施。如果反吸收调查认定吸收存在，理事会将依据新的出口价格，以简单多数的方式对欧委会提出的建议进行表决，修订现行反倾销措施。欧盟采取反吸收措施的具体方式有两种：一是确定新的反倾销税率；二是在原来的反倾销税基础上加征反吸收税。在确定新的反倾销税率时，欧盟一般根据反吸收调查阶段重新计算出来的倾销幅度和初始反倾销调查阶段的损害程度来确定，同时也适用“从低征税”原则。在加征反吸收税时，首先要计算出吸收的数额，再计算出吸收数额占欧盟到岸价格的百分比即吸收幅度，吸收幅度即等于反吸收税率。

计算吸收数额是个技术性很强的过程，具体有两种方法。第一，当正常价值保持不变时，用两个时期出口价的差额加上原来的反倾销税额，再减去反吸收调查时期内实际支付的反倾销税额，公式表示为：吸收数量 =（初始反倾销调查时期出口价 – 反吸收调查时期出口价）+（原来的反倾销税额 – 反吸收调查时期实际支付的反倾销税额）。第二，当正常价值改变时，要将正常价值降低的部分从出口价差额中减去，公式表示为：吸收数量 =（初始反倾销调查时期出口价－反吸收调查时期出口价）－（初始反倾销调查时期正常价值－反吸收调查时期正常价格）＋（原来的反倾销税额－反吸收调查时期实际支付的反倾销税额）。计算过程中，两个时期的出口价都采用加权平均的欧盟到岸价格。此外，由于某些因素的变化会对价格可比性产生影响，计算时要对此进行调查。例如，在关联进口商的销售费用、一般费用和管理费用发生改变时，欧委会通常要量化这些变化，再从初始反倾销调查时期的转售价中加上或减去量化得出的绝对数值。

附录3

印度反倾销制度规则简述

印度是世界上出台反倾销政策较晚的国家之一，但是经过不断发展，印度的反倾销政策已经形成了自身的特点。在反倾销实践中，现阶段，印度是WTO成立以来，全球发起反倾销调查和实施反倾销措施最多的国家，而中国是印度实施反倾销的首要目标国。

1985年，印度颁布实施了第一部专门的反倾销法，即《海关关税(对倾销产品倾销的认定、关税或额外关税的计算和征收及损害的确定)规则》(简称印度《反倾销规则》)。印度现行的反倾销政策体系主要由《反倾销规则》构成。根据印度法律规定，反倾销和联合税收总局是专门负责反倾销事务的机构，负责反倾销案件的调查和裁决，但最终征收反倾销税须获得印度财政部的同意①。

一、印度反倾销实施的前提条件

印度反倾销规则规定，实施反倾销的基本条件有三个，即有充分的证据证明造成了倾销；对国内产业造成了损害；倾销与损害之间存在因果关系，即倾销进口产品导致了损害②。

(一)国外出口产品倾销确定

印度反倾销政策规定，一国(或地区)低于正常价格，向他国(或地区)市场出口产品，如果出口价格低于正常价格，就构成了倾销。因此确定国外产品是

① Commerce Ministers. Anti-dumping and Joint Tax Administration [EB/OL]. http://commerce.nic.in/welcome.html, 2010-11-15.

② 孙娜. 关于印度反倾销机制问题的研究[D]. 吉林：吉林大学，2007.

否对印度存在倾销，取决于三个方面：正常价格认定、出口价格认定、出口价格与正常价格的比较。

1. 正常价格确定。根据印度反倾销规则，正常价格的确定通常有三种方法：一是国内销售价格，即正常贸易过程中涉案产品在出口国国内市场同类产品的可比销售价格，这一价格可以通过检验符合其规定的出口商或生产商的会计记录来确定。印度反倾销规则中所谓的正常贸易是指有利润的销售，而且销售商与消费者不存在关联关系。如果出口国国内销售或向第三国的出口价格高于单位成本，就被认定是正常贸易；反之，如果低于其单位成本，则被认为是不正常贸易。二是第三国价格，即如果正常价格不能通过国内销售来确定，或者没有可比性，如国内市场没有正常贸易下的销售，或国内销售量不足，或者由于特殊的市场情况即该出口国不属于市场经济国家，那么就可以采用替代办法，即一个恰当的第三国具有代表性的可比价格。三是推算价格，即产品原产地国家（或地区）的生产成本加合理的管理、销售、一般成本和利润的价格。印度反倾销总局则根据出口商所提供的证据资料来确定采用上述三种价格计算方法中的一种。

对于市场经济国家地位，印度反倾销规则是根据印度财政部 2001 年、2002 年和 2003 年先后对"非市场经济国家"条款进行修改和解释而界定的。2001 年，印度财政部发布公告，规定"非市场经济国家"是指反倾销总局认定不按成本或定价结构原则操作，以致其产品销售不能反映该产品公平价值的国家。反倾销总局认定"非市场经济国家"的标准包括：第一，企业的产品价格、成本和投入（包括原材料、技术和人工）、产出、销售和投资是否完全按照市场价格作出，是否反映了供求关系，是否排除了政府实质性干预，企业的主要投入成本是否完全反映了市场价值；第二，企业生产成本和财务情况是否因该国以前的非市场经济体制而发生重大扭曲，特别是在资产的折旧、摊销、易货贸易和抵偿支付等方面；第三，企业是否严格依照破产法和财产法规定，确保企业经营的稳定性；第四，不同货币的兑换是否依照市场汇率机制来执行。2002 年，印度财政部又发布海关公告，对"非市场经济国家"进行补充规定，即任何在反倾销调查案的前三年内，已经被印度反倾销总局或是其他 WTO 成员主管机构认定或视为非市场经济国家,那么该国可以被推定为非市场经济国家,但该非市场经济国家或该国的有关企业,可以向反倾销总局提供信息和证据证实该国是市场经济国家。2003 年,印度财政部再次发布海关公告,规定如果任意 WTO 成员方为了反倾销调查之目的,基于相关的原则,对该"非市场经济国家"进行详尽的评估,并公告评估结果认可或决定认可该"非市场经济国家"为市场经济国家,那么印度反倾销总局可在反倾销调查中认定此"非市场经济国家"为市场经济国家。

目前,印度反倾销总局确定的非市场经济国家包括:阿尔巴尼亚、亚美尼亚、阿塞拜疆、白俄罗斯、中国、哈萨克斯坦、朝鲜、吉尔吉斯斯坦、摩尔多瓦、蒙古、俄罗斯、塔吉克斯坦、土库曼斯坦、乌克兰、乌兹别克斯坦和越南等。此外,鉴于中国和俄罗斯的经济发展情况,如果中俄两国反倾销应诉企业提交充分的书面证据证明其符合印度反倾销规则中的市场经济国家条件,调查当局可以对其不适用非市场经济规则,而改为适用市场经济规则。但迄今为止,印度仍然没有正式承认中国的市场经济国家地位。

2. 出口价格确定。从印度反倾销规则有关出口产品价格的规定看,被控倾销到印度的产品的出口价格一般是指该产品出口到印度的到岸价格(CIF)扣除海运费、保险和合理管理费后的价格,以便与出厂价格一致。如果没有出口价格,或者由于出口商与进口商之间存在关联关系或补偿协议使出口价格变得不可靠,则出口价格可以根据进口产品被第一次转售给另一个独立买方已付或应付的价格来确定。如果该产品没有被转售给独立的买方,或者在转售时不同于进口时的状态,可以由反倾销总局指定一个合理的价格。

3. 出口价格与正常价格比较。根据印度反倾销规则,在对正常价格和出口价格进行比较时,必须在同一贸易水平(出厂价格)上来进行。为此,应当考虑下列因素:不同的贸易条件、税收差异、销售数量差异、物理特性差异等,并对这些因素导致的正常价值与出口价格进行调整。此外,反倾销规则还规定了为比较的目的转换货币时汇率的计算方法,即按销售之日(包括合同、购买订单、订单确认和发票的日期)的汇率计算,或在一定条件下按期货外汇市场的汇率计算。印度反倾销政策规定,同类产品的正常价格与被控倾销产品的出口价格之间的差额就是倾销幅度。倾销幅度一般根据三种方式来计算:一是正常价格的加权平均数与可比出口成交价格的加权平均数之间的比较值;二是每笔交易的正常价格与出口价格之间的比较值;三是正常价格加权平均数与每笔出口交易的成交价格的比较值,条件是出口价格在不同生产商之间、不同的地区之间和不同的销售时间存在很大差距。一般来说,在印度进行的反倾销调查中,加权平均数与可比出口成交价格的加权平均数的比较计算方法使用最多,因为其他两种计算方法需要大量数据资料,而且选择适当的每笔交易进行比较也相当烦琐。倾销幅度一般以出口价格的百分比来表示。

(二)印度相关产业损害确定

根据印度反倾销规则,倾销对国内产业的损害包括对国内产业的实质性损害、对国内产业的实质性损害威胁以及对某一产业的新建产生实质性阻碍。印度反倾销政策规定,损害分析是对所有有关因素进行详细、复杂的检查,大致可以从倾销进口产品的数量影响和价格影响两方面来分析评估。对数量的影响,主要分析进口的倾销产品数量(绝对数量或与印度的生产和消费相比的相对数量)已经和可能明显增长的程度及其对国内产业的影响;对价格的影响,主要检查进口倾销产品对印度市场相似产品价格的影响,包括有无低价销售的情况,进口倾销产品导致国内产品的价格下降或抑制国内产品的价格上涨的程度。印度反倾销总局还认为,进口倾销产品给国内产业在经济和财政方面造成的损害可以通过一系列经济指标表现出来,主要包括:产业产量下降、销售量下降、市场份额丧失、利润减少、生产率和设备利用率下降、投资收益减少,以及对资金周转、库存数量、雇佣人员工资、增长和投资等实际及潜在的负面影响。

印度反倾销政策规定,反倾销总局在确定进口产品给印度国内产业造成损害时,还应当计算国内产业遭受的损害幅度。所谓损害幅度,是指国内产业的非损害性价格与进口倾销产品的到岸价格之间的差额,非损害性价格则是指某一产业在特定阶段内在印度市场上正常条件下的预期销售价格,这种价格可以使遭到损害的产业在抵消倾销影响后顺利收回生产成本并营利。在计算非损害性价格时,反倾销总局在调查期间有权要求国内产业提供过去3年的产品成本资料,而根据《通用会计规则》制作的会计记录则是对非损害性价格进行评估的基础。在评估国内产业非损害性价格时，反倾销总局应当对原材料的使用、公益设施的利用和控制性消费等相关因素进行合理分析，同时还要对调查期间的开支包括投资和生产设备的利用率等实际开支进行合理分析。

（三）倾销与印度产业损害的因果关系

印度反倾销规则把因果关系分为主要因果关系和一般因果关系两类。在进行反倾销调查时，反倾销总局必须证明倾销已经对印度国内产业造成了实质损害，才能向财政部建议征收反倾销税。因此，在证明倾销与国内产业损害之间存在直接的因果关系的同时，还要对造成损害的其他因素进行调查。这些因素包括不以倾销价格销售的进口商品的数量和价格、相关商品的需求影响、其他商品的可替代性、因生产能力和设备利用率低下导致的商品缺乏、无效的原材料和公益设施消费标准、国内产业的出口业绩和生产率及不适当技术的使用等。在最后确定损害造成的因素时，要将这些因素予以排除，即只考虑倾销对国内产业造成的损害。如果倾销与损害之间不存在因果关系，则不应征收反倾销税。

二、印度反倾销实施基本程序

根据印度《反倾销规则》第5—9条、第12—18条、第20条和第23条的规定，印度反倾销调查的主要工作流程如图1所示。

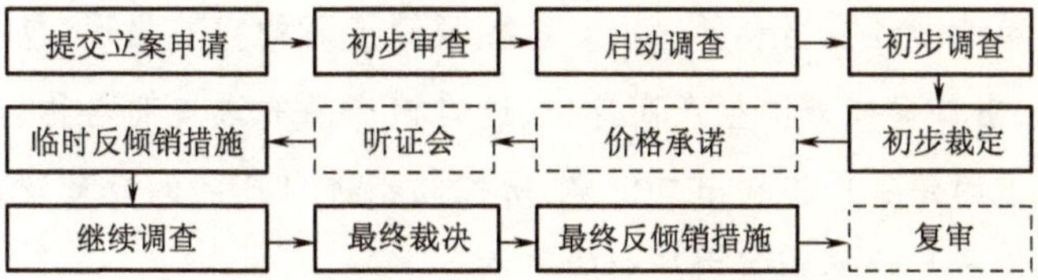

图1 印度反倾销调查程序流程图

注：图中虚线框表示为非必经程序。

印度反倾销调查流程与中国的反倾销调查流程基本一致，大体包括案件发起、案件调查、案件裁决、反倾销复审和辅助司法审查①。

(一)案件发起

印度反倾销案件发起首先要由印度国内产业或代表国内产业的生产商,向商务部门反倾销总局提出对进口倾销产品发起反倾销调查的书面申请。只有提出申诉的或表示支持申诉的国内生产商的产量占国内同类产品总产量的25%以上,该申诉才是有效的申请;如果不足25%,则申请无效,反倾销当局不予立案。《反倾销规则》第5条第2款规定,申请人需要就如下事实提交充分证据:进口产品存在倾销;对国内产业造成了实质性损害、实质性损害威胁或对国内产业的新建产生实质性阻碍;倾销产品与指控的损害之间存在因果关系;国内生产商申请者的身份资格证明;倾销产品的完整描述;相似产品国内生产数量和金额叙述;涉案产品的原产地或者出口国家或地区的名称;国内市场价格和出口价格的资料;倾销产品在国内市场的变化情况;进口对国内产业相似产品价格的影响。这些证据可以是进口单证、商业发票、商业信函、专业性报纸杂志刊登的产品信息资料等。

印度反倾销总局在收到申请人的书面诉状后,要对申请书的格式、对反倾销申请表示支持或反对的国内产业或生产商的情况和提供的有关倾销、损害和两者存在因果关系的证据等进行初步审查,以确保其准确、充分和合理。申请书应当包含申请者必须合理提供的证据资料,包括申请者的身份资格、相似产品的国内产量和价值。如果书面申请是代表国内产业提出的,申请书还应当列明所有已知相似产品的生产商或者生产商协会以及这些生产商所占的国内产量和价值。申请书还应当包括一份对所控倾销产品的完整描述,包括原产地或出口商名称、出口商或外国生产商身份、进口该产品的进口商名称、产品在出口商国内市场上的消费价格和出口价格、所控倾销进口产品的数量及其对进口商国内市场相似产品价格和国内产业的影响。

(二)启动调查

反倾销调查由商业部下设的反倾销总局负责。反倾销总局在审查申请人

① 戴永红. 印度反倾销程序法评介[J]. 南亚研究,2003(1):23-29.

的资格和书面诉状符合要求，提供的有关倾销、损害和两者存在因果关系的证据和资料准确充分后，可以根据《反倾销规则》第5条的规定，向出口国或地区政府的外交代表发布公告，决定启动反倾销调查程序。公告一般包括拟调查产品的充分信息、出口国家或地区的名称、调查开始的时间、调查期限、被控倾销或补贴依据、被控损害所依据的因素、当事各方提交证据资料的地址和期限。此外，有关材料反倾销总局也可以向所有已知的当事各方单独邮寄。启动调查通知一般是在反倾销总局收到符合标准格式的诉状后45日之内发出。该局在向涉案出口商、出口国政府及其他当事人送交调查公告的同时寄送调查问卷表，或要求有关当事人提供信息，并且在整个调查期间为所有利害关系人提供出具证据的合理机会。

根据印度《反倾销规则》的规定，当事方应当自调查开始之日起的40日内，向印度反倾销总局提交证据资料，反倾销总局欢迎所有相关各方对调查的启动提交证据资料。只有在特殊情况下，才允许延长上述期限。印度反倾销总局为出口商、进口商和国内产业设计了提交详细证据资料的调查问卷表，调查问卷表由反倾销总局随同调查公告送达相关方。在收到相关各方的证据资料后，反倾销总局将对此进行认真细致的分析研究，以确定倾销幅度和国内产业受到的损害幅度。对于利害关系人提供的非保密性的证据资料，反倾销总局可以应要求向利害关系人和公众开放，供其查阅。各当事人应在收到调查通知后的30日内填完调查表和提供所需信息。

在反倾销调查期间，如果存在下列情况，则印度反倾销主管当局可以决定终止反倾销调查：提出反倾销调查的国内代表产业采用书面申请，要求终止调查；倾销或损害证据不充分；倾销幅度不足出口价格的2%；来自一国的倾销进口产品数量，不足印度所有同类进口产品数量的3%，或来自所有国家的倾销进口产品数量，不足印度所有同类进口产品数量的7%；损害可以忽略不计。

（三）案件初步裁定

根据印度《反倾销规则》第12条的规定，反倾销总局应当迅速对申请进行调查，并在适当的情况下提出初步调查结果，包括对倾销幅度的确定、出口价格和正常价格的确定以及两者进行比较所采用的方法的详细解释，与损害裁定有关的考虑事项，以及裁决所主要依据的详细材料。初裁一般在启动反倾销调查之日起的150日内作出，初裁的目的在于在完成反倾销调查之前或在作出终裁之前及时向国内产业提供救济措施。如果对收到的所有证据资料进行分析研究后证明倾销存在、国内产业受到了损害，并且倾销与损害之间存在因果关系，那么反倾销总局将在详细调查之前或在作出终裁之前，作出征收临时反倾销税的裁定。印度中央政府在反倾销总局作出的初裁基础上，决定征收临时反倾销税，临时反倾销税的征收幅度不能超过倾销幅度。

根据印度《反倾销规则》第13条的规定，由于相关各方提交的证据资料是作出裁定的重要依据，因此反倾销总局必须确保其准确可靠。国内产业的举证旨在对调查申请者提交证据资料的准确性进行核实，包括受控产品的生产成本、盈亏和所占的市场份额。负责资料调查的官员也要熟悉了解受控的产品及其生产过程。调查核实对了解该产业的状况非常重要，对评估国内产业遭受的损害及其原因也十分重要，包括该产业使用的机器设备、生产能力的利用率和效率等。

印度《反倾销规则》第15条规定，在反倾销主管当局作出肯定初裁后，准许反倾销当局接受出口商的价格承诺而中止调查。反倾销主管当局接受价格承诺的条件是：第一，出口商履行价格承诺后的价格不再是倾销价格，如果是优惠国的出口商提出的价格承诺，则只要足以消除损害即可以接受，而不一定要完全消除倾销；第二，出口商提出的价格承诺是切实可行的和可以监督的。在价格承诺的有效期内，出口商应提供遵守价格承诺的相关证据，反倾销总局可以不定期审查是否有必要继续执行价格承诺。按印度反倾销规则，如果发现出口商违反价格承诺，反倾销总局将恢复反倾销调查，但只追溯违反价格承诺之后进口的产品。对违反价格承诺之前用于国内消费的进口产品，不追溯征收反倾销税。

除了提交书面证据资料外，参加反倾销调查的利害关系方还有权要求反倾销总局提供机会让其以口头形式陈述证据资料，但这种口头证据资料必须在转换成书面形式后才能予以考虑。反倾销总局可以在调查期内随时允许口头听证会。此外，反倾销总局还可以举行公开听证会，邀请所有利害关系方在听证会上提交证据资料。

（四）案件最终裁决

印度《反倾销规则》第16条规定，反倾销总局应在收集到的证据资料的基础上作出终裁。但反倾销总局在作出终裁之前，应当将这些证据资料（基本事实）告知所有利害关系方。一旦作出了决定，相关各方提交了证据资料并在公开听证会上陈述了意见，反倾销总局在充分考虑了相关各方提出的所有问题后，应在作出终裁决定之前公布证据资料。这样做的目的在于将基本事实通告相关各方，这些事实将成为反倾销总局作出终裁决定（采取固定反倾销措施）的依据。但是反倾销总局在此时不得泄露真实意图，只是公布基本事实，而不是对事实的理解阐述。《反倾销规则》第16条关于信息资料公布的规定是一项基本要求，以使相关各方对反倾销总局作出最终裁定依据的基本事实有所了解。一般来说，相关各方有1—2周的时间对公布的证据资料作出反应，并维护自己的利益。利害关系各方对反倾销总局公布的证据资料作出答复，反倾销总局审查各方最终答复，并依此作出最终裁决。

印度《反倾销规则》第17条规定，反倾销总局应当在发起调查后的1年内，结束调查作出终裁，并将对被调查的每个出口商或生产商分别作出裁定。经中央政府同意，可以对上述期限延长6个月。中央政府财政部应当在反倾销总局作出终裁后的3个月内，开始对进口到印度的倾销产品征收反倾销税，同时在官方公报上刊载征税的通知，并自官方公报发布之日起生效。虽然WTO《反倾销协议》规定可以对倾销幅度征收足额反倾销税，但印度《反倾销规则》规定，反倾销税的税额不应当超过最终确定的倾销幅度或确定的损害幅度，而且通常应当遵循轻税原则。如果是针对来自优惠国的产品征税，则应当以足以消除国内产业损害的幅度为限。

（五）反倾销复审

征收反倾销税的有效期限一般为5年，但根据印度《反倾销规则》第23条的规定，在期限届满之前，反倾销总局可以随时对继续征收反倾销税的必要性进行复审，如果收到的证据资料证明继续征收反倾销税没有法律依据，则应当向中央政府建议撤销反倾销税。印度一般实施中期复审和“日落复审”。

（六）司法审查

印度相关法律规定，反倾销总局和中央政府确定的倾销存在事实、倾销幅度和终裁可以向印度海关、税收和黄金（管制）上诉法院上诉，上诉法院有权维持、修改或撤销行政机关的裁定。但在司法管辖实践中，只有反倾销总局和中央政府作出的终裁决定和征收反倾销税的决定才可在征收反倾销税之日起90日内向上诉法院上诉，而对反倾销总局作出的初裁和中央政府决定征收的临时关税不能上诉。如果对上诉法院的裁定不服，利害关系方或反倾销总局可以向印度最高法院申诉，利害关系方也可以直接向其辖区内的高等法院申诉。

三、印度反倾销措施的分类

遵循WTO《反倾销协议》，印度《反倾销规则》中的反倾销措施同样分为临时反倾销措施、反倾销税和价格承诺三类[①]。

（一）临时反倾销措施

印度财政部在反倾销总局作出的初裁基础上，可以决定征收临时反倾销税，该税的征收幅度不能超过倾销幅度。印度反倾销政策规定，反倾销总局只能在启动反倾销调查之日起的60日才能发布初裁决定，为此征收临时反倾销税不得早于自反倾销调查开始起的60日。印度征收临时反倾销税的有效期最多为6个月。如果占贸易额比例较大的出口商提出要求并经财政部同意后，征收临时反倾销税的有效期可以延长至9个月。如果基于终裁的反倾销税高于已经征收的临时反倾销税，差额部分不予追征；如果基于终裁的反倾销税低于已经征收的临时反倾销税，差额部分应退还给进口商。如果财政部终裁结论是否定性的，则应在45日内撤销征收的临时反倾销税，并向进口商退还已征的税额，同时印度财政部应在官方公报上发布退税通知，明确规定以下内容：进口商

① 宋利芳．WTO成立以来欧盟的对外反倾销及其对中国的启示[J]．世界经济研究，2008(5)：64－69．

要求退税的方式和期限;授权财政部官员在期限内处理退税要求;确定应退税额。

(二)价格承诺

印度反倾销政策规定,在反倾销总局作出肯定性初步裁决后,反倾销总局必须给予出口商停止以倾销价格出口或提出价格承诺的机会,一旦反倾销总局接受了出口商作出的价格承诺,就将中止反倾销调查,并不得对出口商征收反倾销税。如有正当理由,反倾销总局可以拒绝出口商的承诺要求,反倾销总局接受价格承诺的条件是:第一,出口商履行价格承诺后的价格不再是倾销价格,但如果是优惠国的出口商提出的价格承诺,则只要足以消除损害即可接受,而不一定要完全消除倾销;第二,出口商提出的价格承诺是切实可行的和可以监督的。

在价格承诺的有效期内,出口商应提供遵守价格承诺的相关证据,反倾销总局可以不定期审查是否有必要继续执行价格承诺。按印度反倾销政策的规定,如果发现出口商违反了价格承诺,反倾销总局将恢复反倾销调查,并应尽快通知财政部,建议征收临时反倾销税,但只追溯违反价格承诺之后进口的产品,对违反价格承诺之前用于国内消费的进口产品,则不应追溯征收反倾销税。

(三)征收反倾销税

根据印度反倾销规则,财政部应当在反倾销总局作出终裁后的3个月内开始对进口到印度的倾销产品征收最终反倾销税,同时在官方公报上刊登征税的通知,并自官方公报发布之日起生效。反倾销税的税额不应当超过最终确定的倾销幅度或确定的损害程度,而且遵循从轻征税原则。如果是针对来自优惠国的产品征税,则以足以消除国内产业损害的幅度为限,而不一定要依倾销幅度征税。此外,对同一产品不能同时征收反倾销税和反补贴税。经过修订的海关法赋予了印度反倾销总局提出反倾销税的权力,反倾销税的幅度可以高到与倾销幅度相等。

反倾销税既可以根据每个出口商的倾销幅度来征收,也可以通过确定一个参考价格来征收。这里所谓的参考价格,是指进口产品不会对国内产业产生损害的非损害性价格。如果进口价格高于参考价格,则不予征收反倾销税;如果进口价格低于参考价格,则应对到岸价格与参考价格的差额部分征收反倾销税。因此,在征收反倾销税时,要考虑海关关税的变化以及由此引起的进口商品到岸价格的变化,从而印度反倾销税可能是一个可变税率。从印度的反倾销实践看,大多数情况下采用的是固定税率,但在许多案件中,也采用固定参考价格条件下的可变税率。

附录4

邻苯二酚反倾销评估指标权重调查问卷

邻苯二酚案件是我国发起的一起重要反倾销调查案件，对于保护国内自主知识产权高技术企业具有重要示范意义。受商务部公平贸易局委托，邻苯二酚反倾销评估项目组对该反倾销案件政策实施效果的评估展开研究。

为了适时、有效地评估邻苯二酚反倾销政策的实施效果，项目组根据WTO《反倾销协议》、我国《反倾销条例》，以及指标实际数据的可获得性，选取了反映国内产业生产经营状况的4大类、7个定量化指标组成政策实施效果评估指标体系，如图1所示。为科学确定各定量化指标的权重，项目组拟采取专家打分的方式。

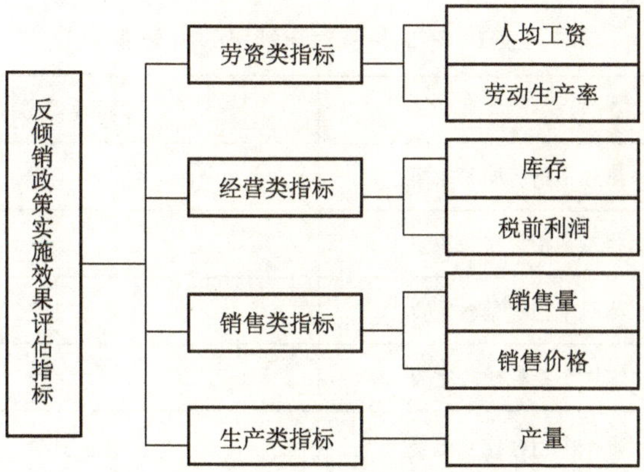

图1　邻苯二酚反倾销政策实施效果评估指标体系图

请您根据图1所示的评估指标体系，按照您的理解，在后续的表2中填写各指标之间的相对重要度，项目组将依据您的意见计算各指标权重。您在反倾销领域拥有深厚的专业背景和实践经验，您的意见对于本课题的研究至关重要。感谢您的大力支持！

一、指标权重打分

指标权重打分是为了科学确定指标体系中各指标的权重。您打分的依据是:对于邻苯二酚反倾销政策实施效果评估而言,上述各有形指标两两之间的相对重要程度。项目组将依据您打出的分值,计算出各指标的权重。

打分说明:您在表中所填的打分值为两个指标的相对重要程度,打分值介于1—9或1/9—1。其中:1为两个指标同样重要;3为第一个指标比第二个指标稍微重要;5为第一个指标比第二个指标比较重要;7为第一个指标比第二个指标十分重要;9为第一个指标比第二个指标绝对重要;2、4、6、8介于上述五者之间;同理,1为两个指标同样重要;1/3为第二个指标比第一个指标稍微重要;1/5为第二个指标比第一个指标比较重要;1/7为第二个指标比第一个指标十分重要;1/9为第二个指标比第一个指标绝对重要;其中,1/2、1/4、1/6、1/8介于上述五者之间。不同情况下的打分值如表1所示。

表1　不同指标对比情况的打分表

指标对比	重要程度打分
第一个指标与第二个指标同等重要	1
第一个指标比第二个指标稍微重要	3
第二个指标比第一个指标稍微重要	1/3
第一个指标比第二个指标比较重要	5
第二个指标比第一个指标比较重要	1/5
第一个指标比第二个指标十分重要	7
第二个指标比第一个指标十分重要	1/7
第一个指标比第二个指标绝对重要	9
第二个指标比第一个指标绝对重要	1/9

二、打分方法举例

参见表2指标相对重要度打分表第2行“劳资指标与经营指标对比”，如果您认为在反倾销政策实施效果评估中劳资指标比经营指标稍微重要，则填入3；如果您认为经营指标比劳资指标稍微重要，则填入1/3；又如，在第8行“人均工资与劳动生产率对比”，如果您认为在反倾销政策实施效果评估中，人均工资与劳动生产率对比，人均工资十分重要，则填入7；如果您认为二者相比，劳动生产率十分重要，则填入1/7。其他部分依此类推。现在，请您在下表中对指标相对重要程度打分。

表2 指标相对重要程度打分表

指标层级	比较对象	重要程度打分
一级评估指标	劳资指标与经营指标对比	
	劳资指标与销售指标对比	
	劳资指标与生产指标对比	
	经营指标与销售指标对比	
	经营指标与生产指标对比	
	销售指标与生产指标对比	
劳资类二级指标	人均工资与劳动生产率对比	
经营类二级指标	税前利润与库存对比	
销售类二级指标	销售量与销售价格对比	